U0798140

全国司法鉴定教育培训系列教材(第二版)

司法部公共法律服务管理局
司 法 鉴 定 科 学 研 究 院
组织编写

道路交通事故
司法鉴定实务

主　编：冯　浩
副主编：许洪国　刘建军
主　审：朱西产

科 学 出 版 社
北　京

内 容 简 介

本书是“全国司法鉴定教育培训系列教材(第二版)”之一。本书基于我国道路交通事故痕迹物证专业二十余年的发展成果，参考了国内外相关资料，提出和总结了道路交通事故痕迹物证鉴定的理论方法和应用技术，主要内容包括：绪论、道路交通事故现场勘验、道路交通事故痕迹鉴定、道路交通事故微量物证鉴定、道路交通事故非机动车安全技术状况鉴定、道路交通事故机动车安全技术状况鉴定、道路交通设施安全技术状况鉴定、道路交通事故车辆速度鉴定、道路交通事故交通行为方式鉴定、道路交通事故信号灯指示状态鉴定、基于EDR的道路交通事故鉴定和汽车火灾痕迹物证鉴定。本书内容涵盖了道路交通事故痕迹物证鉴定的主要项目，并以大量典型实践案例进行示例，具有重要的理论和实践参考意义。

本书内容系统、实用性强、适用范围广，可以作为从事道路交通事故痕迹物证鉴定的司法鉴定人、鉴定助理的专业技术培训教材，也可以作为道路交通事故调查和处理人员的技术参考书；本书还可以作为司法鉴定、交通工程、交通管理、汽车保险等专业的教材或教学参考书。

图书在版编目(CIP)数据

道路交通事故司法鉴定实务 / 冯浩主编. -- 北京 ：科学出版社，2025. 7. --（全国司法鉴定教育培训系列教材 ：第二版）. -- ISBN 978-7-03-082454-7

Ⅰ. D918.9

中国国家版本馆CIP数据核字第20255ST744号

责任编辑：谭宏宇 / 责任校对：郑金红
责任印制：黄晓鸣 / 封面设计：殷 靓

科 学 出 版 社 出版
北京东黄城根北街16号
邮政编码：100717
http://www.sciencep.com
南京展望文化发展有限公司排版
上海锦佳印刷有限公司印刷
科学出版社发行 各地新华书店经销

*

2025年7月第 一 版 开本：787×1092 1/16
2025年7月第一次印刷 印张：23 1/2
字数：600 000

定价：165.00元

（如有印装质量问题，我社负责调换）

全国司法鉴定教育培训实务
编审委员会

道路交通事故司法鉴定实务

《道路交通事故司法鉴定实务》
编委会

主　编

冯　浩

副主编

许洪国　刘建军

主　审

朱西产

编　委

（以姓氏笔画为序）

丁同强　吉林大学

牛学军　中国人民公安大学

冯　浩　司法鉴定科学研究院

刘振刚　应急管理部天津消防研究所火灾物证鉴定中心

刘建军　中国人民公安大学

孙枝鹏　中国汽车技术研究中心有限公司

许洪国　吉林大学

李国庆　山东交通学院

李平飞　西华大学

李丽莉　司法鉴定科学研究院

陈　克　应急管理部天津消防研究所火灾物证鉴定中心

张汉欣　中国刑事警察学院

张　杰　交通运输部公路科学研究所司法鉴定中心

张德胜　应急管理部天津消防研究所火灾物证鉴定中心

张志勇　司法鉴定科学研究院

罗仪文　司法鉴定科学研究院

赵　晨　中国安全生产科学研究院

赵明辉　司法鉴定科学研究院

黄孙俊　江苏省苏交科集团股份有限公司司法鉴定所

潘少猷　司法鉴定科学研究院

丛书序

党的二十届三中全会擘画了以全面深化改革推进中国式现代化强国建设、民族复兴伟业的宏伟蓝图，高度评价了新时代以来全面深化改革的成功实践和伟大成就。在习近平新时代中国特色社会主义思想的科学引领下，法治中国建设迈出了坚实步伐，"努力让人民群众在每一个司法案件中感受到公平正义"向每一位法律工作者提出了时代命题。

司法鉴定制度是司法制度的重要组成部分，是解决诉讼涉及的专门性问题、帮助司法机关查明案件事实的司法保障制度，对于维护社会公平正义、全面推进依法治国具有重要意义。主动适应新时代、新形势发展需求，深化司法鉴定管理体制改革、培育高素质人才队伍，是充分发挥司法鉴定职能作用，不断推进司法鉴定工作高质量发展的重要举措。

教育培训是建设高素质人才队伍的先导性、基础性、战略性工程。教材作为教育培训中重要的知识载体，要解决培养什么人、怎样培养人和为谁培养人这一根本问题。党的十八大以来，党中央对教材建设作出一系列重要指示，明确提出教材建设是国家事权，是国家意志和社会主义核心价值观的集中体现，具有特殊重要的育人作用。在推进中国特色社会主义伟大事业和党的建设新的伟大工程中具有不可替代的重要地位。

为切实贯彻党的教育方针、培育和践行社会主义核心价值观，提高司法鉴定教育培训工作规范化、科学化、专业化水平，司法部公共法律服务管理局会同司法鉴定科学研究院，组织编撰了"全国司法鉴定教育培训系列教材（第二版）"。该系列教材立足我国司法鉴定工作实际，结合国内外司法鉴定发展新趋势，注重新知识、新技能、新方法，内容系统全面、结构科学合理、理论与实践结合紧密，汇聚了行业知名专家与权威学者的智慧和经验，体现了新时代中国司法鉴定最新理论和实践成果。

在当前深化司法鉴定管理体制改革的关键阶段，系列教材的付梓出版将进一步筑牢司法鉴定人才队伍建设的根基，持续提升鉴定人队伍政治素质、职业道德、法律素养和专业能力水平，为推动我国司法鉴定事业高质量发展奠定坚实基础。

衷心感谢所有为本系列教材出版倾注心血、不懈努力的专家、学者和编辑，同时也向为司法鉴定行业蓬勃发展做出杰出贡献的全体司法鉴定人致以崇高的敬意。我们坚信,在党中央的坚强领导下,本系列教材将助力广大读者学以致用、知行合一,积极响应服务法治社会的号召,为推动司法公正、维护社会稳定贡献智慧与力量!

全国司法鉴定教育培训系列教材(第二版)
编审委员会
2025 年 2 月

前　言

司法鉴定意见作为法定证据的一种，对于协助查明案件事实、保障诉讼活动顺利进行具有重要作用。道路交通事故中涉及的司法鉴定直接影响到事故认定，是每一起交通事故获得公平、公正处理和审理的重要技术保障。《中华人民共和国道路交通安全法》、《中华人民共和国道路交通安全法实施条例》和《道路交通事故处理程序规定》等法规要求，道路交通事故处理中涉及专业性较强的检验，公安交通管理部门应当委托专门机构进行鉴定。随着我国司法改革的不断深入，大约从 2000 年开始，全国各地的道路交通事故检验、鉴定工作逐步从公安交通管理部门的事故处理工作中分离出来，实现了“侦鉴分离”，由案件承办单位根据调查需要委托专业的司法鉴定机构进行技术鉴定。经过二十多年的发展，司法鉴定已经成为道路交通事故调查的重要手段，司法鉴定意见已经成为道路交通事故处理和审理工作的主要依据。

2020 年 6 月 23 日，司法部发布《物证类司法鉴定执业分类规定》，其中，第二十七条“交通事故痕迹物证鉴定”包括：车辆安全技术状况鉴定、交通设施安全技术状况鉴定、交通事故痕迹鉴定、车辆速度鉴定和交通事故痕迹物证综合鉴定等。相关鉴定内容被正式纳入司法鉴定的范畴。

为适应司法鉴定改革和发展的需要，加强全国司法鉴定教育培训系列教材建设，提高教材质量，根据《关于健全统一司法鉴定管理体制的实施意见》、《关于进一步深化改革强化监管提高司法鉴定质量和公信力的意见》（司发〔2020〕1 号）、《司法鉴定教育培训工作管理办法》（司规〔2021〕1 号），2022 年司法部公共法律服务管理局制定了《全国司法鉴定教育培训系列教材编审委员会章程》，从国家级司法鉴定机构、各相关院校中的学科带头人、优秀鉴定人、离退休知名专家等人员中遴选编审委员会委员，组织编写全国司法鉴定教育培训系列教材，经过遴选确定第一批全国司法鉴定教育培训系列教材及其主编、副主编，第一批教材共 8 本，其中包括《道路交通事故司法鉴定实务》，本书由司法鉴定科学研究院道路交通事故鉴定研究室冯浩高级工程师担任主编，吉林大学交通学院许洪国教授和中国人民公安大学交通管理工程系刘建军教授担任副主编，同济大学汽车学院朱西产教授担任主审。

为了进一步规范道路交通事故相关痕迹物证鉴定工作，促进鉴定技术发展，本书在回顾和总结我国道路交通事故痕迹物证鉴定约二十年探索发展历程的基础上，针对该专业缺少系统性理论支撑的现状和发展困境，围绕专业建设和技术指导两个方向，借鉴国内外关于道路交通事故调查和重建技术的基本方法和实践经验，以物理学和痕迹物证的相关基础理论为支撑，结合车辆工程、交通工程、微量物证、事故重建等相关学科和技术,探索构建道路交通事故痕迹物证司法鉴定专业的技术体系和理论方法,论述了目前该专业主要鉴定项目的目的、内容和技术方法,结合典型鉴定案例,从理论方法和鉴定实践两个方面,为广大读者提供了学习参考和借鉴。

本书共有十二章,包括:第一章绪论;第二章道路交通事故痕迹物证鉴定的现场勘验;第三章道路交通事故痕迹鉴定;第四章道路交通事故微量物证鉴定;第五章道路交通事故非机动车安全技术状况鉴定;第六章道路交通事故机动车安全技术状况鉴定;第七章道路交通设施安全技术状况鉴定;第八章道路交通事故车辆速度鉴定;第九章道路交通事故涉案者交通行为方式鉴定;第十章道路交通事故信号灯指示状态鉴定;第十一章基于 EDR 的道路交通事故鉴定;第十二章汽车火灾痕迹物证鉴定。

本书的内容汲取了全国道路交通事故痕迹物证从业鉴定机构、行业专家和司法鉴定科学研究院二十余年的探索成果,本书的编写也得到了许多行业专家的关心、支持和帮助,在此表示衷心感谢!本书编写过程中,参阅了部分国内外相关文献,若引用或理解存在不妥之处,敬请谅解,并在此向文献及资料的原作者表示衷心的感谢!

本书的出版得到了司法鉴定科学研究院的资助,也得到了“十四五”国家重点研发计划项目“道路交通事故数字化深度调查技术”及其课题“辅助驾驶汽车交通事故关键过程证据生成及溯源技术研究”(课题编号:2023YFC3009703)等项目的资助。在此,作者一并表示感谢。

由于道路交通事故鉴定技术正处于快速发展阶段,加之作者水平有限,书中如有粗谬之处,敬请读者批评指正。

本书各章节分工如下:

第一章:冯　浩、李国庆、赵　晨

第二章:冯　浩、张汉欣、牛学军

第三章:冯　浩、李丽莉、刘建军

第四章:罗仪文

第五章:张志勇、李平飞

第六章:李平飞、张志勇、潘少猷

第七章:张　杰、黄孙俊

第八章:冯　浩、丁同强、许洪国

第九章:冯　浩、赵明辉

第十章:冯　浩、丁同强

第十一章:冯　浩、孙枝鹏、潘少猷

第十二章:刘振刚、张德胜、陈　克

冯　浩

2025 年 3 月

目　录

道路交通事故司法鉴定实务

第一章 绪　论

根据国家统计局数据，2018~2022 年，全国共发生涉及人员伤亡的道路交通事故约 126 万起，平均每年约 25.2 万起。依据《中华人民共和国道路交通安全法》、《中华人民共和国道路交通安全法实施条例》和《道路交通事故处理程序规定》等法律法规的要求，道路交通事故处理中涉及专业性较强的检验，公安交通管理部门应当委托专门机构进行鉴定。司法鉴定意见作为法定证据的一种，对于协助查明案件事实、保障诉讼活动顺利进行具有重要作用。鉴定意见将直接影响公安、法院等办案单位对事故的事实判断、原因分析、责任认定和司法审判，社会影响巨大。同时，随着我国法治化进程的不断推进，人民群众法律意识和维权意识不断提高，对于道路交通事故的相关鉴定意见普遍关注。

随着我国司法改革的不断深入，在 2000 年左右，全国各地的道路交通事故检验鉴定工作开始从公安交通管理部门的事故处理工作中分离出来，逐步实现了"侦鉴分离"，由案件承办单位根据调查需要委托专业的司法鉴定机构进行技术鉴定。经过约二十年的发展，司法鉴定已经成为道路交通事故调查的重要手段，司法鉴定意见已经成为道路交通事故处理和审理工作的主要依据。针对道路交通事故处理和审理工作的需要，目前我国道路交通事故的鉴定内容主要包括以下三种类型。

第一类是法医学鉴定，这类鉴定是围绕道路交通事故事实调查最早开展的鉴定事项，鉴定内容主要包括驾驶员血液中酒精浓度鉴定、受伤人员损伤程度和"三期"鉴定、伤残程度鉴定、死亡原因鉴定等。

第二类是物证鉴定，鉴定内容主要包括事故车辆安全技术状况鉴定、交通设施安全技术状况鉴定、交通事故痕迹鉴定、事故车辆速度鉴定和交通事故痕迹物证综合鉴定（交通行为方式、交通信号灯指示状态、车辆火灾痕迹物证、轮胎破损原因等），以及由交通事故痕迹鉴定所延伸的交通事故微量物证鉴定。

第三类是声像资料鉴定，鉴定内容主要包括事故相关图像和视频的清晰化处理、电子数据恢复、电子数据的真实性鉴定等。

2014 年 2 月，司法部印发了《关于推进公共法律服务体系建设的意见》，将司法鉴定明确为公共法律服务的组成部分之一。道路交通事故中涉及的司法鉴定意见直接影响到事故认定，是每一起交通事故获得公平、公正处理和审理的重要技术保障。

2019 年 7 月 10 日，中共中央办公厅、国务院办公厅印发了《关于加快推进公共法律服务体系建设的意见》，文件要求：积极为促进司法公正和社会公平正义提供法律服务。健全统一司法鉴定管理体制，加强司法鉴定管理与司法办案工作的衔接，健全鉴定负责制，统一司法鉴定标准，为案件事实认定提供技术支持。

2019 年 7 月 19 日，中央全面深化改革委员会第三十七次会议审议通过了《关于健全统一司法鉴定管理体制的实施意见》。会议指出，司法鉴定制度是解决诉讼涉及的专门性问题、帮助司法机关查明案件事实的司法保障制度。健全统一司法鉴定管理体制，要适应以审判为中心的诉讼制度改革，完善工作机制，严格执业责任，强化监督管理，加强司法鉴定与办案工作的衔接，不断提高司法鉴定质量和公信力，保障诉讼活动顺利进行，促进司法公正。

为贯彻落实《关于健全统一司法鉴定管理体制的实施意见》的改革要求，进一步科学细化司法鉴定执业分类，司法部公共法律服务管理局委托司法鉴定科学研究院组织相关专家，在全面搜集整理案例、深入分析行业状况、反复研究论证基础上，编制了《物证类司法鉴定执业分类规定（征求意见稿）》。

2020 年 6 月 23 日，司法部正式发布了《物证类司法鉴定执业分类规定》，其中，第二十七条为“交通事故痕迹物证鉴定”。此次执业分类从交通事故案件事实调查的需求出发，结合近二十年探索发展所形成的专业基础和鉴定工作的实际情况，以痕迹物证的基本原理为学科基础，以相关国家标准和行业标准为方法依据，参考国内行业共识及国外分类惯例，将交通事故痕迹物证鉴定设为一个独立的执业类别。考虑到交通事故痕迹物证鉴定涉及鉴定项目较多，且各项目之间存在技术差异性和特殊性，又下设了具体五个子分类，具体包括：车辆安全技术状况鉴定、交通设施安全技术状况鉴定、交通事故痕迹鉴定、车辆速度鉴定和交通事故痕迹物证综合鉴定等。

第一节　道路交通事故痕迹物证鉴定的发展

2000 年，随着司法鉴定体制改革的深入，鉴定与执法相分离正逐步成为一种新的趋势，执法部门技术鉴定工作的社会化格局在上海已经开始探索。当时，司法部司法鉴定科学技术研究所（现司法鉴定科学研究院）开始接受上海市公安交通管理部门的委托，部分承担了上海市道路交通事故的技术鉴定工作，具体项目包括：道路交通事故伤残评定、尸体检验、血液中的酒精分析及其他人、车、物的各类痕迹、物证等技术鉴定项目。

2001 年 7 月，经司法部批复，同意司法部司法鉴定科学技术研究所开展道路交通事故鉴定业务，接受上海市公安交通管理部门委托的上海市道路交通事故处理中涉及的技术鉴定工作。同年 8 月，司法部司法鉴定科学技术研究所与上海市公安局、上海市公安局交警总队协商，以司法部司法鉴定科学技术研究所为主体，成立“上海市道路交通事故鉴定中心”，开创了国内道路交通事故专业技术鉴定的先河。

为了推进道路交通事故痕迹物证鉴定专业的健康发展，相关管理部门、鉴定协会和从业技术人员积极探索。2014 年 8 月，原司法部司法鉴定管理局在上海召开了“道路交通事故司法鉴定技术和管理工作研讨会”，来自全国 11 个省（区、市）的司法鉴定行业主管部门负责人、部分鉴定机构代表，高校和科研院所专家共 22 人参与研讨。会议主要围绕道路交通事故司法鉴定执业分类、存在问题等听取了各方意见和建议。

为了促进道路交通事故痕迹物证鉴定专业健康发展，凝练行业智慧、达成共识，探索道路交通事故痕迹物证鉴定专业发展思路。自 2016 年，司法部司法鉴定科学技术研究所开始举办“道路交通事故技术鉴定论坛”，并于 2016 年 3 月，在海南海口组织召开了首次会议。来自全国多家鉴定机构的 20 余位负责人参加，就论坛的举办目的、模式及道路交通事故技术鉴定的规范化行动达成了一致意见。与会代表表示，论坛对道路交通事故技术鉴定发展具有重要的促进意义，并提出论坛应当定期举行，为该专业鉴定提供交流与服务平台。

2016 年 9 月，由司法部司法鉴定科学技术研究所、中国汽车技术研究中心共同主办的道路交通事故技术鉴定论坛第二次会议在北京召开。来自司法行政部门、交管部门、鉴定机构、科研高校等领域的20余位领导专家参加了会议，与会专家就专业发展、执业资质和专业要求、能力验证等方面进行了深入交流和探讨，初步达成了部分共识。

2017年8月，司法部司法鉴定科学技术研究所在上海召开了第三届道路交通事故技术鉴定论坛暨道路交通事故技术鉴定标准体系研讨会，依托"十三五"国家重点研发项目子课题"司法鉴定标准化体系建设与示范"，在本次会议上提出了"道路交通事故技术鉴定专业标准体系"，来自司法、公安、高校和鉴定机构的与会专家就标准体系初稿进行了研讨，充分肯定了构建道路交通事故技术鉴定标准体系的重要性和必要性，一致认可标准体系的整体框架，并对部分具体标准的名称表述、结构层级提出了意见和建议。

2018年9月，司法鉴定科学研究院在上海召开了第四届道路交通事故痕迹物证鉴定论坛首次会议，与会代表重点分析了道路交通事故痕迹物证鉴定专业面临的技术难题以及管理现状，提出了针对该专业执业分类的建议和专业发展规划，并就达成的共识形成了会议纪要。与会代表将本次会议达成的共识向所在地省市司法鉴定协会进一步征询意见，得到了来自山东、陕西、安徽、广东、四川、云南、重庆等地司法鉴定协会和从业机构的普遍认可。

2018年10月，司法鉴定科学研究院与山东省司法鉴定协会联合在山东烟台召开了第四届道路交通事故痕迹物证鉴定论坛第二次会议，来自山西、辽宁、广东、宁夏、重庆等地的司法鉴定管理干部、部分地区司法鉴定协会负责人和机构负责人参加了本次会议，与会代表进一步对首次会议达成的共识进行了研讨，并对从业人员资质、仪器设备等问题进行了深入交流。

2022年，为认真贯彻《司法部关于进一步深化改革强化监管提高司法鉴定质量和公信力的意见》（司发〔2020〕1号）关于加强司法鉴定人队伍建设有关要求，落实《司法鉴定教育培训工作管理办法》（司规〔2021〕1号），着力提高司法鉴定教育培训工作规范化、科学化水平，经司法部公共法律服务管理局与司法鉴定科学研究院商议，并报司法部同意，成立全国司法鉴定教育培训系列教材编审委员会。6月29日，在上海召开了全国司法鉴定教育培训系列教材编审委员会会议，会议审议并通过了《全国司法鉴定教育培训系列教材编审委员会章程》、《全国司法鉴定教育培训系列教材主编、副主编、编者工作职责》、《全国司法鉴定教育培训系列教材主编及副主编名单》（第一批）等相关文件。第一批教材共8本，其中包括《道路交通事故痕迹物证司法鉴定实务》，由司法鉴定科学研究院道路交通事故鉴定研究室冯浩高级工程师担任主编，吉林大学交通学院许洪国教授和中国人民公安大学交通管理工程系刘建军教授担任副主编，同济大学汽车学院朱西产教授担任主审。

2022年8月4日，在上海召开了《全国司法鉴定继续教育培训实务》（第一批）主编人会议，在此次会议上教材编审委员会秘书处介绍了《全国司法鉴定继续教育培训实务》编写原则及近期任务，科学出版社介绍了出版实施方案，《道路交通事故司法鉴定实务》编写组介绍了该书的基本内容和框架设计，推选了参编专家以及各章节的参编人员。此后，《道路交通事故司法鉴定实务》编写组经过多次交流和讨论，就全书的主要内容和结构框架达成共识，开启了本书的编写和过程。2023年3月，司法鉴定科学研究院在江苏无锡组织召开了2023年道路交通事故痕迹物证鉴定研讨会，来自全国的20余位机构负责人和专家代表参加了本次会议，编写组介绍了《道路交通事故司法鉴定实务》的编写大纲和各章节内容组成，参会专家对编写工作进行交流讨论并提出相应的意见。

第二节　道路交通事故痕迹物证鉴定的内容

根据司法部发布的《物证类司法鉴定执业分类规定》之“第二十七条　交通事故痕迹物证鉴定”，交通事故痕迹物证鉴定包括：车辆安全技术状况鉴定；交通设施安全技术状况鉴定；交通事故痕迹鉴定；车辆速度鉴定；交通事故痕迹物证综合鉴定等。具体项目内容如下：

（一）车辆安全技术状况鉴定。包括判断涉案车辆的类型（如机动车、非机动车）；对车辆安全技术状况进行检验；判断车辆相关技术状况或性能的符合性（如制动系、转向系、行驶系、灯光、信号装置等）。

（二）交通设施安全技术状况鉴定。包括对交通事故现场或事故发生地点等相关区域进行勘查、测量；对路基、路面、桥涵、隧道、交通工程及沿线交通附属设施的安全技术状况进行检验（如道路线形、护栏、标志、标线等）；判断事故相关区域交通设施的技术状况或性能的符合性（如材料、设置位置、几何尺寸、力学性能等）。

（三）交通事故痕迹鉴定。包括通过对涉案车辆唯一性检查，对涉案车辆、交通设施、人员及穿戴物等为承痕体、造痕体的痕迹和整体分离痕迹进行检验分析，必要时结合交通事故微量物证鉴定、法医学鉴定等结果，判断痕迹的形成过程和原因（如是否发生过接触碰撞、接触碰撞部位和形态等）。

（四）车辆速度鉴定。运用动力学、运动学、经验公式、模拟实验等方法，根据道路交通事故现场痕迹和资料、视频图像、车辆行驶记录信息等，判断事故瞬间速度（如碰撞、倾覆或坠落等瞬间的速度），采取避险措施时的速度（如采取制动、转向等避险措施时的速度），在某段距离、时间或过程的平均行驶速度及速度变化状态等。

（五）交通事故痕迹物证综合鉴定。基于以上交通事故痕迹物证鉴定项目的检验鉴定结果，必要时结合交通事故微量物证鉴定、声像资料鉴定、法医学鉴定等结果，综合判断涉案人员、车辆、设施等交通要素在事故过程中的状态、痕迹物证形成过程及原因等，包括交通行为方式、交通信号灯指示状态、事故车辆起火原因、轮胎破损原因等。

非交通事故的相关鉴定可参照本条款。

第三节　道路交通事故痕迹物证鉴定及其相关概念

道路交通事故痕迹物证是一项较新的司法鉴定领域，且具有多专业交叉综合的特点，目前在高等院校中也缺少对应的专业设置和课程。为了便于从事道路交通事故痕迹物证的鉴定技术人员和广大读者能够准确理解本专业的相关概念和技术特点，本书摘录并引用了部分术语和定义。

一、基础术语

1. 道路交通事故痕迹物证鉴定（SF/T 0072—2020，3.3）

运用痕迹物证的相关理论和方法，结合车辆工程、交通工程、法医学、电子数据、事故重建等专业技术，通过勘查检验、功能检查、书证审查、理论计算和综合分析，对事故的状态、过程和成因等案件事实认定所涉及的专门性问题进行鉴别和判断并提供鉴定意见的活动。

2. 道路交通事故物证(SF/T 0072—2020,3.2)

能够证明道路交通事故事实的物品或物质。

注1:包括附着物、散落物、遗洒物、抛撒物等。

注2:改自GA/T 41—2019,定义3.2。

3. 事故现场(GB/T 39424.1—2020,3.2)

道路车辆事故发生后,事故涉及车辆、人员均未撤离事发现场的空间。

注:包括碰撞相关的物体或动物。

4. 事故地点(GB/T 39424.1—2020,3.2.1)

事故现场所在的地理位置。

注:可通过给出坐标值或其他方法来确定事故地点。

5. 书证(GB/T 37234—2018,3.5)

依法收集的,以文字、符号、图形、图案等来表达人的思想和行为或传递某种信息,其内容对案(事)件具有证明作用的书面材料。

6. 检材(GB/T 37234—2018,3.9)

需要进行鉴定的可疑客体或客体反映形象。

7. 样本(GB/T 37234—2018,3.10)

供比较和对照的客体或客体反映形象。

8. 鉴定材料(SF/T 0072—2020,3.10)

用于证明案(事)件事实并被作为鉴定检验的所有物品。

示例:事故车辆、破损轮胎、路面散落物、毛发和人体组织等,及存在于各种载体上用于分析、判断的相关信息或记录。包括生物检材和非生物检材、比对样本材料以及其他与鉴定事项有关的鉴定资料。

注:改自RB/T 219—2017,定义3.4。

9. 碰撞点 (GB/T 39424.1—2020,4.23)

现场坐标系中,事故参与方(包括与物体)之间产生相互作用力的点。

10. 第一碰撞点(GB/T 39424.1—2020,4.23.1)

现场坐标系中,事故参与方(包括与物体)之间开始接触但未产生明显作用力的点。

注:第一碰撞点产生的时刻即为碰撞阶段的开始。

11. 首次碰撞(GB/T 39424.1—2020,4.24)

在道路车辆事故中,参与方发生的第一次碰撞。

12. 道路交通事故重建(SF/T 0160—2023,3.1)

根据道路交通事故现场图、现场照片、痕迹物证、车辆形变、车载信息、视频图像及人体损伤等事故相关材料,通过推演计算,分析交通事故现场元素方位及再现交通事故发生过程的活动。

注:道路交通事故重建一般包含道路交通事故过程重建和道路交通事故现场重建。

13. 道路交通事故综合重建(comprehensive reconstruction of road traffic accident)

基于道路交通事故深度调查获取的各类证据,利用三维建模、计算机模拟推演等技术方法,对事故现场三维场景、事故发生动态过程、人员损伤形态特征等进行科学分析和客观还原的技术活动。

二、车辆安全技术状况

14. 事故车辆安全技术检验鉴定(GA/T 642—2020,3.1)

对事故车辆安全技术状况所进行的技术检验、分析和判断。包括事故车辆静态检验鉴定、动态检验鉴定、零部件失效检验鉴定等方式。按车辆的损坏状况分为具有行驶能力的事故车辆安全技术检验鉴定和失去行驶能力的事故车辆安全技术检验鉴定。

15. 车辆唯一性检查(GB 38900—2020,3.1.3)

对机动车的号牌号码和分类、车辆品牌和型号、车辆识别代号(或整车出厂编号)、发动机号码/驱动电机号码、车身颜色和车辆外形等特征进行检查,以确认送检机动车的唯一性。

注:发动机号码/驱动电机号码包括发动机/驱动电机的型号和出厂编号。

16. 车辆特征参数检查(GB 38900—2020,3.1.4)

对机动车的外廓尺寸、整备质量/空车质量、核定载人数等车辆主要特征和技术参数进行检查,确认与机动车国家安全技术标准、机动车产品公告、机动车出厂合格证、机动车行驶证等技术凭证资料的符合性。

17. 静态检验鉴定(GA/T 642—2020,3.2)

事故车辆在静止状态下所进行的技术检验鉴定。

注:包括整车、系统或总成相关技术参数检测、系统或总成工作状态的不解体检验,以及系统或总成和零部件的解体检验和性能检测等。如对事故车辆转向系统部件、制动系统部件、照明系统、轮胎、信号装置、安全装置等所进行的检验鉴定。

18. 动态检验鉴定(GA/T 642—2020,3.3)

事故车辆在行驶状态下所进行的技术检验鉴定。

注:包括整车安全性能的室内检测设备检验、路试检验及现场模拟试验等,如对事故车辆制动性能、侧倾稳定性照明及信号装置安装和配光性能等的检验。

三、交通设施安全技术状况鉴定

19. 道路(SF/T 0072—2020,3.1)

供各种车辆和行人等通行的工程设施。

注:按其使用特点分为公路、城市道路、厂矿道路、林区道路及乡村道路等。

[来源:GBJ 124—1988,2.1.1,有修改]

20. 道路交通设施(SF/T 0072—2020,3.19)

包括路线、路基、路面、桥涵、隧道、交通工程及沿线道路附属设施。

21. 道路交通设施安全技术状况鉴定(SF/T 0072—2020,3.20)

运用交通设施与物证技术的相关理论和方法,结合道路工程、交通工程、车辆工程、工程测量和材料检测等技术,通过测量、检验、检测、计算和分析,对道路交通设施的位置、几何尺寸、力学性能和功能效果等方面的符合性,以及与事故的因果关系等案件事实认定所涉及的专门性问题进行鉴别和判断并提供鉴定意见的活动。

22. 横坡(SF/T 0072—2020,3.2)

路幅和路侧带各组成部分的横向坡度。

注:指路面、分隔带、人行道和绿化带等的横向倾斜度,以百分率表示。

[来源：GBJ 124—1988，4.1.31，有修改]

23. 道路中线

道路路幅的中心线。

[来源：GB/T 39424.1—2020，3.2.9]

24. 道路线形

道路中线（3.3）的立体形状。

[来源：GBJ 124—1988，4.2.4]

25. 平面线形

道路中线在水平面上的投影形状。

[来源：GBJ 124—1988，4.2.5]

26. 纵面线形

道路中线在纵剖面上的起伏形状。

[来源：GBJ 124—1988，4.2.6]

27. 线形要素（SF/T 0072—2020，3.7）

构成平面线形及纵面线形的几何特征。

注：平面线形为直线、圆曲线及缓和曲线，纵面线形为直线和圆曲线（或抛物线）。

[来源：GBJ 124—1988，4.2.7，有修改]

28. 视距

从车道中心线上规定的视线高度，能看到该车道中心线上高为10 cm的物体顶点时，沿该车道中心线量得的长度。

[来源：GBJ 124—1988，4.2.36]

29. 视野

司机在行车中眼睛固定注视一定目标时，所能见到的空间范围。

[来源：GBJ 124—1988，4.2.43]

30. 路缘石（GB/T 39424.1—2020，3.2.7）

设在路面边缘的界石。

注：简称缘石。

31. 护栏

沿危险路段的路基边缘设置的警戒车辆驶离路基和沿中央分隔带设置的防止车辆闯入对向车行道的防护设施，以及为使行人与车辆隔离而设置的保障行人安全的设施。

[来源：GBJ 124—1988，4.4.6]

32. 分隔带（GB/T 39424.1—2020，3.2.3）

沿道路纵向设置的、分隔车行道用的带状设施。

注：位于路中线位置的称中央分隔带；位于路中线两侧的称外侧分隔带。

33. 交通岛（GB/T 39424.1—2020，3.2.4）

为控制车辆行驶方向和保障行人安全，在车道之间设置的、高出路面的岛状设施。

注：包括导流岛、中心岛、安全岛等。

34. 道路照明设施

为保证能见度低时交通正常运行，正确地识别路况及各种交通标志，设置于道路上的灯光照明设施。

［来源：GBJ 124—1988,4.4.18］

35. 里程碑

标志公路及城市郊区道路里程的碑石。

注：每一公里设一块里程碑,用以计算里程和标志地点位置。

［来源：GBJ 124—1988,4.4.31］

36. 百米桩

在里程碑(3.12)之间,每隔一百米设立的小桩。

［来源：GBJ 124—1988,4.4.32］

37. 路面平整度

表面纵向的凹凸量的偏差值。

［来源：GBJ 124—1988,7.1.21］

38. 路面粗糙度(SF/T 0072—2020,3.15)

路表面骨料的棱角阻止轮胎滑动的能力。

注：通常以路面摩擦系数和路表构造深度来表示。

［来源：GBJ 124—1988,7.1.22,有修改］

39. 道路状况(SF/T 0072—2020,3.16)

道路的路面维护状态和路面状况。

示例1：路面维护状态：平整、凹陷和粗糙等。

示例2：路面状况：干燥、潮湿、积雪、结冰和路面污染等。

［来源：GB/T 39424.1—2020,3.2.15,有修改］

四、痕迹鉴定

40. 道路交通事故痕迹(SF/T 0072—2020,3.1)

在物体和人体上形成的能够证明道路交通事故事实的印痕或印迹。

注1：主要包括地面痕迹、车体痕迹、人体痕迹和其他痕迹。

注2：改自GA/T 41—2019,定义3.1。

41. 道路交通事故痕迹鉴定(GA/T 1087—2021,3.1)

对道路交通事故中的地面痕迹、车体痕迹、人体痕迹及其他痕迹进行勘查、比对、分析、判断,并作出鉴定意见的活动。

42. 地面痕迹(GA/T 41—2019,3.1.1)

车辆、人体或其他相关物体与地面接触,在地面上形成的痕迹,主要包括滚印、压印、拖印、侧滑印、挫划印等。

43. 车体痕迹(GA/T 41—2019,3.1.2)

车辆与其他物体或人体接触,在车体上形成的痕迹,主要包括车体的变形、破损、表面物质增减或部件整体分离等。

44. 人体痕迹(GA/T 41—2019,3.1.3)

人体与其他物体或人体接触,在衣着、人体体表等形成的印痕、伤痕。

45. 客体(GA/T 1087—2021,3.2)

能够证明交通案事件有关事实的,需要运用专门的科学技术方法进行检验鉴定的人、物等客观存在。

［来源：GB/T 37234—2018，3.6，有修改］

46. 造痕客体/造痕体（GA/T 1087—2021，3.2.1）

发生道路交通事故形成地面痕迹、车体痕迹、人体痕迹及其他痕迹的过程中，将自身的某些形态特征反映在痕迹中的客体。

47. 承痕客体/承痕体（GA/T 1087—2021，3.2.2）

发生道路交通事故形成地面痕迹、车体痕迹、人体痕迹及其他痕迹的过程中，反映造痕客体形态特征并承载痕迹的客体。

48. 变形（GA/T 1087—2021，3.3）

客体在外力作用下发生的形状和尺寸的改变。

注：通常包括但不限于凹陷变形、弯折变形、弯曲变形、扭曲变形、挤压变形、褶皱变形等。

49. 刮擦痕迹（GA/T 1087—2021，3.5）

两个客体接触，接触面相对位移，产生具有方向性的线状或片状并可能伴有自身或介质转移的印痕或印迹。

50. 减层痕迹（GA/T 1087—2021，3.6）

人体或物体受力，自身或介质减少的痕迹。

51. 加层痕迹（GA/T 1087—2021，3.7）

人体或物体受力，表面介质增加的痕迹。

五、车速鉴定

52. 道路交通事故车辆速度鉴定（GB/T 33195—2016，3.1）

根据事故形态、现场痕迹、物证等对道路交通事故车辆行驶速度进行分析和计算的过程。

53. 道路交通事故瞬间车辆速度（GB/T 33195—2016，3.2）

道路交通事故车辆发生碰撞或倾覆或坠落瞬间的车辆速度。

54. 道路交通事故车辆速度（GB/T 33195—2016，3.3）

道路交通事故发生前采取避险措施瞬间的车辆速度。未采取避险措施的，道路交通事故车辆速度为道路交通事故瞬间车辆速度。

55. 视频图像（GA/T 1133—2014，2.1）

利用视频摄录设备获取的动态图像信息。

56. 固定式视频图像（GA/T 1133—2014，2.2）

固定式视频摄录设备记录的视频图像。

57. 车载式视频图像（GA/T 1133—2014，2.3）

车载式视频摄录设备记录的视频图像。

58. 汽车事件数据记录系统 EDR（GB 39732—2020，3.2）

由一个或多个车载电子模块构成，具有监测、采集并记录碰撞事件发生前、发生时和发生后车辆和乘员保护系统的数据功能的装置或系统。

59. EDR 记录（GB 39732—2020，3.8）

碰撞事件触发后，存储在一个或多个特定的记录 EDR 数据的 ECU 中的时间序列数据。

60. 汽车行驶记录仪（GB/T 19056—2021，3.17）

对车辆行驶速度、时间、位置等数据以及音视频数据进行记录、存储，并可通过数据通信实现数据输出的数字式电子记录装置。

六、综合鉴定

61. 交通行为方式（SF/T 0162—2023,3.1）

发生道路交通事故时涉案者的行为状态。

示例：驾驶车辆、乘坐车辆、骑行或推行车辆以及行人处于直立、蹲踞或倒卧等状态。

62. 特征性损伤（GA/T 268—2019,3.2）

可反映致伤物特点或致伤方式的损伤。

63. 致伤方式（SF/T 0162—2023,3.4）

人体损伤的形成方式。

示例：碰撞、碾压、拖擦、摔跌、挤压或抛甩。

[来源：GA/T 268—2019,3.1,有修改]

64. 火灾痕迹（GB/T 5907.4—2015,2.1.29）

物体燃烧、受热后所形成的可观测的物理、化学变化的现象。

65. 起火部位（SF/T 0162—2023,3.1）

火灾起始的区域。

[来源：GB/T 5907.4—2015,2.1.15,有修改]

66. 起火点（SF/T 0162—2023,3.2）

火灾起始的确切位置。

[来源：GB/T 5907.4—2015,2.1.16,有修改]

67. 起火物（SF/T 0162—2023,3.3）

最先被点燃的物质。

[来源：GB/T 5907.4—2015,2.1.18]

68. 助燃剂（SF/T 0162—2023,3.4）

能够加速物质燃烧的燃料或氧化剂。

[来源：GB/T 5907.4—2015,2.1.19]

69. 短路（SF/T 0162—2023,3.5）

带电导体之间形成的低电阻接触现象。

[来源：GB/T 5907.4—2015,2.1.20]

70. 信号灯（GB/T 31418—2015,2.1.1）

由红色、黄色和绿色灯采取不同组合组成的信号装置，用于指挥车辆、行人通行。红灯表示禁止通行，绿灯表示准许通行，黄灯表示警示。

71. 道路交通信号控制方式（GA/T 527.1—2015,3.1）

应用于道路交通信号控制系统，为控制和调整交通流运行状态，按照交通信号控制方案所执行的特定控制方式。

72. 相位（GB/T 31418—2015,2.3.6）

同时获得通行权的一股或多股交通流所对应信号组的显示状态。

73. 周期（GB/T 31418—2015,2.3.7）

信号灯色按设定的信号相位顺序变化一周所需的时间。

74. 交通信号配时（GB/T 31418—2015,2.3.1）

设计交叉口的相位、相位序列以及周期、绿信比、相位差等参数的过程。

75. 信号灯状态(SF/T 0073—2020,3.6)

信号灯在瞬时的灯色。

注：当信号灯正常工作时,若某一瞬时的灯色为无色,则该瞬时信号灯的灯色为其最邻近过往瞬时的灯色。

七、缩略语

此外,下列缩略语适用于本书：

ABS：防抱制动系统(Anti-lock Braking System)

EBS：电控制动系统(Electronic Braking System)

ECU：电子控制单元(Electronic Control Unit)

EDR：事件数据记录系统(Event Data Recorder)

EPS：电动助力转向系统(Electric Power Steering)

MFDD：充分发出的平均减速度(Mean Fully Developed Deceleration)

PDA：智能终端(Personal Digital Assistant)

REESS：可充电储能系统(Rechargeable Energy Storage System)

VIN：车辆识别代码(Vehicle Identification Number)

EDR：汽车事件数据记录系统(Vehicle Event Data Recorder System)

DLT：二维直接线性变换(Direct Linear Transformation)

· 思考题 ·

1. 司法鉴定在道路交通事故处理中的作用是什么?
2. “侦鉴分离”对司法鉴定工作有何影响?
3. 《物证类司法鉴定执业分类规定》中“交通事故痕迹物证鉴定”包括哪些具体项目?
4. 道路交通事故痕迹物证鉴定专业面临的挑战和困境是什么?
5. 如何理解道路交通事故痕迹物证鉴定中的“综合鉴定”?

第二章　道路交通事故痕迹物证鉴定的现场勘验

在交通事故处理过程中,公安机关交通管理部门负责道路交通事故现场勘查,拍摄现场照片,绘制现场图,及时提取、采集与案件有关的痕迹、物证等,制作现场勘查笔录。但由于现场勘查人员很难准确判断下一步需要进行鉴定的项目,同时还可能受到道路、环境和天气等客观因素的影响,往往无法全面收集到后续鉴定所需要的痕迹物证。

在鉴定过程中,鉴定人应该根据具体的鉴定项目和拟采用的技术方法,根据已有现场勘查获得的信息和各种痕迹物证,对潜在或缺少的痕迹物证进行复勘和检验。因此,本章主要针对道路交通事故痕迹物证鉴定中现场勘验的目的、内容和技术方法进行论述,并通过现场勘验典型案例进行示范。

第一节　现场勘验的目的和内容

一、现场勘验的目的

现场勘验是道路交通事故痕迹物证鉴定的重要基础,是获取案件相关痕迹物证的关键环节,现场勘验包括发现、固定、提取、保存、送检等环节。现场勘验的直接目的就是根据具体的鉴定项目和使用的技术方法,审查、验证委托方提供的关键信息,发现、固定并提取潜在或缺少的痕迹物证。

二、现场勘验的内容

从鉴定的角度出发,在鉴定所需要的客观证据中,需要通过现场勘查、检验的形式获取的物证和信息就是现场勘验的内容。目前,道路交通事故痕迹物证鉴定主要包括:痕迹和事故形态鉴定、涉案者交通行为方式鉴定、车辆安全技术状况鉴定、车辆速度鉴定和交通信号灯指示状态鉴定等项目。以下逐项分析各鉴定项目所需的痕迹物证和信息。

(一)痕迹和事故形态鉴定

痕迹和事故形态鉴定是依据人体、衣着、车辆、路面和交通设施在碰撞过程中形成整体分离、物质转移和形象痕迹进行鉴定。所以,此类鉴定的勘验内容以痕迹勘验为主,既需要全面的检验,更需要在发现对于鉴定有关键性作用的承痕体痕迹、附着痕迹、断离和缺损痕迹的基础上,进一步有针对性地搜寻与之相对应的造痕体及痕迹、物质转移来源及痕迹、整体分离痕迹。必要时还需要对事故现场进行勘测,测量事故现场中车辆、人员、道路、交通设施的现场位置,以及体现在路面和交通设施上的痕迹形状、尺寸和位置等信息。

（二）涉案者交通行为方式鉴定

交通行为方式鉴定是依据当事人与涉案车辆在事故过程中由于相对运动而产生的各种痕迹物证和损伤进行鉴定。在确认车辆碰撞痕迹和事故形态的基础上，重点结合当事人与涉案车辆间的二次碰撞所产生的痕迹物证和损伤，对当事人所处的特征位置或状态进行分析判断。所以，此类鉴定也是以痕迹物证勘验为主，同时还需要对体表损伤进行检验，必要时还要对事故现场进行勘测。

（三）车辆安全技术状况鉴定

车辆安全技术状况鉴定是根据事故形态，先对与事故发生有关联的车辆某些安全功能或技术指标进行检验，再结合碰撞痕迹和车辆结构、技术原理，分析判断被鉴定车辆相关安全功能、技术指标的下降或失效与事故发生之间的因果关系。所以，此类鉴定也涉及一般性的痕迹物证勘验，同时还需要对车辆相关安全功能和技术指标进行检验或检测，并着重对影响其功能发挥和指标下降的相关痕迹物证进行检验。

（四）车辆速度鉴定

车辆速度鉴定可以根据委托方提供的材料和现场条件，选择基于事故形态、视频图像、事件记录数据等方法和材料进行鉴定，各种车辆速度鉴定方法所需的痕迹物证不同，现场勘验的内容和重点也有所差异。

1. 基于事故形态的速度鉴定

这种方法是根据车辆碰撞形态和事故过程，使用牛顿定律、动量守恒、功能原理等经典力学的理论方法，结合车辆检验、碰撞试验和事故重建技术鉴定车辆事故发生时的速度。所以，此类鉴定同样需要痕迹物证勘验和现场勘测的支持，必要时还需要对车辆塑性变形量、车辆制动性能和道路坡度等进行检验。

2. 基于视频图像的速度鉴定

这种方法是根据视频图像中的车辆影像位置，检验车辆在不同图像帧间的行驶时间和行驶距离，使用速度定义公式或运动学的方法，计算车辆对应行驶过程的平均速度和加速度。所以，此类鉴定的勘验内容主要是现场勘查、测量图像中参考物的位置和参考距离，一般包括：车辆特征点间的外廓尺寸、道路标线等参考物的尺寸等信息。如果使用近景摄影测量计算空间位置，则还需要对摄像机的镜头畸变进行检验和矫正。

3. 基于车载事件记录数据的速度鉴定

这种方法是利用车载事件记录系统、汽车行驶记录仪、具有汽车行驶记录功能的车载卫星定位装置等车载设备记录的数据，并通过与车辆碰撞形态和事故过程的匹配分析，确认记录数据的唯一性、相关性和准确性，进而根据读取的数据分析和计算事故车辆速度。所以，此类鉴定也涉及一般性的痕迹物证勘验，同时还包括从以上设备中读取数据的过程。

此外，部分车辆在碰撞过程中会由于某些部件损坏或功能失效而产生故障冻结数据（freeze frame data），某些车辆在记录这些故障信息的同时还会记录当时的车辆运行状况，其中有可能包含速度信息。所以，车速鉴定的勘验也可能涉及故障代码的读取，以及车辆损坏情况的勘验。

（五）交通信号灯指示状态鉴定

信号灯指示状态鉴定是根据视频图像中被鉴定对象（车辆、行人）的位置和可见信号灯的指示状态或交通流状态，结合信号灯配时方案、车辆行驶速度，以及被鉴定对象所处位置与停车线或交通管控区域边界的距离，反推被鉴定对象进入管控区域时对应视频中不可见信号灯的指示状态。所以,此类鉴定的勘验内容与上述基于视频图像的车速鉴定相似,有时还需要获取信号灯的配时方案,必要时需要对事发路口的相关尺寸进行勘测。

第二节 现场勘验的方法

现场勘验应依次按照发现、固定、提取、保存、送检的顺序进行。通过本章第一节的总结可以发现,痕迹物证勘验和现场测量是大部分鉴定项目需要进行勘验的内容。因此,以下具体论述痕迹物证勘验和现场测量的方法,其他勘验内容将在对应章节中进行论述。

一、痕迹物证的勘验

(一)痕迹分类

从承痕体、造痕体和痕迹形态等角度出发,可以形成不同的痕迹物证分类方法。

1. 按照承痕体分类

《道路交通事故现场痕迹物证勘查》(GA/T41—2019)按照承痕体和存在形式分类,将痕迹分为:

(1)地面痕迹 车辆、人体或其他相关物体与地面接触,在地面上形成的痕迹,主要包括滚印、压印、拖印、侧滑印、挫划印等。

典型地面痕迹类型如:

1)滚印 滚印是指车辆轮胎相对于地面作纯滚动运动时,留在地面上的印迹,制动开始阶段也会留下制动滚印。能清晰反映轮胎胎面花纹形态、花纹组合形态、胎面磨损、机械损伤和行驶方向等特征。

2)压印 压印是指车辆轮胎受制动力作用,沿行进方向相对于地面作滚动、滑移复合运动时,留在地面上的印迹。压印显示花纹结构加粗和畸变延长的形态。压印是制动拖印的前段,与拖印黑带接连,压印因受制动力影响,印痕形态一般都有纵向滑移,花纹结构拉长变形。

3)拖印 拖印是指车辆轮胎受制动力作用,沿行进方向相对于地面作滑移运动时,留在地面上的印迹。特征为带状,不显示胎面花纹,宽度与胎面宽度基本一致。基本上印迹与车辆行驶方向一致,有时也会因制动跑偏或外加力矩的影响而有所偏离。

4)侧滑印 车辆轮胎受制动力或碰撞冲击力或转向离心力的作用,偏离原行进方向相对于地面作横向滑移运动时,留在地面上的印迹。特征为印迹宽度一般大于或小于轮胎胎面宽度,一般不显示胎面花纹,有时可能出现一组斜向排列的平行短线状印迹。

5)挫划印 挫划印是指硬物或其突出部分在路面上移动时,对路面造成的滚轧、刮擦印迹或沟槽。

(2)车体痕迹 车辆与其他物体或人体接触,在车体上形成的痕迹,主要包括车体的变形、破损、表面物质增减或部件整体分离等。

(3)人体痕迹 人体与其他物体或人体接触,在衣着、人体体表等形成的印痕、伤痕。

(4)其他痕迹 在树木、道路交通设施、建筑物、牲畜以及其他物品等表面所形成的痕迹。

2. 按照痕迹形态分类

(1)立体痕迹 立体痕迹是指造痕体与承痕体在相互作用时,承痕体的接触部位发生了与造痕体表面结构形象特征相对应的凹凸变化形成的痕迹。立体痕迹可以同时反映造痕体三维接触面的外部结构。交通事故中的立体痕迹常见于碰撞严重的接触部位,常见的表现形式有:凹陷、弯折、翘起、堆积和压缩。一般情况下,可以通过立体痕迹直观地判断接触部位的受力方向。

(2) 平面痕迹　造痕体作用于承痕体,使承痕体表面只发生了某些物质的增减,未改变其结构形态而形成的痕迹。平面痕迹依据承痕体上物质的增加或减少,又分为加层痕迹和减层痕迹。加层痕迹又依据增加的物质有无颜色差别,分为有色和无色痕迹。交通事故中的平面痕迹常见于轻微碰撞的接触部位,或质地较硬的承痕体上,常见的表现形式有:擦痕、刮痕和刮擦痕。加层痕迹和减层痕迹是典型的物质转移(交换)痕迹,交通事故中常见的加层痕迹和减层痕迹一般分别出现在一组对应的承痕部位和造痕部位上,而且加层痕迹和减层痕迹常常伴随着擦痕、刮痕或刮擦痕的出现,往往在其他痕迹能够形成发生条件的情况,结合加层痕迹和减层痕迹的微量物证鉴定结果,可以作为"唯一性认定"的条件,因此,对于是否发生碰撞、或接触存在争议的情况下,痕迹勘验中应特别注意此类痕迹。

(3) 整体分离痕迹　整体分离痕迹又称"断离痕迹",指整体在外力作用下,分离成若干部分时,分离部位呈现的迹象。被分离物可以是同质单体物,或同质合体物,或异质合体物。交通事故中常见的整体分离痕迹有:断落的灯具罩壳碎片、保险杠碎块、塑料饰板碎块等。此类痕迹往往是逃逸案件的现场勘查重点,办案人员现场搜集散落物后留存备检,待查获嫌疑车辆后可以通过整理分离痕迹进行鉴定。因此,如现场提取到嫌疑车辆的散落物,则在勘验中也应特别注意此类痕迹。

(二) 勘验内容

1. 地面痕迹物证

(1) 地面痕迹　地面痕迹应勘查以下内容:

1) 地面轮胎痕迹的种类、形状、方向、长度、宽度和痕迹中的附着物等;

2) 逃逸车辆两侧轮胎痕迹的间距和前后轮胎痕迹止点的间距;

3) 滚印、压印、拖印、侧滑印分段点相对路面边缘的垂直距离,痕迹与道路中心线的夹角,痕迹的滑移量、旋转方向及旋转度数;突变点位置;弧形痕迹弦长、弦高;轮胎跳动引起的间断痕迹及距离;

4) 车体、人体、牲畜以及其他物体留在地面上的挫划印等痕迹的分布、长度、宽度、深度,痕迹中心或起止点、突变点的位置。

(2) 地面物证　地面物证应勘查以下内容:

1) 地面附着物、散落物、遗洒物、抛撒物、血迹、生物组织等的种类、形状、颜色,及其位置关系和分布形态;

2) 附着物、散落物、遗洒物、抛撒物的起始位置、着地方向和终点位置;

3) 脱落的零部件及碎片表面痕迹及断口形态。

2. 车体痕迹物证

车体痕迹、物证应勘查以下内容:

1) 车体上各种痕迹所在的部位及其长度、宽度、凹陷深度;痕迹上、下边缘距离地面的高度,痕迹与车体一侧的距离;

2) 车辆部件的损坏、断裂、变形;

3）车辆与其他车辆、人体、牲畜、物体第一次接触的部位和受力方向，及另一方相应的接触部位；

4）道路交通事故涉及车辆灯光信号装置时，车辆灯泡或灯丝及其碎片，部件安装、导线连接状况；

5）车体上遗留的纤维、毛发、血迹、生物组织、牲畜、漆片等附着物的种类、形状、颜色及其分布位置；

6）车内方向盘、变速杆、驾驶室内外门把手、驾驶位周围、安全气囊和脚踏板等处的附着物及遗留物的种类、形状、颜色及其分布位置；

7）需要确定车辆驾驶人的，应提取方向盘、变速杆、驾驶室门把手、驾驶位周围、安全气囊和脚踏板等处的手、足痕迹及生物检材，具体方法见《GA/T 944—2011 道路交通事故机动车驾驶人识别调查取证规范》；

8）其他与道路交通事故有关的车体附着物的种类、形状、颜色及其分布位置。

3. 人体痕迹物证

人体痕迹、物证应勘查以下内容：

1）衣着上勾挂、撕裂、开缝、脱扣等破损痕迹，油漆、油污等附着物，鞋底痕迹；

2）衣着上痕迹、附着物的位置、形状、特征，以及造成痕迹的作用力方向；

3）与交通事故致伤物相关的特征性损伤；

4）体表损伤的部位、类型、形状尺寸，以及造成损伤的作用力方向；损伤部位距足跟的距离，损伤部位的附着物；

5）伤、亡人员的血迹、组织液、毛发、体表上的附着物等；

6）人体附着物的种类、形状、颜色及其分布位置，以及与人体相关的酒精、毒品等摄入类物证。

4. 其他痕迹物证

其他痕迹、物证应勘查以下内容：

1）树木、道路交通设施、建筑物等固定物上痕迹的长度、宽度、深度及距离地面的高度，以及造痕体；

2）牲畜的种类、颜色、大小及其体表痕迹。

（三）勘验方法

1. 痕迹物证的发现

痕迹物证发现方法包括：

1）根据道路交通事故的类型及其特点，通过观察事故发生时所接触到的物体和接触部位所显现出来的异常现象，确定勘验的重点部位；

2）观察道路交通事故现场或其图像，在道路交通事故现场地面、事故车辆、伤亡人员及其他有关物体的接触部位寻找可疑物；发现留在现场的地面痕迹、车体痕迹、人体痕迹及其他痕迹；

3）采用多波段光源、红外光源、紫外光源、试剂、电子显微等手段和装备，在不同角度下观察，发现痕迹物证；

4）勘验、确定相应痕迹的造痕体及承痕体，以及造痕体和承痕体的接触部位。对于连续发生多次接触，应分析是否为本次事故所形成，查找造痕体和承痕体第一次接触时的具体部位；

5）痕迹被尘土、散落物覆盖时，在不妨碍其他项目勘验的前提下，可照相后清除覆盖物再勘验。

2. 痕迹物证的固定

在提取痕迹前应对发现的痕迹进行固定，一般主要采用照相、摄像、标记、绘图和笔录等方法固定。随着数字成像技术的发展，立体摄影、三维扫描等技术也逐步应用于痕迹固定。

（1）照相　　照相是勘验常用的固定、记录方式之一，按其记录范围和对象，可以分为方位照相、概览照相、中心照相和细目照相。

1）方位照相　　从远距离采用俯视角度拍摄交通事故发生地点周围环境特征和所处位置的照相方式。视角应覆盖整个现场范围：一张照片无法包括的，可以使用回转连续拍摄法或者平行连续拍摄法拍照。

2）概览照相　　从中远距离采用平视角度拍摄交通事故现场有关车辆、尸体、物体的位置及相互间关系的照相方式。以现场中心物体为基点，沿现场道路走向的相对两向位或者多向位分别拍摄。

3）中心照相　　在较近距离拍摄交通事故现场中心、重要局部、痕迹的位置及有关物体之间的联系的照相方式。

4）细目照相　　采用近距或微距拍摄路面、车辆、人体上的痕迹及有关物体特征的照相方式。照相机镜头主光轴与被摄痕迹面相垂直。拍摄范围应覆盖整个痕迹，一张照片无法覆盖的，可以采用分段拍摄。

现场勘验过程中应特别注意微量物质转移痕迹的拍照固定，如皮屑、纤维、毛发、油漆等微量物质转移痕迹。为了达到清晰固定、记录的目的，现场勘验时应使用可以实现微距拍摄的便携拍照设备。图 2－1、图 2－2 均为现场勘验时拍摄的图像。

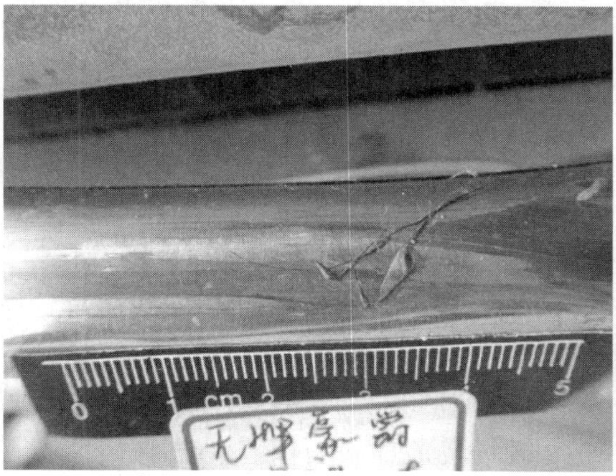

图 2－1　金属护栏上黏附的深色膜状物质

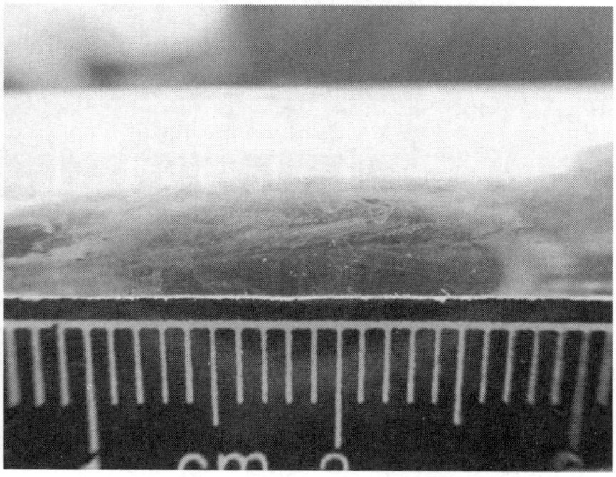

图 2－2　金属护栏上黏附的黄色物质

（2）摄影测量　　使用摄影测量的方法，将拍摄的二维图像，经过摄影测量专业软件的处理，可以生成事故现场的正射影像，或事故现场、事故车辆及其他痕迹物证的三维影像。同时，也可以在生成的三维影像中实现距离测量。目前，在基于二维图像获得的三维影像中进行距离测量的精度可以控制在 3~5 cm。

图 2－3 是利用无人机拍摄图像的场景，图 2－4 是利用无人机所拍摄的图像，并使用倾斜摄影测量软件进行三维重建得到的效果。

图 2-3 利用无人机拍摄图像

图 2-4 利用无人机和倾斜摄影测量软件生成的三维影像

(3) 激光三维扫描系统　激光扫描系统一般由现场激光扫描组件和三维图像信息采集处理系统组成。采用相位法测距原理进行全景三维测量和整体建模,并可以集成彩色照相系统,实现零视差自动颜色叠加,同时具有三维图像采集、数据预处理管理,以及将数据输出成主流三维软件支持格式的功能。利用该系统可以快速实现道路交通事故现场全景三维点阵扫描,以及车辆变形测量等现场勘查工作。该系统的使用将显著提高交通事故勘查的技术水平、工作效率和精度,如图 2-5 所示。

以三维形式记录、重现痕迹物证是道路交通事故鉴定技术的重要发展方向,该技术可以突破传统拍照记录方式得到的二维图像给后期鉴定和重建所带来的技术限制。一般使用便携式激光三维扫描仪进行现场采集,它能快速可靠地以三维方式记录空间信息,以高密度、高质量

图 2-5 利用激光三维扫描系统得到的三维点云

三维点云的形式客观反映扫描区域内的物质形状和空间尺寸，通过后期处理可以把得到的三维数据与其他三维数据或大场景三维数据进行匹配整合。

3. 痕迹物证的提取

（1）*一般要求* 提取痕迹、物证应做好保护和记录工作，要求如下：

1）对确认或疑似痕迹、物证，应及时提取，不得破坏提取物。

2）在勘查和提取物证的过程中，应防止所提的物证被污染。需要标注时，应使用粉笔或蜡笔在物证附近标注，不得标注在物证上。提取物证所用的工具、包装物、容器等必须干净，用同一工具提取不同部位的物证时，每提取一次，应将工具擦拭干净。提取油脂、血迹、生物组织等特殊物证，不得重复使用同一工具，不得用手直接接触物证。

3）对固态实物应分别包装，对分离物或脱落物，在包装时应注意其边沿不被损坏；对需化验的物质（如血迹、汽油等），包装时应严防污染或相互混杂。

4）对提取物，应注明名称、提取人、见证人、提取时间、地点、部位、天气、提取方法等情况，宜对提取过程全程录像。

5）对衣着上无法及时提取的痕迹，如车轮花纹痕迹等，应连同衣物一起提取，并防止痕迹被破坏。

（2）*直接提取* 直接提取痕迹、物证的方法如下：

1）提取时不得用手直接接触痕迹和物证部位；黏附在车体或其他较大物体表面的固体物质，可根据物质性质，用刀片剥离、棉签吸取、镊子夹取、剪刀剪取等方法提取。必要时，可采用剪、挖、锯等方法将物证连同部分载体一并提取；

2）多层结构的物证（如油漆涂料）应保证层次结构的完整，多种成分混合的物证（如织物）或不均匀的物证（如油污）应分部位提取；

3）提取人体血液时，应符合相关规定。

（3）*间接提取* 无法直接提取的痕迹、物证，采取间接提取的方法如下：

1）用照相或录像法提取；

2）遗留在光滑路面上的加层轮胎花纹痕迹、物证，可采用静电吸附法等提取；

3）遗留在路面上的立体痕迹，如泥土路面上的足迹、轮胎花纹痕迹等，可采用石膏灌注法提取；也可使用三维扫描的方式固定提取；

4）对于具有一定弹性而且不易断裂和破碎物体表面的痕迹，可用硅橡胶加一定量过氧化物的方法固化提取；

5）对于车辆或物体表面较大面积的痕迹，可用硬塑料提取；

6）对于手印，可采用粉末、502胶、茚三酮等显现后照相提取；

7）黏附在小件物品及易分解车辆零部件表面的量小的物质，可用醋酸纤维素薄膜（AC纸）等方法提取；

8）血液、油脂等液体物质，可用滤纸、纱布或脱脂棉擦取。

（4）提取物证的注意事项　① 提取黏附在小件物品和车辆零部件表面的物质，应当将有关物品和车辆零部件全部提取。② 对于黏附在车体上和其他较大物体表面的物质，可以根据物质的性质，采取相应的方法提取。③ 对于固体物质，如塑料、反光膜、油漆、干燥血痕以及人体组织等，可以用刀片刮取。为了防止物证丢失，应将物证和部分载体一起提取。必要时还可以采用剪、挖、锯等方法进行提取。④ 提取物证的过程中可能会对物证或其黏附的载体产生损坏或损毁，在提取前应根据相关规定，取得委托方或所有人的同意。

1）油漆物证的提取　在交通事故现场发现较完整的油漆碎片，可利用镊子夹取，放入收集袋或容器中。小块油漆碎片可以使用AC纸粘取或用干净棉花擦取，然后用白纸包装并放入收集袋或容器中保存。对于微小的油漆颗粒，则可以使用检材收取勺或手术刀刮取后放入收集袋或容器中。对于刮擦痕迹部位的油漆附着物，应首先进行痕迹检验和拍照，再进行检材提取。

提取嫌疑车辆油漆样本时，应首先根据对方车辆或受害人身上接触部位、距地高度等信息，检验嫌疑车辆的接触部位和痕迹，在具备痕迹形成条件和物质转移条件的基础上，确定样本油漆的提取部位。由于车辆油漆普遍具有多层喷涂的工序，因此，提取油漆样本时应确保提取完整的油漆层面。

2）塑料和合成树脂物证的提取　对于黏附在痕迹部位的非本客体形成的物质，往往是因刮擦作用形成的附着物，可借助放大镜观察，用手术刀片轻轻刮取附着物。若附着物较多或具有一定硬度，可用不锈钢镊子提取，然后放入收集袋或容器中。

3）毛发、纤维物证的提取　由于毛发、纤维掉落或附着的数量较少，毛发和纤维的物质转移痕迹不易发现，必要时应使用光源照射寻找纤维物证。在提取附着物之前，应用照相机拍下纤维的原始依附状态。成束纤维可用非金属镊子夹取，放在白纸中包好；量少时可使用AC纸粘取，再贴在载玻片上固定。如纤维黏附较紧，无法直接提取时可考虑割取客体或整体提取。

4）橡胶和轮胎物证的提取　较大块轮胎胎面胶碎末可用不锈钢镊子直接夹取，放入检材收集袋或容器中，并注明轮胎位置和具体部位。若轮胎检材量较少时，应使用纱布或棉球沾上水后沾擦轮胎微量痕迹处，然后将纱布或棉球连同微量附着物一起放进检材收集瓶中。若轮胎物证很细小且分布面较大，可以使用静电提取器提取。同时注意提取嫌疑肇事车辆比对检验用轮胎物证。

5）油斑物证的提取　将衣服上的油斑沿斑痕边缘剪下，放在带塞子的密封玻璃容器中，注明检材在衣服上的部位名称和受害人姓名后送检。当动植物油或矿物油洒落在水泥或沥青路面上时，用不锈钢镊子夹住脱脂棉球或纱布条蘸取，然后迅速放进磨口玻璃容器中送检。当动植物油或矿物油洒落在地面的沙石或泥土中，用手术刀或不锈钢小匙等刮取被油浸渍的泥土或用不锈钢镊子夹取带油迹的沙石，一起放进磨口玻璃容器中送检。

客体比较坚硬而且不吸油类物质（如金属或汽车表面），应使用镊子夹住棉球或纱布擦下油迹后，装入玻璃容器中送检。客体比较软且又会吸油类的物质（如木质材料），可用手术刀将浸油的客体一起取下，装入磨口玻璃容器中。注意将瓶口密封，不能使用橡皮塞，也不能用纸张包裹油斑检材。

6）汽车玻璃物证的提取　为防止金属元素对分析的影响，不应使用金属镊子直接提取，可用非金属镊子提取，也可以戴上手套直接提取。当玻璃碎片上有指纹、血迹、油漆、纤维等附着物时，要立即将该玻璃碎片另行妥善保管，不应破坏该附着物的原始状态。

7）法医物证（生物检材）的提取　对于勘验中发现的生物检材和疑似生物检材，提取所用的工具必须洁净，禁止同一提取工具反复使用；取证时尽量穿戴隔离服、口罩和隔离手套，禁止用手直接接触物证，以免污染和破坏物证，影响鉴定结果的准确性。

为了保证事故物证检验鉴定结果的正确性，在勘查和提取过程中，应防止物证被污染。在提取物证之前，不能在物证部位及附近用粉笔和圆珠笔以及蜡笔等勾画。提取物证的各种工具应清洁无污染。用同一工具提取不同部位的物证时，每提取一次后，应将工具擦拭干净，应使用不同的工具分别提取检材和样本。提取物证特别是油脂和人体组织等，不能直接用手接触物证。所提取的物证必须及时标明提取部位和名称，以防混淆。取证检验的物品和车辆应暂时扣留，检验鉴定结束后才能返还。

以上是交通事故现场中常见的几种微量物证的提取方法。在提取时尽量保持物证的原貌，尽量采用无损的提取方式，并确保提取过程不会对检材产生污染。提取、包装、保存还要符合法律、法规的关于提取物证的规定和要求。同时要与现场照相、绘图、记录相配合。对提取的微量物证，根据需要及时送检。

二、现场测量

鉴定过程中现场测量的目的是根据具体鉴定项目的需要，核实道路交通事故现场图中的重要数据和信息，或是根据道路交通事故现场图中已有的定位信息，补充测量鉴定中需要的其他数据。测量的内容可能包括：车辆位置，路面痕迹的形状、起点和止点位置，轮胎印痕曲线半径，护栏、灯杆等固定设施上的痕迹，部分案件还可能需要勘验事故路段的横向坡度、纵向坡度、平曲线半径和地形地貌等空间信息。

从测量对象和范围的角度分析，现场测绘的空间范围大于痕迹物证的测量范围，对于一起交通事故而言，现场测绘可以认为是宏观层面，部位痕迹是中观层面，细目痕迹是微观层面。从测量的目的分析，痕迹物证的测量在于对象位置的固定，而测绘既包括定位测量，又包括相关对象的空间位置复现或重建，准确体现关注物体间的空间位置和距离信息。

目前，测量方法包括：传统定点测量、基于近景摄影测量的平面测量、基于无人机航拍的二维现场重建、基于无人机航拍的三维现场重建、基于激光三维扫描的空间点云重建。

（一）传统定点测量

传统定点测量的方法包括：点线定位法、直角坐标定位法、极坐标定位法、三角定位法，以及结合点线定位法和直角坐标定位法的综合定位法。对于现场道路的坡度，可以使用坡度尺等仪器进行测量。

1. 点线定位法

（1）基准点　基准点也叫固定点，是现场定位时基准坐标系的原点。通常在说明某一个物体的位置时，总是以相对于另一个固定参考物的距离作为参照。道路交通事故现场测量中通常是在事故现场邻近的地方，选定一个或者多个具有永久性标记的固定点，作为确定现场方位的基准点。选取基准点的目的是为了确定道路交通事故现场所处的具体位置，大多数情况下其还是现场测量的基准。

道路交通事故现场预选的基准点，必须是现场原有的、相对固定的某一点，如里程碑、电杆、交通标志、建筑物的某个拐角等。选择基准点的原则是：在事故现场的一侧；离现场较近，便于测量和绘图；要相对固定、不易移动和消失，以便于在较长时间内能够作为恢复现场的基准标志。

(2) 基准线　基准线的主要作用是与基准点配合，用来确定事故现场在道路上的位置，以及作为现场测量的参照。基准线的确定是道路交通事故现场定位的基础，一切道路交通事故现场痕迹物证在现场的位置及其相互距离关系，都可通过基准线得到相应的空间定位。通常是选择道路边缘线或者道路标线作为基准线，但由于受道路交通事故现场条件的限制，并不是所有的道路交通事故现场图的绘制均能选择合适的基准线，如发生在弯道的交通事故。因此，是否要确定基准线应视具体情况而定。

(3) 定位测量　测量实践中，可以分别测量待测点到基准点的直线距离，以及待测点到基准线的垂直距离，并结合待测点、基准点和基准线的基本空间位置完成定点测量，如图 2-6 所示。

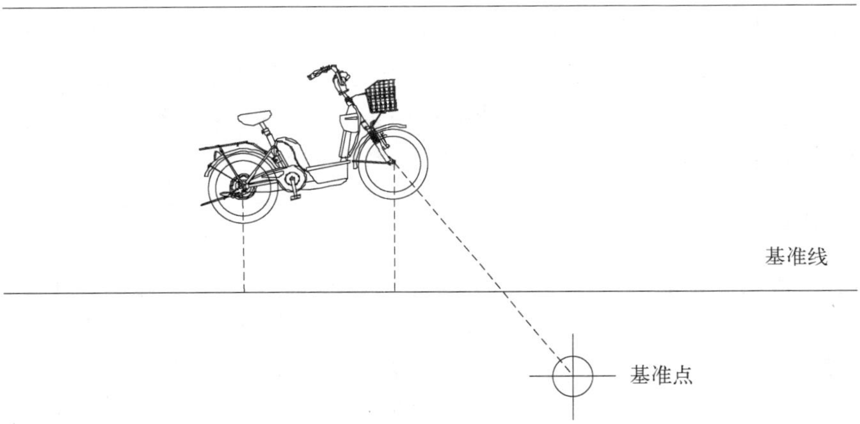

图 2-6　利用基准点和基准线的定位测量

以道路一侧的里程桩为现场基准点，以直线路段的一侧道路边缘线为基准线，通过分别测量侧翻倒地的两轮车前、后轮心到基准线的垂直距离，以及后轮轮心到基准点的距离，实现对现场两轮车的定位测量。

2. 直角坐标定位法

直角坐标定位法是通过建立平面直角坐标系来确定平面内任意一点位置的方法。以基准点为原点 O，并以沿道路方向为 X 轴，垂直道路方向为 Y 轴建立坐标系统，建立平面直角坐标系。依次测量基准点到所有待测点的沿 X 轴和 Y 轴方向的距离，作为其 X，Y 方向的坐标，如图 2-7 所示。

该方法可以用于小范围的定位测量，较为实用。但由于测量现场很难建立准确垂直关系的 X 轴和 Y 轴，因此，测量误差可能会随着距离范围的扩大而增加。

3. 极坐标定位法

极坐标定位法是利用平面极坐标系来确定平面内任意一点位置的方法。选取现场某固定物为极点，选取另一固定物为基准点并与极点连接，以此连接线作为极轴；测量待测点到基准点的距离作为极径，以及待测点与基准点连接线与极轴的夹角作为极角，如图 2-8 所示。

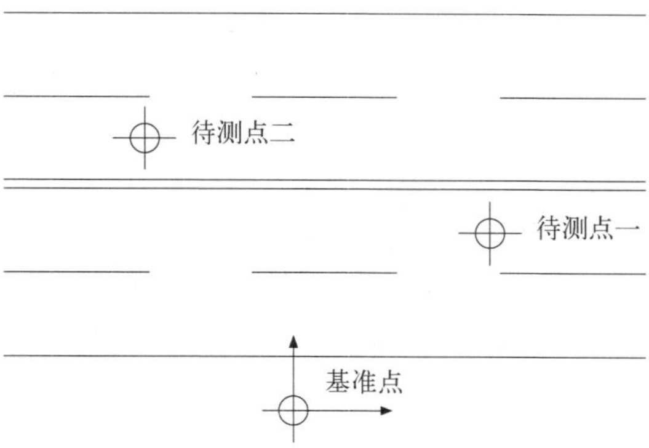

图 2-7　直角坐标定位测量

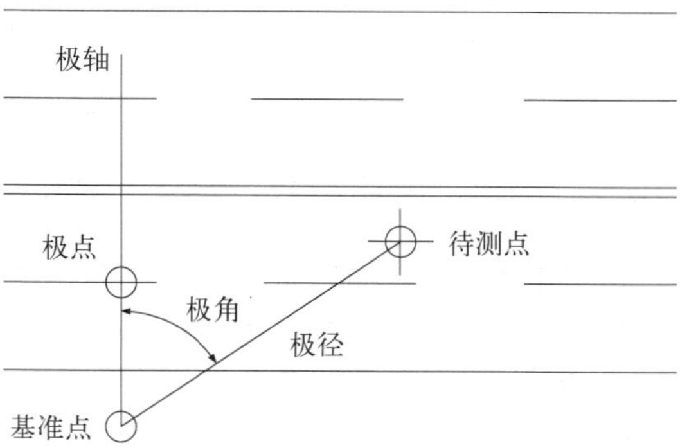

图 2-8　极坐标定位测量

这种定位方法不需要基准线或垂直关系，所以不受道路线形的影响，可以用于弯道路段或路口的测量。但是，这种方法需要测量角度，必须使用经纬仪等专业测量设备，同时也需要专业人员进行测量操作。

4. 三角定位法

三角定位法也称三点定位法，这种方法利用三角形的稳定性原理进行测量。选取现场两个基准点，分别量取待测点到两个基准点鉴定距离，实现对于待测点的定位测量，如图 2-9 所示。

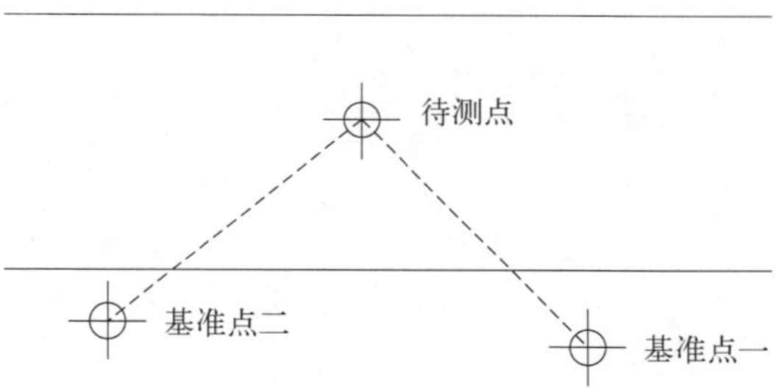

图 2-9　三角定位测量

基于三角形的稳定性，在测量下一个待测点时，可以选用已经测量定位的测量点作为基准点，测量区域可以在已经完成的测量范围的基础上不断扩展。因此，这种测量方法可以使用较短的测量距离，实现较远范围的定位和测量。

三角定位法不使用基准线，不需要测量角度，仅需要测量直线距离。因此，这种方法适用于各种道路情况平面测量，测量精度也高于以上三种方法。

5. 弧形轨迹的测量

在侧滑和侧翻事故路面上经常可以发现弧形的轮胎印痕。当车辆发生侧滑时，会在路面上留下侧滑痕迹；当车辆发生侧翻时，有可能在离地一侧留下轮胎纵向滑动痕迹，而在另一侧留下轮胎压印。此类弧形痕迹的半径是计算车辆对应该过程行驶速度的有效依据。为此，有必要对这一类弧形轮胎印痕进行测量，以便进一步求取车辆行驶轨迹半径。行驶轨迹的测量方法可以采用以下两种方式。

第一种方法，首先，在弧形痕迹的一侧选取待测点，并在现场选取合适的基准点，或直接选用适当的两个待测点作为基准点；然后，采用以上介绍的三角定位法，分别测量基准点和待测点间的距离；最后，根据测量所得数据，在 CAD 软件上标绘基准点和待测点的相对位置关系，使用平滑曲线拟合由待测点构成的圆弧并标注其半径。

第二种方法，首先，测量弧形痕迹的弦长 C 和弦高 L；然后根据公式进一步计算该段弧形轨迹的半径，如图 2-10 及公式(2-1)所示。

$$r = \frac{C^2}{8L} + \frac{L}{2} \qquad (2-1)$$

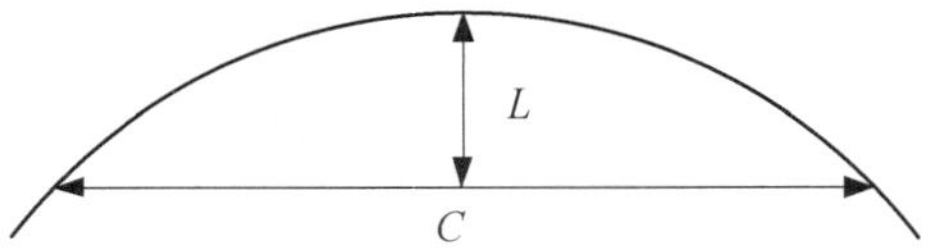

图 2－10 转弯半径（或地面弧形痕迹半径）计算测量示意图

由于车辆在做圆周运动发生侧滑或侧翻的同时，可能由于在运动过程中速度降低，导致其相应的临界运动半径也会随之逐渐减小。因此，对于速度鉴定的现场测量而言，应尽可能对此类痕迹的起始阶段进行测量。

6. 坡度测量

基于事故形态进行车速鉴定时往往需要道路横向坡度或纵向坡度的数据，而目前道路交通事故现场图中大多缺少坡度信息。因此，鉴定过程中应该视需要，对事故发生地点的相关坡度进行实地测量。道路坡度可以使用水平仪等专业测量仪器进行测量、计算，也可以使用坡度尺等工具直接进行测量，如图 2－11、图 2－12 所示。

图 2－11 使用坡度尺沿道路方向测量平整路面的坡度

图 2－12 坡度尺显示的坡角

在测量实践中，传统定位测量的方法往往受到自然光照、气候环境和时间的限制。同时，发生在高速公路、城市快速路、主干路、桥梁路段的交通事故，对交通事故现场测量提出了更高的要求，既要在较短时间内采集详细的事故现场信息，又要以最快的速度恢复交通畅通，更要确保现场测量时的交通安全。

传统定位测量方法无法对事故现场的信息进行再次提取。一旦勘查结束，现场即被清理、撤除，若发现收集现场证据不全、或数据间存在矛盾的情况，则无法进行复核或再次测量。

（二）基于近景摄影测量的平面测量

随着数字图像技术的快速发展，数码照相、录像广泛应用于交通事故的现场勘查，交叉路口、管控路段等重点交通区域普遍安装了视频监控设备，越来越多的车辆安装了视频行驶记录装置。交通事故现场勘验照片、录像，以及现场监控录像、车载视频等图像信息客观地记录交通事故的现场情况，包含了丰富的事故现场信息。近景摄影测量技术为进一步从这些图像中定量提取目标尺寸、位置和形状等信息提供了技术途径。

1. 二维直接线性变换

根据近景摄影测量的二维直接线性变换方法可知，如果图像上的点在实际坐标系空间中对应的点都在同一个平面上,则可以根据直接线性变换关系,推出从空间平面到图像平面的对应关系,并能由 4 个已知其在空间平面上的位置和图像平面上的位置的参考点,求出空间平面的点和其在图像平面上投影点之间的对应关系,这就是二维直接线性变换(direct linear transformation, DLT)。

二维直接线性变换标定法的基本原理如图 2-13 所示。

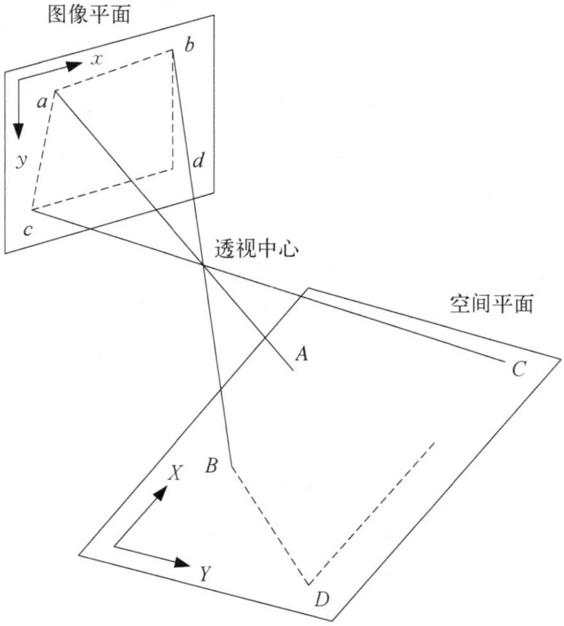

图 2-13　二维直接线性变换示意图

设三维空间坐标系中任意点 (X, Y, Z) 和它在二维图像平面坐标系上的坐标为 (x, y),如果空间点都在同一个平面上,即 Z 为常数,则空间点和图像点的坐标满足:

$$
\begin{aligned}
x + \frac{l_1X + l_2Y + l_3}{l_7X + l_8Y + 1} = 0 \\
y + \frac{l_4X + l_5Y + l_6}{l_7X + l_8Y + 1} = 0
\end{aligned}
\qquad (2-2)
$$

式(2-2)中有 8 个系数需要确定。如果已知 4 个以上标定参考点的空间位置及其在图像上对应点的位置,就可用最小二乘法确定 8 个未知系数,从而确定空间平面和图像平面的坐标变换关系。

系数近似值的解算式。选取 4 个控制点,可得以下 l 系数近似值的解算式:

$$
\begin{bmatrix}
x_1 & y_1 & 1 & 0 & 0 & 0 & x_1X_1 & x_1Y_1 \\
0 & 0 & 0 & X_1 & Y_1 & 1 & y_1X_1 & y_1Y_1 \\
x_2 & y_2 & 1 & 0 & 0 & 0 & x_2X_2 & x_2Y_2 \\
0 & 0 & 0 & X_2 & Y_2 & 1 & y_2X_2 & y_2Y_2 \\
x_3 & y_3 & 1 & 0 & 0 & 0 & x_3X_3 & x_3Y_3 \\
0 & 0 & 0 & X_3 & Y_3 & 1 & y_3X_3 & y_3Y_3 \\
x_4 & y_4 & 1 & 0 & 0 & 0 & x_4X_4 & x_4Y_4 \\
0 & 0 & 0 & X_4 & Y_4 & 1 & y_4X_4 & y_4Y_4
\end{bmatrix}
\cdot
\begin{bmatrix} l_1 \\ l_2 \\ l_3 \\ l_4 \\ l_5 \\ l_6 \\ l_7 \\ l_8 \end{bmatrix}
+
\begin{bmatrix} x_1 \\ y_1 \\ x_2 \\ y_2 \\ x_3 \\ y_3 \\ x_4 \\ y_4 \end{bmatrix}
= 0
\qquad (2-3)
$$

物方空间坐标近似值解算式。解得 l 系数后,可根据图像上目标点的坐标 (x_i, y_i),按下述二元一次联立方程,解求物方空间坐标 (X_i, Y_i) 的近似值:

$$
\begin{aligned}
X_i(l_1 + x_il_7) + Y_i(l_2 + x_il_8) + (l_3 + x_i) = 0 \\
X_i(l_4 + y_il_7) + Y_i(l_5 + x_il_8) + (l_6 + y_i) = 0
\end{aligned}
\qquad (2-4)
$$

2. 现场测量应用

道路交通事故现场中需要测量的信息往往位于现场路面上,在一定范围内可以将路面视为平面,而且人行横道、车行道分界线、路面接缝线等地面特征物也为选取标定参考点提供了条件。因此,在鉴定实践中,可以选取图像中路面上的特征点作为标定参考点,建立像平面和空间平面间的直接线性变换关系,从而通过图像中目标像素坐标实现实体空间位置的测量。

例如：在某无信号灯控制的T形路口,一辆左转的三轮车与一辆直行的小型轿车发生碰撞。办案人员现场勘验时,发现事发路口一侧安装了一台摄像机,随即调取并保存了事发时的监控视频图像。通过观察视频,发现小型轿车涉嫌占道、跨线行驶在三轮车左转的目标车道上,但是视频图像中不能直接观察到路面中心标线的位置。为了调查事实,办案单位委托鉴定涉案小型轿车进入视频范围时在路面上的位置。

方案一,若监控摄像机的内参和外参均未发生变化,即摄像机的位置、角度和景深未与案发时的情况保持不变,则可以直接采用现场实验的方法进行鉴定。可以将醒目、突出的标定物放置在现场路面中心线位置上,截取放置好标定物后视频图像,并将实验图像和事发时的图像进行重叠,比较目标车辆轮胎位置与标定物间的相对位置。

方案二,若监控摄像机的内参或外参均发生变化,则不能按照方案一进行鉴定。可以首先在视频图像中,选取现场路面上不在一条直线上的四个特征点作为标定参考点,然后现场测量四个特征点间的实际距离信息,最后根据四个特征点的像素坐标和实际位置关系,建立像平面与空间路面的二维直接线性变换关系,从而通过图像中目标车辆的轮胎位置测量其实际位置。

该案具体鉴定过程中发现,案发之后摄像机的参数有所变化,已经不能完全复位。因此,鉴定人采取了第二种鉴定方案,通过图像观察,发现事发现场路面上有可供标定的特征点,通过现场测量,获得了四个特征点的实际空间距离,如图 2－14 所示。

图 2－14　被鉴定车辆右前轮接地位置及路面特征点

使用具有近景摄影测量功能的软件 PC－Rect,输入四个标定点的像素位置、四个标定点的实际距离,建立像平面和空间平面的二维直接线性变换关系,并将像平面进行投影变换,经过处理后得到路面的俯视比例图,进而测量目标车辆轮胎所处位置距离路面一侧边缘的距离,如图 2－15 所示。

随着民用无人机技术的发展,无人机航拍图像也开始用于道路交通事故的现场勘验。无人机携带的摄像机在一定高度条件下俯视拍摄的图像与普通照相和录像相比,具有视野范围广,摄像主轴与现场路面近似垂直等优势条件。因此,无人机拍摄的俯视图像可以近似认为是现场平面的比例图,在使用无人机航拍图像进行现场测量时,既可以在俯视照片上标注使用传统定位测量所获取的数据,也可以根据图像中现场路面上的接缝线、标线等可以测量实际距离的参考物,计算俯视照片与现场路面实际距离的近似缩放比例关系。

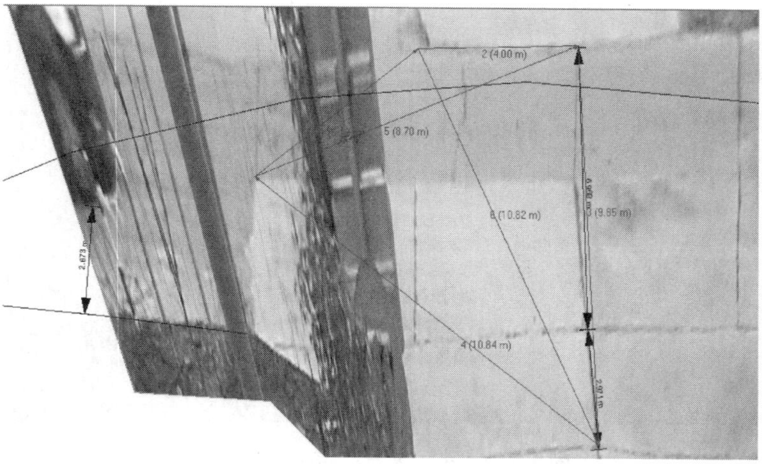

图 2－15　二维直接线性变化后得到正射图像

当需要更高测量精度和准确性时,可以使用 PC－Rect、PhotoModler 等专业图像测量软件,对图像进行畸变矫正和二维直接线性变换,将拍摄图像转换为正投影的俯视图,即为现场比例图。

(三) 基于无人机航拍图像的三维现场重建

使用连续的无人机航拍图像,还可以根据摄影测量的基本原理和多视图三维重建技术构建事故现场的实景三维模型。目前,可以应用 Agisoft PhotoScan、ContextCapture(Smart3D)、Pix4Dmapper 等专业软件处理多幅连续图像,对事故现场进行三维空间重建。

基于四旋翼小型无人机平台和机载摄像机对设置在某口的一处模拟事故现场拍摄连续图像,使用专业软件对拍摄的图像进行处理,得到现场三维重建效果,如图 2－16、图 2－17 所示。

图 2－16　某 T 形路口的三维影像

(四) 基于地面激光三维扫描的空间重建

地面三维激光扫描技术是 20 世纪 90 年代中期开始出现的一项技术,是继 GPS 空间定位系统之后又一项测绘技术新突破。三维激光扫描技术可以真正做到直接从实物中进行快速的逆向三维数据采集及模型重构,即从三维到三维的全景三维实测数据重构。它通过高速激光

图 2-17 模拟事故现场的三维影像

扫描测量的方法,大面积高分辨率地快速获取被测对象表面的三维坐标数据。可以快速、大量地采集空间点位信息。无须做任何实物表面处理,并且景深很长,避免了光学变形因素带来的误差,激光点云中的每个三维数据都是直接采集的目标真实数据,从而使后处理的数据真实可靠,所以将它作为快速获取空间数据的有效手段。它主要是针对大中型的目标实体或实景,并能直接反映客观事物实时的、变化的、真实的形态特性。

三维激光扫描测量技术克服了传统测量技术的局限性,采用非接触主动测量方式直接获取高精度三维数据,能够对陡峭、复杂、高危环境等任意物体进行扫描,且没有白天和黑夜的限制,快速将现实世界的信息转换成计算机可以处理的数据。它具有扫描速度快、实时性强、精度高、主动性强、全数字特征等特点,三维激光扫描仪每次测量的数据不仅仅包含 X,Y,Z 点的信息,还包括 R,G,B 颜色信息,同时还有物体反色率的信息,这样全面的信息能给人一种物体在电脑里真实再现的感觉,是一般测量手段无法做到的。

激光三维扫描技术可以用于事故现场测量及重建、事故车辆勘验等,对与事故有关的场景、物体进行扫描,从而获得目标的点云及图像数据。该技术还具有不破坏检材、测量精度高、覆盖面积大等特点,相较于传统的测量勘验手段,激光扫描仪的使用有助于提高交通事故现场勘验及痕迹检验的准确性、科学性和客观性。

以徕卡 RTC360 扫描仪为例,激光安全等级:1 级(符合 IEC 60825—1:2014);激光波长:1 550 nm(不可见);扫描范围:0.5~130 m;垂直视场角:300°;扫描速率:高达 2 000 000 点/秒;水平视场角:360°;分辨率:3 mm@ 10 m,6 mm@ 10 m,12 mm@ 10 m;测角精度:18″;测距精度:1 mm@ 10 m;点位精度:1.9 mm@ 10 m,2.9 mm@ 20 m,5.3 mm@ 40 m。该设备可以进行全景三维测量和整体建模,利用视觉增强的追踪技术,实时跟踪计算扫描测站相对于前一个测站的相对位置,集成彩色照相系统,实现零视差自动颜色叠加,同时具有三维图像采集,数据预处理管理以及将数据输出成主流三维软件支持格式的功能,可以实现交通事故现场、痕迹及事故车辆变形的全景三维点阵扫描,以及交通事故现场道路横、纵断面信息的快速测量,提高交通事故现场勘查的效率和精度。

以下应用示例是利用 FARO Focus-3D 激光三维扫描仪对一例模拟事故现场进行勘查测量后得到的点云,以及在点云模式下测量若干待测间的水平距离和路面任意两点间的垂直落差,如图 2-18 所示。

图 2－18　在点云模式下的测量示意图

以下是在图像模式下，测量若干待测间的水平距离和路面任意两点间的垂直落差，如图 2－19 所示。

图 2－19　在图像模式下的测量示意图

· 思考题 ·

1. 论述现场勘验在交通事故痕迹物证鉴定中的重要性。
2. 如何运用地面痕迹及物证初步确定肇事逃逸车辆的基本信息？
3. 激光三维扫描系统相较于传统图像摄像技术的优势有哪些？
4. 道路交通事故痕迹物证提取的注意事项有哪些？
5. 交通事故现场测量的方法有哪些？分析优缺点。

第三章　道路交通事故痕迹鉴定

道路交通事故痕迹是在案件的发生过程中，车辆与其他车辆、人或物体相接触和相互作用时，在彼此间的作用面上形成的结构形象痕迹、整体分离痕迹和表面附着痕迹。交通事故痕迹不仅反映了两相互作用物体表面的结构形象特征、材料物理性质等内容，同时也反映了两相互作用物体的力学和运动学的特征。尤其是通过痕迹特征及其分布情况，可以说明车辆行驶方向、运动状态及其变化情况。这对道路交通事故演变过程的再现分析，对接触瞬间的车辆运动状态和车辆存在位置等主要事实的确认，以及对驾驶员的操纵行为和受害者的交通行为的分析都具有重要的意义。

道路交通事故痕迹鉴定是指鉴定人运用痕迹鉴定的理论、方法和专门知识，对痕迹物证进行勘查提取，并对其性质、状况及其形成痕迹的同一性、形成原因、形成过程、相互关系等进行检验检测、分析鉴别和判断并提供鉴定意见的活动。道路交通事故痕迹勘查应该从部位、物质转移、受力方向、痕迹形成机理等方面对痕迹进行检验和记录，着重观察痕迹的形态学特征，对于轮胎痕迹、整体分离痕迹等需要进行特征比对的，应制作痕迹对或者痕迹组的特征比对表，清晰反映痕迹要素之间的相互关系。

道路交通事故痕迹鉴定是道路交通事故痕迹物证其他鉴定项目的基础，包括通过对涉案车辆唯一性检查，对涉案车辆、交通设施、人员及穿戴物等为承痕体、造痕体的痕迹和整体分离痕迹进行检验分析，必要时结合交通事故微量物证鉴定、法医学鉴定等结果，判断痕迹的形成过程和原因。

第一节　鉴定的目的和内容

一、道路交通事故痕迹鉴定的目的

道路交通事故痕迹鉴定的目的可以分为直接目的和间接目的，直接目的是指通过痕迹鉴定直接解决案件中的技术性问题，间接目的是指通过痕迹鉴定为其他鉴定项目提供基础和依据。

道路交通事故痕迹鉴定的直接目的包括：通过对嫌疑车辆、人员及现场进行痕迹检验，判断车辆、人体、交通设施间是否发生过接触、碰撞，以及是否存在其他嫌疑车辆；通过痕迹检验，确认肇事车辆之间、车辆与人体、车辆与交通设施的碰撞部位，判断事故形态；根据事故现场地面痕迹和散落物等痕迹物证，判断或计算出碰撞点的空间位置；针对交通逃逸案件，通过事故现场勘查和涉嫌肇事车辆痕迹检验，为侦破逃逸事故和鉴别肇事车辆提供依据；针对涉嫌利用伪造交通事故现场骗取保险赔偿的案件，可以通过事故现场勘查和肇事车辆痕迹检验，对事故的真实性进行判断。

道路交通事故痕迹鉴定的间接目的包括：为车辆安全技术状况鉴定、交通事故安全设施鉴定、车辆速度鉴定和涉案者交通行为方式鉴定，以及其他与道路交通事故痕迹相关的具体项目提供技术支撑和基础依据。

二、道路交通事故痕迹鉴定的内容

从鉴定目的和委托事项的角度出发，道路交通事故痕迹鉴定的内容主要包括：

（一）碰撞是否发生

涉案车辆、行人及其他客体间是否发生过接触或碰撞。如在交通事故逃逸案件中，判断嫌疑车辆是否与现场车辆、行人或物体发生过接触或碰撞，此类鉴定可以简称为是否发生过碰撞。在鉴定实践中，除了采用基于痕迹形象特征进行鉴定以外，还可能会将痕迹检验中发现的疑似物质转移物证进行微量物证鉴定或法医物证鉴定，在痕迹检验的基础上，结合理化检验和生物学检验的结果确认是否存在物质转移。该项鉴定是确认碰撞事件是否发生，明确事故责任主体的重要支撑。

（二）事故形态及过程

交通事故中涉案车辆、人员等客体的碰撞部位及过程。如在两车多次碰撞事故中，判断车辆每次碰撞的部位及顺序；在多车碰撞事故中，判断车辆间的碰撞部位及顺序；判断碰撞时车辆、当事人的行进方向，以及所处姿态或体位。此类鉴定可以简称为事故形态，该项鉴定是分析事故过程，进行事故认定和案件审理的重要基础，同时，也是交通事故中车辆速度鉴定、涉案者交通行为方式等鉴定项目的重要基础。

（三）碰撞点位置

碰撞发生时，涉案车辆或行人的碰撞（接触）部位在路面上所处的位置。如对于机动车与非机动车的碰撞事故，需判断事故车辆所处车道位置，涉案的机动车是否行驶在机动车道内，非机动车是否行驶在非机动车道内；涉案车辆是否存在跨线行驶、逆向行驶的行为。该项鉴定与相关法律条款准确对应，是分析事故过程，判断事故责任的重要依据。

（四）支撑其他鉴定项目

事故形态是车辆速度鉴定、涉案者交通行为方式等鉴定项目的重要基础，在部分案件中甚至可以通过痕迹鉴定直接判断当事人的交通行为方式。此外，对于车辆碰撞痕迹的检验鉴定也是车辆安全技术状况与事故发生之间因果关系鉴定的基础，如车辆相关安全部件的损坏、失效与事故发生之间的先后次序和因果关系等。

第二节 鉴定的理论方法

一、物质转移

（一）物质的含义

物质是指独立于人的意识之外的客观存在。它包括有形的物质与无形的物质，一切客观存在的都属于物质的范围。随着现代科学技术的发展，司法鉴定中物质概念的范围也在不断拓展。目前进行鉴定的物质对象可以归纳为三类：

第一类是实物型物质。它是有形的，可以用目力和科学仪器观察到的物质实体。如毒物、毒品、爆炸物、金属微粒、泥土、粉尘、纤维、油渍、人体微细物质等。它是司法鉴定最常见的对象。

第二类是痕迹型物质。它是实物型物质(含物品、物体)的外表形态结构及其组成部分,由于机械作用、理化作用和自然变化,形成于载体物上的痕迹。如手印、足迹、工具痕迹、牙齿痕迹、碎裂痕迹、笔迹、图像、印刷字迹等,这些是司法鉴定最为多见的物质对象。鉴定这类物质,主要不是确定其理化成分、结构特点和生物特性,而是寻找其形成痕迹的“物”或“人”,或者判明痕迹形成的原因。

第三类是信息型物质。它是随着电子技术的发展而出现的新的物质类型。如声频与视频录音带和录像带、光碟、软盘等储存的信息,计算机系统和网络系统有关部位留存的电磁痕迹及其内容。这类物质与前两类物质有许多不同,它是由光电转化、声电转化、光化学转化、电磁转化形成的转化物质痕迹,其中许多物质痕迹在一定条件下还可“复原”。这种转化物质痕迹是逐渐增多的新兴鉴定对象。

上述三类司法鉴定物质都与物质转移原理有密切关系,明确其转移的条件、过程及转移后的特点,对于选用鉴定方法和评断鉴定意见的证明力具有重要意义。

(二)物质转移原理

物质转移或交换一般是指客体的物质或信息被其他客体物承载、交换、吸收、转化,而在其他客体物上存留一定的物质、信息的物质运动过程。包括物质实体的自身转移、物质实体外表结构形态的形象转移、信息物质的吸收或转化等转换形式。从鉴定的角度解析物质转移,证据是一种信息,而信息是物质的一种表现,鉴定中的证据信息是一种客观存在,它可以在不同客体间以不同的方式进行交换、转移、传递,并在其承载客体上留存相应信息,从而可被获取和运用。

物质量的转移或物的外表结构形态特征被转移成痕迹物质,以及物质中蕴涵信息的转移,它们都具备一定的科学基础,遵循各自的转移规律。一般认为,物质不灭、能量守恒和人的行为的物质性,是物质转移原理的科学依据。尽管不同类型的物质转移方式有所不同,但都要以物质不灭、能量守恒或能量转化作为先决条件。物质的任何转移形式,首先要有物质体存在,电子信息转移也不例外。行为主体的物质性运动必然在一定的时间、空间条件下实施,从而改变事物的原有状态,引起有关物质按照自己的运动特点转移。

(三)物质转移的条件

物质转移或交换是物质运动的客观规律。司法鉴定中常见的物质转移过程一般需要两个条件:转移客体的条件,多数是要在两个客体之间进行,外力作用条件,包括行为人的作用、自然界相关因素的作用、参与转移物之间的理化作用、机械作用等。外力作用的方式,可以是接触、吸收、传递、化合、分解等多种。物质转移的结果,必然导致参与转移的一方、双方或者各方引起一定的变化。

(四)物质转移的方式

物质转移的方式主要有三种。

第一,物质量与质的转移,即传统物质转移理论中的物质转移方式。由于行为主体或造型主体之间发生接触或交换关系,接触体或交换体之间产生一定的形态变化,或者被黏附、脱落某种物质,抑或者被吸收、带走某种物质,使相关方发生量或质的变化。

第二,物的外表形态结构被承受体“复印”而转移成痕迹型物质。这种转移方式并不完全遵守能量守恒法则,而是以“接触复制”的方式,或者以感觉、记忆方式实现转移的。如形象痕迹、记忆痕迹的形成,即超出了物质转移的范围。

第三，物质中蕴含信息的转移。如电子数据是由于人的行为产生自动转移的结果，其数据、图像或痕迹不仅寓存于主动入侵的计算机与被侵害的计算机之中，同时还保留于登录所途经的网络站点之中。学术界普遍认为，电子信息转移是物质转移的一种特殊方式。

二、同一认定

（一）同一的含义

司法鉴定同一认定原理中的“同一”是指客体的自身同一，即被鉴定客体物与其自身为同一物。在自然界和人类社会，没有两个完全相同的人、相同的物，只有“同一”的自身。所谓客体自身，是指具体的人或物各方面物质特性的唯一性表现。如人的肤纹特性、外貌特性、遗传物质基因特性、书写习惯特性等与其自身同一；印章、鞋底、车轮胎花纹特性与自身同一。同一认定原理中所说的客体，是指与案件事实相关，能据以证明案件情况，需用专门的科技手段进行鉴定的物体（含物质、物品）、人身以及某些事实与物质现象。

客体的自身同一，通常有两种情形：一种是客体物的组成部分与其自身为同一个整体物，如人体物质同一、动植物体物质同一、断离物或分离物与其整体物同一；另一种是客体物的若干反映形象（痕迹或复制品、声音、图像等）为其自身所形成。如检材指印与样本指印、检材笔迹与样本笔迹、检材牙齿印与样本牙齿印、检材声纹与样本声纹，是否为同一人的指纹、同一人的书写习惯、同一人的牙齿、同一人的语音习惯所形成，此类“同一”即称为人的手指乳突花纹同一、书写习惯同一、牙齿结构形态同一、语音习惯同一。

确定客体自身同一是同一认定的目的，也是鉴定意见的法律要求。如在交通肇事逃逸案件的侦查过程中，发现了案件现场中的遗留痕迹、物质性客体等可疑物或可疑痕迹时，就要收集有关样本进行同一认定，通过检材与样本的比较，如果两者的特征体系相同，即可证明检材与样本两者是同一个人或物所形成的，即检材就是被寻找客体的反映形象，或者是其自身的一部分。

（二）同一认定理论

1. 同一认定的概念

同一认定是对客体是否同一作出的判断。同一认定的本质特征是“认定”，是对客体作出“是”与“不是”、“同一”与“不同一”的认定，而“认定”是一项认识活动，属于判断范畴。因而，将同一认定定位为一种判断活动，是符合认识规律和鉴定要求的。

2. 同一认定的依据与方法

（1）*认定客体自身同一的依据*　同一认定是认定客体的自身同一，即以不同的形式去寻找客体自身。任何客体的特性都是独一无二的，因此，要区别不同客体，要寻找客体自身，只能以客体的特性为依据。客体特性是通过客体各方面的特征表现的。鉴定中，要区分不同客体，确定客体自身，必须首先分析与研究客体特征与特性的关系。

1）客体的特征，按其表现形式划分，可分为形态特征、物质成分结构特征和行为习惯特征三个方面：

第一，形态特征是指客体外表结构、形态的特点，如客体的长度、宽度、高度、角度、弧度、花纹结构、图案形式等外表形态特点。轮胎花纹、人体皮肤乳突花纹、鞋底、牙齿、印章等客体的特性，都是以客体外表形态特征作为表现形式的。

第二，物质成分结构特征是指物质内部的组织结构、组成成分、形态及物质的理化特性所表现的特点。如毛发、血液、各种微量物质等都是以结构特征表现其特性的。

第三,行为习惯特征是人的行为的自动化动作锁链系统表现出来的动作特点。如书写动作习惯的特性,是以书写动作习惯所反映出来的笔迹特征为表现形式的。

2) 客体的特征,按其对构成特性的作用划分,可分为种属特征和特殊特征两个层面。

第一,种属特征是表明客体种属范围的特征,是同种同类客体共有的属性,是区分客体种属的依据。鉴定中,根据客体种属特征可以缩小受审查客体的范围,否定受审查人或受审查物的可能性,同时这又是比较检验确定客体是否自身同一的第一步,是认定客体自身是否同一的一个方面的依据。客体的种属划分越细,其种属特征对鉴定的意义越大。

第二,特殊特征是每个客体所具有的若干个别特点,是表现客体特性的重要"标记",是构成客体特性的主要依据。每个客体的特性,主要是由一定的特殊特征构成的。特殊特征是认定客体是否同一的主要依据。不同客体之间,特殊特征的类型和表现形式可能部分一致,但其形态、数量及其相互间的关系等特征总体绝不可能相同。

客体的特性,是客体内在的本质,是每个具体客体特有的属性,它具有抽象性和综合性的特点。一个客体的特性,不能从外表形式上直接感知。司法鉴定活动中认定客体是否同一,以客体特性的异同作为出具鉴定意见的依据。在鉴定中,必须从发现和确定检材与样本各自客体的特征入手,通过对两者相同特征与不同特征总体的比较分析,进而确定两者的特性是否相同。

(2) 司法鉴定认定客体同一的方法　　司法鉴定中,认定客体是否同一,要根据具体客体及其反映形象的特点选择不同的方法——包括基本方法和具体方法。认定客体是否同一的基本方法是比较法。这是任何一种同一认定鉴定都必须采用的。比较的基本形式有三种:

第一,被寻找客体与受审查客体反映形象的比较。这种鉴定的比较材料,既有被寻找客体的反映形象(检材),又有受审查客体的反映形象(样本)。通过检材与样本的特征比较,最后确定受审查客体与被寻找客体的关系,即受审查的客体是否就是被寻找的客体。这是典型的同一认定比较法。

第二,被寻找客体自身的直接比较。这种同一认定是将客体自身与其组成部分直接进行比较,把被寻找客体自身的一部分或几部分作为检材,将受审查客体自身的一部分作为"样本"。经过比较,如它们之间的特征体系相互吻合,能够形成一个自然完整的整体,即构成部分与整体物的同一关系。这种同一认定形式仅适用于对散离物、断离物或分离物的鉴定。

第三,被寻找客体反映形象的单独比较。这是一种最初阶段的、不完全的同一认定比较鉴定方法,其鉴定意见还不能作为证据,但它是运用同一认定的原理和步骤方法进行的。整个认定过程仅有被寻找客体的数个反映形象或自身——检材,而无受审查客体或其反映形象(样本)。同一认定的特征比对都只是在几个检材的单方面之间进行。比较结果只能确定数个检材是否为同一个被寻找客体所形成的,不能确定受审查客体与被寻找客体间的关系。这种鉴定多是在案件侦查的最初阶段进行的,目的在于判明犯罪人数、犯罪工具、犯罪手段与特点,为并案侦查提供依据。

(三) 同一认定类型

1. 按同一认定客体划分同一认定类型

同一认定客体的种类繁多。按照鉴定客体划分鉴定种类,是按照客体的基本属性划分。这种分类对于研究鉴定方法、鉴定原理、鉴定意见的评断与运用有一定的意义。以鉴定客体作为鉴定分类依据,同一认定可分为对"人"的同一认定和对"物"的同一认定。

(1) "人"的同一认定　　"人"的同一认定,是指鉴定意见所认定的是具体的人。它是依据人的某一方面的特性、某些技能习惯或人体某一部分的物质特性去认定案件中需要确定的人。因为人的某一部分物质特性与其整体特性不可分割,只要根据其中某一方面的特性认定了同一,也就认定了人的同一。在现代司法鉴定科学中,可能作为“人”的同一认定的客体主要有:人体皮肤乳突花纹、书写动作习惯、语音习惯、人体外貌、牙齿、血液、毛发、骨质、人体组织、体液、人体分泌物、人体气味、皮肤表面脱落细胞、人体其他皮肤花纹等。因此,鉴定中有皮肤乳突花纹同一认定、书写习惯同一认定、人体外貌同一认定、牙齿同一认定、语音习惯同一认定、血液同一认定(主要指 DNA 认定)、人体其他物质同一认定、人体其他肤纹同一认定等鉴定类型。

“人”的同一认定形式,有直接认定和间接认定两种。直接认定是依据被鉴定客体的直观特征直接进行的,如法医学鉴定中依据尸体残肢认定整尸等。这种鉴定形式一般较少被使用。间接同一认定,是依据被鉴定客体所遗留的痕迹、声纹、字迹、气味和分离物质等确定与其自身的关系。间接同一认定是“人”的同一认定的主要形式。

(2)“物”的同一认定　“物”的同一认定结果所确定的是具体的物,即通过鉴定确定检材是否是所要寻找的“物”。“物”的同一认定客体主要有涉案工具、交通运输工具、鞋底、袜底、枪弹、印章、签字、印刷图版、编织物、纺织物以及各类微细物质等。根据物的组成状况,“物”的同一认定可分为“单体物”的同一认定和“合成物”的同一认定。

“单体物”是指具有单一固定形态和单一外表结构的客体,它是以自身一个较大局部的表面结构形态特征反映其自身的特性。如鞋印鉴定、印文鉴定、枪弹痕迹鉴定、工具痕迹鉴定等都是确定单体物的同一,而鞋底、印章、枪支机械、工具等都是单体物客体。鉴定的方式主要是比较客体反映形象痕迹的特性异同。

“合成物”是指具有整体特性而非单一结构、单一形态的客体,它的每一个细小的部分都是独立的并能反映其整体特性,如纤维、爆炸物、毒物、植物果实、动物毛等。鉴定这类客体必须满足数量的要求,鉴定的目的是要确定被寻找的“物”与受审查的“物”是否属同类合成物或同一合成物。鉴定的方式多是用理化方法、生物学方法直接比较分析客体物自身各方面的特征。

“物”的同一认定鉴定意见,一般只能证明物与案件的联系,不能证明受审查的人或物主与案件的联系。即使认定同一的“物”属受审查的人所有,也难以肯定该物主与案件的关联性。

无论是对“人”的同一认定还是对“物”的同一认定,鉴定结果都还有确定种属的问题,鉴定的方式方法都与认定同一大致相同。

2. 按鉴定依据划分同一认定类型

绝大多数鉴定都是以客体的特征作为分类依据,因此,依据客体特征划分鉴定类型是有实际意义的。由于鉴定客体的广泛性,客体特征的表现形式也相应具有多样性。综合同一认定客体特征的表现形式,主要有外表形态特征、行为习惯特征和物质成分结构特征三大类。据此,同一认定也可相应划分为以下几种类型。这种分类,对于研究鉴定原理,选用鉴定方法,审查鉴定意见的科学依据具有一定的意义。

(1)客体外表形态同一认定　以客体外表形态特征作为鉴定依据,是一种传统的鉴定方式。在科学技术高度发展的现代,它在鉴定依据中仍处于主要地位。这种鉴定大多数是通过比较客体的反映形象特征实现的。如指印鉴定、牙印鉴定、赤脚印鉴定、鞋印鉴定、工具痕迹鉴定、致伤工具鉴定、印文鉴定、人像照片鉴定等。鉴定的目的是确定检材和样本是否为同一客体外表形态特征的反映。

（2）行为习惯同一认定　人的习惯是多方面的，有生理活动习惯、心理活动习惯、技能动作习惯以及某些特殊行为习惯（如犯罪手法习惯）等，目前只有书写动作习惯和语音习惯可以作为司法鉴定客体。笔迹是书写习惯的反映，声纹是语音习惯的反映。因此，笔迹鉴定、声纹鉴定是动作习惯鉴定的主要对象。

任何行为习惯都是人的行为方式的表现，这种行为方式只有反映在一定的"载体"（承受动作习惯的客体）上才能被人们感知和察觉，才可能成为鉴定的对象。因此，行为习惯鉴定的检材也是以痕迹作为表现形式的。但表现行为习惯的动态痕迹并不反映客体的外表形态，而是反映行为习惯的运动规律——痕迹中的一种特殊表现形式，由此决定了行为习惯鉴定依据的是习惯运动规律的特点，而不是客体的外表形态特征。这是它与客体外表形态鉴定的根本区别。

行为习惯同一认定，是认定习惯与人的关系，即根据习惯的异同确定检材和样本是否是同一受审查人相应习惯的反映。

（3）物质成分同一认定　依据客体物质成分特征进行鉴定，主要是依据物质的形貌、结构、排列组合及含量比例等方面的特征进行鉴定。自然界的任何具体物质，实际上都是混合物质，不仅不同种类的物质的成分不同，同类同种的物质的成分、含量、组成结构、形貌也有一定差异，因而能够显示出其物理学特性、化学特性、生物学特性的不同，可作为区分物质种属和异同的依据，如爆炸物鉴定、毒物鉴定、油脂涂料鉴定、纤维鉴定等。

物质成分鉴定，属于司法鉴定中面广量大的一种常规鉴定。鉴定的方法主要是物理学方法、化学方法、生物学方法，其中仪器分析是重要的检测手段。鉴定所能解决的问题，主要是确定物质的种类（属）及其异同，少数的物质成分鉴定可以确定其是否是同一物质。

鉴定实践中，在鉴定同一个客体时可能同时采用几种不同的鉴定方法，以不同的依据，从不同的角度确定其种属，认定其是否同一，从而使鉴定结果互相印证，确保鉴定意见真实可靠。

三、种属认定

（一）种属认定的含义

种属认定可以理解为，根据对某一客体的特征分析结果，把该客体限制在一定的范围内。种属认定所限定范围的大小与它所依据的特征的质量和数量有着密切的关系，一般而言是一种反比关系，也就是说，特征的质量越高、数量越多，它所限定的范围就越小；如果特征的质量水平低、数量少，种属认定所限定的范围就越大。根据限定范围和特征质量、数量的反比关系，假设在特征质量无限高，数量无限多，它所限定的范围就无限小，这个范围就可以缩小到只能有一个客体存在的地步，在这种情况下，种属认定就转化为同一认定了。

种属认定的目的是要确定客体的类型，或确定某种物质的成分属性，或比较两种物质的成分属性是否相同。如在交通事故中，根据现场地面轮胎痕迹来判断车辆的种类，就是通过观察或检验肇事车辆轮胎胎面的特征反映体来实现的。种属认定可分为客体种类认定和物质属性认定两种类型。

1. 客体种类认定

客体种类认定是指确定被寻找客体是属于哪一种或哪一类。在交通事故调查或侦查中往往需要确定肇事车辆的类型，是货车还是小客车，是中型车还是小型车等。在交通肇事逃逸案中的确定涉嫌逃逸车辆的类型，可以为寻找该客体提供方向和范围。

2. 物质属性认定

确定物质属性是通过检测物质本身的化学性质、物理性质或生物性质来进行的。包括：

确定案件中提取的某种物质是何种物质;确定客体上(物体上或人体内)是否存在某种微量附着物或含有某种物质;比较两种物质的属性是否相同。

(二)种属认定的范围

种属认定的主要任务是确定被认定客体的种属范围及客体之间是否同类、同种、同属。随着科学技术的进步,人们对自然界、社会现象认识能力的增强,同一认定的客体范围逐步扩大,种属认定的客体范围已经或将会逐步缩小,所以,种属认定的对象是不稳定的。过去有的种属认定对象现在已被纳入同一认定范围,现在的某些种属认定对象以后又将成为同一认定对象,有些尚不是种属认定的客体将来也会成为种属认定乃至同一认定的客体。

(三)种属认定的依据

从原理上讲,种属认定是同一认定的组成部分,任何同一认定鉴定,都首先要用种属认定的依据和方法,确定检材与样本是否具备其自身种属特征的反映,即使该检材与样本的自身没有明确的种属划分,也应大致判定两者种属范围的特征反映是否一致。因此,种属鉴定的科学基础(或称原理)与同一认定是一致的,鉴定依据也是运用同一认定的客体特征分类体系的一部分。对于有明确种属划分的客体,以种属特征的异同作为区分客体种属和认定客体间种属异同的主要依据;对于不能明确划分种属的客体,可以用属于客体种属范围的特征和部分特殊特征作为区分客体种属和确定客体间种属异同的依据。种属认定的基本方法,也是采用比较方法,其具体方法与同一认定相同。

(四)同一认定与种属认定

在司法鉴定中,同一认定与种属认定是同一个科学理论体系和鉴定方法中的问题,两者间既有联系又有区别。种属认定是根据同一认定原理和方法,确定客体种属范围,或者确定客体间是否同类、同种的一种鉴定类型。种属认定在物证鉴定领域使用得相对多一些,鉴定结果只能表明检材与样本种类属性是否相同,或者单独确定受检客体的种属范围。

1. 二者的区别

种属认定与同一认定是两个不同的概念,二者之间是有区别的。

第一,最根本的区别是解决问题的范围不同。同一认定是解决案件中先后出现的客体是否为同一个客体或同属一个整体的问题;种属认定则只能确定客体的种类,在比较两种物质时,只能解决它们的物质属性是否相同的问题。

第二,鉴定的对象不同,有的客体既可以确定种属又可以确定同一,有的客体目前只能确定种属。

第三,种属认定和同一认定的意见依据,特征的数量、质量不同。同一认定是以客体的特定性为依据,对相同特征的数量和质量要求很高,种属认定是以客体的种属特征和一部分特殊特征为依据。

第四,认定意见所表达的含义不同。同一认定中,如意见是肯定同一,指的是一个客体,在种属认定时,如意见是肯定两种物质属性相同,有可能指的是两个客体。

2. 二者的联系

种属认定和同一认定之间尽管有区别,但也有密切的联系。

第一,种属认定往往是同一认定的初始阶段。在解决案件中先后出现的客体是否同一的问题时,第一步确定客体的种属,可以为寻找嫌疑客体提供方向,或缩小范围。

第二,在解决两个断离部分是否原属同一整体的问题时,检验每个断离部分的物质属性,可以为解决同一鉴定问题提供依据。

第三,在根据客体留下的反映特征对客体进行同一认定时,对客体和印痕载体之间单向或双向转移并附着的微量物质进行种属认定,可以作为印痕鉴定意见的依据。

第四,以比较两种无固定外部形态特征的物质是否相同为目的的种属认定,与同一认定之间并无不可逾越的概念。随着科学技术的进步、人们认识能力的提高,原来只能进行种属认定的客体,如今也可以是进行同一认定的客体。如血物质长期以来只能进行血型鉴定,但 DNA 遗传密码揭示后,现已成为同一认定客体。

3. 二者的转化

种属认定与同一认定既有区别又有密切的联系。对某被鉴定客体进行种属认定,实际上就是依据该客体的特征把它限定在一定的客体范围之内。种属认定所依据的特征数量与质量不同,其限定的客体范围大小也就有所不同。一般而言,所依据的特征数量越多,质量越高,所限定的客体范围就越小;反之则越大。从认识过程来看,人们在限定客体范围时每增加一个特征,就等于使该范围缩小一步。当范围缩小到里边只能有一个客体的时候,种属认定就转化为同一认定了。

四、鉴定的一般步骤

受理鉴定委托后,应根据具体的鉴定对象和鉴定要求,采用科学的方法、手段进行检验并作出鉴定意见。就一般情况而言,痕迹检验鉴定宜按如下程序进行。

(一)预备检验

在正式检验前要做好两项准备工作:

第一,制定检验计划,使检验工作能够有计划地、科学地进行,明确勘查的重点,避免盲目性和随意性,防止检验内容不全面,保证鉴定工作的质量。首先,在审查送检材料的基础上,根据鉴定要求设计检验计划。对于一般性的、常见的问题,如已有比较成熟的、明确的方案,可以即刻着手检验。如果检验条件较差,或者要解决的问题难度较大,就必须围绕需鉴定解决的实质问题,综合采用各种方法,全面获取送检物证的客观事实。其次,根据检验对象的特点和鉴定的目的,选定最适合的检验手段和方法,然后再合理安排各种检验项目、各种方法的实施顺序。安排检验次序的一般原则是:其一,不影响后续检验的检验项目优先;其二,无损检材的方法优先;其三,不耗费或少耗费检材的方法优先。

第二,准备检验设备与器材。根据检验计划所选定的检验方法,准备好所用设备与器材,配制好化学试剂。凡通过检验可能改变物证原貌的,一定要事先征得委托人的书面同意,并采用拍照摄像、固定物证的原貌。凡将受审查客体本身提交鉴定的,如各种工具、鞋子,应模拟物证的形成条件,制作供检验用的受审查客体样本。研究细小的痕迹或痕迹的微观形态、结构时,单靠眼睛直观不易分辨,往往要借助一些工具或仪器。

(二)分别检验

分别检验是对检材和样本分别进行检验。通过观察,分别发现和分析检材痕迹与样本的特征、形成条件和过程,并由此认识它们所反映的被同一认定客体特征的过程,辨析潜在检验结果与待证明事实之间的逻辑关系。一般初步选择检材痕迹中清晰、稳定、可靠的特征,以供比较检验。之后,分析样本痕迹是否真实、可靠,并选择稳定、可靠的特征供比较。如果条件不足,应通知委托人重新或补充收集样本。分别检验是同一认定的基础性环节,是取得感性认识的阶段,其任务是给比较检验奠定基础。

1. 分别检验的内容

(1)分析痕迹的形成　结合现场情况和客体运动过程,分析检材(承痕)客体痕迹是由样本(造痕)客体的哪一部分形成的,是以怎样的方式在怎样的条件下形成的,分析介质、承受物对痕迹特征的反映有什么影响。

(2) 分析和选择客体(承痕/造痕)痕迹特征 在厘清痕迹形成机制的基础上,识别和选取那些可以真实反映客体稳定特征的痕迹特征,并进行固定记录。

(3) 分析样本的可比性 首先要分析样本的形成条件,确认它所反映的是受审查客体哪方面的特性。如果是物的同一认定,可直接研究受审查客体本身,必要时将它按照痕迹的形成方式和条件制作反映相应特性的实验样本,或者提出明确的要求,再补充收集样本,以改善其与痕迹的可比性。

(4) 分析和选择检材(承痕)客体痕迹的特征 以痕迹中反映的造痕客体的特征为依据,通过对样本全面地、仔细地检验,有时可结合对检材(承痕)客体本身的观察和分析,发现可同被寻找客体的痕迹特征相比较的受审查客体的特征。如果发现了检验痕迹时未曾注意到的特征,可再回来研究痕迹,看其是否具有可与样本相比较的特征,以便为比较检验提供更充分的依据。

2. 分别检验采用的方法或标准

1) 痕迹物证发现、固定、提取、保全按照 GA/T41 等的有关规定进行。车体痕迹勘验时应按照从下向上、从前向后、从外向内的顺序对痕迹进行勘验和记录。

2) 提取痕迹物证时,应有委托人等法律法规规定的在场人员见证并在鉴定记录等材料上签名,鉴定人做好相应记录;若痕迹中具有微量物证或生物物证等不同物证同时需要提取,必要时,应与有关专业人员进行研究,确定提取人员、顺序、方式等后再提取。

3) 涉及道路交通事故现场勘查照相的,按照 GA/T50 的有关规定进行。

4) 涉及驾驶人和其他涉案者交通行为方式确认的,按照 GA/T 268、GA/T 944 和 SF/T 0162 的有关规定进行。

5) 涉及道路交通事故现场图绘制的,按照 GA/T49 的有关规定进行。

6) 记录痕迹物证所处部位时,应根据痕迹物证所处部位的特点分别选取合适的定位法进行记录,如记录痕迹物证所处部位时,可选取 GA/T 49 附录 A 的现场定位方法。

注:采用现场定位方法,可表述为“该痕迹距地高××厘米(cm)至××厘米(cm)、距参照客体的某一边缘××厘米(cm)至××厘米(cm)”。

(三) 比较检验

比较检验又称比对检验,是在分别检验的基础上对检材痕迹和样本痕迹的对应特征逐一进行比较,充分揭示两者所反映的被同一认定客体特征异同的过程。判断待比对的造痕客体和承痕客体对应的基本位置和形态,分析相互关系及形成过程。

根据同一认定客体的性状,可分别选取检材和样本所反映的特征,通过对比确定特征的异同;也可采用测量、拼接、画线、重叠、并列对比等方法发现两者的异同点。比较检验的目的是在比较的基础上发现两类痕迹特征的相同点与差异点,为综合评断做准备。比较检验的内容包括以下几部分:

第一,比较检验的内容:检材痕迹与样本痕迹两者间的总体类型,相互间对应特征的形态、大小、位置、相互关系等。

第二,比较检验的方式:检材痕迹与样本客体直接比对;检材痕迹模型与样本客体比对;检材痕迹与样本客体痕迹模型比对;检材痕迹模型与样本客体痕迹模型比对;检材痕迹与样本痕迹的图像互相比对等。

第三,比较检验的顺序:先比对一般(种类)特征,再比对细节(个别)特征。比对时如两者种类特征完全不符,即可否定。如果一般特征相符,则须进一步对个别特征进行比对,直至比对完全部特征。

第四,比较检验的方法:

1. 并列比对

将相比较的图像并列置于同视野内相互对照,逐区、逐点地比对并记录其异同点。除直观实物外,还可借助实物幻灯机、投影仪等将图像投影在屏幕上进行比对,或置于相同的透明网格下比较,或分别将检材和样本痕迹图像中的特征按同规则连线进行图形比较。这种方法最适合从宏观上比较具有较大可变性的客体,但精度不够高。

2. 拼接比对

主要借助有图像拼接功能的投影比对仪或比较显微镜等仪器,通过对痕迹图像进行拼接,观察两个图像的形态特征是否吻合、衔接;也可将要比较的同倍大的图像照片或复印件,在特征相同的部位剪开,然后依断缘将对应部位试做拼接,观察特征是否吻合。

3. 重叠比对

将相同比例的透明或半透明的痕迹图像叠放在一起,在透光下观察和比较两个图像的重合状况。也可用有图像重合投影功能的比较显微镜、投影比对仪等对各种图像进行重叠比对。还可用拍摄或仔细描摹的痕迹图像透明胶片,直接置于痕迹样本上进行重叠比对。

4. 测量比对

测量相比较的两个图像所共同具有的任意两点间的距离、线条的斜率和角度,并对比其数值的异同。根据图像的种类和测量精度要求不同,可分别用直尺、卡尺、测量放大镜或显微镜、阿贝比长仪等进行接触式或非接触式测量。测量法不仅用于原物图像、复制图像的比对,也用于分析图像的比对。

在痕迹检验中,有时还需测量客体的某些物理量,以确定物质属性,据此鉴别物的种类的异同。如:重量、密度、硬度等,应力的测定,任何构件的比例极限、屈服极限、强度极限均是一定的,可利用万能实验机测定构件的应力状态,分析受力破坏情况。

5. 比较检验应遵循的原则

(1) 整体比较原则　应当把痕迹的所有特征有机联系成统一的整体进行比对,而不能抛开相关联的邻近部位而任取一个局部甚至某一点进行机械比对。

(2) 同部位比较原则　即必须把造痕客体同一部位形成的痕迹图像进行比对,不能“张冠李戴”。当图像模糊、残缺时,一定要注意分辨图像的可比部位。

(3) 同条件比较原则　即被比较的痕迹的形成条件应当相同或相近。条件包括作用力的大小、方向、角度,承痕客体的硬度、塑性、纤维方向等,这些因素对痕迹的特征影响很大。如果不能通过补充样本或制作实验样本改善比对条件,对比对结果呈现的差异必须慎重、科学地评价。

(4) 同倍率比较原则　在痕迹比对时,相比较的图像必须是实物原大小或相同缩、放倍率的图像。图像比对的目的在于认识客体的特征并充分认识相比较客体图像之间的相同点和差异点,为进行客体种属鉴别或同一认定提供依据。

(四) 综合评断

综合评断是对经过比较检验所发现的符合点和差异点进行分析与综合,并作认真的科学论证,最后依此提出鉴定意见的过程。综合评断大体按如下程序进行:

1. 差异点评断

差异点,是指检材痕迹与样本痕迹两者特征的不相符之处,其中多指细节特征的不相符之处。差异有本质差异与非本质差异两种。本质差异是指两个客体之间存在必然的、内在的区别。非本质差异是指同一客体自身变化或检材痕迹与样本痕迹的形成条件不同产生的差别，包括检材痕迹形成时间和样本痕迹形成时间相隔较久，客体发展演变或磨损老化形成的自身差异；检材痕迹与样本痕迹反映同一客体特性的某方向角度不同所形成的差异；对差异点的评断，要从特征的形成环境与自身变化中寻找原因。

第一，客体自身演变形成的差异。当样本的形成时间距物证形成时间较久时，可能因为客体自身发展变化而使其特征随之变化。对于此类差异可根据客体自身演变的规律进行分析，或收集与物证同时期形成的样本进行比较、验证。

第二，形成条件不同造成的差异。由于物证和样本的形成条件不同，使客体的特征表现不同。对此类差异，应当从物证和样本的实际情况出发，分析客观条件对形成痕迹特征的影响，或模拟痕迹的形成条件制作实验样本，再进一步比较、验证。

第三，因样本反映不充分形成的差异。由于客体具有多种功能，其特征具有质的多样性，如果提供的样本不是按形成痕迹的那种功能状态形成的，特征的多样性则反映不全，就会出现差异。对此类差异，可通过补充收集样本或由鉴定人用受审查客体制作实验样本，作进一步的比较、验证。

第四，故意伪装形成的差异。在根据人的行为习惯进行同一认定时，有时会因嫌疑人故意伪装而使痕迹呈现出许多假象，因而与其平时的习惯特征不同。在必要或可能时通过嫌疑人制作实验样本，再进行比较、验证。

第五，痕迹显现、提取中形成的差异。用摄影手段提取痕迹，可能因配光、曝光失当，使微细、浅淡的迹象反映不清或将犯罪痕迹与无关的痕迹混淆等。对此类差异应结合显现、提取方法本身的特点进行分析，或通过复查现场、勘验原件加以验证。

经过上述分析、验证，如果差异点不符合以上变化规律，或采用上述验证手段不能证实其属于非本质差异，则很可能是本质差异，必要时还可通过与符合点的综合权衡作最后确认。

2. 符合点评断

所谓符合点，是指检材和样本之间特征相同之处。对特征符合点进行评断，主要是对每个符合点的价值进行评断，并且在此基础上评断特征组合中符合点的总和是否达到了特定化的程度。如果达到特定化的程度，则该符合点就是本质性的符合，反之，则是非本质性的符合。

对于比较检验中发现的符合点，要从其稳定性与特殊性两方面进行评断。首先根据现场痕迹和样本痕迹中相同特征的形态、位置、清晰度及多个痕迹中的再现率，确定特征的稳定性。其次再分析各符合特征的质量或价值。符合有本质符合和非本质符合两种。

第一，本质符合是指痕迹与样本两者特征的总和是必然的实质的相同，且构成了特定性。本质符合的依据为：必须具有一定数量的符合特征，其中应有质量好的特征；特征间的相互关系是吻合的；特征的总和具有不可重复性；没有不能科学解释的差异。当做出痕迹与样本是本质符合的评断结果时，可作出同一认定意见。

第二，非本质符合是指两客体形象所反映的某些特征相同点属偶合，无必然的、实质的内在联系。非本质符合，一般是某些特征的相似或偶合，似乎符合但又有难以解释的差异，有时差异点还占主导地位。若存在非本质的符合，则要作出否定同一的意见。

3. 综合分析

综合分析评断要求把客体特征的符合点和差异点综合起来进行评价，不能把两者的关系割裂,有符合点者也可能因为不是本质的符合而造成不同一;有差异点者也不一定不同一,处理客体自身同一与否的问题的关键是"本质与非本质"的问题。通过对检材和样本的特征组合的差异点和符合点的评断,如果客体特征的符合是本质性的而其差异点是非本质性的,那么这就可以证明客体自身的同一,如果客体特征的符合是非本质性的而其差异点是本质性的,则可以说客体自身并非是同一的。

同样,对符合点和差异点分别进行分析评断之后,应当把异同双方联系起来进行综合考量,即从异同双方的数量和质量上进行对比,质与量是事物的统一体,一定量的特征反映一定的质。一般情况是量多质高,特征数量越多越能反映质量,所以要尽可能多地寻找特征,注意特征的总体数量。但不能片面地、单纯地追求特征的数量,更要重视特征的质量,特征的质量反映着本质属性。质量较好的特征有:特征的结构、形态是稳定、稀有、明显的;物件的特征是使用中形成的,是物体边缘部位的特征;人体肤纹集中的部位,且某特征出现率低;在检材痕迹与样本痕迹中,多次重复出现的单一特征。鉴定中,抓住质量好的特征,就抓住了问题的要害,抓住了本质,就可以作出准确的意见。在一定条件下,根据少数几个质量好的特征也可以作同一认定意见。

如果受检验条件限制,经过综合评断也难以对差异点的性质和符合特征总和的特定性作出确切的判断,也可以不提出鉴定意见。勉强地作出肯定或否定的意见,反而会造成不良的后果。必要时可请有关专家共同研究,进行会诊式鉴定。

第三节　道路交通事故痕迹鉴定典型案例

一、基于形貌特征和物质转移的痕迹鉴定

(一) 基本案情

2017 年 12 月某日某时许,某号牌隆鑫牌正三轮载货摩托车(甲车)与未悬挂号牌上海新伟电驱动三轮车(乙车)发生交通事故。2018 年 1 月,办案单位根据案件调查需要,委托对甲乙两车的碰撞痕迹进行鉴定。

(二) 鉴定过程

1. 检验方法

参照 GA 41—2014《道路交通事故痕迹物证勘验》、GA/T 1087—2013《道路交通事故痕迹鉴定》有关条款及检验方法,对甲乙两车的痕迹进行检验,结合微量物证鉴定结果及其他鉴定材料,对委托事项作出鉴定意见。

2. 检验所见

(1) 甲车　铭牌摘录车辆识别代号为×××。货箱右侧底板右外侧距地高 67~68 cm、距货箱前端 96~122 cm 见刮擦痕迹,局部黏附白色物质。右后轮轮胎外侧胎侧见擦痕,车轮外侧六支固定螺栓中相邻三支螺栓的头部外侧见擦痕,表面黏附的黑色油污类物质呈减层,局部黏附灰色物质,提取此处灰色物质少许作为检材备检;该螺栓头部呈正六边形,外径约 1.3 cm;六支螺栓的最低位置距地高 24 cm,最高位置距地高 34 cm。

(2) 乙车　电机钢印号为×××。转向把逆时针偏转约 90°。前网篮向右移位、弯折变形,其左侧距地高 52~73 cm 见刮擦痕迹,表面白色涂层呈减层。前侧饰罩中部破损。左前叉外侧距地高 25~36 cm 见刮擦痕迹,表面灰色涂层呈减层,局部黏附黑色油污类物质,其中距

地高 33~34 cm 见一处凹陷变形，距地高 29~31 cm 见一处 2 cm×3 cm“〔”形状的凹陷变形，表面灰色涂层局部剥脱，提取邻近部位灰色涂层材料少许作为样本备检。

（三）书证摘录

将以上检验中提取检材及样本送×××进行微量物证鉴定，形成司鉴院[2018]微鉴字第×××号鉴定意见书，摘录部分如下：

本鉴定依据 GB/T 19267.6—2008 和 SF/Z JD0203001—2010 规范进行。

经 EZ4D 显微镜检验：检材附着物为单层，灰色，质软。样本为单层，灰色，质软。经比较检验，检材与样本的外观特征相符。

经 Nicolet iN10 显微红外光谱仪检验：检材与样本的红外光谱一致。

经 Quanta 650 - Apollo X 扫描电镜/X 射线能谱仪检验：检材与样本中均检出碳、氧、铝、硫、钙和钡等主要元素。

根据上述检验结果，经综合分析认为：检材附着物与样本油漆的外观特征相符，红外光谱一致，检出的主要元素成分一致，两者是同种类油漆。

（四）分析说明

甲、乙两车所检见的痕迹，在部位、附着物及形成机理等方面可以互相印证，结合微量物证鉴定结果综合分析，符合甲车右侧中部与乙车左侧前部碰撞所形成的特征。

图 3-1 甲车前观照

图 3-2 甲车右侧中部

图 3-3 甲车货箱底板右外侧中部黏附的白色物质

图 3-4 甲车右后轮螺栓头部外侧痕迹

图 3-5　乙车前观照

图 3-6　乙车左前叉外侧痕迹

图 3-7　甲乙两车痕迹比对——部位一

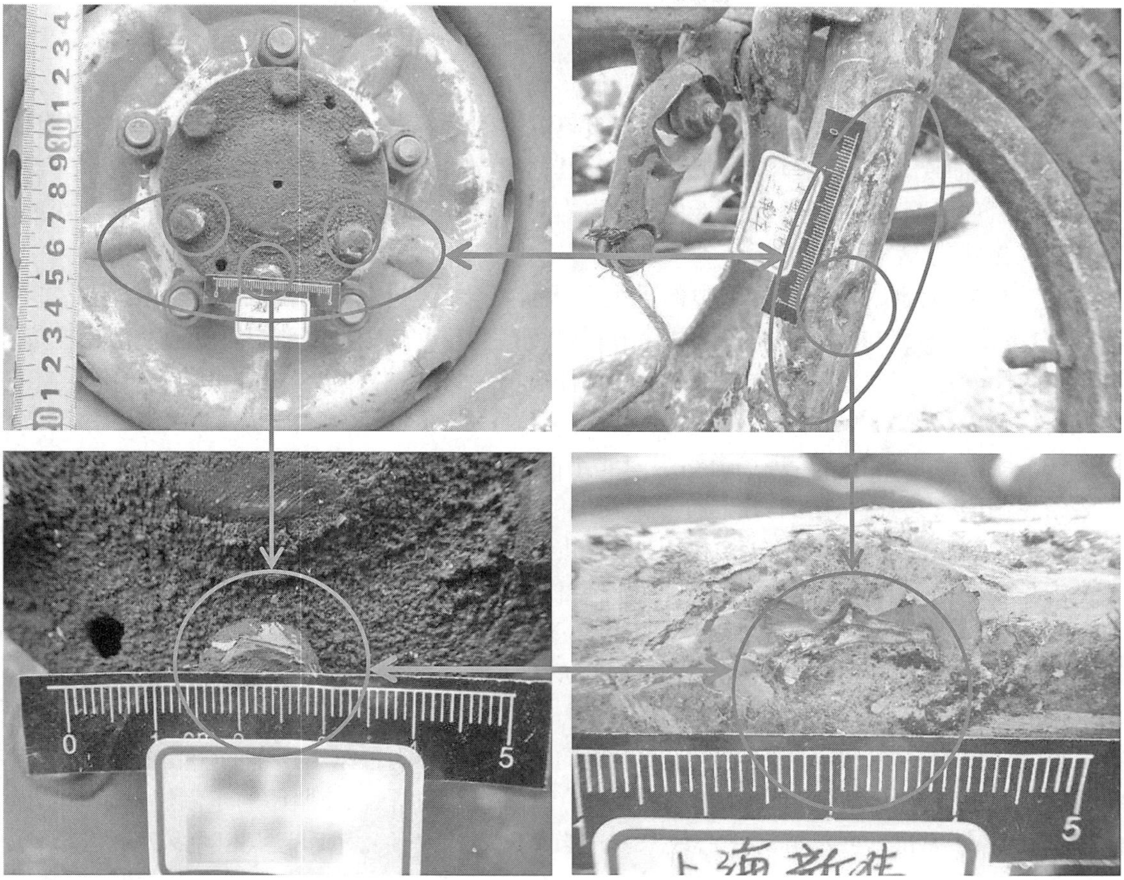

图 3－8 甲乙两车痕迹比对——部位二

二、基于形貌特征和物质转移的碰撞点位置鉴定

（一）基本案情

2010 年 10 月某日某时许，某号牌江淮重型半挂牵引车及其拖挂的某号牌华骏重型半挂车（甲车）与某号牌捷达轿车（乙车）发生交通事故。2010 年 11 月，办案单位根据案件调查需要，委托对甲乙两车碰撞时在道路上所处位置进行鉴定。

（二）鉴定过程

1. 检验方法

根据 GA 41—2014《道路交通事故痕迹物证勘验》、GA/T 1087—2013《道路交通事故痕迹鉴定》有关条款及检验方法，对甲乙两车的痕迹进行检验，结合微量物证鉴定结果及其他鉴定材料，对委托事项作出鉴定意见。

2. 检验所见

（1）甲车　牵引车车辆识别代号为×××；半挂车车辆识别代号为×××。车辆正面前保险杠及前面罩缺损，残留部分距地高 160 cm 以下见多处撞击刮擦痕迹，其中前保险杠左部见蓝色附着物；发动机冷却水箱见新换装；左、右前组合灯具不同程度移位，其中右前组合灯灯罩缺失；左前轮钢板弹簧前下侧，转向直拉杆上见刮擦痕迹。驾驶室左、右两侧踏步变形。

（2）乙车　车辆识别代号为×××。

车体严重扭曲变形，前保险杠及前牌照脱落，其左上部豁裂，见刮擦印；车身左前部向右后方向挤压变形，发动机舱盖扭曲变形，车窗玻璃除右侧残存外，其他均缺失，车门不同程度变形；方向盘扭曲变形、与仪表台距离大幅缩短，其他驾驶操纵部件不同程度损坏、移位。车身左侧下沿中后部向下弯折、坍塌变形。左前轮向右后方向内倾、移位，右前轮胎失压，轮辋变形，轮辋边缘见挫痕，左后轮胎失压。

发动机下挡板脱位，底盘下侧中部见大面积挫划痕迹，受力方向由后向前和由左后向右前；底盘下侧左前部与元宝梁连接处见挫痕，黏附黄色附着物；底盘中部制动管槽左部见挫痕，黏附黄色附着物；车身左侧下沿中后部下侧见挫痕，黏附黄色附着物。提取上述黄色附着物作为检材送检。

（3）案发路段勘查　现场道路为南北走向，位于107国道925 km+618 m处，路面仍可见多条轮胎印，均为由东南向西北方向，最南端的轮胎印位于中心线东侧由南向北的第一车道内，北端位于中心线西侧由北向南的第二车道内。轮胎印途经的中心线上和中心线西侧第一车道内见多处挫划痕迹。提取中心线黄色涂层作为样本送检。

（4）道路交通事故现场图及照片　甲车头西北尾东南斜停于中心线西侧第一、第二车道内（半挂车右后部尚在中心线东侧），牵引车及牵引车转向轮不同程度向西偏转。乙车头南（偏西）尾北（偏东），其左前部与甲车正面衔接，车身左前部分被压于甲车前下部，车身已经扭曲变形。现场见多条轮胎印，其中一条双轮胎的制动印延伸到甲车半挂车的左后轮下，其起点左边缘距基准线9 m（距中心线东侧边缘1.7 m），长15.5 m。在该轮胎印的东侧伴一条轮胎横向挫印，起点距基准线8.8 m（距中心线东侧边缘1.5 m）。两条轮胎印起点相距9.7 m。道路中心线上见散落有贴有薄膜的玻璃，遭碾压呈粉碎状，乙车右侧车门窗玻璃尚留在窗框内，其他窗玻璃均已缺失。

（三）书证摘录

将以上检验中提取检材样本送检，进行微量物证鉴定，摘录微量物证鉴定意见书部分如下：

经显微镜观察，发现检材中均分散有无色透明颗粒；样本也检见其中混合有无色透明颗粒。经相互比较检验发现，检材与样本的颜色、质地相同。

经红外光谱仪检验，结果显示检材与样本的红外光谱一致。

经微束X射线荧光光谱仪检验，结果显示检材均检出镁、硅、钙、铬、铁和铅等主要元素；样本亦检出镁、硅、钙、铬、铁和铅等主要元素。

根据以上检验结果综合评断认为：检材与样本的外观特征一致，红外光谱一致，检出的主要元素相同，是同种类物质。

（四）分析说明

根据甲乙两车的痕迹检验，从部位、受力方向等方面均可以互相印证，符合甲车正面与乙车左前部发生碰撞的特征。

根据乙车底盘痕迹、附着物及与道路中心线涂层材料检验比对结果，可以说明两车碰撞后，乙车在被甲车的压推过程中，其底盘左半部与中心线发生过刮擦。因此，碰撞时乙车位于中心线东侧。

结合两车的碰撞痕迹及地面轮胎痕迹分析，碰撞前，甲车全部位于中心线东侧行驶，但已经有向左偏转方向的迹象，碰撞后一直将乙车向西北方向压推至事故最终位置。

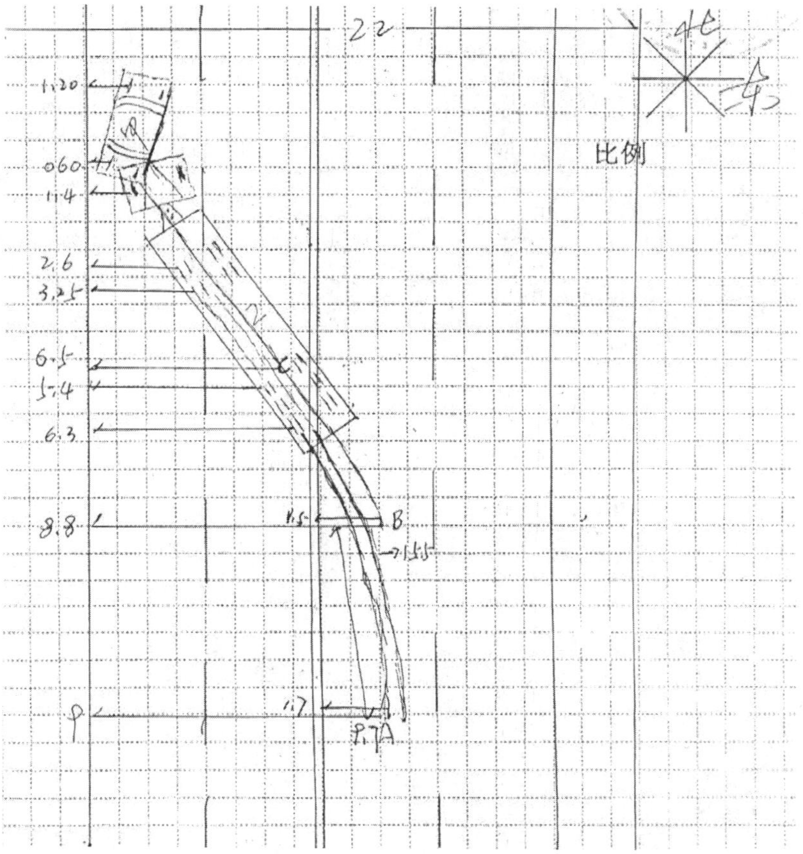

图 3－9 道路交通交通事故现场图(局部)

图 3－10 事故现场照片 1

图 3－11 事故现场照片 2

图 3－12 事故现场照片 3

图 3－13 事故现场照片 4

图 3－14 事故现场照片 5

图 3－15 事故现场照片 6

图 3－16 事故现场照片 7

图 3－17 事故现场照片 8

三、基于形貌特征的碰撞形态鉴定

（一）基本案情

2016 年 12 月某日某时许，某号牌吉利牌小型轿车（甲车）与某号牌起亚牌小型普通客车（乙车）发生交通事故。2017 年 1 月，办案单位根据案件调查需要，委托对甲乙两车碰撞点位置及事发时行驶轨迹进行重新鉴定。

（二）鉴定过程

1. 检验方法

根据 GA 41—2014《道路交通事故痕迹物证勘验》、GA/T 1087—2013《道路交通事故痕迹鉴定》有关条款及检验方法，对甲乙两车的痕迹进行检验，结合微量物证鉴定结果及其他鉴定材料，对委托事项作出鉴定意见。

2. 检验所见

（1）甲车　车辆识别代号为×××。前挡风玻璃右部破碎。发动机舱盖由右向左弓曲变形。左、右前照灯均缺失。前保险杠缺失。右后视镜损毁，残部脱落呈悬吊状。车辆右侧前部整体呈向左挤压、溃变状态，溃变最深处约 47 cm。车辆右侧前部大面积凹陷变形，多处伴刮擦痕迹，表层银色涂层呈减层，局部黏附黑色物质。右前翼子板向左挤压变形，其前部距地高 55～67 cm 范围见刮擦痕迹，表层银色涂层呈减层，局部黏附蓝色物质。右侧前、后车门均凹陷变形，其中以前车门为著。右侧前、后门窗玻璃均碎落。右前轮定位异常，其外侧多处见撞击刮擦痕迹，轮辋外缘局部缺损，外缘与轮胎夹缝中局部见嵌入黑色塑料饰罩碎片。底盘前部下侧护板脱位，右前部下侧构件与地面接触。右侧后部车体变形。右后组合灯具缺失。

（2）乙车　车辆识别代号为×××。车辆正面向后变形，以左侧为著。发动机舱盖向后变形、移位，以左部为著。前保险杠缺失，其内胆向后变形。中网破损。左、右前照灯均缺失。左前翼子板前部向后挤压变形，左前轮轮眉脱落。右前翼子板变形，右前轮轮眉脱位。散热水箱向后变形。底盘前梁左部向后变形。左、右前轮均不同程度向后移位。车辆左侧前门、后门前部大面积见刮擦痕迹，表层黑色涂层呈减层，局部黏附银色物质。

（3）道路交通事故现场图及现场照片　事发路段为东西走向，双向四车道，全宽 1 460 cm，由中心单黄色虚线分隔，干沥青路面。现场图以道路南侧路肩“5”百米桩为基准点，以道路南侧非机动车道南边缘线为基准线。甲车头东偏南尾西偏北位于中心线南侧机动车道内，其左后轮距基准点 1 580 cm，右前轮距基准线 420 cm，右后轮距基准线 475 cm。乙车位于甲车西南侧，头南偏西尾北偏东跨停于道路南侧非机动车道与路肩间，其右后轮距基准点 620 cm、右前轮距基准点 520 cm，右后轮距基准线 80 cm，左后轮距基准线 50 cm。甲车西侧路面见其留下的“S”形连续侧滑痕迹带，该痕迹带位于中心线南侧车道内，痕迹起点位于乙车北侧；位于“S”形痕迹带起点北侧中心黄线处见一段由东北向西南方向弧形轮胎横向挫痕，该弧形轮胎挫痕走向与“S”形痕迹带整体走向连贯一致，挫痕起点位于中心黄线北侧。紧邻“S”形痕迹带起点北侧路面见一处由西北向东南方向的轮胎挫痕，在其西南方向靠近基准线处亦见一处挫痕，该两处挫痕走向一致，均位于中心线南侧车道内。甲乙两车之间对应的非机动车道及路肩上见大面积液迹及散落物，液迹及散落物起点位于中心线南侧车道内。

（三）分析说明

甲乙两车所检见的痕迹，在部位、附着物及受力方向等方面均可以互相印证，符合甲车右侧前部与乙车正面相碰撞（第一接触部位）后，两车在受力状态下，甲车发生逆时针偏转，同时乙车发生顺时针偏转,并分别运动至最终位置所形成的事故特征。

由于甲车在碰撞过程中,其右侧前部受力后发生逆时针偏转,并致使其右前轮定位异常,因此,在碰撞瞬间甲车右前轮在路面上必然形成挫痕突变,对比现场照片,即为"S"形痕迹带起点处,该处颜色较深,具有明显的轮胎突然受力点特征。位于"S"形痕迹带起点北侧中心黄线处的一段由东北向西南方向弧形轮胎横向挫痕与"S"形痕迹带整体走向连贯一致,符合碰撞过程中,甲车在逆时针偏转过程中,其右后轮横向滑移所形成的痕迹特征。

图 3-18 事故车辆照片

根据现场照片所示,紧邻"S"形痕迹带起点北侧路面的一处由西北向东南方向的轮胎挫痕,以及位于其西南方向靠近基准线处的一处挫痕,该两处挫划走向一致,均位于中心线南侧车道内,符合在碰撞过程中,乙车左、右前轮受力所形成的痕迹特征。

根据甲乙两车的碰撞形态及道路交通事故现场图及现场照片所示分析,甲乙两车碰撞后,两车在路面上所形成的轮胎挫痕起点及散落物抛撒起点处,即为两车在路面碰撞点位置,该碰撞点位置位于道路中心线南侧车道内。

思考题

1. 道路交通事故痕迹鉴定的定义是什么?
2. 道路交通事故痕迹鉴定的目的有哪些?
3. 在司法鉴定中,物质转移的三种主要方式是什么?
4. 同一认定在司法鉴定中的含义是什么?
5. 道路交通事故痕迹鉴定的一般步骤包括哪些内容?

第四章 道路交通事故微量物证鉴定

第一节 道路交通事故微量物证鉴定概述

一、道路交通事故微量物证鉴定的概念

微量物证是与案件或事故相关的物品，或能够印证案件和事故真实情况，或可以为案件和事故提供线索和方向。微量物证主要为工农业产品或自然界产物，而非与人体相关。常见的微量物证有墨水、油墨、墨粉和纸张等文件材料；油漆、橡胶、塑料和黏合剂等高分子材料；纤维、织物和染料等纺织品；汽油、煤油、柴油和油漆稀释剂等易燃液体；动植物油和矿物油等油脂类；火药、炸药和爆炸残留物等爆炸物类；玻璃、陶瓷、砖瓦和水泥等建筑材料类；射击残留物、金属、泥土、植物、催泪化学品等。

具体到交通事故中的微量物证，既有不易发现的擦痕处附着的油漆或纤维，也有体积较大、散落在事故现场的保险杠或灯罩碎片，都是碰撞痕迹的物质基础。交通事故所涉的微量物证的范围主要与车辆相关，车体表面的油漆、车辆的金属和塑料部件、轮胎和其他橡胶部件、车窗和后视镜玻璃、车辆的内饰以及车辆使用的润滑油等。人体相关的物质不属于微量物证范围，但涉案人员所着服装织物纤维，鞋类材料是交通事故中微量物证。此外，道路现场的水泥等建筑材料也可能成为交通事故中的微量物证。

二、道路交通事故微量物证鉴定的形式

交通事故中的微量物证一般以附着物和散落物两种形式存在。

（一）微量物证附着物

微量物证附着物是附着在车辆、人体和道路设施等其他物体表面，能建立起事故痕迹证据之间的相互关系的物质。如油漆、塑料、纤维、橡胶和油脂等。

当车辆、人体和道路设施等其他物体之间发生碰撞或刮擦时，受力和接触过程中产生热量的影响，接触部位的物质可能脱落和转移，发生单向或者双向的物质转移，形成微量物证附着物。由于物质在转移的过程中，形态会发生一定的变化，故在事故勘验时应对微量物证附着物的形态和颜色予以关注：当肉眼难以辨别时，应借助侧光、放大镜甚至显微镜寻找、检验以微量甚至痕量的形式附着于另一客体表面的附着物；物质在碰擦过程中可能受热软化，塑料等物质会形成薄膜状附着物，纤维等会表现出熔融状态；由于量小体微，附着物的颜色可能比原脱落部位浅。

（二）微量物证散落物

微量物证散落物是散落在交通事故现场，能建立起事故痕迹证据之间的相互关系的物质或物品。如车辆油漆碎片、玻璃碎片、车辆零部件和车辆装载物等。

当交通事故发生时，一些体积较大、质量较重的物质脱落后无法附着在车辆、人体和道路设施等其他物体表面，通常会散落在事故现场地面，形成微量物证散落物。散落物一般体积大、数量多，易于寻找和提取。但部分散落物受力后可能被抛到路边或较远区域，应注意勘验收集。

三、道路交通事故微量物证鉴定的意义

微量物证是交通事故中所涉各类证据的组成部分，能为痕迹证据提供坚实的客观物质支撑，对事故的认定和排除起到举足轻重的作用。

交通事故中所涉微量物证范围广，鉴定过程复杂。由于本书重点在于指导交通事故鉴定，故本章所论述的内容主要从这一角度出发，重在介绍以下两方面内容：① 交通事故中常见微量物证的发现、提取、包装和送检，该部分内容可帮助交通事故勘验人员理解微量物证的意义，有目的地进行微量物证鉴定，提取适合的样品以便于获取有意义的检测结果。② 交通事故中常见微量物证的鉴定过程，该部分内容在一定程度上可帮助交通事故勘验人员解读微量物证鉴定意见书，分析所得鉴定意见是否可靠，评判其证据价值高低。本章中关于交通事故中常见微量物证的具体鉴定过程、检验方法的论述相对简略，有兴趣的微量物证鉴定人员可通过对其他相关具体标准和书籍的学习和研究获得指导。

第二节 油漆物证鉴定

一、油漆物证概述

油漆指以干性油为主要成膜物质的一类涂料。油漆由主要成膜物质（油料、树脂）、次要成膜物质（颜料、填料）和辅助成膜物质（溶剂、增塑剂、固化剂、稳定剂、防霉剂等）三部分组成。主要成膜物质包括油料和树脂，可以单独成膜，也可以与颜料、填料等物质黏结成膜。

交通事故中的油漆物证是在交通事故现场，附着在车辆、人体和道路设施等物体表面或者散落在事故现场，能建立起事故痕迹证据之间的相互关系的油漆。油漆物证以固体附着物或者散落物的形式存在，而非液态油漆。为了保护车体、外形美观，各种汽车、摩托车、电动自行车、两轮自行车等交通工具外表面均涂装有各类油漆，油漆也易于在交通事故的碰撞和刮擦过程中发生转移，因此油漆物证是交通事故现场最常见的物证。

依据样品来源，交通事故中的油漆物证为检材油漆和样本油漆两种。检材油漆为未知来源、需要鉴定的油漆。如被撞车辆、人体等表面的油漆附着物，事故现场的油漆散落物，由于其来源未知，为检材油漆。样本油漆为已知来源、用于比较和对照的油漆。如嫌疑车辆的表层油漆，由于其来源已知，为样本油漆。由于物质的转移经常是互相的，嫌疑车辆表面也会留有油漆附着物，是来源未知的检材油漆；相应的被撞车辆的表层油漆，是来源已知的样本油漆。故油漆是否来自可能肇事的车辆不是检材油漆与样本油漆的区分依据。

油漆物证鉴定包括油漆物证比对鉴定和油漆物证种类认定两个方面。油漆物证比对鉴定是指运用物理、化学等方法，分析鉴别检材油漆与样本油漆的特性和种类是否相同。油漆物证种类认定是指运用物理、化学等方法，分析鉴别检材油漆的特性和种类，判断其可能来源。其

中油漆特性指油漆的理化特性，主要包括油漆的层次结构、颜色、厚度、形态、有机成分和无机成分等，是油漆物证鉴定的具体内容和油漆物证种类认定的客观依据。

二、车辆油漆特性

由于不同车辆或者相同车辆不同部位表面的涂装工艺不同，油漆的结构层次和成分也不同，如图 4－1 所示。

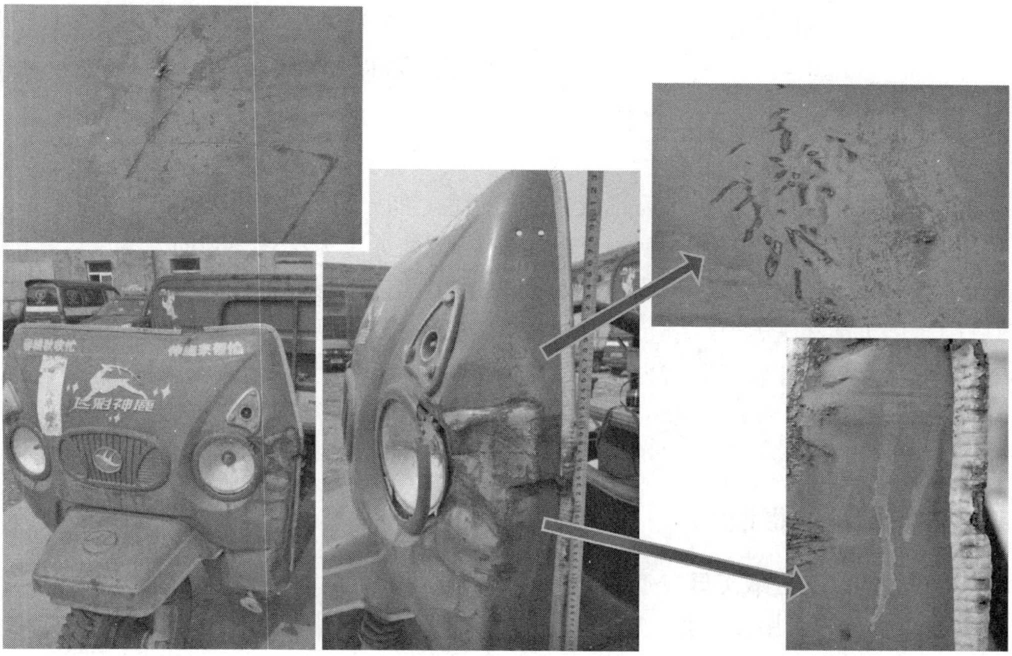

图 4－1 车辆不同部位的不同油漆

目前的汽车面漆主要分为两类，一类为金属部件如车架等表面油漆，另一类为塑料部件如保险杠等表面油漆。

较为高级的客车金属部件表面的原厂漆有五层，分别为清漆层、色漆层、中涂层、电泳层和磷化层，车辆塑料部件表面的原厂漆有三层，分别为清漆层、色漆层和中涂层。由于涂装工艺不同，两类部件表面对应层的成分不一定相同。按照车辆表面效果，汽车色漆层分为素色漆、金属漆和珠光漆三种。

货车、农用车和拖拉机等车辆表面一般为色漆层和中涂层两层，少数涂装有清漆层，且大多数色漆层为素色漆。

车辆在使用过程中发生事故受到损坏，油漆需要进行修补涂装。修补后的油漆可能会与原漆存在一定色差，部分区域会反复出现清漆层、色漆层，底层有不同厚度的腻子。

三、油漆物证的分布

油漆漆片和油漆附着物是交通事故中最常见的微量物证，如图 4－2 和图 4－3 所示。

由于车辆表面油漆的涂装工艺、老化程度和事故作用力方向和大小的不同，油漆的脱落和转移情况也不同。部分情况下油漆漆片从底部腻子层整体脱落，或多层转移，此时依旧保持原有漆层的结构，表现出车辆原有颜色；部分情况下油漆表面一层或多层以细小颗粒的形式附着

图 4-2 油漆散落物

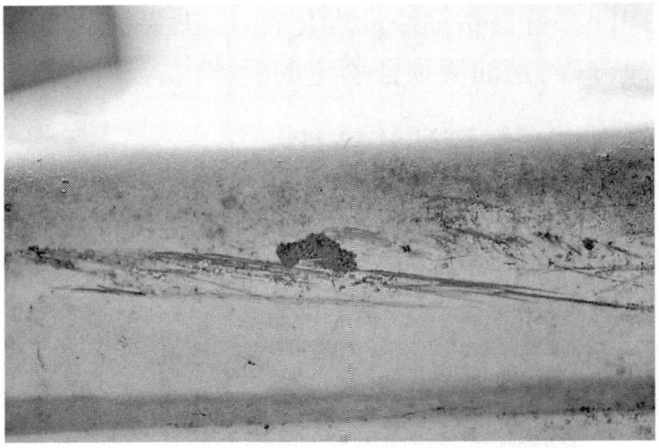

图 4-3 油漆附着物

在客体表面，在条状或块状擦痕中表现出各自的颜色：如原清漆层会呈现出白色擦痕状；色漆层呈现出与原色漆相同或较浅的擦痕，有时会失去光泽；原本无法观察到的中涂层以它的本来颜色形成擦痕等。依据各颜色的分布区域还可以推测痕迹的形成过程。有时候受油漆性质影响，部分层次还可能缺失，如某些电动车塑料部件表面的清漆硬而脆，非常容易在碰撞过程中与第二层色漆分离，油漆本身附着力又弱，在转移过程中丢失，无法附着到客体表面。

油漆散落物会散落在事故现场，或进入破损的车体内部；油漆附着物的载体高度应与来源油漆涂层的高度对应。

四、油漆物证的提取

（一）油漆物证的提取工具

提取油漆物证的常用工具有三类：第一类为照明和观察用具光源，包括白光光源、多波段光源、手柄放大镜、体式显微镜和油漆颜色色卡等；第二类为提取工具，包括刀片、手术刀、镊子等；第三类为收集工具，包括玻璃小瓶、塑料小瓶、纸质样品袋等。

（二）油漆物证的发现

应对交通事故现场进行全面、仔细地勘查，并时刻牢记必须在痕迹物证的基础上寻找油漆物证。借助光源和放大镜，在嫌疑车、受害人、交通设施等表面观察油漆附着物，在现场寻找散落物，在油漆附着物对应的可能造痕体表面寻找相应的痕迹，包括划痕、擦痕等减层痕迹或油漆剥落现象等。对于逃逸车辆，应通过信息收集和痕迹勘验尽可能了解车辆后续是否发生过其他碰撞或进行过修补。

（三）油漆物证的提取

1. 提取的准备

由于油漆物证的提取会对痕迹造成一定的破坏，因此在提取油漆物证前，必须对痕迹进行照相固定。在提取油漆物证前，应用酒精棉球或干净纱布将手术刀、镊子等工具清洗或者擦拭干净。

2. 检材油漆的提取

当检材以漆片形式存在时，应使用镊子提取漆片后封装于样品袋，不同位置提取到的漆片分别封装后编号，并详细记录其来源。

当检材以附着物形式存在时，应首先对检材载体进行分析。当检材载体为易于拆卸部位，如汽车后视镜、二轮车车把手、受害人外衣等时，应尽可能将附着有油漆检材的载体拆卸后送检，衣物可剪取痕迹部位或整体送检，以便于微量物证鉴定人员在显微镜下直接观察提取成分单一的检材，排除干扰。当检材载体为不易拆卸部位，如引擎盖、车身等时，应使用刀片将原车辆涂层和油漆附着物一起提取下来，封装于物证袋后送检。当刮擦痕迹面积较大时，可在痕迹下方放置一个方盘，以收集提取时散落下的物质。不同位置提取的附着物应分别封装后编号，并详细记录其来源。当非常少量的检材附着于难以拆卸的载体时，如有条件，应尽可能切割载体或将车门、引擎盖等体积较大的载体拆卸后送检。

3. 样本油漆的提取

在痕迹物证的基础上寻找样本油漆，提取痕迹无法进行对应的样本油漆与检材比对则意义不大。如果嫌疑车在勘验前未重新喷涂，提取时，应在痕迹旁用刀片刮取样本油漆，且从最靠近载体的漆层开始提取，以保证油漆的完整性。有的情况下，当载体为塑料时，在碰撞过程中会与油漆一起转移，故只要条件允许，载体也应一并提取。如果嫌疑车在勘验前进行了重新喷涂，应完整地提取新喷涂处、新旧交界处以及旧涂层处的漆层。如果重新喷涂油漆的面积较大，且喷涂前已将原油漆层去除，可在难以除尽原油漆层的部位，如钢板连接处、交界缝隙中寻找原油漆。

4. 注意事项

提取完一处物证后，应用酒精棉球或干净纱布将工具擦拭干净；尤其在提取检材油漆和样本油漆之间，一定要保证工具的清洁以防两者发生混淆和污染。

不应使用胶带提取漆片和油漆附着物，因为胶带黏合面的黏合剂是高分子材料，黏着在油漆表面难以分离，会影响红外光谱检验的结果。

五、油漆物证的检验

（一）油漆物证检验的标准

我国现行有效的油漆物证检验标准主要有 5 项。其中司法行政行业标准 SF/T 0118—2021《油漆物证鉴定规范》规定了油漆物证的整个检验过程以及鉴定意见的种类和判断依据；公共安全行业标准 GA/T 823.1—2018《油漆物证的检验方法 第 1 部分：颜色比对检验法》、GA/T 823.2—2009《油漆物证的检验方法 第 2 部分：红外吸收光谱法》、GA/T 823.3—2018《法庭科学油漆物证的检验方法 第 3 部分：扫描电子显微镜/X 射线能谱法》、GA/T 823.4—2018《法庭科学油漆物证的检验方法 第 4 部分：激光拉曼光谱法》则具体规定了油漆物证检验的四种具体方法的操作和结果分析。

（二）油漆物证检验的总则

对检材油漆和样本油漆进行初步检验，根据油漆的样品量和样品状态等具体情况制定检验方案。当样品量有限时，应遵循先无损方法、后有损方法的检验顺序。当油漆为多层结构时，应对油漆各层分别进行检验。一般情况下，对检材油漆和样本油漆的检验顺序为外观特征和显微形态检验、红外光谱法检验、主要元素成分检验及其他检验方法。

（三）油漆物证的外观特征和显微形态检验

外观特征和显微形态检验是油漆物证鉴定最重要的步骤，是油漆样品制备和仪器检验的基础。一般情况下，首先在自然光或照明光源下，通过目视或借助放大镜等工具，观察检材油漆和样本油漆的颜色、光泽、宏观形态、质地及附着物等特征。

显微检验一般借助于连续变焦的体视显微镜、荧光显微镜和金相显微镜等。在显微镜下，主要观察油漆的以下方面：

检材油漆和样本油漆是否有污染等情况；

检材油漆和样本油漆的层次结构，以及对应各层的颜色、质地和微观形态。必要时可借助荧光显微镜、扫描电子显微镜和树脂包埋技术；

比较检材油漆和样本油漆的上述特征，初步判断两者是否有差异。

（四）油漆物证的样品制备

在显微镜下，根据检材油漆和样本油漆的大小、形状等情况，采用不同的样品制备方法。当检材油漆和样本油漆为单层油漆时，用手术刀等工具直接提取；当检材油漆和样本油漆为多层油漆时，用手术刀等工具逐层剥离，分别制备样品，保证油漆各层之间没有互相干扰；当检材油漆和样本油漆为多种油漆混合物时，用手术刀等工具逐一分离、提取，分别制备样品。

（五）油漆物证的仪器检验

1. 红外光谱法检验

按照 GA/T 823.2—2009《油漆物证的检验方法 第 2 部分：红外吸收光谱法》的规定，使用红外光谱仪分别检测制备好的检材油漆和样本油漆，并对检材油漆和样本油漆的红外吸收光谱进行分析比较。

2. 主要元素成分分析

（1）*扫描电子显微镜/X 射线能谱法*　扫描电子显微镜/X 射线能谱法是对油漆主要元素成分检验的首选方法。

按照 GA/T 823.3—2018《法庭科学油漆物证的检验方法 第 3 部分：扫描电子显微镜/X 射线能谱法》的规定，将制备好的检材油漆和样本油漆放置到电镜样品台上，在扫描电子显微镜下观察油漆样品的表面形态，并选择多个微区，用 X 射线能谱仪检测这些微区所含的主要元素成分，并进行分析比较。

（2）*其他元素成分检验法*　根据检材油漆和样本油漆的样品量和样品状态，还可采用 X 射线荧光光谱法、电子探针显微分析法及激光剥蚀电感耦合等离子体质谱法等其他方法进行主要元素成分检验。

3. 激光拉曼光谱法

按照 GA/T 823.4—2018《法庭科学油漆物证的检验方法 第 4 部分：激光拉曼光谱法》的规定，使用激光拉曼光谱仪，分别检测制备好的检材油漆和样本油漆，并对检材油漆和样本油漆的拉曼光谱进行分析比较。

4. 其他仪器检验方法

根据鉴定需要及检材油漆和样本油漆的样品量和样品状态，还可采用裂解-气相色谱-质谱法等其他方法进行检验分析，具体可以参考 SF/T 0108—2021《油漆检验 裂解——气相色谱/质谱法》。

（六）油漆物证检验结果的综合分析

根据多种方法的检验结果，对检材油漆与样本油漆的特性是否存在差异进行综合分析，并根据分析结果，做出相应的鉴定意见。

分析的油漆特性应包括但不限于以下几方面要素：

1）油漆的颜色和光泽等外观特征是否相同；

2）油漆的层次结构、对应各层的颜色、微观形态和质地等显微形态是否相同；

3）油漆的红外光谱的峰数、峰位和峰形是否相同；

4）油漆的主要元素成分是否相同；

5）油漆的拉曼光谱的峰数、峰位和峰形是否相同；

6）油漆的裂解-气相色谱/质谱总离子流色谱图是否相同。

六、油漆物证鉴定的鉴定意见及应用

（一）鉴定意见

微量物证中的同一认定一直是鉴定中的难题，根据目前的技术发展情况，建议根据以下方式对检材油漆与样本油漆的比对检验作出鉴定意见。

1. 相同种类

对检材油漆和样本油漆的特性进行了包括外观特征和显微形态、红外光谱、主要元素成分在内的全面检验，检材油漆与样本油漆的主要特性相同，未发现本质性差异。

该种鉴定意见表述为“检材油漆与样本油漆是同种类油漆。”

2. 非同种类

根据已使用的检验方法，发现检材油漆与样本油漆的已检特性存在本质性差异。

该种鉴定意见表述为“检材油漆与样本油漆不是同种类油漆。”

3. 客观描述已检特性的检验结果

在对检材油漆和样本油漆的部分特性进行了检验的情况下，根据已使用的检验方法，未发现检材油漆与样本油漆特性存在本质性差异，但尚不足以得出“相同种类”的鉴定意见。

该种鉴定意见表述为客观描述检材油漆和样本油漆已检特性的检验结果。

4. 无法判断

根据使用的检验方法，不能做出上述三种鉴定意见的，可作出无法判断的鉴定意见。

该种鉴定意见表述为“无法判断检材油漆与样本油漆是否同种类油漆。”

（二）鉴定意见书的应用

一份较为完善的油漆物证鉴定意见书，应包含对检材油漆与样本油漆外观特征和显微形态的比较，尤其应有对油漆分层情况的判断，并根据油漆的分层情况，进行对应层次的红外光谱检验。此外，根据目前掌握的信息，有较多鉴定机构受条件所限，不具备扫描电子显微镜/X射线能谱仪等元素分析仪器，故建议此类鉴定机构在出具认定的鉴定意见时，应遵循第三种鉴定意见表述方式，出具如“检材油漆与样本油漆的外观特征相同，红外光谱一致。”的表述，不应表述为“检材油漆与样本油漆是同种类油漆”。

由于油漆是工业产品，具有一定的普遍性，同种类油漆也不能认定来源相同。但层次较多漆片形式的物证的证据价值高于单层油漆形式的物证，相互转移油漆物证的证据价值高于单向转移的油漆物证。

第三节　纤维物证鉴定

一、纤维物证概述

纤维是指具有一定长径比的细长柔软的高分子化合物，一般直径只有几微米，最大到几十微米，长径比为几百甚至几千倍。

交通事故中的纤维物证是在交通事故现场，附着在车辆外部、车辆内部和道路设施等其他物体表面，能建立起事故痕迹证据之间的相互关系的纤维。纤维以织物、纱线或纤维附着物的形式存在。由于受害人穿有衣物、戴有围巾，部分车辆外部包装有篷布，织物上的纤维易于在交通事故的碰撞和刮擦过程中发生转移,因此纤维物证也是交通事故现场常见的物证,尤其在确定驾车人类型的案件中,驾乘人员在发生交通事故时会在车辆较小的空间内发生移动并与车内部件碰撞,织物纤维的转移分布是判断人员位置的重要依据。

依据样品来源,交通事故中的纤维物证分为检材纤维和样本纤维两种。检材纤维为未知来源、需要鉴定的纤维。如被撞车辆外表、车辆内饰表面的纤维附着物,由于其来源未知,为检材纤维。样本纤维为已知来源、用于比较和对照的纤维。如受害人所着外衣织物纤维,由于其来源已知,为样本纤维。

纤维物证鉴定包括纤维物证比对检验和纤维物证种类鉴定两个方面。纤维物证比对检验指运用物理、化学的方法,分析鉴别检材纤维与样本纤维的纤维特性是否相同。纤维物证种类鉴定指运用物理、化学的方法,定性分析检材纤维和样本纤维的纤维成分及其种类。其中纤维特性是指检材纤维和样本纤维的颜色、组成(是否有多种纤维)、纵面/横截面的显微形态、偏振光特性、荧光特性、红外光谱、拉曼光谱等特性,是纤维物证鉴定的具体内容,是纤维比对检验和种类鉴定的客观依据。纤维按其来源可分为天然纤维和化学纤维两大类,其中常见的天然纤维有棉、麻、丝、毛等;常见的化学纤维有黏胶纤维、醋酯纤维、涤纶、锦纶、氨纶、腈纶等。根据纤维的显微形态特征和红外光谱图上的特征官能团信息,可鉴定纤维种类。

二、纤维物证的特性

纤维物证主要来自受害人的上衣、裤子和围巾等织物,如图 4-4 所示为一检材织物。一般情况下,织物由纱线纺织而成,纱线由纤维纺织而成。相应的纤维物证也会表现出织物、纱线和纤维三种状态。当车辆与织物发生接触时,若接触点突出且尖锐,造成织物撕裂,则纤维物证可能以小块织物或多根纱线的形式转移到车辆表面,也可能以多根纤维的形式附着到车辆表面;当接触点为面积较为平整的表面时,纤维织物主要以多根纤维的形式附着到接触面,如图 4-5 所示为检材纤维附着物。

图 4-4　检材织物

图 4-5　检材纤维附着物

由于纤维的普遍存在,非物证类纤维可能会对纤维物证的确认造成一定干扰。纤维物证的转移是碰撞后受力造成的,故转移过程中会受到力的作用,同时伴随着热效应。纤维本身为高分子材料,车辆表面喷涂的油漆或车辆内饰也是高分子材料,两者在高温下接触会发生一定的熔融效应，纤维物证会较为牢固地附着于接触面，纤维形态和断面处也可以观察到受力后的影响。而掉落的纤维与接触面一般不存在牢固的附着关系，使用洗耳球即可除去，在形态上也与受力转移纤维不同。根据上述要点可排除大多数非物证纤维。

三、纤维物证的提取

（一）纤维物证的提取工具

提取纤维物证的常用工具有三类：第一类为照明和观察用具光源，包括白光光源、多波段光源、手柄放大镜和体式显微镜等；第二类为提取工具，包括镊子、刀片、手术刀等；第三类为收集工具，如玻璃瓶、纸质样品袋、载玻片等。

（二）纤维物证的发现

借助光源和放大镜，在嫌疑车表面或内部、交通设施等表面观察纤维附着物。

（三）纤维物证的提取

1. 提取的准备

由于纤维物证的提取会对痕迹造成一定的破坏，因此在提取纤维物证前，必须对痕迹进行照相固定。在提取纤维物证前，应当用吸收酒精的长纤维脱脂棉或擦镜纸将镊子、手术刀等工具清洗或者擦拭干净，并确认没有纤维残留在工具上。

2. 检材纤维的提取

当检材以织物或纱线形式存在时，应使用镊子提取后封装于样品袋，并详细记录其来源。

当检材以单根纤维附着物形式存在时，应首先对检材载体进行分析。当检材载体为易于拆卸部位，如汽车后视镜、汽车内储物箱盖等时，应尽可能将附着有检材纤维的载体拆卸后送检，以便于微量物证鉴定人员在显微镜下直接观察检材纤维。当检材载体为不易拆卸部位，如引擎盖、车身等时，且纤维面积较大时，应用刀片将检材纤维和基底油漆或塑料一起提取下来，封装于样品袋后送检；当检材纤维较少时，也可用镊子将纤维逐根提取，封装于样品袋，或者用两块载玻片夹住提取到的纤维，并用胶带固定载玻片后封装于样品袋。不同位置提取的附着物应分别封装后编号，并详细记录其来源。

3. 样本纤维的提取

在受害人衣物等织物的破口或者擦痕处剪取一块织物作为样本，封装于样品袋，并详细记录其来源。

4. 注意事项

不应使用胶带提取纤维附着物，因为胶带黏合面的黏合剂是高分子材料，黏着在纤维表面难以分离，会影响红外光谱和拉曼光谱检验的结果。

附着有检材纤维的载体在送检过程中应妥善保管，以免检材纤维受到摩擦等影响而遗失。

四、纤维物证的检验

（一）纤维物证检验的标准

我国现行有效的纤维物证检验标准不如油漆物证检验标准完善。其中司法鉴定技术规范SF/Z JD0203007—2018《纤维物证鉴定规范》规定了纤维物证的整个检验过程以及鉴定意见的种类和判断依据。而纤维物证检验中重要的显微镜检验和红外光谱法检验的具体操作和结果分析步骤只能参照纺织行业标准 FZ/T 01057.3—2007《纺织纤维鉴别试验方法 第 3 部分：显微镜法》、FZ/T 01057.8—2012《纺织纤维鉴别试验方法 第 8 部分：红外光谱法》。

（二）纤维物证的样品前处理

直接或在体视显微镜下观察检材纤维、样本状态，确定其为织物、纱线，还是纤维。如检材/样本处于织物状态，观察织物编织方式，选择代表性的织物纱线，将纱线退捻成纤维待检；如检材/样本处于纱线状态，将其退捻成纤维待检。

观察检材/样本是否受污染，需要时用水、乙醇等溶剂进行清洗。

（三）纤维物证的显微形态检验

1. 生物显微镜检验

按照 FZ/T 01057.3—2007《纺织纤维鉴别试验方法 第 3 部分：显微镜法》的相关内容，分别制备检材纤维和样本纤维，使用生物显微镜的透射光、偏振光等模式，观察检材/样本纤维的颜色、纵面或横截面的显微形态和偏振光特性，拍照固定显微图片。

对于多根检材/样本纤维和检材/样本纱线退捻后的纤维，观察纤维的颜色和显微形态是否相同，确定检材/样本纤维是否由多种纤维组成。若存在显微形态或颜色不同的多种纤维，则需分别提取以进行后续检验。

2. 扫描电子显微镜检验

按照 GB/T 19267.6—2008《刑事技术微量物证的理化检验 第 6 部分：扫描电子显微镜/X 射线能谱法》的相关内容，检材/样本纤维经制样、镀膜处理后，使用扫描电子显微镜观察纤维的纵面或横截面形态，拍照固定显微图片。

对于多根检材/样本纤维和检材/样本纱线退捻后的纤维，观察纤维的显微形态是否相同，确定检材/样本纤维是否由多种纤维组成。若存在显微形态不同的多种纤维，则需分别提取以进行后续检验。

（四）纤维物证的红外光谱检验

按照 GA/T 1424—2017《法庭科学合成纤维物证的检验红外光谱法》、FZ/T 01057.8—2012《纺织纤维鉴别试验方法 第 8 部分：红外光谱法》的相关内容，将检材/样本纤维制样后，使用红外光谱仪检测检材/样本纤维的红外光谱，对照标准纤维或标准红外图谱确定检材/样本纤维的化学成分。

（五）纤维物证的其他检验方法

根据鉴定需要和检材/样本纤维的样品量，还可采用视频光谱法、激光显微拉曼光谱法、显微分光光度法、高效液相色谱法、燃烧法、溶解法等其他方法进行检验。

（六）纤维物证检验结果的综合分析

1. 纤维比对检验

相同种类的纤维，根据多种方法的检验结果，对检材纤维与样本纤维的特性是否有差异及价值高低进行综合分析和评断，并得出相应鉴定意见。

分析的特性应包括但不限于以下几方面要素：

1）纤维的颜色是否一致；

2）纤维的组成是否一致；

3）纤维的显微形态是否一致；

4）纤维的红外光谱是否一致。

2. 纤维种类鉴定

根据纤维的显微形态特征和红外光谱图上的特征官能团吸收峰等理化特性，结合标准纤维的特征图谱，对纤维成分进行分析，并得出相应的鉴定意见。

五、纤维物证鉴定的鉴定意见及应用

（一）纤维比对检验

根据目前的技术发展情况，建议根据以下方式对检材纤维与样本纤维的比对检验作出鉴定意见。

1. 相同种类

对检材纤维和样本纤维的特性进行了包括颜色、组成、显微形态和红外光谱在内的全面检验，检材纤维与样本纤维的主要特性一致，未发现本质性差异。

该种鉴定意见表述为“检材纤维与样本纤维是同种类纤维。”

2. 非同种类

根据已使用的检验方法，发现检材纤维与样本纤维的已检特性存在本质性差异。

该种鉴定意见表述为“检材纤维与样本纤维不是同种类纤维。”

3. 客观描述已检特性的检验结果

在对检材纤维和样本纤维的部分特性进行了检验的情况下，根据已使用的检验方法，未发现检材纤维与样本纤维的特性存在本质性差异，但尚不足以得出相同种类的鉴定意见。

该种鉴定意见表述为客观描述检材纤维和样本纤维已检特性的检验结果。

4. 无法判断

检材纤维不具备鉴定条件，或根据使用的检验方法，不能作出上述三种鉴定意见的，均可作出无法判断的鉴定意见。

该种鉴定意见表述为“无法判断检材纤维与样本纤维是否同种类纤维。”

（二）纤维种类鉴定

根据已使用的检验方法，对所能得出的纤维种类进行客观描述。

（三）鉴定意见书的应用

一份较为完善的纤维物证鉴定意见书，应包含对包括颜色、组成、显微形态和红外光谱在内的全面检验，尤其是显微形态的检验，确定检材纤维和样本纤维是单一纤维组成还是多种纤维混纺而成。

第四节　塑料物证鉴定

一、塑料物证概述

塑料是以合成树脂或天然树脂为基础原料，加入（或不加）各种塑料助剂，在一定温度、压力下加工塑制成型或交联固化成型，得到固体材料或制品。

交通事故中的塑料物证是指事故现场，附着在车辆、人体和道路设施等其他物体表面或者散落在事故现场，能建立起事故痕迹证据之间的相互关系的塑料物质。塑料物证以固体附着物或者散落物的形式存在。由于各种车辆等交通运输工具使用塑料零部件，因此塑料物证也是交通事故现场较常见的物证。

依据样品来源，交通事故中的塑料物证为检材塑料和样本塑料两种。检材塑料为未知来源、需要鉴定的塑料。如被撞车辆、人体等表面的塑料附着物，事故现场的塑料散落物，由于其来源未知，为检材塑料。样本塑料为已知来源、用于比较和对照的塑料。

塑料物证鉴定包括塑料物证比对鉴定和塑料物证种类认定两个方面。塑料物证比对鉴定是指运用物理、化学等方法，分析鉴别检材塑料与样本塑料的特性和种类是否相同。塑料物证种类认定是指运用物理、化学等方法，分析鉴别检材塑料的特性和种类，判断其可能来源。其中塑料特性指塑料的理化特性，主要包括塑料的颜色、形态、树脂、填料和添加剂等，是塑料物证鉴定的具体内容和塑料物证种类认定的客观依据。

二、塑料在车辆中的应用

由于塑料具有质地轻、比强度高、耐化学腐蚀性能好等特性，故在车辆制造工业中大量用作零部件材料。不同的车辆零部件由于其功能不同，对材料的要求也随之变化，相应使用具有不同特性的塑料，对此初步了解，可根据检验结果推测检材塑料的可能来源。表 4－1 为常见的车辆零部件塑料种类。

表 4－1　常见的车辆零部件塑料种类

序号	塑料种类	车辆零件
1	聚氯乙烯	自行车把套、车辆反光牌照
2	聚乙烯、聚丙烯	汽车坐板、汽车反光镜罩、自行车网篮
3	聚苯乙烯	汽车灯罩
4	ABS 塑料	汽车保险杠
5	聚甲醛	散热器箱盖
6	聚碳酸酯	汽车门拉手、汽车灯罩
7	聚酰胺	汽车灯罩
8	聚苯醚	加热器挡板
9	聚苯硫醚	排气再循环阀
10	聚酰亚胺	汽车热交换零件
11	聚对苯二甲酸丁二醇酯	汽车后侧天窗
12	聚芳酯	汽车灯光反射器
13	聚甲基丙烯酸甲酯	汽车灯罩
14	不饱和聚酯	汽车安全帽
15	聚氨酯	汽车反光牌照

三、塑料物证的分布

由于车辆外部塑料零部件的成分、制造工艺、老化程度以及事故作用力方向和大小的不同，形成的塑料物证形态和分布不同。部分塑料物证受到撞击形成碎片散落在事故现场，依旧保持原有的形态和颜色；部分在以条状或块状擦痕的形式附着在客体表面，或表现出原有的颜色，或颜色变浅。部分塑料物证会形成膜状附着物，呈半透明状，颜色较原来浅很多。如图4-6和图4-7所示分别为检材塑料（膜状附着物）和样本塑料（白色网篮局部表面涂层）。

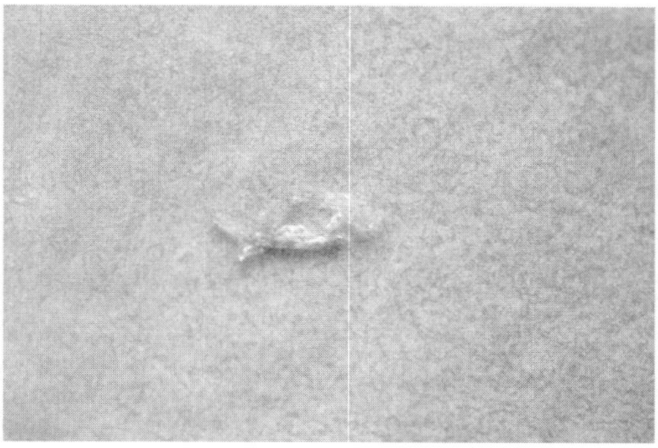

图4-6　检材塑料——膜状附着物

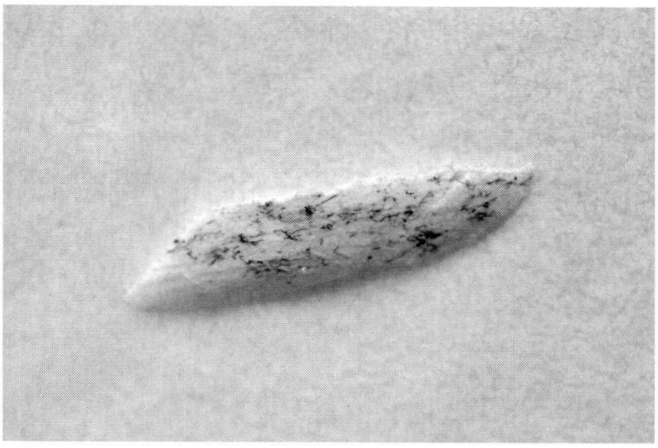

图4-7　样本塑料——白色网篮局部表面涂层

塑料散落物会散落在事故现场，或进入破损的车体内部；塑料附着物的载体高度应与来源塑料的高度对应。

四、塑料物证的提取

（一）塑料物证的提取工具

提取塑料物证的常用工具有三类：第一类为照明和观察用具光源，包括白光光源、多波段光源、手柄放大镜和体式显微镜等；第二类为提取工具，包括刀片、手术刀、镊子等；第三类为收集工具，包括玻璃小瓶和样品袋等。

（二）塑料物证的发现

借助光源和放大镜，在嫌疑车、受害人、交通设施等表面观察塑料附着物，在现场寻找散落物，在塑料附着物对应的可能造痕体表面寻找相应的痕迹，包括划痕、擦痕等减层痕迹。对于逃逸车辆，应通过信息收集和痕迹勘验尽可能了解车辆后续是否发生过其他碰撞或进行过修补。

（三）塑料物证的提取

1. 提取的准备

由于塑料物证的提取会对痕迹造成一定的破坏，因此在提取塑料物证前，必须对痕迹进行照相固定。在提取塑料物证前，应用酒精棉球或干净纱布将手术刀、镊子等工具清洗或者擦拭干净。

2. 检材塑料的提取

当检材以碎片形式存在时，可使用镊子提取后封装于样品袋，不同位置提取到的碎片分别封装后编号，并详细记录其来源。现场的塑料碎片应尽可能收集齐全，不应认为足够检测便只提取主要部分。收集齐全的塑料碎片可拼合整复，并与样本客体进行痕迹检验，观察是否吻合。

当检材以附着物形式存在时，应尽可能将附着有塑料检材的载体拆卸后送检，衣物可剪取痕迹部位或整体送检，以便于微量物证鉴定人员在显微镜下直接观察提取成分单一的检材，排除干扰。当检材载体为不易拆卸部位，应使用刀片将原车辆涂层和塑料附着物一起提取下来，封装于物证袋后送检。当刮擦痕迹面积较大时,可在痕迹下方放置一个方盘,以收集提取时散落下的物质。不同位置提取的附着物应分别封装后编号,并详细记录其来源。

3. 样本塑料的提取

在痕迹物证的基础上寻找样本塑料,在痕迹旁用刀片切割小块样本塑料。如果嫌疑车在勘验前进行了修补,可在难以除尽部位,如钢板连接处、交界缝隙中寻找原塑料残留碎片。

4. 注意事项

提取完一处物证后,应用酒精棉球或干净纱布将工具擦拭干净;尤其在提取检材塑料和样本塑料之间,一定要保证工具的清洁以防两者发生混淆和污染。

不应使用胶带提取塑料附着物,因为胶带黏合面的黏合剂是高分子材料,黏着在塑料表面难以分离,会影响红外光谱检验的结果。

五、塑料物证的检验

(一)塑料物证检验的标准

我国现行有效的塑料物证检验标准中司法行政行业标准 SF/T 0107—2021《塑料物证鉴定规范》规定了塑料物证的整个检验过程以及鉴定意见的种类和判断依据;公共安全行业标准 GA/T 1423—2017《法庭科学塑料物证检验 红外光谱法》、GA/T 1521—2021《法庭科学 塑料元素成分检验 扫描电子显微镜/X 射线能谱法》则具体规定了塑料物证检验的常用方法的操作和结果分析。

(二)塑料物证检验的总则

对检材塑料和样本塑料进行初步检验,应根据塑料的样品量和样品状态等具体情况制定检验方案。当样品量有限时,按照先无损方法、后有损方法的检验顺序。一般情况下,对检材塑料和样本塑料的检验顺序为外观特征和显微形态检验、红外光谱法检验、主要元素成分检验及其他检验方法。

(三)塑料物证的外观特征和显微形态检验

在自然光或照明光源下,通过目视或借助放大镜等工具,观察检材塑料和样本塑料的颜色、光泽、宏观形态、质地及附着物等特征。

在显微镜下观察检材塑料和样本塑料,确认是否有污染等情况;在显微镜下观察检材塑料和样本塑料的颜色、质地及微观形态。

对检材塑料和样本塑料的上述特征进行比较,初步判断检材塑料和样本塑料是否有差异。

(四)塑料物证的仪器检验

1. 红外光谱法检验

按照 GA/T 1423—2021《法庭科学 合成塑料物证的检验红外光谱法》的规定,使用红外光谱仪检验塑料物证,并对红外吸收光谱进行分析。

2. 主要元素成分检验

(1)扫描电子显微镜/X 射线能谱法　扫描电子显微镜/X 射线能谱法是对塑料主要元素成分检验的首选方法。按照 GA/T 1521—2018《法庭科学 塑料元素成分检验　扫描电子显微镜/X 射线能谱法》的规定,将制备好的检材塑料和样本塑料放置到电镜样品台上,在扫描电子显微镜下观察检材塑料或样本塑料的表面形态,并选择多个微区,用 X 射线能谱仪检测这些微区所含的主要元素成分,并进行分析比较。

(2)其他元素成分检验法　根据鉴定需要及检材塑料和样本塑料的样品量和样品状

态，还可采用X射线荧光光谱法、电子探针显微分析法及激光剥蚀电感耦合等离子体质谱法等其他方法进行主要元素成分检验。

3. 差示扫描量热法

按照GB/T 19466—2004（所有部分）《塑料 差示扫描量热法（DSC）》的规定，使用差示扫描量热仪，分别检测制备好的检材塑料和样本塑料的玻璃化转变温度、熔融和结晶温度及热焓、比热容等特性，并进行分析比较。

4. 其他仪器检验方法

根据鉴定需要及检材塑料和样本塑料的样品量和样品状态，还可采用激光显微拉曼光谱法、裂解-气相色谱/质谱法及核磁共振法等其他方法进行检验分析。

（五）塑料物证检验结果的综合分析

根据多种方法的检验结果，对检材塑料与样本塑料的特性是否存在差异进行综合分析，并根据分析结果，做出相应的鉴定意见。

分析的特性应包括但不限于以下几方面要素：

1）塑料的颜色和光泽等外观特征是否相同；

2）塑料的红外光谱图是否相同；

3）塑料的主要元素成分是否相同；

4）塑料的热力学特性是否相同；

5）塑料的裂解-气相色谱/质谱总离子流色谱图是否相同；

6）塑料的核磁共振谱图是否相同。

六、塑料物证鉴定的鉴定意见及应用

（一）塑料比对检验

根据目前的技术发展情况，建议根据以下方式对检材塑料与样本塑料的比对检验作出鉴定意见。

1. 相同种类

对检材塑料和样本塑料的特性进行了包括外观特征和显微形态、红外光谱及主要元素成分在内的全面检验，检材塑料与样本塑料的主要特性相同，未发现本质性差异。该种鉴定意见表述为“检材塑料与样本塑料是同种类塑料。”

2. 非同种类

根据已使用的检验方法，发现检材塑料与样本塑料的已检特性存在本质性差异。该种鉴定意见表述为“检材塑料与样本塑料不是同种类塑料。”

3. 客观描述已检特性的检验结果

在对检材塑料和样本塑料的部分特性进行了检验的情况下，根据已使用的检验方法，未发现检材塑料与样本塑料特性存在本质性差异，但尚不足以得出“相同种类”规定的鉴定意见。该种鉴定意见表述为客观描述检材塑料和样本塑料已检特性的检验结果。

4. 无法判断

检材塑料不具备鉴定条件，或根据使用的检验方法，不能作出以上三种鉴定意见的，均可作出无法判断的鉴定意见。该种鉴定意见表述为“无法判断检材塑料与样本塑料是否同种类塑料。”

（二）塑料种类鉴定

根据已使用的检验方法，对所能得出的塑料种类进行客观描述。

（三）鉴定意见书的应用

一份较为完善的塑料物证鉴定意见书，应包含对检材塑料与样本塑料外观特征、显微形态、红外吸收光谱和主要元素成分在内的全面检验。根据目前掌握的信息，有较多鉴定机构受条件所限，不具备扫描电子显微镜/X射线能谱仪等元素分析仪器，故建议此类鉴定机构在出具认定的鉴定意见时，应遵循第三种鉴定意见表述方式，出具如“检材塑料与样本塑料的外观特征相同，红外光谱一致。”的表述，不应表述为“检材塑料与样本塑料是同种类塑料”。

第五节　玻璃物证鉴定

一、玻璃物证概述

玻璃，通常指无机玻璃，是由无机氧化物原料经高温熔化后，在一定条件下快速冷却制得的非晶态固体。玻璃主要为以二氧化硅为主要成分的硅酸盐玻璃，也有以氧化铝、氧化硼、氧化铅和氧化钛为主要成分的其他类氧化物玻璃。玻璃按照用途可分为平板玻璃和容器玻璃。

交通事故中的玻璃物证是散落在交通事故现场或受害人衣物或身体上，能建立起事故痕迹证据之间的相互关系的玻璃。玻璃一般来自汽车车窗玻璃和车辆后视镜玻璃，比油漆物证和塑料物证的出现频率低。

依据样品来源，交通事故中的玻璃物证为检材玻璃和样本玻璃两种。检材玻璃为未知来源、需要鉴定的玻璃。样本玻璃为已知来源、用于比较和对照的玻璃。

玻璃物证比对鉴定是指运用物理、化学等方法，分析鉴别检材玻璃与样本玻璃的特性和种类是否相同。其中玻璃特性需检验玻璃的各类理化特性，如玻璃的颜色、厚度、密度、折射率、元素成分及光谱特性等，是玻璃物证比对鉴定的具体内容。

二、玻璃物证的提取

（一）玻璃物证的提取工具

提取玻璃物证的常用工具包括白光光源、手柄放大镜、镊子和样品袋等。

（二）玻璃物证的提取

1. 提取的准备

在提取玻璃物证前，应用酒精棉球或干净纱布将手术刀、镊子等工具清洗或者擦拭干净。

2. 检材玻璃的提取

对于交通事故现场的玻璃碎片，应尽可能收集齐全，以便进行拼合整复，并与样本玻璃断面进行痕迹检验，观察是否吻合。外观形态明显不同，如厚度、颜色差异较大的玻璃碎片应分别包装。不同位置提取的玻璃碎片也应分别包装，并详细记录其来源。同时应注意观察玻璃碎片的新旧和污染状态，以帮助区分是否为本次交通事故所留。

当玻璃碎片或小颗粒分布在受害人衣服或身体上时，应对受害人仔细检查，小心提取并包装，详细记录其来源。

3. 样本玻璃的提取

勘验嫌疑车辆，寻找可能形成现场检材玻璃的部位。一般情况下，驾驶员都会对车窗或后视镜进行更换。应在更换部位仔细勘验，寻找原有的玻璃颗粒，提取作为样本。

若样本玻璃尚未维修更换,应取下后,与检材玻璃进行断面拼合,若两者吻合或有大部分断面吻合,可根据痕迹物证直接认定。

4. 注意事项

当玻璃碎片上留有指纹、血迹、油漆、纤维和油迹等附着物时,应将玻璃碎片另行保存,以备进一步检验。

三、玻璃物证的检验

(一)玻璃物证的检验标准

我国现行有效的玻璃物证检验标准主要有4项。其中司法鉴定技术规范SF/Z JD0203008—2018《玻璃物证鉴定规范》规定了玻璃物证的整个检验过程以及鉴定意见的种类和判断依据;公共安全行业标准GA/T 1417—2017《法庭科学玻璃物证的元素成分检验 波长色散X射线荧光光谱法》、GA/T 1418—2017《法庭科学玻璃物证的元素成分检验 扫描电镜/能谱法》、GA/T 1419—2017《法庭科学玻璃微粒折射率测定 油浸法》则具体规定了玻璃物证检验的三种具体方法的操作和结果分析。

(二)玻璃物证的外观检验

在自然光或照明光源下,通过目视或借助体视显微镜等工具,对检材玻璃和样本玻璃的颜色等特征进行分析。

(三)玻璃物证的折射率检验

按照GA/T 1419—2017《法庭科学玻璃微粒折射率测定 油浸法》的相关内容使用玻璃折射率仪检测检材玻璃和样本玻璃的折射率,并进行分析比较。

(四)玻璃物证的元素检验

按照GA/T 1417—2017《法庭科学玻璃物证的元素成分检验 波长色散X射线荧光光谱法》、GA/T 1418—2017《法庭科学玻璃物证的元素成分检验 扫描电镜能谱法》的相关内容使用X射线荧光光谱仪、扫描电镜/能谱仪和激光剥蚀电感耦合等离子体质谱仪中的一种或几种仪器检测检材玻璃和样本玻璃的元素成分,并进行分析比较。

(五)玻璃物证的其他检验方法

根据鉴定需要、检材玻璃和样本玻璃的样品量,还可采用视频光谱法、激光显微拉曼光谱法等其他方法进行检验分析。

(六)综合分析

根据多种方法的检验结果,对检材玻璃与样本玻璃的特性是否有差异及价值高低进行综合分析和评断,并根据分析结果。分析的特性应包括但不限于以下几方面要素:

1)玻璃的颜色、显微形态是否相同;

2)玻璃的折射率是否相同;

3)玻璃的主要元素成分是否相同。

四、玻璃物证鉴定的鉴定意见及应用

(一)玻璃物证鉴定的鉴定意见

根据目前的技术发展情况,建议根据以下方式对检材玻璃与样本玻璃的比对检验作出鉴定意见。

1. 相同种类

对检材玻璃和样本玻璃特性的要素进行了包括外观特征、折射率、主要元素成分在内的全面检验，检材玻璃与样本玻璃的主要特性一致，未发现本质性差异。

该种鉴定意见表述为“检材玻璃与样本玻璃是同种类玻璃。”

2. 非同种类

根据已使用的检验方法，发现检材玻璃与样本玻璃的已检特性存在本质性差异。

该种鉴定意见表述为“检材玻璃与样本玻璃不是同种类玻璃。”

3. 客观描述已检特性的检验结果

在对检材玻璃和样本玻璃的部分特性进行了检验的情况下，根据已使用的检验方法，未发现检材玻璃与样本玻璃的特性存在本质性差异，但尚不足以得出相同种类的鉴定意见。

该种鉴定意见表述为客观描述检材玻璃和样本玻璃已检特性的检验结果。

4. 无法判断

检材玻璃不具备鉴定条件，或根据使用的检验方法，不能作出以上三种鉴定意见的，均可作出无法判断的鉴定意见。

该种鉴定意见表述为“无法判断检材玻璃与样本玻璃是否同种类玻璃。”

（二）鉴定意见书的应用

一份较为完善的玻璃物证鉴定意见书，应包含对检材玻璃与样本玻璃包括外观特征、折射率、主要元素成分在内的全面检验，且玻璃折射率数据非常重要。根据目前掌握的信息，大多数鉴定机构不具备玻璃折射率仪，因此出具认定的鉴定意见时，应严格遵循第三种鉴定意见表述方式，将鉴定意见表述为客观描述检材玻璃和样本玻璃已检特性的检验结果。

第六节　橡胶物证鉴定

一、橡胶物证概述

橡胶是一类高弹性的有机高分子化合物和元素有机高聚物，其分子量通常在几十万以上，有些甚至高达 100 万。橡胶分为天然橡胶和合成橡胶两大类。

车辆上许多零部件由橡胶制造而成，尤其是车辆轮胎，同时橡胶也是大多数鞋底的制造材料，因此橡胶物证也会出现在交通事故中。

二、橡胶物证的分布

橡胶是一种可塑性和弹性物质，车辆轮胎充气后具有更高的弹性。与其他物体接触时，一般不易脱落。必须具备以下的条件才能造成橡胶物质的脱落：轮胎与坚硬粗糙的物体或路面接触；轮胎与物体或路面之间的相对运动。比如，当机动车紧急制动时，车辆轮胎与坚硬路面强力摩擦，在制动痕迹处将遗留脱落的橡胶物质。

在发生交通事故的过程中，不论是车与车、车与人或车与路面之间的交通事故，往往不接触车辆轮胎。有时虽然接触车辆轮胎，却不存在强力的擦刮或摩擦。因此，交通事故现场，橡胶物证的出现率比想象中低很多。

橡胶物证主要有以下两种形态：机动车制动痕迹处遗留的橡胶物证为细小颗粒状态；机

动车轮胎与物体强力擦刮或摩擦时，比如，轮胎与车辆表面的螺钉、螺帽或其他坚硬物体擦刮或摩擦时，轮胎的胎面或胎壁的橡胶物质将发生脱落，有时呈细小颗粒状，有时被撕裂呈块状或条状。

三、橡胶物证的提取

（一）橡胶物证的提取工具

提取橡胶物证的常用工具有三类：第一类为照明和观察用具光源，包括白光光源、多波段光源、手柄放大镜和体式显微镜等；第二类为提取工具，包括刀片、手术刀、镊子等；第三类为收集工具，包括玻璃小瓶和样品袋等。

（二）橡胶物证的发现

借助光源和放大镜，在嫌疑车、受害人、交通设施等表面观察橡胶附着物。对于逃逸车辆，应通过信息收集和痕迹勘验尽可能了解车辆后续是否发生过其他碰撞或更换过轮胎等橡胶零件。

（三）橡胶物证的提取

1. 提取的准备

由于橡胶物证的提取会对痕迹造成一定的破坏，因此在提取橡胶物证前，必须对痕迹进行照相固定。在提取橡胶物证前，应用酒精棉球或干净纱布将手术刀、镊子等工具清洗或者擦拭干净。

2. 检材橡胶的提取

应尽可能将附着有橡胶检材的载体拆卸后送检，以便于微量物证鉴定人员在显微镜下直接观察提取成分单一的检材，排除干扰。当检材载体为不易拆卸部位，应使用刀片将原车辆涂层和橡胶附着物一起提取下来，封装于物证袋后送检。当刮擦痕迹面积较大时，可在痕迹下方放置一个方盘，以收集提取时散落下的物质。不同位置提取的附着物应分别封装后编号，并详细记录其来源。

3. 样本橡胶的提取

勘验交通事故现场，确定事故轮胎及相应的胎面部位，用刀片直接薄薄地割取一小片，封装于物证袋并详细记录其来源后送检。

4. 注意事项

提取完一处物证后，应用酒精棉球或干净纱布将工具擦拭干净；尤其在提取检材橡胶和样本橡胶之间，一定要保证工具的清洁以防两者发生混淆和污染。

不应使用胶带提取橡胶附着物，因为胶带黏合面的黏合剂是高分子材料，黏着在橡胶表面难以分离，会影响红外光谱检验的结果。

四、橡胶物证的检验

（一）橡胶物证的检验标准

我国尚无指导橡胶物证检验整个过程以及鉴定意见的种类和判断依据的相关标准；公共安全行业标准 GA/T 2083—2023《法庭科学 橡胶检验 红外吸收光谱法》、GA/T 1937—2021《法庭科学 橡胶检验 扫描电子显微镜/X 射线能谱法》、GA/T 1516—2018《法庭科学 轮胎橡胶检验 裂解-气相色谱-质谱法》具体规定了橡胶物证检验的三种具体方法的操作和结果分析。

（二）外观特征和显微形态检验

在自然光或照明光源下，通过目视或借助放大镜等工具，观察检材橡胶和样本橡胶的颜色、光泽、状态、宏观形态等特征。

在显微镜下，主要观察检材橡胶和样本橡胶是否有污染等情况；检材橡胶和样本橡胶的颜色、质地和微观形态。检验时可借助于手术刀等工具，对附着物和碎片进行切割和分离，初步判断两者是否有差异。

（三）样品制备

在显微镜下，用手术刀等工具直接提取。

（四）仪器检验

选用仪器检验方法时，根据鉴定要求，综合检材橡胶和样本橡胶样品量、样品状态而定。

1. 红外光谱法检验

按照GA/T 2083—2023《法庭科学 橡胶检验 红外吸收光谱法》的相关内容，使用红外光谱仪，分别检测制备好的检材橡胶和样本橡胶的红外吸收光谱，并进行分析比较。

2. 扫描电子显微镜/X射线能谱法

按照GA/T 1937—2021《法庭科学 橡胶检验 扫描电子显微镜/X射线能谱法》的相关内容，将制备好的检材橡胶和样本橡胶放置到电镜样品台上，在扫描电子显微镜下观察橡胶样品的表面形态，并选择多个微区，用X射线能谱仪检测这些微区所含的主要元素成分，并进行分析比较。

3. 裂解气相色谱质谱法

按照GA/T 1516—2018《法庭科学 轮胎橡胶检验 裂解-气相色谱-质谱法》的相关内容，检测橡胶的裂解气相色谱质谱数据。

4. 其他检验方法

根据鉴定需要和检材橡胶和样本橡胶的样品量，还可采用X射线荧光光谱法、激光剥蚀电感耦合等离子体质谱法、差示量热扫描法等其他方法进行检验分析。

（五）综合分析

根据多种方法的检验结果，对检材油漆与样本油漆的特性是否有差异及价值高低进行综合分析和评断，并根据分析结果，作出相应的鉴定意见。分析的特性应包括但不限于以下几方面要素：

1）橡胶的颜色、光泽等外观特征是否相同；

2）橡胶的颜色、微观形态和质地等显微形态是否相同；

3）橡胶的红外光谱是否相同；

4）橡胶的主要元素成分是否相同。

五、橡胶物证鉴定的鉴定意见及应用

（一）橡胶物证鉴定的鉴定意见

根据目前的技术发展情况，建议根据以下方式对检材橡胶与样本橡胶的比对检验作出鉴定意见。

1. 相同种类

对检材橡胶和样本橡胶的特性进行了包括外观特征、显微形态、红外吸收光谱、主要元素成分和裂解气相色谱质谱在内的全面检验，检材橡胶与样本橡胶的主要特性相同，未发现本质性差异。

该种鉴定意见表述为“检材橡胶与样本橡胶是同种类橡胶。”

2. 非同种类

根据已使用的检验方法，发现检材橡胶与样本橡胶的已检特性存在本质性差异。

该种鉴定意见表述为“检材橡胶与样本橡胶不是同种类橡胶。”

3. 客观描述已检特性的检验结果

在对检材橡胶和样本橡胶的部分特性进行了检验的情况下，根据已使用的检验方法，未发现检材橡胶与样本橡胶特性存在本质性差异，但尚不足以得出相同种类的鉴定意见。

该种鉴定意见表述为客观描述检材橡胶和样本橡胶已检特性的检验结果。

4. 无法判断

检材橡胶不具备鉴定条件，或根据使用的检验方法，不能作出上述三种鉴定意见的，均可作出无法判断的鉴定意见。

该种鉴定意见表述为“无法判断检材橡胶与样本橡胶是否同种类橡胶。”

（二）鉴定意见书的应用

一份较为完善的橡胶物证鉴定意见书，应包含对检材橡胶和样本橡胶的特性进行了包括外观特征、显微形态、红外吸收光谱、主要元素成分和裂解–气相色谱–质谱在内的全面检验，且裂解–气相色谱–质谱数据非常重要。根据目前掌握的信息，大多数鉴定机构不具备裂解–气相色谱–质谱，因此出具认定的鉴定意见时，应严格遵循第三种鉴定意见表述方式，将鉴定意见表述为客观描述检材橡胶和样本橡胶已检特性的检验结果。

· 思考题 ·

1. 微量物证在交通事故鉴定中的作用是什么？
2. 油漆物证鉴定的主要内容包括哪些方面？
3. 在交通事故中，纤维物证通常以什么形式存在，它们在案件侦破中有什么作用？
4. 塑料物证在交通事故中的分布情况是怎样的，它们如何帮助确定事故痕迹？
5. 橡胶物证在交通事故中的提取和检验需要注意哪些事项？

第五章　道路交通事故非机动车安全技术状况鉴定

近年来，随着经济发展和技术进步，汽车产品及种类进入高速发展阶段，各种新型高速交通工具得到广泛的应用和推广，但非机动车凭借小巧轻便、驾驶灵活、经济实惠、低碳环保、操作简易、通行能力强等优势，依然受到广大人民群众的青睐，在日常短距离通行中作为市民出行的主要代步工具。由于多种因素影响，非机动车违法行为较为普遍，因非机动车违法而引发的事故仍占有较大比例。鉴于此，对道路交通事故中非机动车安全技术状况进行鉴定，就成为办案单位事故处理中必不可少的环节。

本章主要介绍的内容包括：非机动车安全技术状况鉴定的目的和内容、非机动车安全技术状况鉴定的依据及方法、非机动车安全技术状况相关鉴定案例。

第一节　非机动车安全技术状况鉴定的目的和内容

一、非机动车安全技术状况鉴定的目的

根据《中华人民共和国道路交通安全法》第一百一十九条规定，非机动车是指以人力或者畜力驱动，上道路行驶的交通工具，以及虽有动力装置驱动但设计最高时速、空车质量、外形尺寸符合有关国家标准的残疾人机动轮椅车、电动自行车等交通工具。按照非机动车定义和当前的道路交通环境实际情况，非机动车主要有自行车、电动自行车及残疾人机动轮椅车等，其中，自行车、电动自行车构成了非机动车数量的主要部分，还有少量的残疾人机动轮椅车、电动轮椅车及人力或畜力车。

非机动车作为一个不可忽视的庞大交通参与者群体，其每年导致的事故量、事故致死致残率均居高位，事故中非机动车由于质量轻、体积小，属于较易受损的弱势方，事故一旦发生，往往造成不同程度的人员伤亡，容易产生较大的事故后果。非机动车交通事故案件无论从案件事实调查、还是责任认定，抑或是责任纠纷的诉讼环节中，都需要对作为交通工具的非机动车的安全技术状况进行判断。

二、非机动车安全技术状况鉴定的内容

非机动车安全技术状况鉴定是对道路交通事故中的涉案非机动车的相关安全装置的技术状况进行鉴定。

根据司法部发布的《物证类司法鉴定执业分类规定》（司规〔2020〕5 号），交通事故痕迹物

证鉴定包括：车辆安全技术状况鉴定；交通设施安全技术状况鉴定；交通事故痕迹鉴定；车辆速度鉴定；交通事故痕迹物证综合鉴定等。其中，车辆安全技术状况鉴定的内容判断涉案车辆的类型（如机动车、非机动车）；对车辆安全技术状况进行检验；判断车辆相关技术状况或性能的符合性（如制动系、转向系、行驶系、灯光、信号装置等）。

判断涉案车辆的类型（如机动车、非机动车）的鉴定，往往是针对道路交通参与者中存在着大量未受到有效监管的各型小型车辆在其发生交通事故后，需依照相关技术标准，从技术上对其进行机动车或非机动车类型符合性判断。本书所述车辆类型鉴定均指对涉案车辆是否符合机动车或非机动车相关技术标准要求进行鉴定，若涉案车辆类型符合非机动车，则其相关技术状况或性能的符合性（如制动系、转向系、行驶系、灯光、信号装置等）判断按照本章非机动车安全技术状况鉴定内容展开讨论，若涉案车辆类型符合机动车，则其相关技术状况或性能的符合性（如制动系、转向系、行驶系、灯光、信号装置等）判断按照下一章机动车安全技术状况鉴定内容展开讨论。

非机动车一般结构简单，小巧轻便，其安全装置通常指制动装置、转向装置，此外，根据车辆种类及配置的情况，还包括照明信号装置、鸣号装置等。（非机动车安全技术状况鉴定一般根据委托人要求及事故非机动车的损坏程度，对事故非机动车按照相关技术标准或方法，进行动态检验或静态检验后，根据检验结果，形成相应的鉴定意见。）

第二节　车辆类型鉴定

道路交通事故相关案事件中，涉案车辆的类型作为案事件调查的基本事实内容之一，是案事件后续进一步深入调查的基础，时常在交通事故案事件责任认定、司法诉讼判决中起到关键作用。

本节主要介绍的内容包括：车辆类型鉴定的目的和内容、车辆类型鉴定的依据、车辆类型鉴定相关案例。

一、车辆类型鉴定的目的和内容

车辆类型一般来说是车辆的分类，指车辆的一种型式，通常以车辆的特征、使用目的和功能等区别。世界上各国、各地区对于车辆的分类标准不尽相同，术语和定义虽然内容不尽相同，但总体分类构架大致相同。我国车辆分类中，如轿车、客车、载货汽车、挂车和摩托车等都是单独的类型。在交通事故痕迹物证鉴定领域中，车辆的类型是指交通参与车辆中的机动车、非机动车。具体如机动车中的汽车、挂车、汽车列车、摩托车等。非机动车，具体如非机动车中的自行车、畜力车、符合有关国家标准的残疾人机动轮椅车、电动自行车等。

道路交通参与者中存在着未受到有效监管的车辆，这类车辆在道路交通事故数量上占据了较高的比例，其中以两轮车、三轮车居多，也包括少量的俗称“老头乐”或者“老年代步车”的四轮车辆，这类车辆既无合法通行手续，也无保险保障，因逃避监管等因素得不到监管部门的有效监管，其车辆质量及安全技术状况无法得到保障。办案单位在事故处理中对这类车辆的机非类型认定往往是案件调查的关键，既可能涉及驾驶人的准驾车型，也可能涉及车辆的路权和通行规则，也是案件责任认定的基础。这也是道路交通事故司法鉴定中判断涉案车辆的类型(如机动车、非机动车)的意义和目的所在。

当前我国的道路交通参与者中,存在大量未登记上牌的各式电机驱动或内燃机驱动的两轮车、三轮车,甚至一些四轮车,这些未被交通管理部门登记监管的各式车辆驾驶员通常亦未取得相应车辆的驾驶证,这类车辆在发生交通事故后,其车辆类型为机动车还是非机动车直接关系到事故发生时是否按规定通行,并影响到事故最终的责任认定,以及所驾驶车辆是否与准驾车型一致的相关行政处罚问题。

二、车辆类型鉴定的依据

根据《中华人民共和国道路交通安全法》第一百一十九条规定,"机动车"是指以动力装置驱动或者牵引,上道路行驶的供人员乘用或者用于运送物品以及进行工程专项作业的轮式车辆。"非机动车"是指以人力或者畜力驱动,上道路行驶的交通工具,以及虽有动力装置驱动但设计最高时速、空车质量、外形尺寸符合有关国家标准的残疾人机动轮椅车、电动自行车等交通工具。

机动车类型判断可参照的相关技术标准有:GB 918.1—89《道路车辆分类与代码 机动车》、GB/T 5359.1—2019《摩托车和轻便摩托车术语 第1部分:车辆类型》、GA/T 16.4—2012《道路交通管理信息代码 第4部分:机动车车辆类型代码》、GB/T 15089—2001《机动车辆及挂车分类》、GB/T 3730.1—2022《汽车、挂车及汽车列车的术语和定义 第1部分:类型》、GB 7258—2017《机动车运行安全技术条件》、GB/T 24158—2018《电动摩托车和电动轻便摩托车通用技术条件》等。其中,GB 7258—2017《机动车运行安全技术条件》3.1条(机动车由动力装置驱动或牵引,上道路行驶的供人员乘用或用于运送物品以及进行工程专项作业的轮式车辆,包括汽车及汽车列车、摩托车、拖拉机运输机组、轮式专用机械车、挂车。)、GA 802—2019《道路交通管理 机动车类型》3.1.1条(机动车由动力装置驱动或者牵引,上道路行驶的供人员乘用或者用于运送物品以及进行工程专项作业的轮式车辆,包括汽车及汽车列车、摩托车、轮式专用机械车、挂车、有轨电车、特型机动车和上道路行驶的拖拉机,不包括虽有动力装置但最大设计车速、整备质量、外廓尺寸等指标符合有关国家标准的残疾人机动轮椅车和电动自行车。)均对机动车进行了定义。

非机动车类型判断可参照的相关技术标准有:GB 918.2—89《道路车辆分类与代码 非机动车》、GB 12995—2006《机动轮椅车》、GB 17761—2018《电动自行车安全技术规范》、GB/T 3565.1—2022《自行车安全要求 第1部分:术语和定义》、GB/T 3565.2—2022《自行车安全要求 第2部分:城市和旅行用自行车、青少年自行车、山地自行车与竞赛自行车的要求》、GB/T 18029.26—2014《轮椅车 第26部分:术语》、GB/T 12996—2012《电动轮椅车》、GB/T 13800—2009《手动轮椅车》等。

同时,《中华人民共和国道路交通安全法》第十八条规定,依法应当登记的非机动车,经公安机关交通管理部门登记后,方可上道路行驶。依法应当登记的非机动车的种类,由省、自治区、直辖市人民政府根据当地实际情况规定。非机动车的外形尺寸、质量、制动器、车铃和夜间反光装置,应当符合非机动车安全技术标准。

各地公安机关交通管理部门(如车辆管理所)对上道路行驶的车辆负责注册登记管理,进行行政管理,其中,非机动车的注册登记由各地地方法规具体规定,如《上海市非机动车安全管理条例》对上海的非机动车进行管理。交通事故痕迹物证中判断涉案车辆的类型(如机动车、非机动车)的司法鉴定活动,一般是指根据委托方指定的相关技术标准,对被鉴定车辆进行相关技术性或功能性检验鉴定,并做出是否符合指定的相关技术标准中车辆类型的鉴定意见的过程。

三、车辆类型鉴定案例

鉴于我国的基本国情及实际道路交通环境,当前涉及车辆类型鉴定的车辆,主要为各式电机驱动或内燃机驱动的两轮车、三轮车,甚至一些四轮车。这些车辆广泛存在于我国的城市交通及乡村交通环境中,给相应的交通管理与交通事故处理带来了一定的困难。

1. 电驱动三轮车

2022 年某月某日 7 时许,一辆未悬挂号牌某品牌的三轮车在某市某路段发生道路交通事故。根据事故调查需要,办案单位委托鉴定机构对涉案三轮车的车辆类型(是否符合 GB7258—2017《机动车运行安全技术条件》、GA802—2019《道路交通管理 机动车类型》中机动车的定义)进行鉴定。

鉴定方法:

参照 GB 7258—2017《机动车运行安全技术条件》、GA 802—2019《道路交通管理 机动车类型》、GB 12995—2006《机动轮椅车》及 GB 17761—2018《电动自行车安全技术规范》有关条款及检验方法,对委托事项进行鉴定。

检验所见:

被鉴定车辆为一辆浅蓝色带驾驶室电驱动三轮车,车架钢印号为☆×××☆。车辆铭牌示:某品牌电动三轮车,车辆型号×××,电机型号×××,整备质量 425 kg,额定功率 1.8 kW,载质(客)量 200 kg(人),额定电压 BD,制造日期 2021－10,出厂编号☆×××☆,某新能源车辆有限公司制造。被鉴定车辆装有三个车轮,其中前轮在纵向中心平面上,两个后轮与纵向中心平面对称布置。未配备脚踏曲柄装置,不能实现人力骑行。被鉴定车辆右前部地板见制动操纵踏板。被鉴定车辆货厢下蓄电池仓内见串联 5 块蓄电池单元。被鉴定车辆后轴安装一台电动机,以蓄电池作为驱动能源,该电动机号为×××。前轮轮胎规格为 4.00－12,左、右后轮轮胎规格均为 4.50－12。经测量,被鉴定车辆外廓长约为 320 cm、外廓宽为 121 cm、外廓高为 177 cm。

图 5－1 被鉴定车辆正面照

图 5－2 被鉴定车辆右侧照

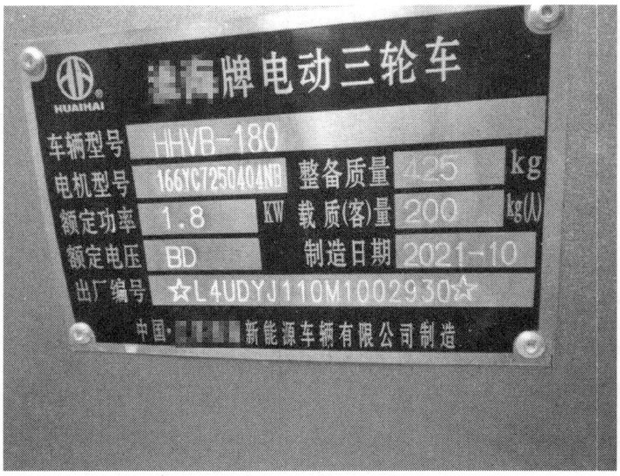

图 5-3 被鉴定车辆铭牌

图 5-4 被鉴定车辆车架钢印号

图 5-5 被鉴定车辆蓄电池舱

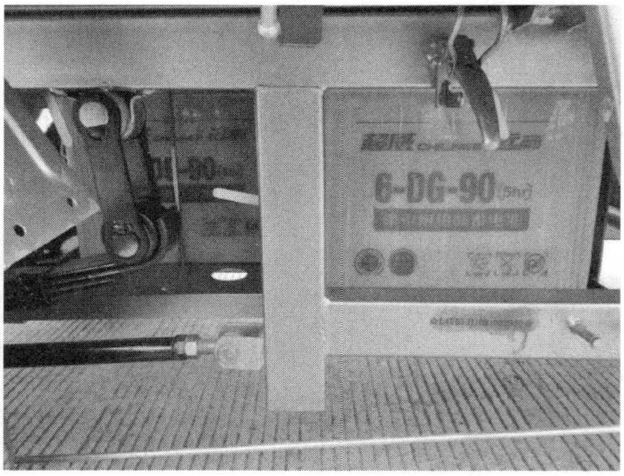

图 5-6 被鉴定车辆蓄电池单元参数

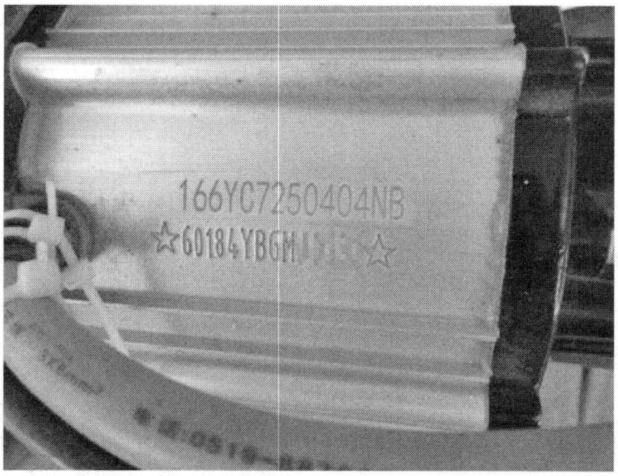

图 5-7 被鉴定车辆电机号

分析说明：

根据检验所见，被鉴定车辆不符合 GB12995—2006《机动轮椅车》中机动轮椅车的相关条款要求；不符合 GB17761—2018《电动自行车安全技术规范》中电动自行车的相关条款要求。

根据检验所见，被鉴定车辆符合 GB7258—2017《机动车运行安全技术条件》3.1 机动车（由动力装置驱动或牵引，上道路行驶的供人员乘用或用于运送物品以及进行工程专项作业的轮式车辆，包括汽车及汽车列车、摩托车、拖拉机运输机组、轮式专用机械车、挂车。）的条款；符合 GA802—2019《道路交通管理 机动车类型》3.1.1 机动车（由动力装置驱动或者牵引，上道路行驶的供人员乘用或者用于运送物品以及进行工程专项作业的轮式车辆，包括汽车及汽车列车、摩托车、轮式专用机械车、挂车、有轨电车、特型机动车和上道路行驶的拖拉机，不包括虽有动力装置但最大设计车速、整备质量、外廓尺寸等指标符合有关国家标准的残疾人机动轮椅车和电动自行车。）的条款。

鉴定意见：

未悬挂号牌某品牌电驱动三轮车符合 GB7258—2017《机动车运行安全技术条件》及 GA802—2019《道路交通管理 机动车类型》中机动车的相关定义。

案例点评：

该案例中，根据 GB 7258—2017《机动车运行安全技术条件》和 GA 802—2019《道路交通管理 机动车类型》中关于机动车的术语和定义，机动车具体包括的车辆种类有很多，如汽车、摩托车等，这些所包括的车辆种类都有共同的技术特征和应用前提，即："由动力装置驱动或牵引""上道路行驶"。考虑到交通事故案事件处理中的实际需要和司法鉴定工作的实际开展情况，日常鉴定工作中，常常会遇到除需要确定机动车或非机动车类型外，还需要根据被鉴定车辆技术参数明确车辆的具体种类，如符合普通摩托车还是轻便摩托车的情况。

2. 内燃机驱动两轮/三轮车

2023 年某月某日 16 时许，一辆未悬挂号牌不知厂牌的两轮车在某市某路段发生事故。根据事故调查需要，办案单位委托鉴定机构对涉案两轮车的车辆类型（是否符合 GB7258—2017《机动车运行安全技术条件》、GA802—2019《道路交通管理 机动车类型》及 GB/T 5359.1—2019《摩托车和轻便摩托车术语 第 1 部分：车辆类型》中普通摩托车的定义要求）进行鉴定。

鉴定方法：

参照 GB7258—2017《机动车运行安全技术条件》、GA802—2019《道路交通管理 机动车类型》及 GB/T 5359.1—2019《摩托车和轻便摩托车术语 第 1 部分：车辆类型》有关条款及检验方法，对被鉴定车辆进行检验。

检验所见：

被鉴定车辆在纵向中心平面上前后装有两个车轮，车辆动力装置为一台单缸汽油发动机。经检验，车辆车架钢印号与发动机钢印号均锉磨灭失，无法辨认。

图 5－8　被鉴定车辆车架钢印号

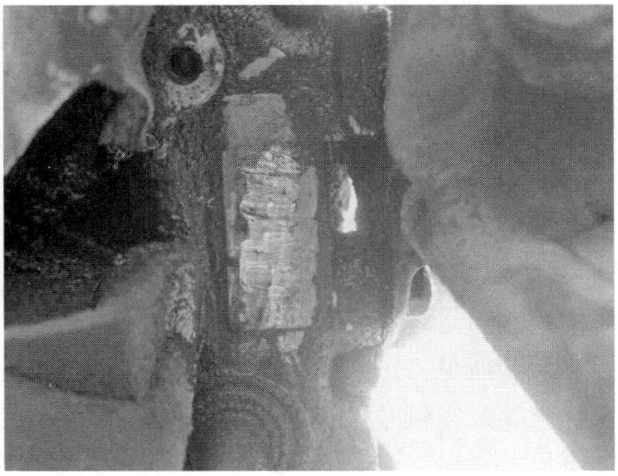

图 5－9　被鉴定车辆发动机钢印号

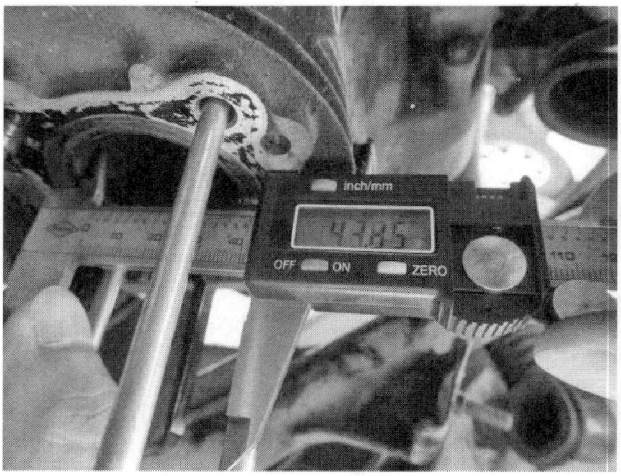

图 5-10 被鉴定车辆缸径测量

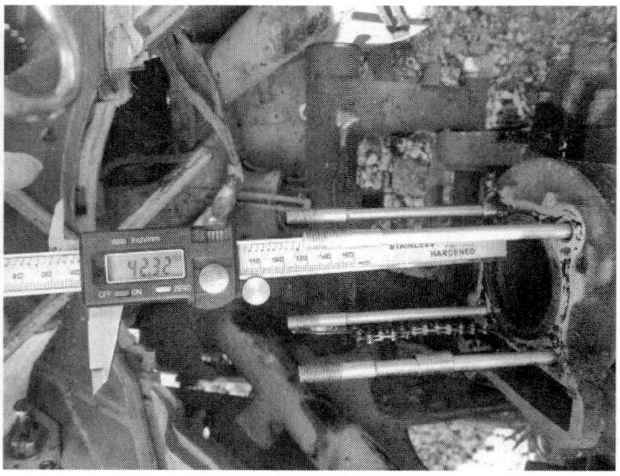

图 5-11 被鉴定车辆活塞行程测量

根据委托鉴定事项要求，并征得委托方同意，对被鉴定车辆发动机进行拆检并测量，该汽油发动机缸径约为 43.85 mm，活塞行程约为 42.32 mm。

分析说明：

经计算，被鉴定车辆的发动机气缸工作容积约为 64 cm^3，根据 GB7258—2017《机动车运行安全技术条件》、GA802—2019《道路交通管理 机动车类型》及 GB/T 5359.1—2019《摩托车和轻便摩托车术语 第 1 部分：车辆类型》中摩托车及普通摩托车的定义，被鉴定车辆使用内燃机，且排量（工作容积）大于 50 mL，符合两轮普通摩托车的定义要求。

鉴定意见：

未悬挂号牌不知厂牌的两轮车符合 GB7258—2017《机动车运行安全技术条件》、GA802—2019《道路交通管理 机动车类型》及 GB/T 5359.1—2019《摩托车和轻便摩托车术语 第 1 部分：车辆类型》中摩托车及普通摩托车的定义。

案例点评：

有时候委托方需要进一步明确被鉴定车辆的具体类型，依据 GB7258—2017《机动车运行安全技术条件》3.6.1 条普通摩托车的条款，无论采用何种驱动方式，其最大设计车速大于 50 km/h，或如使用内燃机，其排量大于 50 mL 就符合普通摩托车技术要求。该案例中，被鉴定车辆的发动机排量约为 64 cm^3，符合普通摩托车的技术要求。

3. 电驱动两轮车

2021 年某月某日 14 时许，一辆悬挂×××两轮电动自行车号牌的某品牌电驱动两轮车在某市某路口处因涉嫌违法被民警查获。根据案件调查需要，办案单位委托鉴定机构对涉案两轮车的车辆类型进行鉴定。

鉴定方法：

参照 GB 17761—2018《电动自行车安全技术规范》、GB 7258—2017《机动车运行安全技术条件》、GA 802—2019《道路交通管理 机动车类型》及 GB/T 5359.1—2019《摩托车和轻便摩托车术语 第 1 部分：车辆类型》有关条款及检验方法，对被鉴定车辆进行检验。

检验所见：

被鉴定车辆车架钢印号为×××。车辆外观饰罩颜色大体为白色，其中伴黑色、绿色纹饰，饰罩见“9-11”字样。车辆后部悬挂上海 8281791 两轮电动自行车号牌，车辆在纵向中心平面上前后装有两个车轮，其中，前轮为转向轮，后轮为驱动轮。车辆未设置脚蹬曲柄、中轴、传动链轮及链条。车辆后轮安装一台电动机作为驱动装置，用于直接驱动后轮，电机号为×××。车辆右侧中部下侧见车辆铭牌，铭牌示：品牌为大力神；摩托车型号为 DLS×××；电机型号为×××；整备质量为 99 kg；功率为 1 200 W；出厂时间为 2020 年 11 月；中国某车业有限公司制造。

利用万用表对被鉴定车辆电源电压进行测量，其电压约为 59.49 V；利用电动两轮车综合性能检测系统，对被鉴定车辆进行功率检测（检测数值与电源电量、测试条件等因素有关），其最大功率约为 536 W，对应转速约为 1 595 r/min，对应车速约为 31.9 km/h。

图 5－12　被鉴定车辆

图 5－13　被鉴定车辆铭牌

图 5－14　被鉴定车辆电机钢印号

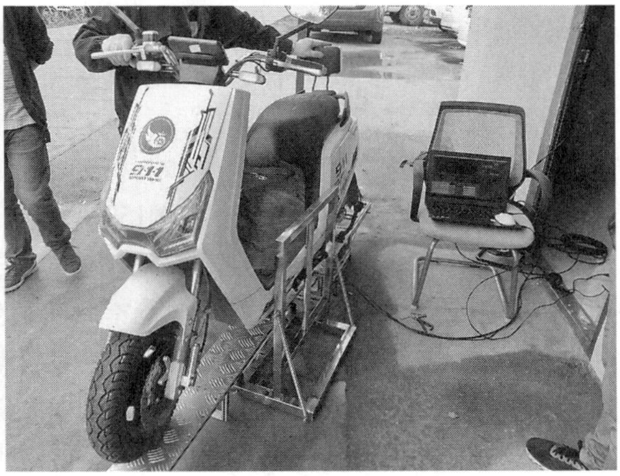

图 5－15　被鉴定车辆功率及速度检测

分析说明：

被鉴定车辆未设置脚蹬曲柄、中轴、传动链轮及链条装置，不具有脚踏骑行能力，不符合 GB17761—2018《电动自行车安全技术规范》中规定的电动自行车的定义。

根据被鉴定车辆功率检测情况，结合被鉴定车辆电机号、车辆铭牌中所示功率信息分析，被鉴定车辆驱动电机额定功率小于 4 kW。

根据检验所见，被鉴定车辆符合 GB7258—2017《机动车运行安全技术条件》3.6.2 两轮轻便摩托车的条款；符合 GA802—2019《道路交通管理 机动车类型》4 机动车规格条款中的轻便摩托车条款。

鉴定意见：

悬挂×××两轮电动自行车号牌的某品牌电驱动两轮车符合 GB7258—2017《机动车运行安全技术条件》3.6.2 两轮轻便摩托车的条款；符合 GA802—2019《道路交通管理 机动车类型》4 机动车规格条款中的轻便摩托车条款。

案例点评：

该案例中，经对车辆相关参数的实际检测数据，结合被鉴定车辆铭牌标示的参数数据，首先，被鉴定车辆虽以车载蓄电池作为辅助能源，但其不具有脚踏骑行能力，不符合 GB 17761—2018《电动自行车安全技术规范》中电动自行车的定义要求，其次，被鉴定车辆车速、蓄电池电压、整车质量及电动机额定连续输出功率等参数均超出 GB 17761—2018《电动自行车安全技术规范》中对电动自行车相应参数的要求，符合 GB7258—2017《机动车运行安全技术条件》3.6.2 两轮轻便摩托车的条款；符合 GA802—2019《道路交通管理 机动车类型》4 机动车规格条款中的轻便摩托车条款要求。

第三节 非机动车安全技术状况检验鉴定

一、非机动车安全技术状况检验鉴定的依据

道路交通事故通常由道路交通事故参与者彼此间因通行轨迹相交而发生直接碰撞或间接碰撞所导致。非机动车因其质量小，结构简单的特点，在道路交通事故碰撞中通常较易损坏。道路交通事故中涉案的非机动车大多数已经在事故中不同程度损坏。其中，损坏程度轻微的，具备动态行驶能力的非机动车，在条件具备的情况下，建议对被鉴定的涉案非机动车优先进行动态检验检测；损坏程度严重的，不具备动态行驶能力的非机动车，进行静态检验鉴定。

目前，对道路交通事故中所涉非机动车开展安全技术状况鉴定所依据的司法鉴定行业技术标准相对较为缺乏，只有 SF/T 0159—2023《道路交通事故非机动车制动系统检验鉴定规范》。对于自行车、电动自行车、机动轮椅车等非机动车中常见的车辆种类各自所对应的相关行业技术标准或规范，都侧重于规范指导车辆生产制造或对具有完好行驶能力车辆的进行相关技术检测，这些行业技术标准或规范中对车辆制动、转向等安全装置或系统均有不同程度的要求，在实际开展检验鉴定工作中，我们可以参照或借鉴相应车辆种类所对应的行业技术标准或规范中的技术方法。比如，自行车相应的主要技术标准有 GB(/T)3565 自行车安全要求系列标准、QB 2566—2002《轻型三轮自行车安全通用技术条件》等；电动自行车相应的主要技术标准有 GB 17761—2018《电动自行车安全技术规范》等；残疾人机动轮椅车相应的主要技术标准有 GB 12995—2006《机动轮椅车》、GB/T 14729—2000《轮椅车 术语》等；电动轮椅车相应的主要技术标准有 GB/T 12996—2012《电动轮椅车》等。

二、非机动车安全装置的基本结构

非机动车作为广泛存在的便捷代步交通工具，通常结构简单，其安全装置主要包括：转向装置、制动装置，视具体车辆配备情况，还有照明信号装置及鸣号装置等。

（一）非机动车转向装置

非机动车转向形式一般为通过操纵车把（方向把）转向，车把与前叉组合一起成为车辆的

转向机构，同时车把还是支撑骑车人体双臂，保持骑行稳定的重要部分。车把部件型式有固定式车把、组合式车把，主要由把横管、把立管等组成。

固定式车把是将把横管、把立管与把接头组合后，经火焰钎焊焊接形成的一个整体，其相对位置不可调整。在整车上安装时将把立管插入前叉立管孔内，旋动把芯丝杆，提拉车把中心螺母，通过车把中心螺母外圆锥体，将把立管下端有开口的管口涨开，致使把立管与前叉立管内孔挤压产生摩擦力，通过摩擦力使把立管与前叉立管结合一起传递转向扭矩。

图 5－16 固定式车把

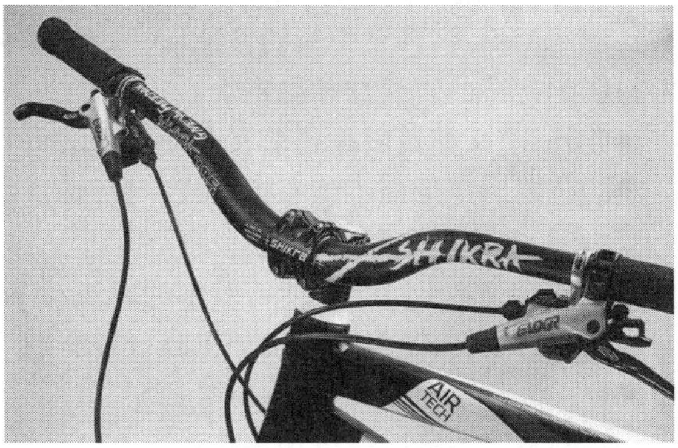

图 5－17 组合式车把

组合式车把的把横管与把立管是通过把接头，用螺钉、螺母紧固形成一体的。组合式车把的特点是，把横管在把立管上安装角度可任意调整，且把横管品种结构形式繁多，可以根据车型或骑车人需要进行配置。

车把除具有转向功能和保持骑行的稳定的功能外，它还要承担人体双臂的支撑力量以及克服外界不同条件造成各种的扭力。特别是竞赛型自行车，车身短人体重心靠前，车把的负担更重。达到这些性能要求一方面是材料的保证，另一方面是结构的保证。为适应不同功能的要求，除把横管、把立管自身强度外，最重要的是把横管与前叉的连接的结构要求在任何情况下不得有任何的松脱或扭动。车把经正确调整后，应在正前方位置的左右两侧各一定偏转角度范围内转向灵活。

前叉部件是转向装置以及整车结构的另一个重要组成部分，它支撑前轮，具有转向功能，可保持骑行平稳。前叉部件型式有斜肩前叉、平肩前叉、管肩前叉、直式前叉、前叉合件等，主要由前叉立管、前叉组成，有肩前叉和无肩前叉是前叉基本结构的两种形式。根据是否具有减震功能，又分为减震前叉和非减震（普通）前叉。

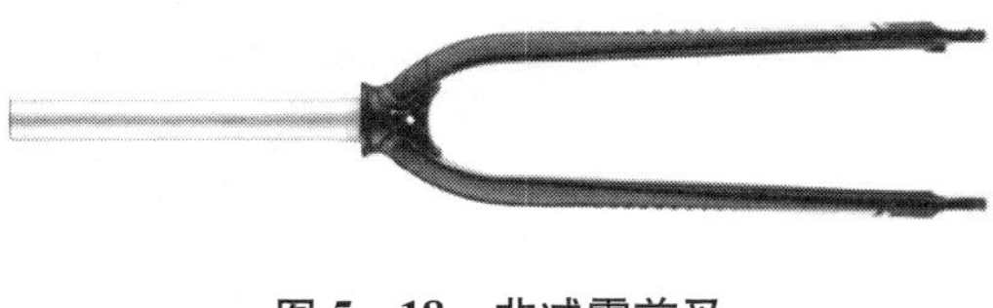

图 5－18 非减震前叉

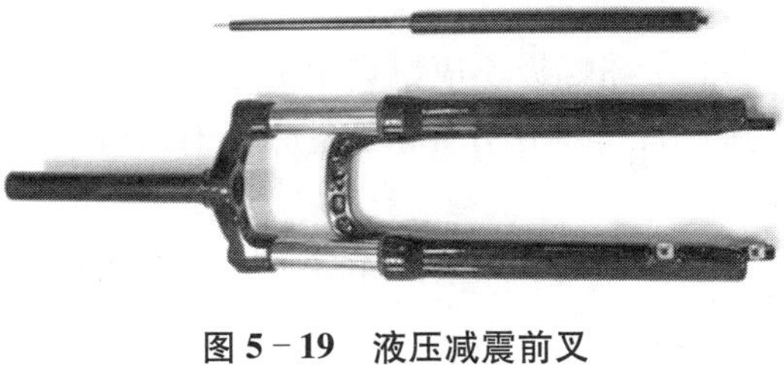

图 5－19 液压减震前叉

减震前叉工作原理：当前轮在行驶中受到地面颠簸或冲击时，前轮便推动两个外套筒向上移动，通过与外套筒焊接在一起的螺母和下弹簧座将弹簧压缩，吸收部分颠簸和冲击能量，因而缓和了颠簸和冲击。反之,当前车轮所受冲击力消失而下落时,弹簧伸长释放能量,通过这样的往复过程,减弱了人体对地面颠簸或冲击带来的震动,提高了骑行的舒适性。

前叉的形状精度,直接影响骑行的直线性和转向操纵灵活性。前叉两叉腿压扁处与前叉对称中心面对称性,是安装前轮后,前车轮中心平面与车架中心基准面重合的重要保证。前叉腿压扁开口处的中心与前叉对称中心面垂直性误差将造成前叉左、右腿一前一后,形成前、后腿,使前车轮安装后自然形成拐弯的状态,也会给骑行的直线性和操纵灵活性带来不利影响。同时,前车轮中心平面偏离前叉中心基准面,还会影响轮缘闸的制动性能。对于减震前叉,同时要用两个弹簧,两个弹簧的性能应一致,否则将导致左、右两个减震筒减震力不平衡,使车轮偏斜影响行车的直线性和稳定性。

此外,前叉能量吸收是前叉强度要求的重要的安全项目,当前叉受到外力的撞击后只能在一定的范围内变形而不能有折断或有裂纹,这是保证骑行者安全的重要条件。

(二)非机动车制动装置

制动系统是专门用于使行驶中的非机动车减速或停车,或使已经停驶的车辆保持驻车状态的零部件组合,是保障非机动车骑行安全的重要部分。一般由控制装置、传能装置和制动器组成。

控制装置是指由非机动车驾驶人直接操纵用以向传能装置提供制动或控制所需能量的部件,如制动手闸把和制动脚踏板。传能装置是指连接控制装置和制动器并实现能量传递功能的零部件组合,如机械拉线(索)及摇臂组合件、液压管路组合件。制动器是指非机动车制动系统中产生阻止车轮转动作用力的部件,如鼓式制动器、盘(碟)式制动器、抱闸式制动器和钳形闸制动器等。

目前,根据传能装置(能量传递介质)的不同,非机动车制动装置可分为机械传能制动装置和液压传能制动装置。根据制动器摩擦副施力特点及部位不同,可分为以下三大类:

1)轮缘闸:如普通前后闸、钳形闸、前触闸等。

2)轮毂闸:如涨闸、抱闸、随动闸、脚闸等。

3)盘形闸。

尽管车闸的种类繁多,但在自行车或电动自行车等非机动车上的安装要求和制动性能,都有共同的要求。

制动系统的共性要求:

1)每辆自行车应装有两个制动系统:一个制动前轮,一个制动后轮。

2)闸把位置在前,我国的电动自行车是前闸在右,后闸在左。

3)把车闸安装到车架、前叉或车把上时,所用的螺钉应有合适的锁紧防松装置,如防松垫圈、防松螺母等。

4)紧绳螺钉不应割坏钢绳丝股。即使发生车闸钢绳断裂,也不应导致车闸部件的任何零件妨碍车轮转动。钢绳尾端应装有一个能承受 20 N 拉脱力的尾套,用以防护或防止钢绳松散。

5)制动器所用闸皮不允许含有石棉材料。

1. 轮缘闸

制动闸皮作用于车轮轮辋的车闸,轮缘闸是将制动装置产生的制动力施加在车轮边缘或轮胎的胎冠上,使运转中的车轮减速或停止转动。轮缘闸的类型主要有:普通前后闸、钳形闸和前触闸等,而每一类型又有很多品种。

（1）普通前、后闸　自行车普通前、后闸作为车闸家族中的一个重要分支，长期以来，以低廉的造价、维修方便和使用寿命长等特点，在我国得到了普遍的应用（至今一些品种仍然在使用）。因此，研究它的性能和特点，确保安全使用，仍然是必要的。

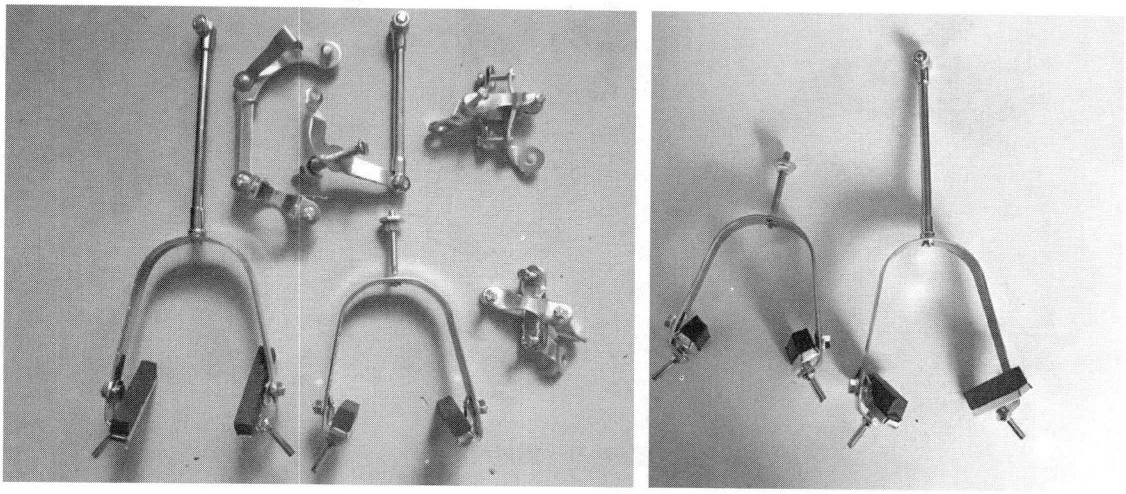

图 5－20　普通前、后车闸

车闸在行驶过程中，闸皮不应触及除预期制动面以外的任何东西。安装普通前后闸的自行车，当车把转角 60°时，闸皮不应与车轮的轮辋相碰；在车把回复到正中位置时，前后拉管应既无弯曲，也无扭转。制动系统及其任何部件均不应断裂。

1）普通前闸　普通前闸前拉管通过拉管上接头、紧闸螺钉与车把的右拉杆右闸把连接。当制动时，捏动车把部件上的前闸把，将带动前拉管、前闸叉向上提起，使左右闸皮与车轮接触产生摩擦致使车轮停止转动。松开车把上的前闸把后，由于车把前闸把弹簧及闸叉弹性变形的作用，迫使前闸叉和左右闸皮复位，使车轮恢复转动。

普通前闸结构与车把部件的前闸把全部为刚性连接，结构简单可靠，经过简单的调试即可达到性能要求。

2）普通后闸　普通后闸后拉管通过拉管上接头和紧闸螺钉与车把部件的左拉杆连接紧固，即形成了一条完整的制动力传送链。

当制动时，捏动车把部件后闸把，制动力经后拉管→前曲拐→长拉杆→后曲拐→调节螺钉接头→调节螺母→调节螺钉→左右闸皮→与后车轮接触产生摩擦，致使后车轮减速或停止转动。

从这条制动力传送链可以看出，后闸比前闸的结构复杂，在制动力传送过程中要经过七个零件的组合传递，且通过前曲拐和后曲拐两次改变方向。尽管整个传送链都是刚性连接，但对各个零部件的制造精度、连接紧固力及安装位置都有了更多的要求。

（2）钳形闸　自行车钳形闸制动系统是目前市场上应用最广、品种最多的制动系统。它具有很多优点：钳形闸的闸把与闸体采用钢绳和软管传递制动力，传动杆件少，避免了零件间隙和弹性变形造成制动力的损失，提高了制动力的传递效率；制动时，两侧闸皮同时夹持轮辆两侧实现减速或制动。整体结构减少了轮辆轴向摆动对制动性能的影响，保持制动的平稳。

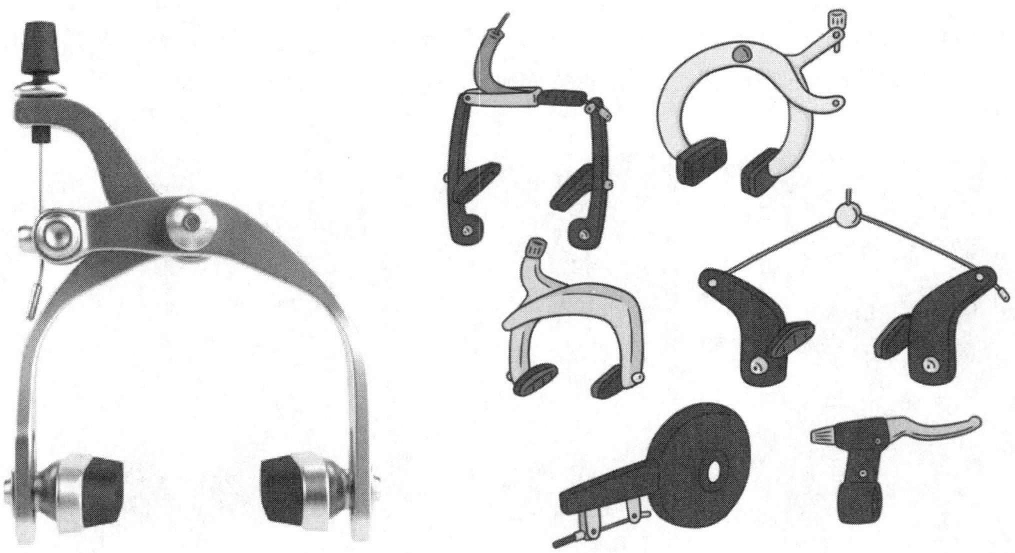

图 5-21 钳形闸

根据钳形闸闸体结构和钢绳力作用位置,钳形闸可分为:侧拉式钳形闸、中拉式钳形闸、悬臂式钳形闸、V 形闸及平推式 V 形闸等。

(3) 前触闸 前触闸一般常与脚闸配套使用,即后轮为脚闸,前轮为前触闸。前触闸适用范围窄,产品结构、规格品种也很少。

前触闸的工作原理很简单:捏动闸把时即以闸把支架为中心,使闸把另一端,通过拉杆接头、前拉杆、拉管接头、前拉管,将触闸皮向下压向前轮车胎,使车轮减速或停止转动。松开闸把在前闸簧的作用下将闸把和触闸皮复位。

使用前触闸应注意的问题:

1) 由于前触闸将制动力直接作用在前车轮轮胎胎冠上,因此,轮胎必须要有足够的充气压力,才能保证制动效果。

2) 为了保证整车减速和制动性平稳的效果,选择或设计轮胎时,胎冠花纹的形状,应选择连续性的细花纹,避免使用间断的粗花纹。

2. 轮毂闸

直接作用于车轮轮毂(轴皮)的车闸。轮毂闸的特点是制动装置安装在前、后轴的轮毂内,处于封闭和半封闭状态,有效地减少了对闸的维护:并保证了轮毂无磨损,延长了轮辆的使用寿命。轮毂闸按照摩擦力产生方式的不同可以分为四种形式:抱闸、涨闸、随动闸和脚闸等。

(1) 抱闸 自行车抱闸是一种作用于自行车后轴身的制动器,由一条带状闸皮覆盖在圆柱形闸鼓表面,闸鼓可以附着在车轮轮毂(轴皮)上,或与轮轴为一体的车闸。它在发挥制动器作用的同时,有效地保证了轮钢无磨损,延长了轮辆使用寿命;具有制动效率高,装配简单等优点。由于它只适于安装在后轮,因此,常与钳形闸或普通前闸配套使用。其制动力的传递方式,有钢绳式和杆式两种,目前采用较多的是钢绳式。

图 5－22 抱闸

闸盘通过中心的螺纹与后轴身紧固为一体，车轮转动时闸盘同时转动。闸盒紧固在后轴的轴辊上，并通过定位夹与车架后平叉定位和固定，以防止闸盒的转动。当捏动闸把制动时，通过钢绳拉动曲拐向前摆动，曲拐另一端带动闸皮、闸带组合件向下移动，逐渐触及闸盘，致使车轮减速或停止转动。

（2）涨闸 自行车涨闸既是轴类部件，又是闸类部件。在整车中发挥前后轴和制动器作用的同时，有效地保证了轮辆的无磨损，延长了轮钢的使用寿命。

图 5－23 涨闸

前、后涨闸结构，除前、后轴壳不同，要分别满足前、后轴的要求外，涨闸部分的主要结构完全相同，当捏动闸把时，通过钢绳拉动前（后）摇臂摆动一个角度，从而使偏心轴转动一个角度，迫使闸片以固定轴为支点向外涨开与闸盒接触，使轮辆减速或停止转动。松开闸把，闸片在两个拉簧的作用下与闸盒脱离，轮辆继续转动。

（3）脚闸 脚闸又称倒蹬闸。它与后轴组成一个整体，既是轴类部件，又是闸类部件。直接安装在后轮上，通过脚蹬的反向蹬踏使脚闸内部涨套和脚闸身产生摩擦，实现车轮的减速或停止。在整车中发挥了后轴和制动器的双重作用，有效地保证了轮辆的无磨损，延长了轮辆的使用寿命。

3. 盘形闸

盘形闸最早用于摩托车和汽车，由于制动性能的特点，近期开始应用到自行车上，并且使用量逐渐增多。

盘形闸通过一对夹钳，将制动力作用于固定在前、后轴身上的圆形闸盘片上，使车轮减速或停止转动。盘形闸包括五个部分：闸盘、夹钳、夹钳架、专用前、后轴、闸把组合件等。

前、后盘形闸的结构和尺寸是相同的，闸盘分别安装在前、后轴轴身左端的端面止口上定位，并用螺钉紧固。前、后闸的夹钳分别紧固在前叉左腿和车架左后立叉的安装螺孔中（如使用通用车架、前叉没有夹钳安装孔，则需用转接座连接）。闸把组合件分别安装在车把左、右握把适当处。

盘形闸按制动力的传递方式可分为：机械式盘形闸和液压式盘形闸。

(1) 机械式盘形闸　　采用钢绳拉动夹水平移动夹紧闸盘，使车轮减速或停止转动。这种制动力的传递形式、技术要求，与钳形闸的传递相仿，闸把与钢绳组合件可通用互换（应注意钢绳长短）。

图 5－24　机械式拉线盘形闸

(2) 液压式盘形闸　　以油液为介质，捏动闸把时将油液从油管直接输送到夹钳，通过夹钳内的活塞，移动夹钳块与闸盘夹紧，使车轮减速或停止转动。液压式盘形闸与机械式盘形闸相比，其优点是在相同捏闸力的作用下，制动力更大，且更加平稳。

图 5－25　液压式盘形闸

（3）盘形闸的性能特点

1）盘形闸将夹钳作用于固定在前、后轴轴身上的闸盘，起到制动的效果。因盘形闸的闸盘半径比车圈半径小得多，制动力臂就会小很多，理论上讲制动效果比悬臂闸、V形闸要差一些，不容易抱死。它适用于高速、连续下坡等路况，调控车速最适宜。

2）质量重。一般钢质盘形闸，要比同档次的悬臂闸、V形闸的质量要重。因此，要根据整车性能要求选用。

3）盘形闸的闸盘一般是用不锈钢制成的，且盘面带孔，在持续制动状态下产生的热量容易散发，而且不降低制动效果。

4）产品制造精度要求高，而且专用零部件较多，会增加产品成本。

（三）影响闸制动的因素及解决方法

影响普通前、后闸制动性能的因素主要有3个：闸皮硬度、闸皮与轮辋的接触面不吻合、装配质量。

（1）闸皮硬度　当前自行车闸皮大部分采用再生胶（橡胶混合物），由于轮辆表面微观不平，硬度过高将使闸皮与轮辋的贴合力小而减小摩擦力，硬度一般应控制在邵氏70~80之间。

（2）闸皮与轮辋的接触面不吻合　闸皮材质确定后，闸皮与轮辋的摩擦系数即已确定，而摩擦力是与闸皮与轮辋接触面积成正比的。影响因素有以下几个方面：① 闸皮过长：制动时只有闸皮两端与轮辋的圆弧面接触，而闸皮中间一段没有与轮辋贴合，减少了接触面积，从而减小了摩擦阻力，制动性能不好。只有待闸皮两端磨损后与轮辋全面贴合（这是需要一定的时间），才能达到较好的制动效果。② 前、后闸叉制造精度的影响：当前、后闸叉经弯曲成型后两端不对称，造成长短腿或铆支柱的角度不一致，都会造成左、右闸皮不能产生同样的摩擦力而降低制动性能。③ 前、后闸叉设计缺陷。④ 左、右闸板和夹板的圆弧与前叉腿或车架后平叉截面形状应相吻合，否则左、右闸板难以紧固，影响了闸板正确的安装位置，造成前、后闸叉支柱与闸板开口面滑动不顺或卡死，同时还会使闸皮位置发生变化。这些都会影响制动效果。

（3）装配质量　普通前闸结构简单，制动力传递环节少，安装比较容易达到要求，而后闸制动力传递环节多，装配质量的差异很容易造成制动力效果的不同。

（四）非机动车照明信号装置及鸣号装置

1. 照明信号装置

非机动车照明信号装置，根据具体的车辆种类不同，其设置要求不一致。一般分为照明和光信号装置、回复反射装置两类。非机动车相关标准中对照明信号装置、鸣号装置的相关要求如下：

GB 12995—2006《机动轮椅车》5.2.7条：机椅车应设置前照灯，其轻椅车前照灯发光强度不应小于4 000 cd，普椅车发光强度应符合GB7258标准中对摩托车的要求。其他信号装置的配备及要求应符合GB7258和GB18100的有关规定。

GB/T 12996—2012《电动轮椅车》5.6.12条信号装置中规定：道路型电动轮椅车应具备规定的鸣号、转向、照明、制动等各种信号装置。

GB 17761—2018《电动自行车安全技术规范》6.2.3 反射器、照明和鸣号装置中6.2.3.1 反射器规定：电动自行车应当装有后反射器、侧反射器和脚蹬反射器。反射器的类型、颜色和安装应当符合GB 3565—2005中第17章的规定；侧反射器无法按照GB 3565—2005要求安装的，应当安装在电动自行车两侧。反射器光学要求应当符合GB/T 31887的规定。6.2.3.2 照明规定：电动自行车应当装有前灯和后灯，其亮度值应当符合GB/T 22791的规定。

GB 3565.2—2022《自行车安全要求 第2部分：城市和旅行用自行车、青少年自行车、山地自行车与竞赛自行车的要求》4.20.3 照明系统规定：照明系统由一个前灯和/或一个后灯组成，其应符合 GB/T 31887.1 的相关要求。4.20.4 反射器规定：

（1）反射器安装　一般要求前反射器和后反射器安装在自行车上时，其反射镜的基准轴线 NC 应保持水平，并与车架的中心面平行；其上、下、左、右的角度偏差不应大于 5°。侧反射器安装在自行车上时，其反射镜的基准轴线 NC 应与车架中心面垂直，安装位置应在距离轮胎外径 100 mm 的环形区域之内。回复反射器装置应符合 GB/T 31887.2 的相关要求。

（2）后反射器　安装后灯的自行车应加装一个后广角反射器或一般反射器。不安装后灯的自行车应安装一个广角反射器。后反射器应为红色。

图 5－26　前反射器

图 5－27　后反射器

（3）侧反射器　侧反射器应满足以下要求：

1）侧反射器安装在自行车的前半部和后半部，其中应至少有一个侧反射器安装在车轮的辐条上。对有些自行车在后轮上除了车架和泥板支棍以外，还装有其他部件，则转动的侧反射器应安装在前轮上；或者

2）在每个轮胎的两侧面，距轮胎外径 100 mm 内安装连续的环状反光材料。

所有的侧反射器应为广角反射器，并为一种颜色，白色（透明）或黄色。

图 5－28　侧反射器

图 5－29 脚蹬反射器

（4）前反射器 安装前灯的自行车应加装一个广角反射器或一般的反射器。不安装前灯的自行车应安装一个广角反射器。前反射器应为白色（透明）。

（5）脚蹬反射器 每个脚蹬都应在前后表面安装反射器。反射器应嵌入脚蹬内或以机械方式联结，但不论采用何种方式，反射器应牢固地嵌入脚蹬边缘的凹槽或保护罩内，以防止骑行者直接触到脚蹬边缘上的反射器。

脚蹬反射器的颜色为黄色。

2. 鸣号装置

GB 12995—2006《机动轮椅车》5.2.12 条：机椅车喇叭声级值应符合 GB15742 的规定。

GB/T 12996—2012《电动轮椅车》5.6.12 条信号装置中规定：道路型电动轮椅车应具备规定的鸣号、转向、照明、制动等各种信号装置。

GB 17761—2018《电动自行车安全技术规范》6.2.3.3 条鸣号装置规定：电动自行车应当装有鸣号装置，鸣号装置的声压级应当为 75 dB(A)～100 dB(A)。

GB 3565.2—2022《自行车安全要求 第 2 部分：城市和旅行用自行车、青少年自行车、山地自行车与竞赛自行车的要求》4.21 鸣号装置规定：城市和旅行用自行车、青少年自行车应装有车铃或其他鸣号装置，并应符合 ISO14878 的要求。本文件所覆盖的其他类型自行车可以配装鸣号装置。

三、非机动车安全技术状况检验鉴定方法

（一）概述

非机动车安全技术状况检验鉴定，是具有相应鉴定资质的司法鉴定人运用科学技术或者专门知识对道路交通事故中涉案非机动车相关安全装置的技术状况所进行的技术检验、分析和判断并提供鉴定意见的活动。开展非机动车安全技术状况检验鉴定的具体项目包括但不限于：

1）对涉案非机动车相关安全装置的技术状况进行检验；

2）判断涉案非机动车相关安全装置技术状况或性能的符合性（如转向装置、制动装置、照明信号装置及鸣号装置等）；

3）判断涉案非机动车相关安全装置技术状况与事故的因果关系。

（二）鉴定程序及技术标准

1. 鉴定程序

道路交通事故涉案非机动车安全技术状况检验鉴定的流程包括受理程序、送检材料的接收、检验鉴定程序、材料的流转程序、结果报告程序、记录与归档等，具体参照 SF/T 0072 相关规定实施。

2. 鉴定技术标准

根据被鉴定的涉案非机动车具体种类，对其开展安全技术状况检验鉴定可参照的相关标准有：GB(/T)3565、GB 17761、GB 12995、GB/T 12996、QB 2566、SF/T 0159、GA/T 41 等。

3. 检验鉴定设备及工具

道路交通事故非机动车安全技术状况检验鉴定宜使用的主要设备和工具包括：数码相机、摄像机、长度测量工具[游标卡尺、深度尺、钢卷尺、厚薄规或塞尺（最小塞尺片厚度尺寸不大于0.02 mm）、钢直尺等]、制动器制动力测量装置、铅锤、百分表及磁力表座、温度仪、便携式测风仪、轮胎气压表、电流表、称重设备和拆装工具等。

检验鉴定用到的检测仪器和设备应按要求进行检定和校准，并在检定和校准有效期内。

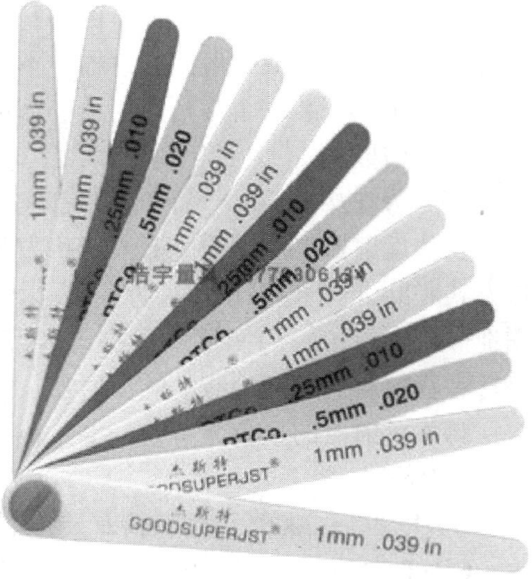

图 5－30　塞尺

4. 检验鉴定方案制定

检验鉴定项目由鉴定委托单位根据事故处理或案件调查的需要提出。通常根据涉案非机动车的损坏程度分为：具有行驶能力的非机动车和失去行驶能力的非机动车两大类，对应的检验鉴定事项总体也分为相关安全装置的功能性检验和技术参数的性能检验两类。具体项目一般包括非机动车整车技术参数与性能检验或检测，整车技术参数包括整车质量、尺寸限制等检验，整车的机械结构如车架、车把、前叉、鞍座及车轮等检查，反射器及照明装置检查；车辆运行参数与性能检测，如制动性能、车速限值检测等，电气系统安全检验等。

对于具有行驶能力的非机动车，其安全技术检验鉴定以动态检验鉴定为主。如动态检验鉴定无法确定事故原因或需要开展事故车辆零部件的标准符合性检验时，应辅以静态检验鉴定和零部件失效检验鉴定。

对于失去行驶能力的非机动车，其安全技术检验鉴定以静态检验鉴定为主。通过对部分总成的相关技术参数及工作状况进行检测、检验，或通过拆解检验其主要零部件，分析、判断该系统或零部件的基本技术状况，得出检验结果对该系统技术状况或对整车安全技术状况所造成的影响。在不影响检验鉴定项目所涉及的车辆部件原有状态的情况下，可对车辆进行修复，开展动态检验鉴定。

出于对检验鉴定过程的安全考虑，对涉案非机动车开展安全技术状况检验鉴定时，即使涉案非机动车外观无明显损坏，不影响行驶能力，在进行动态检验鉴定之前，都应该对其制动装置、转向装置等关键安全装置先进行静态检验，经评估达到动态检验鉴定条件（包括环境条件）时，再进行动态检验。因此，对于道路交通事故中涉案的非机动车开展安全技术状况检验，静态检验是基础。

（三）车辆基本状况检验

1. 车辆唯一性检验

对涉案道路交通事故非机动车进行安全技术状况检验鉴定，首先应进行外观检验。根据委托材料，结合车辆外观，检查确认车辆整车主要特征，对车辆唯一性进行检查，必要时可结合车辆性能参数检测进行认定。

检验时，应检查车辆号牌、品牌和型号、车架钢印号/整车出厂编号、发动机号码/驱动电机号码等信息。

检查以下各项，必要时应测量相关参数：

1）铭牌上车辆产品名称、型号、制造商名称或商标、制造年月等信息，如图 5－31。

2）车架上打刻的车辆编号（或车架钢印号/整车出厂编号）、驱动电机号码。

3）检查是否与送检车辆的登记证书、产品合格证等相关资料记载的内容一致。

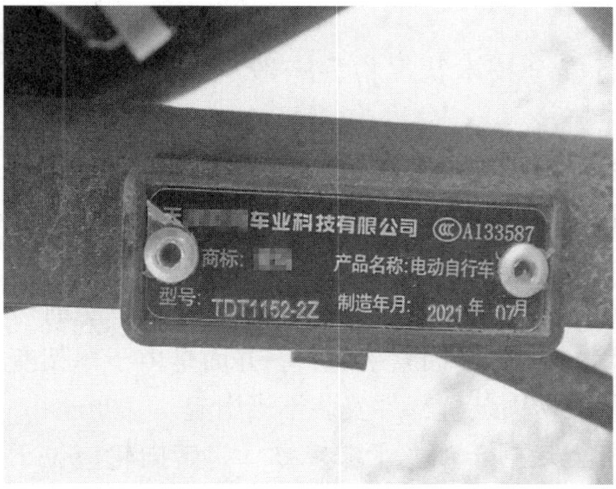

图 5－31 电动自行车铭牌

图 5－32 共享自行车标识

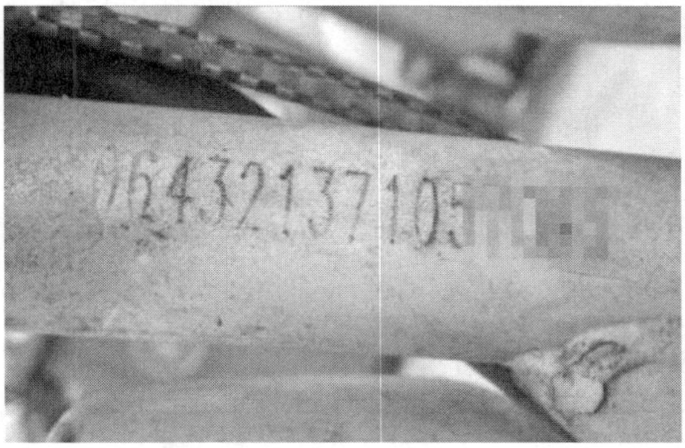

图 5－33 自行车车架钢印号

图 5－34 电动自行车轮毂电机编号

2. 车身外观及安全装置配置检验

对涉案非机动车在事故中的损坏情况及车身痕迹检验，按照 GA/T 41、GA/T 1087 相关要求实施，对受损部位、受损情况、变形程度等痕迹特征进行检验。

检查涉案非机动车的车辆机械装置、动力（助力）装置、电气装置及仪表、行车操纵装置、车轮及轮胎、反射器及照明装置等主要装置装备的状态。

检查涉案非机动车主要安全装置的类型、状态及配置情况，为进一步的技术状况检验做准备。

检查车辆控制器等部位有无防篡改设计：

1）检查车辆控制器等部位有无可篡改的限速装置，如：通过接插件插拔、剪断多余线路等方式判定。对疑似插拔件进行插拔检查，目测车速是否有明显提升，如有明显提升，按照车速限值试验方法进行试验，如无明显提升，对多余的线路进行剪断检查，目测车速是否有明显提升，如有明显提升，按照车速限值试验方法进行试验。

2）检查车辆是否存在解除速度限制的按钮等装置，如未发现疑似解除速度限制的按钮，尽可能地通过所掌握的解除电子限速的方法（捏住刹把及转动调速转等）测试，判断试验样车是否存在电子限速，如存在电子限速，且电子限速被解开，比对篡改和未篡改的车速，取较大值，按照车速限值试验方法进行试验。

3）使用螺钉旋具、夹扭钳等工具进行非破坏性操作，检查车辆控制器是否能被拆开。

3. 转向装置安全技术状况检验

非机动车转向装置结构较为简单，对其进行安全技术状况检验一般从以下几个方面进行：

（1）转向装置各部件有无变形或断裂损坏　车把把横管、把立管和锁紧螺栓应连接可靠，不应有裂纹或断裂。车把不应有明显的不对称性变形。前叉的任何部件不应有断裂或可见裂纹。

（2）转向轮有无移位　转向轮移位或定位异常，直接影响车辆行驶的稳定性，严重时可能影响行车安全。转向轮发生移位或定位异常通常有两方面因素引起：一方面是由于车架变形或转向装置部件变形引起；另一方面是由转向轮或转向装置部件安装不当引起。

（3）操纵车把转向检查，转向装置各部件间有无运动干涉或卡滞现象　转向轮应位于前叉的中心位置，车轮与前叉不应相碰，产生运动干涉，前叉部件不应分离。转向装置在任何操作位置上，不应与其他部件有干涉现象。

非机动车相对来说，一般行驶速度较慢，其转向装置结构简单，非机动车相关技术标准中对于转向装置的具体技术要求：

自行车标准 GB 3565.2—2022《自行车安全要求 第2部分：城市和旅行用自行车、青少年自行车、山地自行车与竞赛自行车的要求》中 4.7.5 对自行车车把稳定性具体要求：车把经正确调整后，应在正前方位置的左右两侧各不小于 θ 角度的范围内灵活转向，轴承处应无过紧、僵滞或松弛现象。角度值在表 5-1 中给出。

表 5-1　自行车把转向角度值表

自行车类型	城市和旅行用自行车	青少年自行车	山地自行车	竞赛自行车
车把转向角度 θ_1	60°	60°	30°	30°

GB 12995—2006《机动轮椅车》5.2.3 条对机动轮椅车转向装置的要求：机椅车转向系统应符合 GB7258 中要求，转向轮向左和向右转角不允许大于 45°。

4. 制动装置安全技术状况检验

非机动车制动装置作为车辆关键的安全装置，是车辆安全技术状况检验中的重点检验项目。对道路交通事故涉案非机动车进行制动装置安全技术状况检验，可根据 SF/T 0159—2023《道路交通事故非机动车制动系统检验鉴定规范》开展检验工作。

（1）在对车辆外观检验的基础上，对制动装置重点检查

1）检查车辆各轮制动系统的配置情况及类型，检查控制装置与制动器的对应关系。

2）检查车辆结构及制动系统的损坏情况，制动系统是否因部件干涉存在功能受限。

3）检查控制装置、传能装置及制动器各部件之间的连接情况，采用机械传能装置制动系统的车辆，重点检查制动闸把或踏板、制动拉线（索）及制动摇臂等外部可见零部件是否连接有效；采用液压传能装置制动系统的车辆，应重点检查制动闸把或踏板、制动上下泵、制动管路

及其接头等外部可见零部件是否连接完好、有无液压介质泄漏。

4）必要时，对制动系统各部的相关痕迹进行检验，道路交通事故非机动车制动系统检验鉴定所涉及的痕迹检验（如制动系统各零部件的损坏痕迹检验），按照 GA/T 41、GA/T 1087 相关要求实施。

（2）制动装置安全技术状况检验方法及步骤

1）车辆结构及制动系统外观无异常　经检查，车辆结构及制动系统外观无异常，车轮转动不受限，可推动车辆，使车轮在转动的同时，操纵控制装置，检查车轮制动器制动力的变化情况，具体有以下两种情况：

a）经对比，若控制装置充分作用后，车轮制动器制动力显著增大，推车辆时车轮未发生周向角位移（不能转动），则该轮制动功能有效。

b）经对比，若控制装置充分作用后，车轮制动器制动力变化不明显，推车辆时车轮存在一定周向角位移，可将车轮离地后，检测车轮在控制装置作用与非作用时，其轮缘切线方向阻力的变化情况，必要时，可测多次，取平均值。若控制装置作用时其轮缘切线方向阻力值大于控制装置不作用时的阻力值，则该轮制动功能尚存；若控制装置作用时其轮缘切线方向阻力值与控制装置不作用时的阻力值相当，则该轮制动功能丧失（或失效）。

对于上述第一种情况，车辆各轮制动功能都有效，且无其他影响动态检验的因素，可对车辆进行动态检验。对车辆制动系统动态检验，根据被鉴定车辆类型所对应的相关技术标准要求实施。如电动自行车制动性能动态检验，按照 GB 17761—2018 中 6.1.2、7.2.2 相关要求实施；自行车制动性能动态检验，按照 GB 3565 相关要求实施。

自行车制动性能动态检验要求：按照 GB 3565.2—2022《自行车安全要求 第 2 部分：城市和旅行用自行车、青少年自行车、山地自行车与竞赛自行车的要求》相关要求，有两种试验方法来确定制动性能，经验表明这两种方法都是适合的，都可以应用。一种试验方法是道路试验，通过试验直接测得制动距离，使受试车闸的可靠性直接得到证明。另一种试验方法是试验机试验，通过试验测得制动力，再计算出制动性能的数值。车闸的可靠性能是由线性测量来确定的。最后还要通过简单道路试验，以检验其平稳、安全、停住的特性。不论采用哪种方法，都应符合道路试验或试验机试验的要求（表 5－2、表 5－3）。

表 5－2　道路试验——制动试验速度与制动距离

自行车类型	试验条件	速度/（km/h）	使用的车闸	最大校正的制动距离/m
城市和旅行用自行车	干态	25	双闸	7
			单后闸	15
	湿态	16	双闸	5
			单后闸	10
青少年自行车	干态	25	双闸	7
			单后闸	15
	湿态	16	双闸	5
			单后闸	10

续 表

自行车类型	试验条件	速度/(km/h)	使用的车闸	最大校正的制动距离/m
山地自行车	干态	25	双闸	6
			单后闸	10
	湿态	16	双闸	5
			单后闸	10
竞赛自行车	干态	25	双闸	6
			单后闸	12
	湿态	16	双闸	5
			单后闸	10

表 5-3 试验机试验——计算制动性能值

自行车类型	试验条件	使用的车闸	最小制动力值, B_p/N
城市和旅行用自行车	干态	单前闸	340
		单后闸	220
	湿态	单前闸	220
		单后闸	140
青少年自行车	干态	单前闸	204
		单后闸	132
	湿态	单前闸	132
		单后闸	84
山地自行车	干态	单前闸	425
		单后闸	280
	湿态	单前闸	220
		单后闸	140
竞赛自行车	干态	单前闸	425
		单后闸	260
	湿态	单前闸	220
		单后闸	140

对城市和旅行用自行车、青少年自行车和山地自行车，为了确保湿态和干态制动安全，湿态与干态的制动性能比率应大于 4∶10。计算这一比率的方法，道路试验与试验机试验均由 GB/T 3565.4—2022 给出。

电动自行车制动性能动态检验要求：按照 GB 17761—2018《电动自行车安全技术规范》

6.1.2条中对电动自行车制动性能的相关要求,电动自行车制动性能应当符合表5-4规定,在相应的制动距离内平稳安全地停住。

表5-4 电动自行车制动性能

试验条件	试验速度/(km/h)	使用的车闸	制动距离/m
干态	25	同时使用前后车闸	≤7
		单用后闸	≤15
湿态	16	同时使用前后车闸	≤9
		单用后闸	≤19

2)车轮转动有一定干涉　车辆结构或车轮变形,致车轮形成一定程度运动干涉、卡滞,但能小幅转动时,若制动系统各部件齐全,且连接有效,可按前1)中静态检验方法,对车辆各车轮制动功能进行检验。

3)车轮卡死　车辆结构或车轮变形,致车轮卡死,不能转动,若制动系统各部件齐全,且连接有效,可操纵控制装置,检查传能装置、制动器各部件的动作情况,按制动器结构不同,具体有以下两种情况。

a)对于盘(碟)式制动器和钳形闸制动器等摩擦副接触可见的制动器,若制动器连接部件(如制动闸、制动片和闸皮)不动作,则该轮制动功能丧失(或失效);若制动器各部件均动作,可进一步借助塞尺检查制动器摩擦副间隙情况,检验时,在塞尺片厚度小于间隙的前提下,优先选用最薄尺片,检验方法如下:

① 若控制装置充分作用后,塞尺片可轻松抽出,则该轮制动功能丧失(或失效);

② 若控制装置充分作用后,塞尺片受制动器摩擦副夹紧,且力度较大,塞尺片不能抽出,则该轮制动功能有效(或尚存)。

b)对于鼓式制动器和抱闸式制动器等摩擦副接触不可见的制动器,若制动器连接部件(如制动器摇臂)不动作,则该轮制动功能丧失(或失效);若操作控制装置,制动器连接部件动作,必要时,视情况可拆卸制动器检查摩擦副的接触痕迹。

c)对采用液压传能装置制动系统的车辆,制动系统各部连接有效,制动功能丧失(或失效)时,还应视情况检查制动系统油液情况。

4)车辆制动系统关键零部件失效　车辆制动系统关键零部件损坏或缺失,致使制动系统不能发挥效用,则该轮制动功能丧失(或失效)。

5. 照明信号装置及鸣号装置技术状况检验

目前,非机动车辆各相关技术标准中对照明信号装置及鸣号装置的配备要求均不一致。在实际道路交通事故处理中,大家往往对与事故紧密相关的车辆安全装置的技术状况较为关注,对于事故发生相关性较弱的一些安全装置的技术状况,大家通常不去关注。比如,在光线条件比较好的白天发生的交通事故,灯光信号装置技术状况的好坏与事故无直接关系,但在光线不好的夜间发生的交通事故,人们会自然而然地要求对车辆的灯光信号装置的技术状况进行检验鉴定。无论在何种交通环境中发生交通事故,车辆的转向装置、制动装置的安全技术状况检验鉴定是必检的常规项目。

（四）分析与意见表述

1. 制动装置的安全技术状况与事故的关系分析

1）应根据制动装置安全技术状况检验的结果，结合痕迹检验鉴定（包括车辆痕迹和现场路面制动痕迹）、道路交通事故现场图以及现场监控视频等其他送检材料相关信息，进行分析判断，对车辆制动系统功能状况与事故的关系进行分析。

2）车辆制动系统功能状况检验结果为有效（或尚存）时，且制动系统零部件存在一定的变形损坏和油液渗漏等，应结合痕迹检验鉴定，分析判断其损坏原因及与事故的关系。

3）车辆制动系统功能状况检验结果为丧失（或失效）时，可结合制动系统零部件检验痕迹（如变形痕迹、断裂痕迹和油液液面痕迹）及其他送检材料，分析判断制动系统功能是早期失效或突发性失效，还是本次事故中碰撞损坏导致失效。

4）检验鉴定条件不具备或进行检验后，仍不能明确判断车辆制动系统功能状况时，应客观如实反映检验结果。

2. 制动装置安全技术状况检验结果在鉴定意见中的表述

应根据检验结果，综合痕迹检验及案事件情况，给出鉴定意见。鉴定意见表述类型包括但不限于以下表述：

1）制动系统功能有效（或尚存），或制动性能符合车辆类型所对应的相关技术标准要求，可排除因制动系统机械突发性故障而导致事故的可能性；

2）因某零部件陈旧性损坏或制动油液早期缺失，致制动系统功能早期丧失（或失效）；存在因制动系统功能丧失（或失效）而导致事故的可能性；

3）因某零部件损坏或制动油液缺失，致制动系统功能丧失（或失效），本次事故中可以形成；

4）经检验，现有情况不具备条件判断制动系统事发前的功能状况。

在实际检验鉴定过程中，根据车辆种类适用对应的技术标准进行对标检验。

第四节　非机动车安全技术状况鉴定案例

一、人力三轮车安全技术状况检验鉴定

2022 年 12 月某日，一辆未见悬挂号牌不知厂牌人力三轮车在某路口北约 100 米处与一辆小客车发生道路交通事故。受某交通警察支队委托，对涉案的未见悬挂号牌不知厂牌人力三轮车相关安全装置（制动装置、转向装置）的功能情况及与事故的关系进行鉴定。

鉴定方法：

参照 SF/T 0072—2020《道路交通事故痕迹物证鉴定通用规范》、GA/T 1087—2021《道路交通事故痕迹鉴定》、GA/T 41—2019《道路交通事故现场痕迹物证勘查》、GB 3565—2005《自行车安全要求》及 QB 2566—2002《轻型三轮自行车安全通用技术条件》有关条款及检验方法，对被鉴定车辆进行静态检验。

检验所见：

车体损坏情况：未检见车架钢印号。链条脱位。前网篮脱位。未检见车辆货厢后栏板。货厢底板后侧左部铆接合页向前弯折变形。

图 5-35 车辆右前部

图 5-36 车辆左后部

制动装置：车辆前轮采用普通轮缘闸，该制动闸叉脱位，制动拉杆变形，制动闸右侧闸皮早期缺失，该闸皮底板早期锈蚀；后轮制动装置各部均连接有效，经拉紧操纵握把检查，后轮制动装置功能有效。

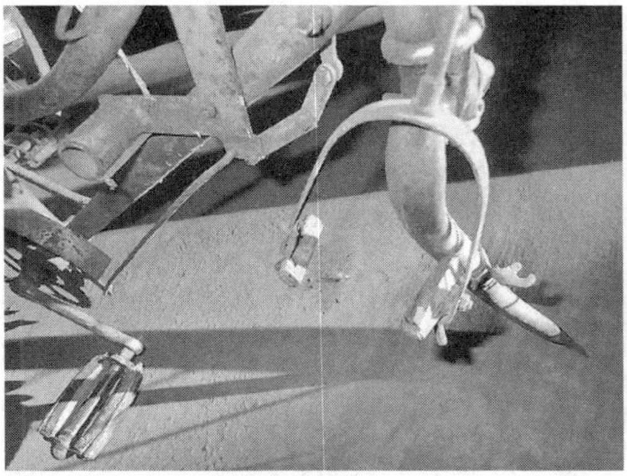

图 5-37 前轮制动闸叉脱位

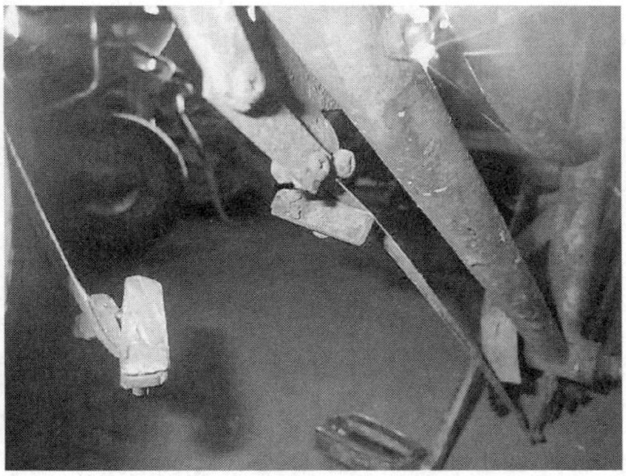

图 5-38 前轮制动闸右侧闸皮缺失

转向装置：车辆转向装置采用固定式车把，普通刚性前叉，前叉扭曲变形，其左前叉腿断裂、缺失，前轮脱落，把横管、把立管与前叉立管连接有效，转向装置其他各部连接未见异常，经直接操纵车把检查，前叉残留部分可以随之偏转。

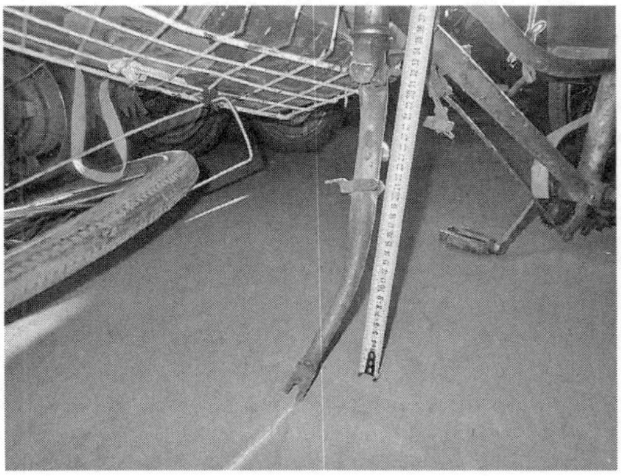

图 5-39 前叉左右腿断裂

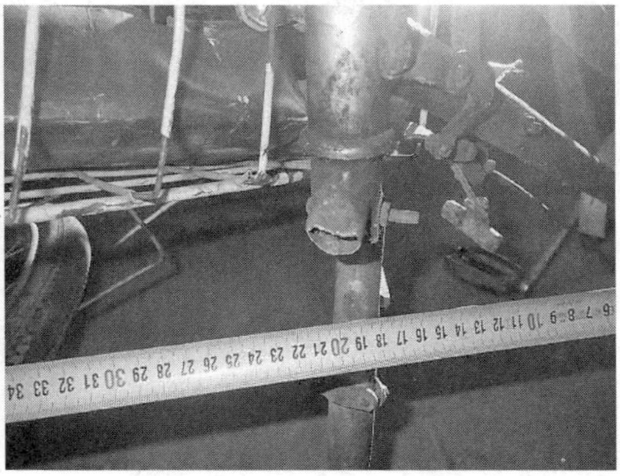

图 5-40 前叉左叉腿断裂痕迹

分析说明：

被鉴定车辆前轮制动装置功能失效，前轮制动装置除制动闸右侧闸皮早期缺失外，其他损坏情况符合事故中形成的损坏特征。

被鉴定车辆转向装置功能失效，其损坏情况符合事故中撞击受力形成的损坏特征。被鉴定车辆后轮制动装置功能有效。

鉴定意见：

未见悬挂号牌不知厂牌人力三轮车后轮制动装置功能有效，前轮制动装置及转向装置均功能失效，前轮制动装置（除制动闸右侧闸皮早期缺失外）及转向装置的损坏情况在事故中撞击受力可以形成。

二、电驱动两轮车安全技术状况检验鉴定

2023 年 7 月某日，一辆悬挂×××两轮电动自行车号牌新大洲牌电驱动两轮车因制动不及与其他两轮车在中山北路进交通西路西约 300 米处发生道路交通事故。受某交通警察支队委托，对涉案的悬挂×××两轮电动自行车号牌新大洲牌电驱动两轮车相关安全装置（制动装置、转向装置）的功能情况及与事故的关系进行鉴定。

鉴定方法：

参照 GB 17761—2018《电动自行车安全技术规范》、SF/T 0072—2020《道路交通事故痕迹物证鉴定通用规范》、GA/T 1087—2021《道路交通事故痕迹鉴定》、GA/T 41—2019《道路交通事故现场痕迹物证勘查》有关条款及检验方法，对被鉴定车辆进行静态检验。

检验所见：

车辆基本情况：车架钢印号为×××。未检见后视镜。前轮挡泥板前部早期缺损。后工具箱盖缺失。车辆右侧中前部下侧饰罩破损。

图 5-41 车辆前观

图 5-42 车辆后观

制动装置：车辆前后轮均采用液压盘形制动闸，其中，前轮制动装置各部连接完好，制动功能丧失，前轮制动盘面未见新近摩擦痕迹，与摩擦片间间隙较大，经拆检，其上泵内油液早期干涸，拆开制动器处制动油管接头，有油液滴出；后轮制动装置各部均连接完好，经握紧制动握把检查，后轮不能转动。

图 5－43 前轮制动装置上泵内部

图 5－44 前轮制动液压盘形制动闸

图 5－45 前轮制动器油管内油液滴出

图 5－46 前轮制动盘与摩擦片间隙

转向装置：转向装置各部连接尚存，经直接操纵车把检查，前叉及前轮均可以随之转动。

分析说明：

被鉴定车辆前轮制动装置上泵内油液早期干涸，制动器油管内油液尚存少许，制动功能失效，分析认为非本次事故中形成，系早期失效。后轮制动装置及转向装置均功能有效。

鉴定意见：

悬挂上海×××两轮电动自行车号牌新大洲牌电驱动两轮车前轮制动装置上泵内油液早期干涸，导致制动功能早期失效，非本次事故中形成。后轮制动装置及转向装置均功能有效。

三、共享自行车安全技术状况检验鉴定

2022 年 11 月某日 17 时许，一辆未见悬挂号牌 mobike 共享自行车在某路口与一辆货车发生道路交通事故。受某交通警察支队委托，对涉案的未见悬挂号牌 mobike 共享自行车相关安全装置（制动装置、转向装置）的功能情况及与事故的关系进行鉴定。

鉴定方法：

参照 SF/T 0072—2020《道路交通事故痕迹物证鉴定通用规范》、GA/T 1087—2021《道路

交通事故痕迹鉴定》、GA/T 41—2019《道路交通事故现场痕迹物证勘查》及 GB 3565—2005《自行车安全要求》有关条款及检验方法，对被鉴定车辆进行静态检验。

检验所见：

未检见车架钢印号，车把中部二维码下部编号为×××。链条脱位。

图 5－47　车辆前观

图 5－48　车辆左侧

制动装置：车辆前轮采用鼓式涨闸，制动拉索与制动器摇臂早期脱开，制动摇臂锈蚀，前轮制动装置功能失效；后轮采用抱闸，后轮制动装置各部均连接有效，经握紧后轮制动握把检查，后轮不能转动，制动功能有效。

图 5－49　前轮制动握把

图 5－50　前轮钳形制动闸

转向装置：车辆采用组合式车把，普通刚性前叉，把横管、把立管与前叉立管连接有效，转向装置其他各部未见异常，经直接操纵车把检查，前叉及前轮均可以随之动作。

分析说明：

被鉴定车辆前轮制动拉索与制动器摇臂早期脱开，且制动摇臂已锈蚀，其制动功能早期失效。被鉴定车辆转向装置及后轮制动装置均功能有效。

鉴定意见：

未见悬挂号牌 mobike 共享自行车前轮制动装置功能早期失效，非本次事故中形成，后轮制动装置及转向装置均功能有效。

四、自行车安全技术状况检验鉴定

2022 年 6 月某日 8 时许，一辆悬挂×××自行车号牌凤凰牌 26 英寸自行车在某路口南约 400 米处与一辆轿车发生道路交通事故。受某交通警察支队委托，对涉案的悬挂×××自行车号牌凤凰牌 26 英寸自行车相关安全装置（制动装置、转向装置）的功能情况及与事故的关系进行鉴定。

鉴定方法：

参照 SF/T 0072—2020《道路交通事故痕迹物证鉴定通用规范》、GA/T 1087—2021《道路交通事故痕迹鉴定》、GA/T 41—2019《道路交通事故现场痕迹物证勘查》及 GB 3565—2005《自行车安全要求》有关条款及检验方法，对被鉴定车辆进行静态检验。

检验所见：

未检见车架钢印号。前网篮变形。鞍座向左偏转约 90 度。链条脱落。后轮扭曲变形。后书包架左侧向右变形。

图 5 - 51　车辆左侧

图 5 - 52　车辆右侧

制动装置：车辆前轮采用侧拉式钳形闸，制动拉索早期断裂、缺失，前轮轮辋边缘早期锈蚀，未见新近与制动闸皮接触痕迹，前轮制动装置其他各部未见异常，前轮制动装置功能丧失；后轮采用抱闸，制动装置各部连接未见异常，经握紧后轮制动握把检查，后轮不能转动。

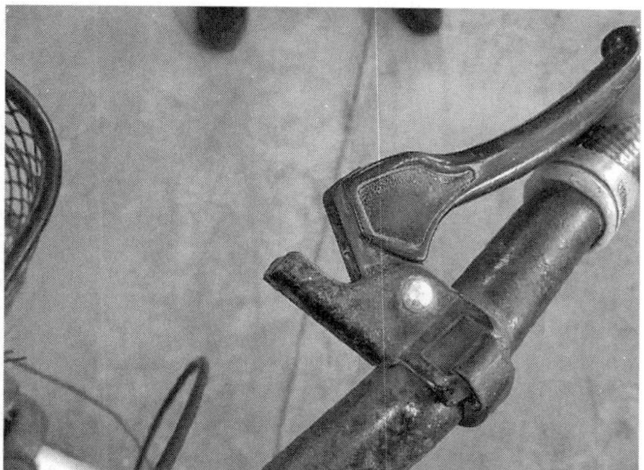

图 5 - 53　前轮制动闸把

图 5 - 54　前轮钳形制动闸

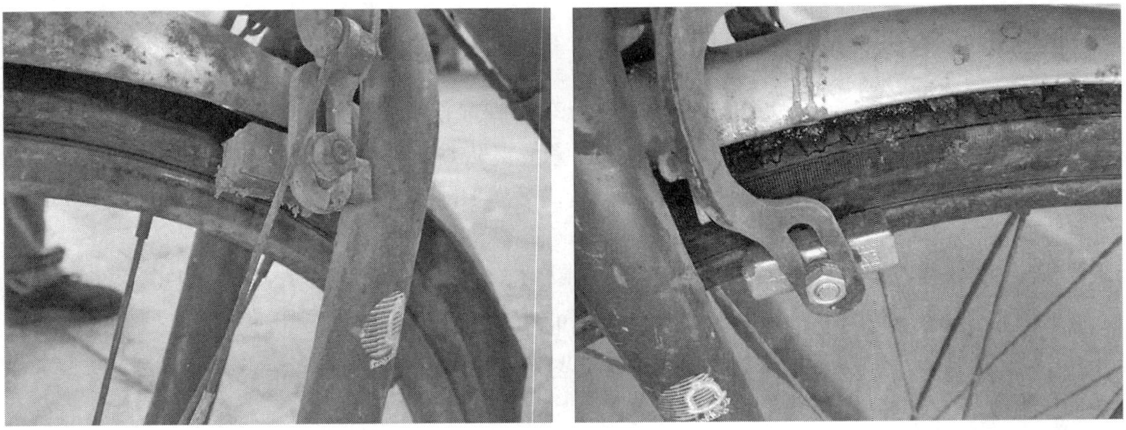

图 5－55 前轮两侧制动闸皮

转向装置：车辆采用组合式车把，普通刚性前叉，把横管、把立管与前叉立管连接有效，转向装置其他各部未见异常，经直接操纵车把检查，前叉及前轮均可以随之动作。

分析说明：

被鉴定车辆前轮制动拉索早期断裂、缺失，且前轮轮辋边缘早期锈蚀，未见新近与制动闸皮接触痕迹，前轮制动装置功能早期丧失。被鉴定车辆后轮制动装置、转向装置均功能尚存。

鉴定意见：

悬挂×××自行车号牌凤凰牌 26 英寸自行车后轮制动装置、转向装置均功能尚存，前轮制动装置功能早期丧失，非本次事故中形成。

思考题

1. 非机动车安全技术状况鉴定包括哪些内容？
2. 车辆类型鉴定的依据有哪些？
3. 非机动车安全技术状况检验鉴定的依据是什么？
4. 如何进行非机动车制动装置的安全技术状况检验？
5. 鉴定意见中的表述有哪些类型？

第六章 道路交通事故机动车安全技术状况鉴定

机动车作为道路交通重要参与方，良好的车辆安全技术状况能有效降低交通事故发生的概率。机动车安全技术状况鉴定是对机动车的安全技术状况进行检验，在此基础上进一步判断车辆相关安全技术状况或性能的标准符合性以及与事故的相关性，如机动车的制动系、转向系、行驶系、照明及信号装置等系统、总成及零部件的安全技术状况。机动车安全技术状况鉴定在为办案单位提供客观依据的同时，对促进车企不断提升车辆安全水平发挥重要作用。本章主要介绍发生交通事故的机动车（以下简称事故车辆）安全技术状况鉴定相关概念、鉴定流程、鉴定项目及鉴定方法等。

在道路交通事故的调查中，作为事故中主要的参与对象，车辆的安全技术状况是调查中必不可少的一个环节，其作为道路交通事故案件的一种证据是具有法律意义的。车辆安全技术状况的鉴定结果在事故处理、案件审理等法定程序中均起到了证据的作用。

车辆安全技术状况的鉴定主要是指对事故中涉及的机动车或非机动车，在检验其制动、转向、灯光等安全相关装置的功能情况的基础上，分析判断与事故发生是否存在因果关系的鉴定。其核心是为查明交通事故事实，由专门人员（鉴定人）依据相关法规、标准，对涉案车辆的相关安全装置进行检验，最终形成鉴定意见的一种科学技术手段和技术工作过程。

车辆安全技术状况的鉴定从技术依据来说，主要依据现行的国家标准和行业标准开展进行，也可在委托方确认同意的前提下采用其他标准。从鉴定事项类型来说，可分为对标鉴定及关联性鉴定。所谓对标鉴定，就是对车辆的安全相关装置的功能情况与标准中列明的条款进行对照，简而言之就是判断检验结果是否符合标准。所谓关联性鉴定，就是在车辆的安全相关装置的功能情况不符合标准或者存在异常工作情况的基础上，进一步判断其与事故的发生是否存在因果关系。鉴定事项类型一般由委托方根据其调查取证的需求来确立。

对于涉案车辆，在事故发生后必然分成两种情况：一是车辆损坏不严重，仍然可以正常发动行驶；二是车辆损坏较严重，不能正常发动行驶。对于第一种可以正常发动行驶的车辆，从检验过程来说，可分为动态检验和静态检验。对于第二种不能正常发动行驶的车辆，一般只能采用静态检验。动态检验主要通过整车路试的方法，对车辆行驶相关的系统性能进行测试，如制动系统、转向系统。静态检验可以在整车不拆解的情况下进行，也可以在特定部件进行拆解的情况下进行。

第一节 概 述

一、主要仪器设备

根据《法医类 物证类 声像资料司法鉴定机构登记评审细则》及相关附件要求，除交通事故痕迹物证鉴定要求的通用设备外，车辆安全技术状况鉴定仪器设备配置要求长度测量、制动性能检测仪等必备设备及汽车转向系统检测仪、汽车动力学检测设备等选配设备。

1. 通用设备及工具

包括照相机、摄像机、交通事故痕迹物证勘查箱、测距仪、卷尺及车辆拆装工具等。

2. 主要仪器设备

包含整车安全性能检验设备和零部件检验设备。整车性能检验设备包括路试检验设备及室内检验设备。常见路试检验设备如便携式制动性能测试仪、转向盘力-角测试仪等便携式检验设备；常见室内检验设备包括制动性能测试台、车速表检验台、侧滑检验台和前照灯检测仪等。由于交通事故车辆的特殊性，便携式检验设备在交通事故车辆安全技术鉴定中得到广泛应用。

零部件性能检验仪器设备，包括金相显微镜、扫描电镜、能谱仪、硬度计、万能材料试验机、轮胎平衡仪等。

3. 鉴定中使用的检测设备

应按要求进行检定或校准，并确保在检定、校准有效期内。

二、鉴定依据的标准

1. 方法标准

交通事故车辆安全技术鉴定的项目及鉴定方法主要依据国家标准、行业标准确定，主要的国家标准有 GB 7258、GB 38900 等涉及整车或系统的相关安全技术检验标准，主要行业标准有公共安全行业标准（GA/T 642、GA/T 41 等）、司法行政行业标准（SF/T 0161、SF/T 0072 等）及汽车行业标准（QC/T 1089 等）等行业标准。

2. 分析判定标准

1）GB 7258、GB 1589、GB 38900、GB 11567、SF/T 0161 等机动车安全相关的技术标准。在选择判定标准时，应考虑事故车辆的生产日期，采用适用的标准版本。

2）其他相关国家标准或行业标准。

3）无相关国家标准或行业标准规定的，以事故车辆企业标准、出厂合格证、使用说明书等技术资料为参考。

4）无相关企业标准等原厂技术资料规定的，可与鉴定委托单位协商制定合理的检验方案开展检验鉴定。

三、鉴定一般要求

1）开展事故车辆安全技术检验鉴定的鉴定机构、鉴定人应具备相应的鉴定资质。

2）鉴定机构和鉴定人应依法公正、客观、独立地进行检验鉴定，并对检验鉴定结论负责。

3）事故车辆安全技术检验鉴定应使用适宜的技术方法，检验鉴定过程所采集的信息、检测的数据应能查证追溯，鉴定分析意见应科学严谨。

4）事故车辆安全技术检验鉴定采用的标准方法应在受理过程中告知委托方。

5）事故车辆安全技术检验鉴定应在痕迹物证勘查、物证提取结束后进行，应做好检验现场人员的安全防护。

6）鉴定委托单位应出具鉴定委托书，明确鉴定委托事项，并提供相关检材与资料。如事故车辆、零部件、交通事故现场图、勘查笔录、现场照片、监控视频等。

7）进行交通事故现场或事故车辆勘查时，鉴定委托单位应予以必要的协助。

第二节 机动车安全技术状况鉴定项目及流程

机动车安全技术状况鉴定按形态可分为静态检验鉴定、动态检验鉴定和零部件失效检验鉴定；按车辆的损坏状况分为具有行驶能力的事故车辆安全技术检验鉴定和失去行驶能力的事故车辆安全技术检验鉴定。

一、检验鉴定分类

1. 静态检验鉴定

交通事故车辆在静止状态下所进行的技术检验鉴定。包括整车、系统或总成相关技术参数检测，系统或总成工作状态的不解体检验，系统或总成和零部件的解体检验和性能检测。如对事故车辆转向系统部件、制动系统部件、照明系统、轮胎、信号装置、安全装置等所进行的检验鉴定。

2. 动态检验鉴定

交通事故车辆在行驶状态下所进行的技术检验鉴定。包括整车安全性能的室内检测设备检验、路试检验及现场模拟试验等。如对事故车辆制动性能、侧倾稳定性和照明及信号装置安装及配光性能等的检验。

3. 零部件失效检验鉴定

对影响机动车安全性能的零部件的失效形态、失效原因所进行的技术检验鉴定。如事故车辆转向系统部件、制动系统部件、轮胎等是否在事故发生前或事故中发生失效，车辆照明及信号装置在事故发生时是否处于工作状态等。

4. 具有行驶能力的事故车辆安全技术检验鉴定

对不需改变事故车辆原有安全技术状况即可恢复行驶能力的机动车进行的检验鉴定。

5. 失去行驶能力的事故车辆安全技术检验鉴定

对事故发生前产生故障导致丧失行驶能力的机动车，以及事故发生过程中造成整车或系统或零部件损坏导致丧失行驶能力的机动车的安全技术状况进行的检验鉴定。

二、检验鉴定项目确定

1）检验鉴定项目由鉴定委托单位根据事故处理或调查的需要提出。

2）检验鉴定机构或鉴定人根据委托要求、事故的基本情况以及事故相关案卷材料，初步确定事故车辆检验鉴定的重点，确定采用静态、动态或零部件失效等检验鉴定的方式。

3）确定事故车辆检验鉴定项目。从表6－1、表6－2中选定机动车整车，或转向系、制动系、行驶系、传动系、照明信号装置和安全装置等相关项目。比如白天发生的交通事故，就没有必要检验鉴定车辆照明和反光标识的有效性，因为白天车辆照明和反光标识是否有效一般与事故无关；追尾碰撞事故的前车，一般就没有必要鉴定其制动性能。

三、检验鉴定流程

事故车辆安全技术检验鉴定流程包括：接受委托，了解事故情况和初步分析可能的事故原因，制定检验鉴定方案，确定鉴定方式，实施检验鉴定，整理分析检验鉴定结果，编制检验报告或鉴定书，检验报告或鉴定书的审核、批准及签章，提交检验报告或鉴定书。

检验鉴定流程参见图6－1。

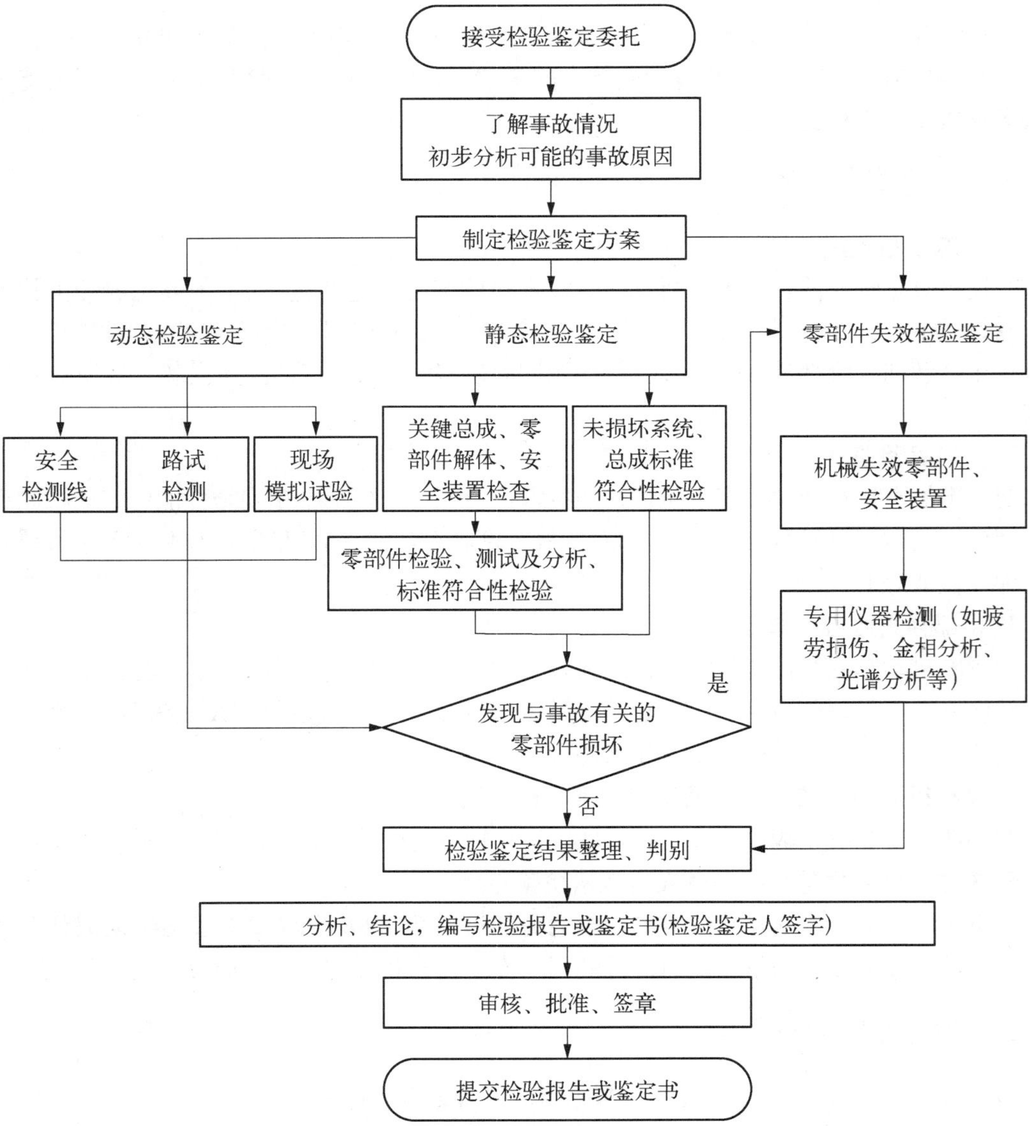

图6－1 事故车辆安全技术检验鉴定流程图

四、具有行驶能力的事故车辆安全技术检验鉴定

1）具有行驶能力的事故车辆安全技术检验鉴定以动态检验鉴定为主，检验鉴定项目、判定依据、方法应符合表6－1的规定。如动态检验鉴定无法确定事故原因或需要开展事故车辆零部件的标准符合性检验时，应辅以静态检验鉴定和零部件失效检验鉴定。

2）动态检验鉴定可采用室内检测设备检验、路试检验或现场模拟试验等。

3）根据对交通事故形成原因的分析及事故调查的需求，确定事故车辆静态检验鉴定的重点部位，或确定重点的零部件进行失效检验鉴定。

4）依据检验结果，结合其他相关因素进行综合分析，得出检验鉴定结论。

表6－1 具有行驶能力的事故车辆检验鉴定项目、判定依据、方法

序号	项目	判定依据	方法
1	车辆识别代号、发动机号认定	GB 7258、GB 38900	检视、化学显现法或无损磁探伤法
2	整车、车身外观及附件	GB 7258、GB 38900	检视
3	外廓尺寸、轴荷及质量	GB 7258、GB 1589、GB 38900	检测，长度测量工具、轴重仪
4	故障警告灯/故障码	GB/T 18344	检视、检测，汽车故障诊断仪
5	刮水器/挡风玻璃清洗器	GB 7258、GB/T 18344	检视
6	悬架	GB 7258、GB 38900	检视、检测
7	转向轮横向侧滑量	GB 7258、GB 38900	检测，汽车侧滑检验台
8	四轮定位	GB 7258、GB/T 18344	检测，车轮定位仪
9	车轮、轮胎	GB 7258、GB 38900	检视、检测，轮胎气压表、花纹深度计、动平衡仪
10	转向系及操纵性能	GB 7258、GB 17675	检视、检测，转向盘转向力转向角检测仪
11	制动系及制动性能	GB 7258、GB 12676、GB 21670、GB/T 13594	检视、检测，制动试验台、道路交通事故车辆状况现场测试仪、行驶记录仪解读分析仪（解读数据进行计算法）
12	照明、电气信号装置	GB 7258、GB 4785、GB 38900	检视、检测，前照灯检测仪
13	车速表	GB 7258	检测，车速检验台
14	喇叭及喇叭声级	GB 7258	检测，声级计
15	安全带	GB 7258、GB 38900	检视
16	间接视野装置	GB 7258	检视
17	灭火装置	GB 7258、GB 34655、GB 38900	检视、检测
18	行驶记录装置	GB 7258、GB/T 19056、GB 38900	检视、检测
19	车身反光标识或专用标识	GB 7258、GB 38900、GB 23254、GB 20300	检视、检测，逆反射系数测量仪
20	车辆尾部标志板	GB 7258、GB 25990、GB 38900	检视、检测

续 表

序号	项 目	判 定 依 据	方 法
21	前下部、侧面及后下部防护装置	GB 7258、GB 38900、GB 11567、GB 26511	检视、检测
22	应急出口	GB 7258、GB 38900	检视
23	限速装置	GB 7258、GB 38900、GB 24545	检视、检测
24	防抱制动装置	GB 7258、GB 38900、GB/T 13594	检视、检测
25	辅助制动装置	GB 7258、GB 38900	检视、检测
26	紧急切断装置	GB 7258、GB 38900、GB 18564.1	检视
27	爆胎应急防护装置	GB 7258	检视

注：检验鉴定判定依据应考虑事故车辆的生产日期，采用适用的版本。

五、失去行驶能力的事故车辆安全技术检验鉴定

1）失去行驶能力的事故车辆，其安全技术状况的检验鉴定以静态检验鉴定为主，检验鉴定项目、判定依据、方法应符合表 6－2 的规定。通过对部分总成的相关技术参数及工作状况进行检测、检验，或通过拆解检验其主要零部件，分析、判断该系统或零部件的基本技术状况，得出检验结果对该系统技术状况或对整车安全技术状况所造成的影响。在不影响检验鉴定项目所涉及的车辆部件原有状态的情况下，可对车辆进行修复，开展动态检验鉴定。

2）根据事故调查的需求，确定事故车辆静态检验鉴定的重点部位，根据表 6－2 选择相关项目进行检验鉴定，或确定重点的零部件进行失效检验鉴定。

3）如果需要对系统、总成或零部件进一步拆解检验，可参照 GA/T 642—2020 附录 A 中的检验项目及判别依据进行检验鉴定。拆解检验中如果发现零部件失效或部分失效对事故发生具有影响，应进行零部件失效检验鉴定。

4）依据检验结果，结合其他相关因素进行综合分析，得出检验鉴定结论。

表 6－2 失去行驶能力的事故车辆检验鉴定项目、判定依据、方法

编号	项 目		判 定 依 据	方 法
1	制动系	供能装置	GB 7258、GB 38900、GB 12676、GB 21670、GB/T 13594、GB/T 18274、GB/T 15746、GB/T 18344 汽车行业标准、原厂技术资料	检视、检测
		控制装置		检视、检测
		传能装置		检视、检测
		行车制动器		检视、检测
		驻车制动装置		检视、检测
		应急制动装置		检视、检测
		辅助制动装置		检视、检测
		制动报警装置		检视、检测

续 表

编号		项 目	判 定 依 据	方 法
2	转向系	转向操作机构 转向传动机构 转向助力装置	GB 7258、GB 38900、GB 17675、GB/T 15746、GB/T 18344 汽车行业标准、原厂技术资料	检视、检测 检视、检测 检视、检测
3	行驶系	轮胎 车轮 悬架 车架 车桥	GB 7258、GB 38900、GB/T 15746、GB/T 18344 汽车行业标准、原厂技术资料	检视、检测 检视、检测 检视、检测 检视、检测 检视、检测
4	传动系	离合器 变速器及分动器 传动轴 驱动桥	GB 7258、GB 38900、GB/T 15746、GB/T 18344 汽车行业标准、原厂技术资料	检视、检测 检视、检测 检视、检测 检视、检测
5	照明、信号装置	照明灯 信号装置 电控系统及仪表	GB 7258、GB 38900、GB/T 15746、GB/T 18344 汽车行业标准、原厂技术资料	检视、检测 检视、检测 检视、检测
6	发动机和驱动电机	装置齐全性 基本性能	GB 7258、GB/T 15746、GB/T 18344 汽车行业标准、原厂技术资料	检视、检测 检视、检测
7	车身及附件	车身(含车门、车窗) 车身附属装置	GB 7258、GB/T 15746、GB/T 18344 汽车行业标准、原厂技术资料	检视、检测 检视、检测
8	安全装置	安全带配备	GB 7258、GB 38900	检视、检测
		灭火装置	GB 7258、GB 38900	检视、检测
		行驶记录装置	GB 7258、GB 38900、GB/T 19056	检视、检测
		车身反光标识	GB 7258、GB 38900、GB 23254	检视、检测
		车辆尾部标志板	GB 7258、GB 38900、GB 25990	检视、检测
		侧后防护装置	GB 7258、GB 38900、GB 11567	检视、检测
		应急出口	GB 7258、GB 38900	检视、检测
		限速装置	GB 7258、GB 38900、GB/T 24545	检视、检测
		防抱制动装置	GB 7258、GB 38900、GB/T 13594	检视、检测
		紧急切断装置	GB 7258、GB 38900、GB 18564.1	检视、检测
		爆胎应急防护装置	GB 7258	检视、检测
9	专用装置	专项作业车的专用装置	GB 7258 汽车行业标准、原厂技术资料	检视、检测

注：检验鉴定判定依据应考虑事故车辆的生产日期，采用适用的版本。

第三节 机动车安全技术状况鉴定方法

按事故车辆安全技术检验鉴定流程具体分析各鉴定环节的鉴定内容和检验鉴定方法。

一、事故车辆材料

接收委托方提供的交通事故资料是事故车辆检验鉴定的重要环节，完整、翔实的事故资料对交通事故过程及成因分析有十分重要的作用，是鉴定人初步确定鉴定方案的重要依据。

包括但不限于以下资料：

1）道路交通事故现场勘查图及勘查笔录；

2）事故现场照片、监控录像、行车记录仪视频；

3）车辆行驶证；

4）称重记录；

5）事故车驾驶人的驾驶证；

6）与车辆安全技术状况鉴定相关的其他事故资料。

根据鉴定要求，鉴定人应进一步了解交通事故发生时的天气条件、路面状态等环境条件及事故车辆的驾乘人员、货物装载情况（种类、实载质量、货物装载位置与固定情况等）、车辆行驶里程等信息，初步分析事故过程及事故原因。

二、事故车辆初步检验

交通事故车辆初步检验包括事故车辆唯一性检查、整车外观检查、车载行驶数据提取等内容。

1. 事故车辆唯一性检查

按国家标准 GB 38900 相关规定，对事故车辆的唯一性进行检验，以确认送检机动车的唯一性。包括事故车号牌号码及类型、车辆品牌/型号、车辆识别代号、发动机号码（或驱动电机号码）、车身颜色等，并与车辆登记信息进行核对。

2. 事故车辆整车外观检查

（1）*痕迹勘查及固定*　按照标准 GA/T 41 的方法对车体和车辆部件的痕迹进行勘查及固定。

根据鉴定要求，必要时使用专用工具、软件系统提取车载终端存储的车辆行驶数据，用于事故车辆安全技术状况分析。如汽车事件数据记录系统（EDR）数据、汽车行驶记录仪（VDR）数据、新能源汽车车载终端（T－BOX）数据等。

（2）*整车宏观检查*　一般采取检视法对事故车辆整车损坏情况，漏水、漏油、漏气、漏电现象，关键零部件的磨损、裂纹、变形、损坏等状况进行检查，对车辆整车及各关键系统、总成、零部件的功能做初步判断，为制定鉴定方案提供依据。

检视法主要凭鉴定人的经验观察、感觉、体验进行定性的、直观的检查，必要时借助辅助设备或工具，以提高检视结果的可靠性。

对有明确定量要求的检验项目，则须采用检测仪器和设备进行定量检测。

3. 确定交通事故车辆检验鉴定方案

通过对交通事故案情资料和事故车辆常规检验结果的整理、分析，确认交通事故形态，检验鉴定人员对交通事故的过程形成初步推断，确定与事故关联的车辆系统、总成，根据委托鉴定要求，进而确定事故车辆检测、检验的重点项目（或部位）以及检验方法。

根据实际鉴定工作与事故特点、车辆结构等信息，鉴定工作主要对与事故存在直接因果关系的系统与整车进行鉴定。这些系统主要包括转向系、制动系、行驶系、照明及信号装置、传动系、安全防护装置等。例如，通常情况下追尾事故中应对后车的制动系、转向系安全技术状况进行鉴定，夜间事故则主要鉴定照明及信号装置、制动系等的安全技术状况。

三、交通事故车辆动态检验鉴定

1. 动态检验鉴定的方式

安全检测线主要包括台试制动性能检验，转向轮横向侧滑量检验，前照灯检验等。路试检测包括驻车制动性能检验、行车制动性能检验（如充分发出的平均减速度、制动协调时间、制动减速度或制动距离、制动稳定性检验）、车辆直线行驶能力与转向回正能力检验等。现场模拟试验主要是利用实车、软件或者人工沙盘等模拟事故发生情况，再现事故车辆各系统的技术状况。

2. 动态检验鉴定的一般要求

1）具有行驶能力的交通事故车辆安全技术鉴定，主要以动态检验鉴定为主。如动态检验鉴定无法从事故车辆方面解释事故原因的，应辅以静态检验鉴定或零部件失效鉴定。

2）通过第三方机动车安全检测机构对事故车辆安全技术性能进行安全检测线检验的，鉴定人应对第三方机动车检测机构出具的检测结果进行审核。

3）无论采用安全检测线检验、路试检验、现场模拟试验任一方式对事故车辆安全技术状况进行检验鉴定，都应先对事故车辆制动系的供能、传能及控制装置，转向系的操作、传动、转向器及助力装置，以及车轮、悬架等与行驶安全密切相关的系统、装置进行静态检验，在确认上述系统、装置满足动态检验所需的安全保障要求后方可进行动态检验鉴定。

4）安全检测线检验注意事项

a）注意因事故引起的车辆转向系、行驶系等系统零部件的变形、损伤而导致对检测结果的影响及程度。

b）由第三方机动车检测机构出具检测报告的，检测机构应具有相应资质。

5）若机动车安全检测线检验无法满足鉴定要求或条件不具备的，可进行必要的路试检验或现场模拟试验。

6）现场模拟试验应保证车辆状况及与事故发生相关的环境、天气条件与事故发生时保持一致。

7）动态检验应在安全环境下进行，做好安全防护工作。

四、交通事故车辆静态检验鉴定

失去行驶能力的交通事故车辆，其安全技术状况检验鉴定一般以静态检验鉴定为主。通过对部分总成的相关工作参数及工作状况进行检测、检验，或通过拆解检验与事故有关的关键总成、零部件，分析、判断系统或零部件的基本技术状况，判断系统、零部件性能参数对该系统安全技术状况或对整车安全性能的影响。根据对交通事故形成原因的初步分析，确定交通事故车辆静态检验鉴定的重点部位，选择相关项目进行检验、鉴定。

交通事故车辆的静态检验一般可以分为两部分：一是未损坏系统或总成的相关工作参数及工作状况的检验（标准符合性检验）；二是关键总成、零部件解体检验。

1. 系统或总成的工作参数及状况检验

主要包括具有行驶能力的交通事故车辆整车、系统或总成的相关工作参数及工作状况检验。另外，丧失行驶能力的交通事故车辆，其整车工作（性能）参数很难体现车辆事故前的性能水平，但是，事故车的部分系统、总成可能在事故中未受到损伤，其技术参数能够反映事故前这些系统、总成的工作状况。因此整车、系统或总成的相关工作参数及工作状况检验还包括丧失行驶能力的交通事故车辆未受损的系统和总成。如图 6－2 所示为事故车辆方向盘的自由转动量测量。

图 6－2　测量方向盘自由转动量

2. 总成、零部件解体检验

事故车辆的总成、零部件解体检验是对车辆相关系统、总成或部件进行必要的拆卸、解体，并借助检测仪器、设备对零部件技术状况进行检验鉴定。

丧失行驶能力的交通事故车辆，一般会在事故中受到不同程度的损坏，车辆各系统、总成的相关工作参数及工作状况可能已经不能正确反映系统、总成事故前的技术状况。因此，对丧失行驶能力的交通事故车辆，总成、零部件解体检验鉴定占着非常重要的地位。图 6－3 为货车鼓式制动器拆解后，可见制动器工作面布满油污。

图 6－3　货车鼓式制动器解体检验

3. 汽车主要系统总成静态检验

本节将结合案例对失去行驶能力的事故车辆的传动系、转向系、行驶系、制动系等系统的安全技术状况检验鉴定展开讨论。主要依据 GB 7258、GB 38900 及 GA/T 642—2020《道路交通事故车辆安全技术检验鉴定》等相关标准及所涉及的系统、总成及零部件的结构及其工作原理进行检验鉴定。

五、事故车辆零部件失效检验鉴定

1. 车辆失效零部件

零部件失效鉴定就是对严重影响机动车安全技术性能的关键零部件的失效形态、失效原因所进行的技术鉴定。如鉴定车辆转向机构部件、制动系统部件、轮胎等是否在事故前或事故中发生失效，鉴定车辆灯光事故发生时是否处于工作状态等。

具有行驶能力的交通事故车辆一般不涉及零部件失效检验鉴定。但是，如果动态检验和静态检验中发现与事故有关的零部件损坏的，需要进行必要的零部件失效检验鉴定。如夜晚，追尾事故中的前车，其后位灯在事故中损坏，但该车其他部分未受损坏，具有行驶能力，要对该后位灯事故前的有效性进行鉴定，就属于零部件失效检验鉴定。

对失去行驶能力的交通事故车辆静态检验中，发现有损坏的零部件；在常规检视中，发现与事故有关的零部件损坏的，根据检验鉴定的需要，对这类零部件进行失效检验鉴定。

一般地，车辆在行驶过程中，出现关键零部件的失效，极有可能导致重特大交通事故的发生。如动态鉴定、静态鉴定、零部件性能检验鉴定无法确定事故原因的，现场鉴定中发现某部件功能失效或部分失效对事故形成可能具有关键影响，需进一步明确交通事故形成原因时，鉴定人员应对关键零部件失效进行鉴定取证，或委托专业性实验机构对关键零部件失效进行鉴定取证。

2. 零部件失效鉴定的方法

零部件失效鉴定是针对具体零件的失效鉴定，例如轮胎爆裂、转向轴断裂、制动气室漏气检验等。零部件失效鉴定是通过专用仪器进行疲劳损伤、金相分析，光谱、色谱分析，来判断零件失效原因，以便进一步明确与事故发生的关系。

第四节 交通事故车辆各系统检验鉴定

一、转向系统检验鉴定

（一）车辆转向系统的功能

汽车在行驶过程中，需要按照驾驶员的意志经常改变其行驶方向，即汽车转向。就轮式汽车而言，驾驶员通过一套专设的机构，使汽车转向桥（一般是前桥）上的车轮（转向轮）相对于汽车纵轴线偏转一定角度来实现汽车转向。能使转向轮偏转以实现汽车转向的一整套机构称为汽车转向系，转向系不仅可以改变汽车的行驶方向，使其按驾驶员设定的方向行驶，而且还可以克服由于路面侧向干扰力使车轮自行产生的转向，恢复汽车原来的行驶方向。转向系按转向力来源的不同，可分为机械转向系和动力转向系。

（二）转向系统组成

1. 机械转向系统

机械转向系统以驾驶员的体力作为转向能源，无助力装置。机械转向系一般由转向操纵机构、转向器和转向传动机构三大部分组成，系统结构示意图见图 6－4、图 6－5。汽车转向时，通过驾驶员作用于转向盘上的力，经过转向轴传到转向器，再通过转向传动机构的传递，推动转向轮偏转，致使汽车行驶方向发生改变。汽车的转向完全由驾驶员所付的操纵力来实现，操纵较费力，劳动强度较大，但其具有结构简单、工作可靠、路感性好、维护方便等优点。

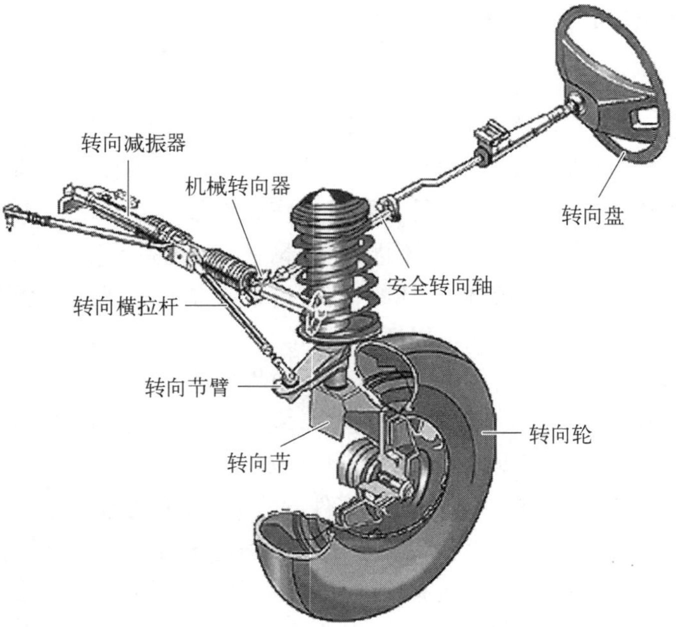

图 6-4 轿车机械转向系统示意图

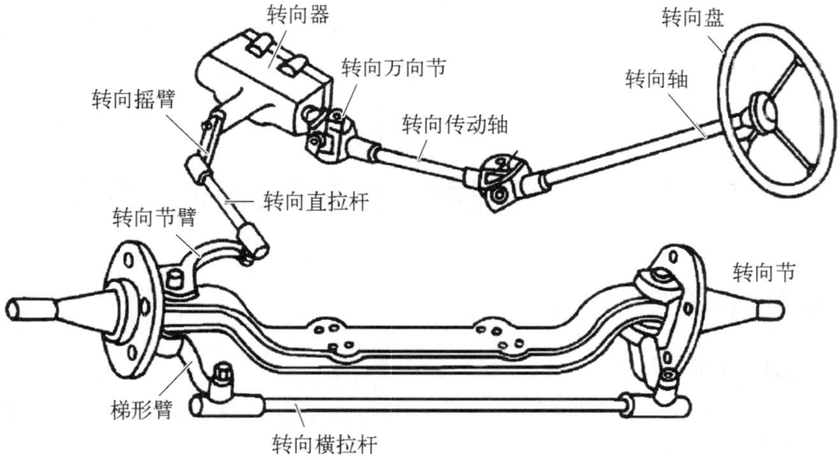

图 6-5 货车机械转向系统示意图

(1) 转向操纵机构　转向操纵机构由方向盘、转向轴、转向管柱等组成,它的作用是将驾驶员转动方(转)向盘的操纵力传给转向器。

(2) 转向器　转向器(也常称为转向机、方向机),它是汽车转向系中最重要的部件,其作用是增大转向盘传到转向传动机构的力和改变力的传递方向。目前较常用的有齿轮齿条式、循环球曲柄指销式、蜗杆曲柄指销式、循环球-齿条齿扇式、蜗杆滚轮式等。

1) 齿轮齿条式转向器　齿轮齿条式转向器分两端输出式和中间(或单端)输出式两种。

两端输出的齿轮齿条式转向器如图 6-6 所示,作为传动副主动件的转向齿轮轴 11 通过向心球轴承 12 和滚针轴 13 安装在转向器壳体 5 中,其上端通过花键与万向节叉 10 和转向轴连接。与转向齿轮啮合的转向齿条 4 水平布置,两端通过球头座 3 与转向横拉杆 1 相连。压紧弹簧 7 通过压块 9 将齿条压在齿轮上，保证无间隙啮合。弹簧的预紧力可通过调整螺塞 6 调整。当转动转向盘时，转向齿轮轴 11 转动，使与之啮合的齿条 4 沿轴向移动，从而使左右横拉杆带动转向节左右转动，使转向车轮偏转，实现汽车转向。

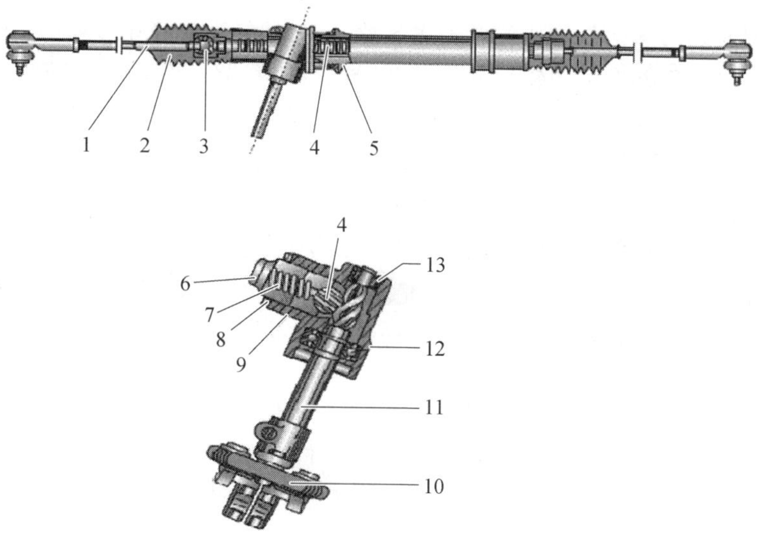

图 6-6　两端输出式的齿轮齿条式转向器

1. 转向横拉杆；2. 防尘套；3. 球头座；4. 转向齿条；5. 转向器壳体；6. 调整螺塞；7. 压紧弹簧；8. 锁紧螺母；9. 压块；10. 万向节叉；11. 转向齿轮轴；12. 向心球轴承；13. 滚针轴承

中间输出的齿轮齿条式转向器如图 6-7 所示，其结构及工作原理与两端输出的齿轮齿条式转向器基本相同，不同之处在于它在转向齿条的中部用固定螺栓与左右转向横拉杆相连。在单端输出的齿轮齿条式转向器上，齿条的一端通过内外托架与转向横拉杆相连。

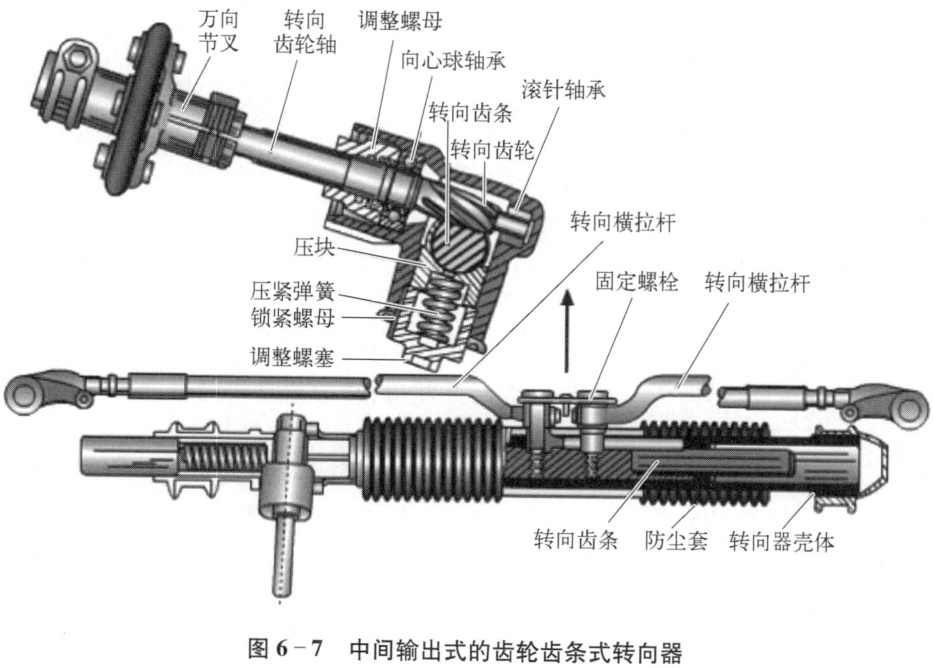

图 6-7　中间输出式的齿轮齿条式转向器

2）循环球式转向器　循环球式转向器是目前国内外应用最广泛的结构形式之一，一般有两级传动副，第一级是螺杆螺母传动副，第二级是齿条齿扇传动副。为了减少转向螺杆转向螺母之间的摩擦，二者的螺纹并不直接接触，其间装有多个钢球，以实现滚动摩擦。转向螺杆和螺母上都加工出断面轮廓为两段或三段不同心圆弧组成的近似半圆的螺旋槽。二者的螺旋槽能配合形成近似圆形断面的螺旋管状通道。螺母侧面有两对通孔，可将钢球从此孔塞入螺旋形通道内。转向螺母外有两根钢球导管，每根导管的两端分别插入螺母侧面的一对通孔中。导管内也装满了钢球。这样，两根导管和螺母内的螺旋管状通道组合成两条各自独立的封闭的钢球"流道"。转向螺杆转动时，通过钢球将力传给转向螺母，螺母即沿轴向移动。同时，在螺杆及螺母与钢球间的摩擦力偶作用下，所有钢球便在螺旋管状通道内滚动，形成"球流"。在转向器工作时，两列钢球只是在各自的封闭流道内循环，不会脱出。

3）蜗杆曲柄指销式转向器　蜗杆曲柄指销式转向器的传动副，以转向蜗杆为主动件，其从动件是装在摇臂轴曲柄端部的指销。转向蜗杆转动时，与之啮合的指销即绕摇臂轴轴线沿圆弧运动，并带动摇臂轴转动。

（3）转向传动机构　转向传动机构（图 6－8）的功用是将转向器输出的力和运动传到转向桥两侧的转向节，使两侧转向轮偏转，且使二转向轮偏转角按一定关系变化，以保证汽车转向时车轮与地面的相对滑动尽可能小。转向传动机构主要包括转向摇臂、转向直拉杆、转向节臂和转向梯形臂。

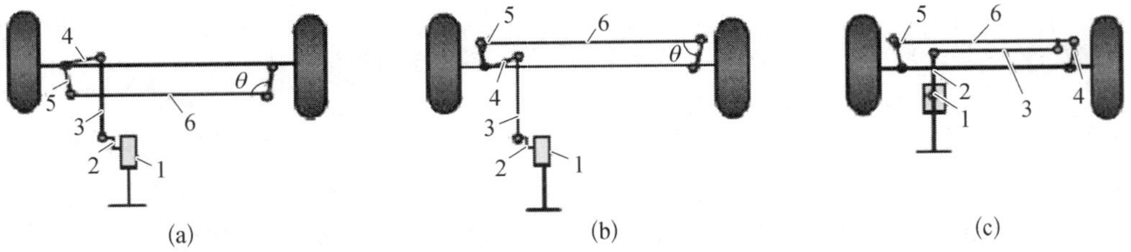

图 6－8　转向传动机构示意图

1. 转向器；2. 转向摇臂；3. 转向直拉杆；4. 转向节臂；5. 转向梯形臂；6. 转向横拉杆

1）与非独立悬架配用的转向传动机构　与非独立悬架配用的转向传动机构主要包括转向摇臂、转向直拉杆、转向节臂和转向梯形臂。

在发动机位置较低或转向桥兼充驱动桥的情况下，为避免运动干涉，往往将转向梯形布置在前桥之前，此时上述交角小于 90°，若转向摇臂不是在汽车纵向平面内前后摆动，而是在与道路平行的平面向左右摇动，则可将转向直拉杆横置，并借球头销直接带动转向横拉杆，从而推使两侧梯形臂转动。

2）与独立悬架配用的转向传动机构　当转向轮与独立悬挂配用时，每个转向轮都需要相对于车架作独立运动，转向桥是断开式的，与此相应，转向传动机构中的转向梯形也是断开式的。

3）转向直拉杆　转向直拉杆的作用是将转向摇臂传来的力和运动传给转向梯形臂（或转向节臂）。它所受的力既有拉力、也有压力，因此直拉杆都是采用优质特种钢材制造的，以保证工作可靠。在转向轮偏转或因悬架弹性变形而相对于车架跳动时，转向直拉杆与转向摇臂及转向节臂的相对运动都是空间运动，为了不发生运动干涉，上述三者间的连接都采用球销。

(4) 转向减振器　随着车速的提高,现代汽车的转向轮有时会产生摆振(转向轮绕主销轴线往复摆动,甚至引起整车车身的振动),这不仅影响汽车的稳定性,而且还影响汽车的舒适性、加剧前轮轮胎的磨损。在转向传动机构中设置转向减振器是消除转向轮摆振的有效措施。转向减振器的一端与车身(或前桥)铰接,另一端与转向直拉杆(或转向器)铰接。

2. 动力转向系统

使用机械转向装置可以实现汽车转向,当转向轴负荷较大时,仅靠驾驶员的体力作为转向能源则难以顺利转向。动力转向系统就是在机械转向系统的基础上加设一套转向助力装置而形成的。转向能源来自驾驶员的体力和发动机(或电动机),在正常情况下,汽车转向所需能量只有一小部分由驾驶员提供,而大部分是通过转向助力装置提供的,转向助力装置减轻了驾驶员操纵转向盘的作用力。但在转向助力装置失效时,就回到机械转向系统状态,一般来说还能由驾驶员独立承担汽车转向任务。

动力转向系统一般分为液压式动力转向系统和电动助力动力转向系统。

(1) 液压式动力转向系统　液压式动力转向系统中属于转向助力装置的部件是转向液压泵、油管、储油罐以及位于整体式转向器内部的转向控制阀及转向动力缸等。当驾驶员转动转向盘时,通过机械转向器使转向横拉杆移动,并带动转向节臂,使转向轮偏转,从而改变汽车的行驶方向。与此同时,转向器输入轴还带动转向器内部的转向控制阀转动,使转向动力缸产生液压作用力,帮助驾驶员转向操作,液压式动力转向系统示意图如图 6－9 所示。由于有转向助力装置的作用,驾驶员只需比采用机械转向系统时小得多的转向力矩,就能使转向轮偏转。

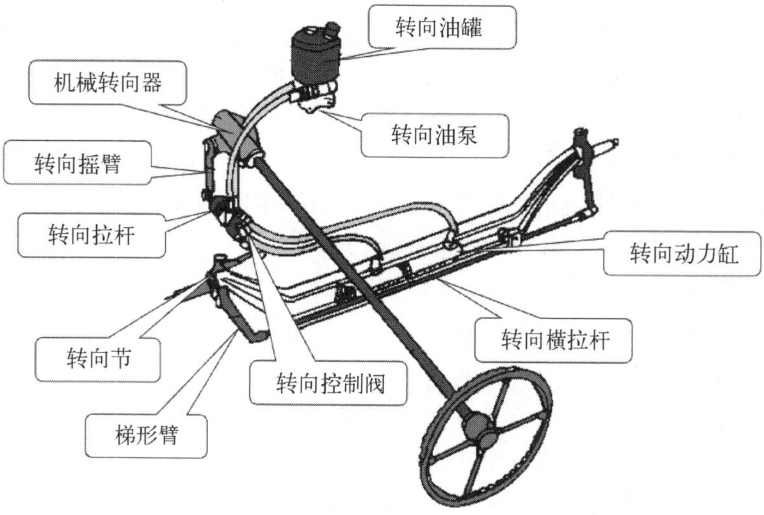

图 6－9　液压式动力转向系统示意图

缺点:能耗较高,在低速转弯时,助力效果不理想。由于液压泵的工作压力很大,助力系统容易出故障。优点:转向助力力矩大。多用于转向负荷较大的大型商用车上。

(2) 电动助力动力转向系统　电动助力动力转向系统(electronic power steering, EPS),是在机械转向机构的基础上,增加信号传感器、电子控制单元和转向助力机构。

电动助力动力转向系统是利用电动机作为助力源,根据车速和转向参数等因素,由电子控

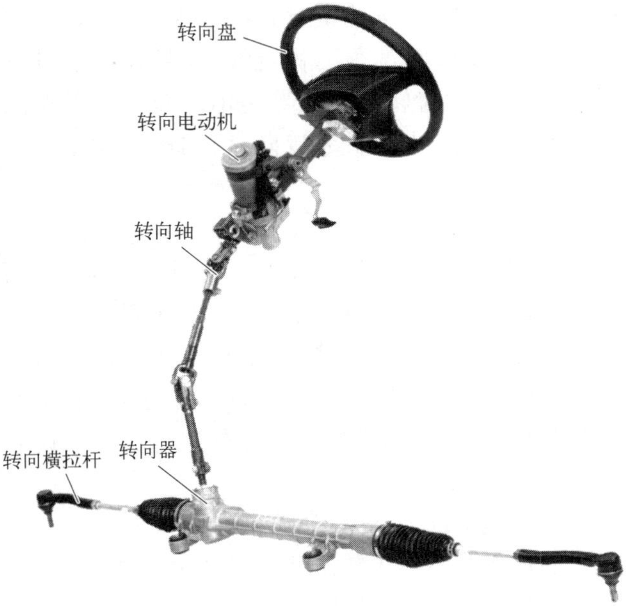

图 6－10　电动助力动力转向系统示意图

制单元完成助力控制,其原理可概括如下:当操纵转向盘时,装在转向盘轴上的转矩传感器不断地测出转向轴上的转矩信号,该信号与车速信号同时输入到电子控制单元。电控单元根据这些输入信号,确定助力转矩的大小和方向,即选定电动机的电流和转动方向,调整转向辅助动力的大小。电动机的转矩由电磁离合器通过减速机构减速增矩后,施加在汽车的转向机构上,使之得到一个与汽车工况相适应的转向作用力。电动助力动力转向系统示意图如图 6－10 所示。

优点:能耗低,电子单元控制,灵敏,安装自由度大,助力发挥比较理想。缺点:电动转向助力相对不如液压助力大。多用于转向负荷较小的乘用车上。

(三)机动车转向系统安全技术条件

1)汽车(三轮汽车除外)的方向盘应设置于左侧,其他机动车的方向盘不应设置于右侧;专项作业车、教练车按需要可设置左右两个方向盘。装有两个后轮、有驾驶室的正三轮摩托车如使用方向盘转向,则方向盘中心立柱距车辆纵向中心平面的水平距离应小于或等于 200 mm;其他摩托车不应使用方向盘转向。

2)机动车的方向盘(或方向把)应转动灵活,无卡滞现象,机动车应设置转向限位装置。转向系统在任何操作位置上,不应与其他部件有干涉现象。

3)机动车(摩托车、三轮汽车、手扶拖拉机运输机组除外)正常行驶时,转向轮转向后应有一定的回正能力(允许有残余角),以使机动车具有稳定的直线行驶能力。

4)机动车方向盘的最大自由转动量应小于或等于:

a)最大设计车速大于或等于 100 km/h 的机动车:15°;

b)三轮汽车:35°;

c)其他机动车:25°。

5)汽车(三轮汽车除外)应具有适度的不足转向特性。

6)三轮汽车、摩托车的转向轮向左或向右转角应小于或等于:

a)三轮汽车、三轮摩托车、正三轮轻便摩托车:45°;

b)两轮普通摩托车、两轮轻便摩托车:48°。

7)机动车在平坦、硬实、干燥和清洁的道路上行驶不应跑偏,其方向盘(或方向把)不应有摆振等异常现象。

8)机动车在平坦、硬实、干燥和清洁的水泥或沥青道路上行驶,以 10 km/h 的速度在 5 s 之内沿螺旋线从直线行驶过渡到外圆直径为 25 m 的车辆通道圆行驶,施加于方向盘外缘的最大切向力应小于或等于 245 N。

9)专用校车应采用转向助力装置;其他机动车转向轴最大设计轴荷大于 4 000 kg 时,也应采用转向助力装置。装有转向助力装置的机动车,转向时其转向助力功能不应出现时有时无的现象,且转向助力装置失效时仍应具有用方向盘控制机动车的能力。

10）汽车(三轮汽车除外)的车轮定位应与该车型的技术要求一致。对前轴采用非独立悬架的汽车(前轴采用双转向轴时除外),其转向轮的横向侧滑量,用侧滑台检验时侧滑量值应小于或等于5 m/km。

11）转向节及臂,转向横、直拉杆及球销应连接可靠,且不应有裂纹和损伤,并且转向球销不应松旷。对机动车进行改装或修理时横、直拉杆不应拼焊。

12）三轮汽车、摩托车的前减振器、上下联板和方向把不应有变形和裂损。

(四）交通事故车辆转向系统检验鉴定

车辆转向系统检验包括转向系统检视、动态检验和静态检验。转向系统主要检验项目和方法见6-3。

表6-3 转向系统检验鉴定项目和方法

总成或部件	项目	方法
转向器	检验转向器是否紧固安装,密封是否良好,有无漏液情况	检视
转向操纵机构	检验转向盘自由转动量是否符合技术标准,是否具有回正能力	检视、仪器检测
转向传动机构	检验转向传动机构杆件是否完整,拉杆球销是否松旷,有无运动干涉情况	检视、仪器检测
转向助力装置	检验转向助力装置是否有效工作	检视

1. 转向系统检视

无论是具有行驶能力的事故车辆还是失去行驶能力的交通事故车辆,都应进行转向系统的检视,包括静态检视和动态检视。

(1）转向系统静态检视

1）常规检查

a）观察汽车(三轮汽车除外)的方向盘是否设置于车辆左侧;

b）观察转向系统各部位,在各个操作位置上,是否与其他部件有干涉现象以及干涉痕迹;

c）三轮汽车、摩托车及轻便摩托车的前减振器、上下联板和方向把是否有变形和裂损;

d）有无转向限位装置。

2）转向操作机构

a）检视转向柱万向传动装置是否连接正常,锁止可靠;

b）人工检视转向柱安全吸能装置有无变形、损坏现象。

3）转向传动机构

a）检视转向梯形臂有无运动干涉、变形、裂纹;

b）检视转向直拉杆有无运动干涉、变形、裂纹,检视转向直拉杆有无拼焊现象;

c）检视转向横拉杆有无运动干涉、变形、裂纹,检视转向横拉杆有无拼焊现象;

d）检查转向横、直拉杆球销是否松旷;

e）检视左、右转向节有无裂纹和损伤现象;

f）举升转向轮,转动轮胎,观察轮毂轴承是否工作正常,有无松旷现象。

4）转向助力装置

a）检视转向助力油缸有无泄漏现象；

b）检视液压油管有无松动、泄漏现象；

c）检视助力液压泵有无泄漏现象；

d）检视液压油储液罐有无破损、泄漏现象；

e）检视储液罐液面高度是否在标识的刻度内；

f）检视储液罐液压油是否清洁，油质是否正常；

g）检视助力泵传动皮带是否连接正常；

h）电动助力装置连接是否正常，有无受损现象。

5）转向器

a）检视转向器是否定位准确，紧固是否正常；

b）检视转向器密封状况是否良好，有无泄漏现象。

（2）动态检视

转向系统动态检视就是在启动发动机和（或）正常行驶条件下对转向系统进行的检视，转向系统动态检视主要包括以下内容。

1）机动车的方向盘（或方向把）是否转动灵活、操纵方便，有无阻滞现象，机动车（摩托车、三轮汽车、手扶拖拉机运输机组除外）转向轮转向后有无自动回正能力；

2）汽车（三轮汽车除外）是否具有适度的不足转向特性；

3）机动车在平坦、硬实、干燥和清洁的道路上行驶是否跑偏，其方向盘（或方向把）是否有摆振、路感不灵或其他异常现象；

4）机动车方向盘的转向是否轻便；

5）转向助力装置的可靠性，是否存在时有时无现象。

2. 转向系统动态检验

交通事故车辆转向系统的动态检验鉴定主要对与交通事故原因相关的车辆转向系统的安全技术性能进行检验、测试和分析，以判断事故车辆转向系统的技术状况对车辆行驶安全的影响情况。具有行驶能力的事故车辆转向系统一般以动态检验为主。主要包括以下检验内容：

1）机动车转向轻便性检验。如在上述动态检视过程中发现方向盘沉重的，根据鉴定需要进行转向轻便性试验；

2）测量机动车沿设定通道圆行驶时施加于方向盘外缘的最大切向力；

3）对前轴采用非独立悬架的汽车（前轴采用双转向轴时除外），其转向轮的横向侧滑量的测量；

4）转向轮转向自动回正能力检验。如在检视过程中发现转向自动回正能力差的，根据鉴定需要进行转向轮转向自动回正能力试验；

5）对动态检视不能确定的其他转向系统的安全技术状况也需要进行动态检验。

3. 转向系统静态检验

车辆转向系统静态检测内容主要包括方向盘最大自由转动量、转向轮定位参数及可能与事故有关的零部件性能检验。

（1）方向盘最大自由转动量

1）转向系统未受损的情况

方法一：车辆保持停止状态，可以利用转向力-角测量仪测量汽车方向盘的最大自由转角。

方法二：

a）把方向盘基本置于中间位置（转向器分度的中间位置）；在方向盘的外沿做一明显标记；

b）用直尺或钢卷尺测量方向盘直径 D；

c）把方向盘向左（或右）自由转动到极限位置，记下标记点的位置，再把方向盘向右（或左）自由转动到极限位置，测量标记点的自由转动的弧长 L 或弦长 a；

d）计算方向盘的最大自由转动量。

$$方向盘的最大自由转动量=\frac{360L}{\pi D}或\frac{360L}{\arcsin(a/D)}$$

2）转向系统受损的情况

如果方向盘已严重变形或转向柱（传动轴）脱落，可以从转向器输入轴测量输入轴的最大自由转动量，测量方法如下：

a）用游标卡尺测量转向器输入轴直径 D；

b）把转向器输入轴向左（或右）自由转动到极限位置，记下标记点的位置，再把转向器输入轴向右（或左）自由转动到极限位置，测量标记点的自由转动的弧长 L 或弦长 a；

c）计算转向器输入轴的最大自由转动量为

$$转向器输入轴的最大自由转动量=\frac{360L}{\pi D}或\frac{360L}{\arcsin(a/D)}$$

（2）转向轮定位参数检测　对具有行驶能力事故车辆，如动态检测发现方向盘沉重、直线行驶能力或转向轮转向回正能力较差的；事故车辆失去行驶能力、转向系统等未受损、或其他系统损坏对车轮定位参数无影响的，可以通过对汽车前轮定位参数检测，确定具体原因。

（五）案例

一辆大客车在某地山区道路弯道内行驶过程中驶出路外，导致人员死亡、车辆受损。事故车驾驶人陈述，事故车在弯道内行驶过程中方向突然不受控，导致车辆驶出路外。检验表明，事故车转向直拉杆前球头销脱出球头座，直拉杆与转向摇臂脱开（图 6－11a），导致转向功能丧失；球头销球头部工作面磨损严重且不均匀、工作面外径变小，球头座缘口挤压变形、工作面异常磨损内径变大，球头及球头座内无润滑脂（图 6－11b、c、d）。

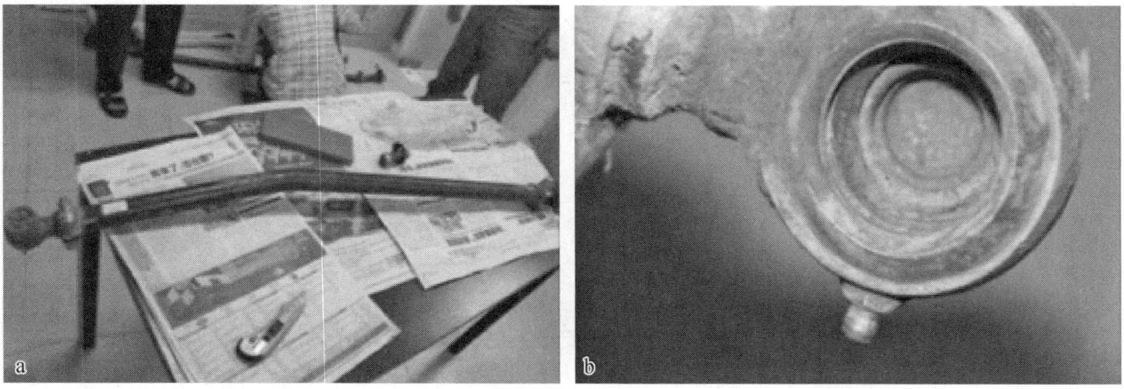

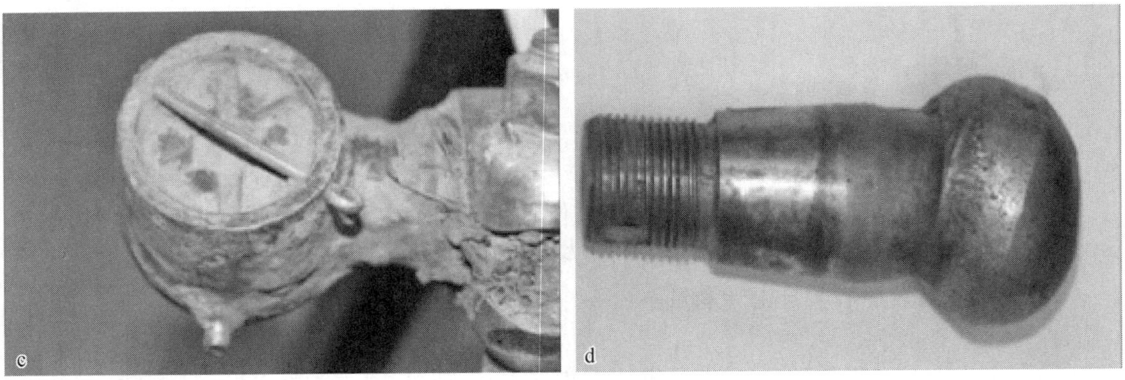

图 6-11 大客车转向直拉杆及球头销

在痕迹检验基础上，结合转向直拉杆球头销工作基本原理，可得出球头销脱出球头座的原因：球头销在缺乏良好润滑脂润滑条件下，球头及球头座因磨损导致球头外径小于球头座缘口内径，导致球头脱出球头座。

二、行驶系统检验鉴定

（一）行驶系统的功能

1）接受由发动机经传动系传来的转矩，并通过驱动轮与路面间的附着作用，产生路面对驱动轮的作用力（汽车牵引力），以保证汽车的正常行驶。

2）传递并承受路面作用于车轮上的各向反力及其所形成的力矩。

3）缓和不平路面对车身造成的冲击，并衰减其振动，保证车辆的行驶平顺性。

4）与汽车转向系统配合工作，实现汽车行驶方向的正确控制，以保证汽车的操纵稳定性。

汽车行驶系最普遍的为轮式行驶系，其他还有半履带式、全履带式、车轮履带式等几种形式。

（二）行驶系统的组成

大多数汽车采用轮式行驶系，据车型和用途的不同其结构有所不同，但基本组成是相同的，一般由车架（或车身）、车桥、车轮和悬架组成（图 6-12）。车轮分别支承在各车桥（前桥、后桥）上，为了减少汽车在不平路面上行驶时受到的振动，车桥又通过弹性悬架与车身（车架）连接。

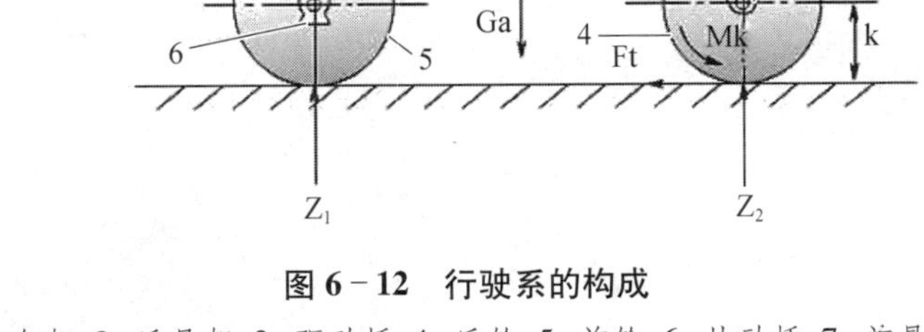

图 6-12 行驶系的构成

1. 车架；2. 后悬架；3. 驱动桥；4. 后轮；5. 前轮；6. 从动桥；7. 前悬架

1. 车架

车架是汽车的安装基体，用以支承和联结汽车的各零部件，并承受来自车内、外的各种载荷。车架的结构形式应满足汽车总体布置的要求。有的客车和轿车为了减小质量，取消了车架，制成能够承受各种载荷的承载式车身，即无梁式车身。

车架一般分为边梁式车架、中梁式（俗称“脊骨式”）车架以及综合式车架。

(1) 边梁式车架　如图6－13所示，边梁式车架由位于左右两侧的两根纵梁和其间若干横梁构成，横梁和纵梁通常用低合金钢板冲压而成，采用铆接和焊接的方法将纵、横梁连接成坚固的刚性构架。为提高轿车行驶稳定性，需要降低车架的高度，以尽量降低轿车的重心高度，同时应保证转向轮具有足够的转动空间和悬架弹簧变形时车桥具有足够的上下跳动空间，所以，轿车的车架前部较窄而低，后部向上弯曲。

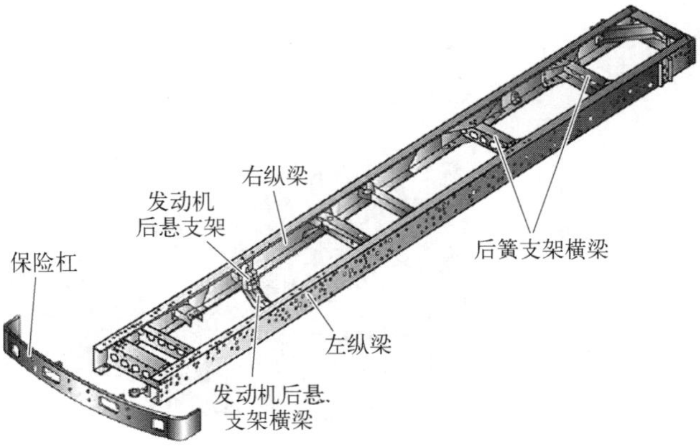

图6－13　边梁式车架

(2) 中梁式车架　中梁式车架（图6－14）只有一根位于中央而贯穿汽车的纵梁，亦称为脊骨式车架。中梁的断面可做成管形、槽形或箱形。中梁的前端做成伸出支架，用以固定发动机，而主减速器壳通常固定在中梁的尾端，形成断开式后驱动桥。中梁上的悬伸托架用以支承汽车车身和安装其他机件。若中梁是管形的，传动轴可在管内穿过。中梁式车架重量轻，重心低，行驶稳定性好，其结构使车轮跳动空间比较大，有较好的抗扭转刚度和较大的前轮转向角，便于采用独立悬架系统。脊梁还能起传动轴防尘罩作用。但这种车架制造工艺复杂，精度要求高，使维护保养不方便。另外横梁是悬臂梁，弯矩大，易在根部处损坏，故目前应用不多。

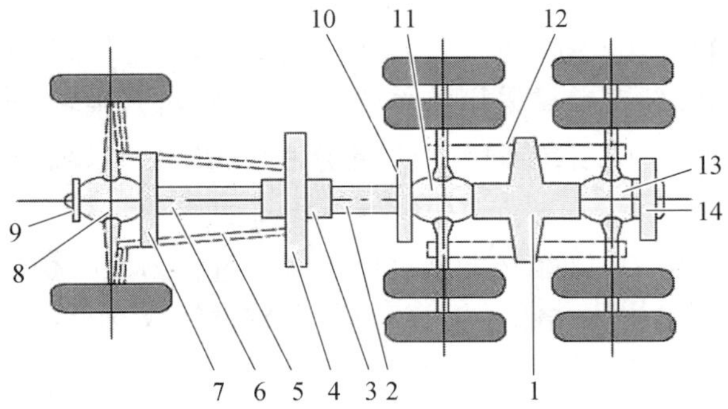

图6－14　中梁式车架示意图

1. 连接桥；2. 中央脊梁；3. 分动器壳；4. 驾驶室后部及货箱副梁前部托架；5. 前悬架扭杆弹簧；6. 前脊梁；7. 发动机后部及驾驶室前托架；8. 前桥壳；9. 发动机前托架；10. 连接货箱副梁的托梁；11. 中桥壳；12. 后悬架的钢板弹簧；13. 后桥壳；14. 连接货箱副梁的托架

2. 车桥

车桥通过悬架与车架（或承载式车身）相连，车桥的两端安装车轮，车桥在车架（或承载式车身）与车轮之间传递各向作用力。

根据悬架的结构形式，车桥可分为断开式和整体式两种。断开式车桥为活动关节式结构，它与独立悬架配合使用；整体式车桥的中部是刚性实心或空心梁。它多配用非独立悬架。按车轮的不同运动方式，车桥又可分为转向桥、驱动桥、转向驱动桥和支承桥四种类型。

(1) 转向桥　利用转向节的摆动使车轮偏转一定角度以实现汽车转向的车桥称为转向桥。一般汽车以前桥为转向桥，其承受车轮与车架之间的垂直载荷、纵向的道路阻力、制动力和侧向力以及这些力所形成的力矩。转向桥主要由前轴、主销、转向节及轮毂组成（图6－15）。有些轿车不设单独的前轴，而以副车架取而代之。通常轿车中不设独立的主销，而以转向节上下球头中心的连线为主销的轴线，转向时车轮即绕此轴线转动。断开式转向桥的作用与非断开式转向桥一样，所不同的是断开式转向桥与独立悬架匹配，其为活动关节式结构。

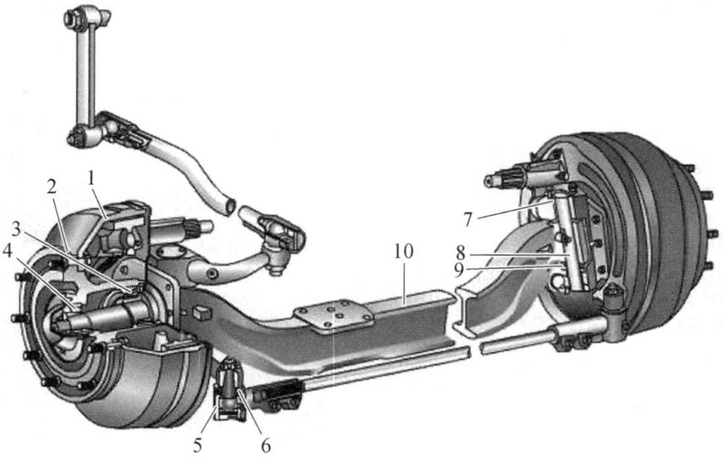

图 6－15　整体式转向桥

1. 制动鼓；2. 轮毂；3、4. 轮毂轴承；5. 转向节；6. 油封；7. 衬套；8. 主销；9. 滚子止推轴承；10. 前轴

（2）驱动桥　驱动桥将传动轴传递来的力矩传给车轮，同时支承着汽车，并承受各向载荷。

（3）转向驱动桥　同时具有转向桥和驱动桥两项功能的车桥，称为转向驱动桥。绝大多数轿车采用前置前驱结构，前桥多为断开式转向驱动桥，既负责转向又负责驱动，这使汽车结构紧凑，重心降低；而一些越野汽车和一些高级轿车前桥采用整体式转向驱动桥，其半轴分内、外半轴，用等角速万向节连接，主销分制成上、下两段，转向节轴颈部分制成中空，外半轴经半轴凸缘与轮毂通过螺栓连接。

（4）支承桥　既不能转向又不能传递牵引力，仅起支承汽车作用的车桥称为支承桥。支承桥属于从动桥，是结构最简单的一种车桥。单桥驱动的三轴汽车，其后桥设计成支承桥，挂车上的车桥也是支承桥，发动机前置前驱动轿车的后桥也属于支承桥。

3. 悬架

悬架是车架（或承载式车身）与车桥（或车轮）之间全部传力联结装置的总称。悬架系统的作用是连接车桥和车架，承受并传递载荷；传递各种力和力矩，使车轮按一定轨迹相对于车架或车身跳动，即起导向作用；缓和汽车在不平道路上行驶时所受的冲击和振动，保持车身和车轮之间正确的运动关系，改善汽车行驶的行驶平顺性和操纵稳定性。

悬架一般由弹性元件、减振装置、导向机构、稳定器几部分组成。其中弹性元件的作用是承受和传递垂直载荷，缓冲并抑制不平路面所引起的冲击；减振器用以加快振动的衰减，使车身和车轮的振动得以控制；导向装置是用来传递纵向力、侧向力及其力矩，并保证车轮有正确的运动关系；横向稳定器是一种辅助弹性元件，以防止车身在不平路面上行驶或转向时发生过大的横向倾斜。

4. 车轮和轮胎

车轮又称车轮总成，主要由轮辋和轮胎两部分组成，是汽车的行走部件。车轮连接车轴，接触地面,可以绕车轴转动并沿地面滚动。车轮的作用是:支承整车的质量;缓和由路面传来的冲击力;产生驱动力、制动力和侧向力;承担越障提高通过性的作用;产生平衡汽车转向行驶时的离心力的侧抗力,在保证汽车正常转向行驶的同时,通过车轮(转向轮)产生的自动回正力矩,使车轮保持直线行驶。

按轮辐结构,车轮可分为辐板式和辐条式两种,常见的辐板式如图 6-16 所示。

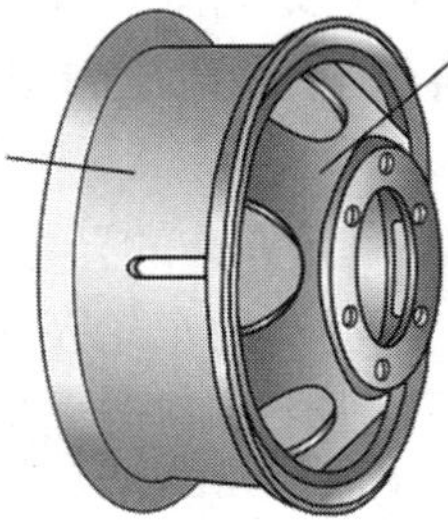

图 6-16 车轮

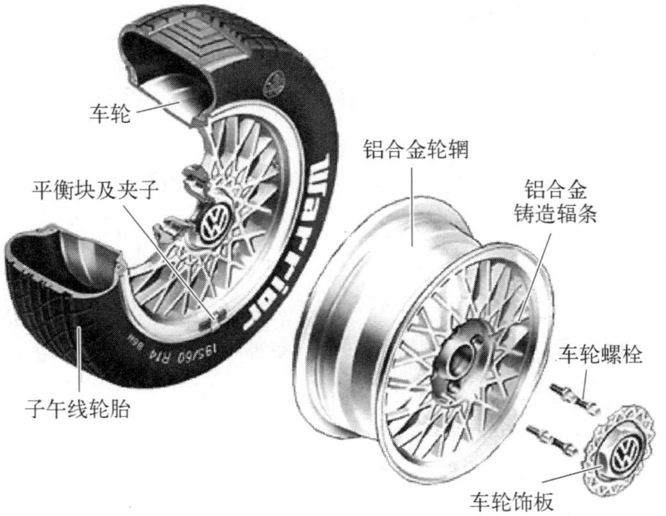

图 6-17 车轮和轮胎

轮胎安装在轮辋上(图 6-17),直接与路面接触,其作用是支承汽车的重量;与汽车悬架共同缓和行驶时所受到的冲击,并衰减由此所产生的振动,以保证良好的乘坐舒适性和行驶平顺性;保证车轮与路面有良好的附着性,以提高汽车的牵引性、制动性及通过性等。

汽车轮胎按其用途可分为轿车轮胎和载货汽车轮胎两种;按胎体结构可分为充气轮胎和实心轮胎;按组成结构不同,可分为有内胎轮胎和无内胎轮胎两种;按胎内的工作压力大小,可分为高压胎、低压胎和超低压胎三种;按胎体中帘线排列方向不同,又可以分为普通斜交胎、带束斜交胎和子午线胎;按胎面花纹不同,还可分为普通花纹胎、混合花纹胎和越野花纹胎。

(三)车辆行驶系统安全技术要求

为保证车辆安全舒适地运行,对车辆行驶系统有以下安全技术要求。

1)机动车所装用轮胎的速度级别不应低于该车最大设计车速的要求,但装用雪地轮胎时除外。总质量大于 3 500 kg 的货车和挂车(封闭式货车、旅居挂车等特殊用途的挂车除外)装用轮胎的总承载能力,应小于或等于总质量的 1.4 倍。

2)公路客车、旅游客车和校车的所有车轮及其他机动车的转向轮不应装用翻新的轮胎;其他车轮若使用翻新的轮胎,应符合相关标准的规定。

3)同一轴上的轮胎规格和花纹应相同,轮胎规格应符合整车制造厂的规定。

4)乘用车用轮胎应有胎面磨耗标志。乘用车备胎规格与该车其他轮胎不同时,应在备胎附近明显位置(或其他适当位置)装置能永久保持的标识,以提醒驾驶人正确使用备胎。

5)专用校车和卧铺客车应装用无内胎子午线轮胎,危险货物运输车辆及车长大于 9 m 的其他客车应装用子午线轮胎。发动机中置且宽高比小于或等于 0.9 的乘用车不应使用轮胎名义宽度小于或等于 155 mm 规格的轮胎。设置了符合规定的车内随行物品存放区的公路客车的后轮若采用单胎则后轮的轮胎名义宽度应大于或等于 195 mm。

6）乘用车、挂车轮胎胎冠花纹上的花纹深度应大于或等于 1.6 mm，摩托车轮胎胎冠花纹上的花纹深度应大于或等于 0.8 mm；其他机动车转向轮的胎冠花纹深度应大于或等于 3.2 mm，其余轮胎胎冠花纹深度应大于或等于 1.6 mm。

7）轮胎胎面不应由于局部磨损而暴露出轮胎帘布层。轮胎不应有影响使用的缺损、异常磨损和变形。

8）轮胎的胎面和胎壁上不应有长度超过 25 mm 或深度足以暴露出轮胎帘布层的破裂和割伤。

9）轮胎负荷不应大于该轮胎的额定负荷，轮胎气压应符合该轮胎承受负荷时规定的压力。具有轮胎气压自动充气装置的汽车，其自动充气装置应能确保轮胎气压符合出厂规定。

10）双式车轮的轮胎的安装应便于轮胎充气，双式车轮的轮胎之间应无夹杂的异物。

11）轮胎螺母和半轴螺母应完整齐全，并应按规定力矩紧固。客车、货车的车轮及车轮上的所有螺栓、螺母不应安装有碍于检查其技术状况的装饰罩或装饰帽（设计和制造上为防止生锈等情形发生而配备的、易于拆卸及安装的装饰罩和装饰帽除外），且车轮螺母、轮毂罩盖和保护装置不应有任何蝶形凸出物。

12）车轮总成的横向摆动量和径向跳动量，总质量小于或等于 3 500 kg 的汽车应小于或等于 5 mm，摩托车应小于或等于 3 mm，其他机动车应小于或等于 8 mm。

13）最大设计车速大于 100 km/h 的机动车，车轮的动平衡要求应与该车型的技术要求一致。

14）专用校车、车长大于 9 m 的未设置乘客站立区的客车及总质量大于 3 500 kg 的危险货物运输货车的转向轮应装备轮胎爆胎应急防护装置。

15）悬架系统各球关节的密封件不应有切口或裂纹，定杆应连接可靠，结构件不应有残损或变形。

16）钢板弹簧不应有裂纹和断片现象，同一轴上的弹簧形式和规格应相同，其弹簧形式和规格应符合产品使用说明书中的规定。中心螺栓和 U 形螺栓应紧固、无裂纹且不应拼焊。钢板弹簧卡箍不应拼焊或残损。

17）空气弹簧应无裂损、漏气及变形，控制系统应齐全有效。

18）减振器应齐全有效，减振器不应有滴漏油现象。

19）总质量大于或等于 12 000 kg 的危险货物运输货车的后轴所有危险货物运输半挂车，以及三轴栏板式、仓栅式半挂车应装备空气悬架。

20）车架不应有裂纹及变形、锈蚀，螺栓和铆钉不应缺少或松动。

21）前、后桥不应有裂纹及变形。

22）车桥与悬架之间的各种拉杆和导杆不应有变形，各接头和衬套不应松旷或移位。

23）三轴公路客车的随动轴应具有随动转向或主动转向的功能。

（四）交通事故车辆行驶系统检验鉴定

车辆行驶系统检验包括行驶系检视、动态检验和静态检验。行驶系统主要检验项目和方法见表 6－4。

表 6-4 行驶系统检验鉴定项目和方法

总成或部件	项 目	方 法
车架	检验车架横梁、纵梁是否变形、开裂，车架是否有锈蚀痕迹，螺栓、铆钉是否紧固、有无失效焊点	检视、仪器检测
车桥	检验车桥与车架的链接是否紧固，车桥是否完整，工作有无异响	检视、仪器检测
悬架	检验悬架弹性元件是否完好，横向推力杆和稳定器是否变形，减震器有无漏液情况	检视、仪器检测
车轮	检验轮胎螺母、半轴螺母的完整性；检验车轮总成的振摆情况及其平衡块安装情况；检验轮胎爆胎应急防护装置	检视、仪器检测
轮胎	检验轮胎规格、速度级，承重级和花纹深度；检验轮胎是否为翻新胎；检验轮胎是否缺损，破裂情况；检验轮胎的充气压力与实际负荷	检视、仪器检测

1. 车辆行驶系统检视

具有行驶能力、失去行驶能力的交通事故车辆，一般都应进行行驶系统的检视。

1）检视吊耳及销有无松旷，中心螺栓、U 形螺栓有无缺少或松动、有无裂纹、是否拼焊。钢板弹簧卡箍是否拼焊或残损。检查有无车桥移位现象（必要时用卷尺测量左、右侧轴距差值）；

2）检查车架纵梁、横梁（或车身）有无变形、锈蚀、裂纹等损伤，铆钉、螺栓有无缺少或松动；

3）检查车桥与悬架之间的拉杆和导杆有无松旷和移位；

4）检查悬架系统各球关节的密封件是否有切口或裂纹，稳定杆是否连接可靠，结构件是否有变形或残损。钢板弹簧是否有裂纹和断片现象，同一轴上的弹簧形式和规格是否相同，其弹簧形式、片数和规格是否符合产品使用说明书中的规定；

5）检查同轴两侧是否装用同一规格、型号轮胎；

6）检查转向轮是否装用翻新轮胎；

7）检查轮胎的规格、载荷等级、负荷是否符合规定；

8）检视轮胎表面是否有破损、破口、裂纹，为分析轮胎损坏原因提供依据；

9）检视、测量轮胎胎面和胎壁上有无长度超过 25 mm 或深度足以暴露出轮胎帘布层的破裂和割伤；

10）检查、测量轮胎胎面花纹深度（用轮胎花纹深度尺检测）；

11）检视减振器是否有滴漏油现象；

12）检视轮辋变形、受损情况，为分析轮胎损坏原因提供依据；

13）检视前、后桥是否有变形和裂纹；

14）检视车桥与悬架之间的各种拉杆和导杆是否有变形，各接头或衬套是否有松旷或移位；

15）检查轮胎充气压力（用轮胎气压表检验）；

16）检查轮胎螺栓、半轴螺栓是否齐全并按规定扭力紧固。

2. 行驶系统动态检验

根据标准相关要求，事故车辆行驶系的动态检验一般以三轴公路客车的随动轴的随动转向或主动转向功能的检验为主。

3. 行驶系统静态检验

（1）*轮胎充气压力及胎冠最小花纹深度测量*　用轮胎气压表检测轮胎的充气压力；用轮胎花纹深度计或游标尺测量轮胎胎冠最小花纹深度。

（2）*左前车轮、右前车轮横向（轴向）跳动量测量*　顶起前桥，将百分表磁力座固定好，用百分表触点触到轮胎前端胎冠外侧，检测人员用手轻轻转动轮胎，读出百分表的最大和最小读数，其差值就是车轮横向跳动量。

（3）*左前车轮、右前车轮径向跳动量测量*　将百分表移至轮胎上方，将百分表磁力座固定好，使百分表触点触到轮胎胎冠中部，然后用撬杆往上撬动轮胎，测量其径向摆动量。

如汽车车轮横向和径向摆动量超出相关标准限制，行驶时可能会出现方向盘发抖、摆振、行驶不稳定现象。

（4）*用悬架装置检测台检验事故车辆悬架特性*

（5）*车轮动平衡检测*　车轮动平衡是指补偿因质量分布不均匀而在车轮和轮胎总成上产生的静态和动态作用力。除质量分布外，主要还有径向摆动和径向力摆动因素。这些因素对车轮的运转不平稳性影响很大。车轮运转不平稳不仅使轮胎磨损严重，而且会导致轮胎与地面附着性能降低，影响车辆的正常行驶。

（6）*减振器性能检验*

1）对于一般轿车，用力按下保险杠，然后松开，如果汽车有2~3次上下跳跃，则说明减振器工作良好。

2）汽车行驶一定里程后，用手试减振器外壳。如果比其他部分温度高，说明减振器工作正常，否则说明减振器可能已损坏。

3）拆下减振器将其直立，并把下端连接环夹于台钳上，用力拉压减振杆数次，此时应有稳定的阻力，往上拉（复原）的阻力应大于向下压时的阻力，如阻力不稳定或无阻力，可能是减振器内部缺油或阀门零件损坏。

4）如检验鉴定需要，则拆检减振器。检查活塞与缸筒的配合间隙是否过大；检查阀门、阀瓣、阀座间工作是否良好，贴合是否严密，缸筒有无拉伤，以及减振器的伸张弹簧是否过软或折断等。

5）若发现漏油，首先拧紧油缸盖螺母，若减振器仍漏油，则可能是油封、密封垫圈损坏失效，再进一步检查活塞与缸筒间的间隙是否过大，减振器活塞连杆有无弯曲，活塞连杆表面和缸筒是否有划伤或拉痕。

（7）*钢板弹簧和螺旋弹簧性能检验*　如鉴定需要，可根据相关标准规定的试验条件和方法对钢板弹簧和螺旋弹簧性能检验进行检验。

（五）案例

在对客车底部后悬架进行维修作业时，客车车身突然下沉致钻入车底的维修人员死亡。对该车进行检视后发现该车左后空气弹簧气囊未破裂（图6－18a），但处于最低高度，右后空气弹簧气囊已破裂（图6－18b）；前桥空气弹簧气囊及车身高度控制阀组件构件，外表无损伤（图6－18c）；后桥空气悬架车身高度控制阀组件的控制杆已灭失，与车身高度控制阀连接的摇臂后端的通孔被一铁丝捆在车架上（图6－18d）。

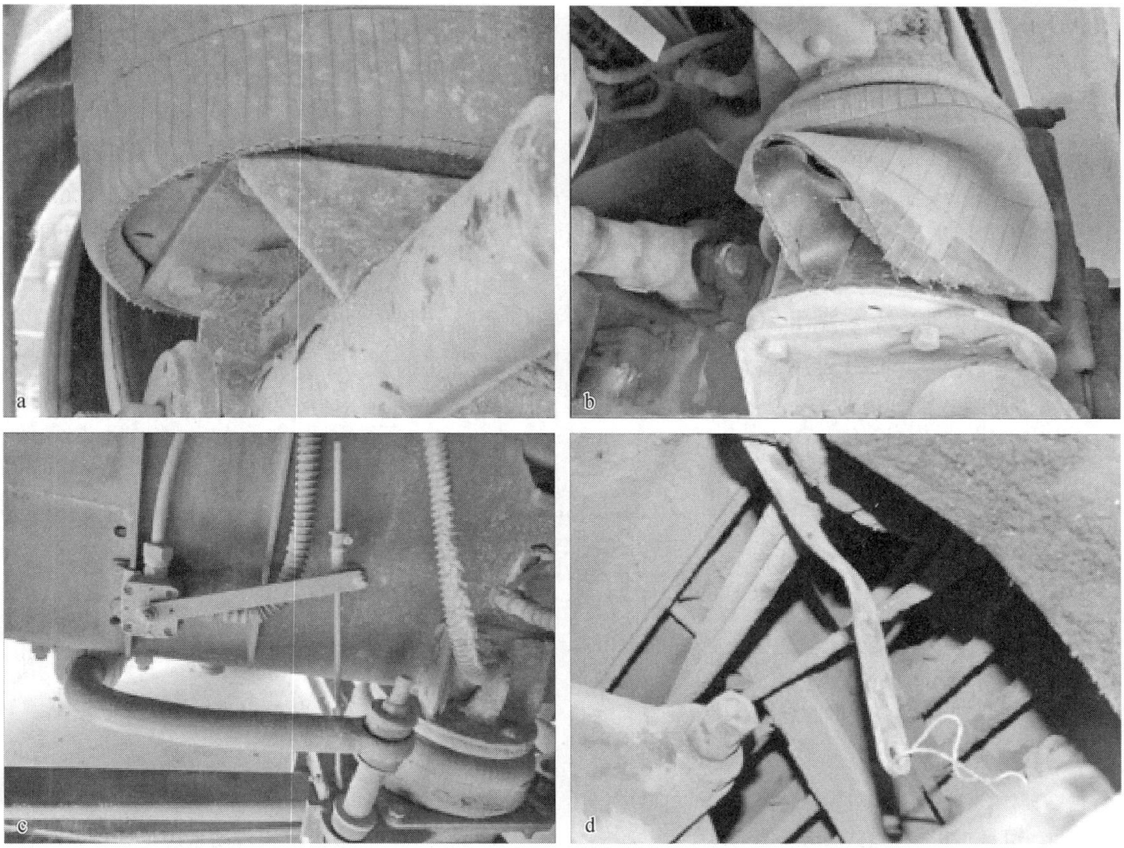

图 6－18　客车前后桥高度控制阀及后轴气囊情况

结合事故相关资料及空气悬架结果及其基本原理(图 6－19),该车驾驶员在钻入车底将控制阀摇臂用铁丝捆扎固定在车架上的过程中,高度控制阀摇臂端头抬起高度过高,导致空气弹簧气囊持续充气,气囊腔内压力超限后导致空气弹簧气囊爆裂、泄气,导致客车后部悬架垮塌,挤压车底驾驶员致其死亡。

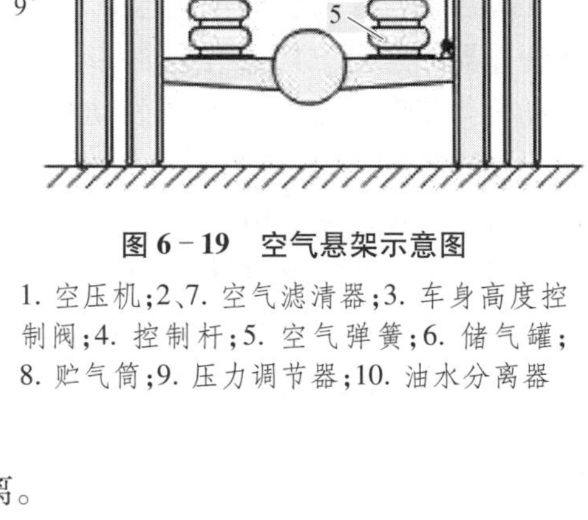

图 6－19　空气悬架示意图

1. 空压机;2、7. 空气滤清器;3. 车身高度控制阀;4. 控制杆;5. 空气弹簧;6. 储气罐;8. 贮气筒;9. 压力调节器;10. 油水分离器

三、传动系统检验鉴定

(一) 传动系的功能

用以实现发动机(或电动机)与驱动轮之间动力传递的装置称为汽车传动系。它应能保证汽车具有在各种行驶条件下所必需的牵引力、车轮转速,以及保证牵引力与车轮转速之间协调变化等功能,使汽车具有良好的动力性和燃油经济性;还应保证汽车能倒车,以及左、右驱动轮能适应差速要求,并使动力传递能根据需要而平稳地接合或彻底、迅速地分离。

(二) 传动系的组成

汽车传动系统的类型按结构和传动介质的不同可分为机械式传动系统、液力机械式传动系统等。汽车传动系统的组成及布置形式主要与发动机(或电动机)的形式和性能、汽车总体结构形式和汽车行驶系及传动系本身结构形式有关。目前,应用广泛并与活塞式发动机配用的是机械式传动系统和液力机械式传动系统。电动汽车与传统内燃机驱动汽车不同,电动汽车通过电动机驱动车轮,由于电动汽车的电动机可以在设计范围内的各种负载和速度条件下提供足够的扭矩输出,因此,电动汽车通常只需要一个简单的单速传动系统,取消了传统意义上的变速箱和离合器,其车速和扭矩的控制由控制器通过调速系统改变电动机的转速即可实现。

机械式传动系统主要由离合器、变速器、万向传动装置和传动轴以及安装在驱动桥上的主减速器、差速器、半轴组成。图 6－20 为传统的发动机纵向前置,后桥驱动的 4×2 汽车布置示意图。发动机发出的动力经离合器、变速器、万向传动装置传到驱动桥。在驱动桥处,动力经过主减速器、差速器和半轴传给驱动车轮。

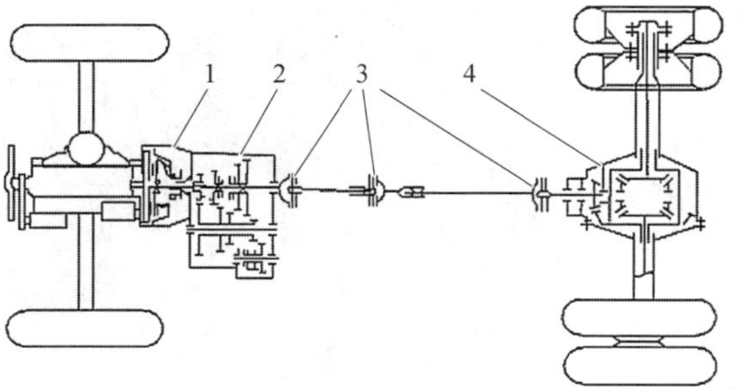

图 6－20　机械式传动系统示意图

1. 离合器;2. 变速器;3. 万向节;4. 驱动桥

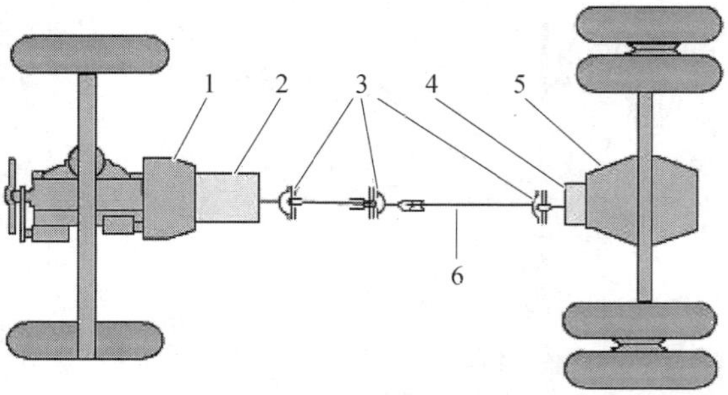

图 6－21　液力机械传动系统示意图

1. 液力变矩器;2. 自动变速器;3. 万向传动;4. 驱动桥;5. 主减速器;6. 传动轴

液力机械式传动系统主要由液力变矩器、自动变速器、万向传动装置和驱动桥组成,系统组成示意图如图 6－21 所示,其特点是组合运用液力传动和机械传动。液力传动是指利用液力变矩器传动,它利用液体介质(自动变速器液)将发动机动力传递到一个能自动变速的有级式机械变速器;机械传动是指利用自动变速器、万向传动装置和驱动桥传动,将动力传至驱动轮。

1. 离合器

离合器位于发动机和变速器之间,是机械式传动系统中与发动机连接并且将其动力传递至变速器的总成。其功用是使发动机与传动系逐渐接合,保证汽车平稳起步;必要时暂时切断发动机与传动系的联系,便于发动机的启动和变速器的换挡,保证传动系换挡时工作平顺;限制所传递转矩,防止传动系过载,保护发动机和传动系。

机械式传动系统中广泛应用的是干式摩擦片离合器(图 6－22)。主要由主动部分、从动部分、压紧装置和操纵机构四部分组成。

主动部分是离合器的动力输入部件,其与发动机曲轴连在一起,包括飞轮、离合器盖、压盘等部件组成。其中离合器盖与飞轮靠螺栓紧固连接,通过 3~4 组传动片驱动压盘。

从动部分是动力输出部件,从动部分是由单片、双片或多片从动盘所组成,它将从动盘摩擦片通过机械摩擦传来的动力传给变速器的输入轴。从动盘由从动盘本体,摩擦片和从动盘毂三个基本部分组成。为了避免转动方向的共振,缓和传动系受到的冲击载荷,大多数汽车都在离合器的从动盘上附装有扭转减震器。

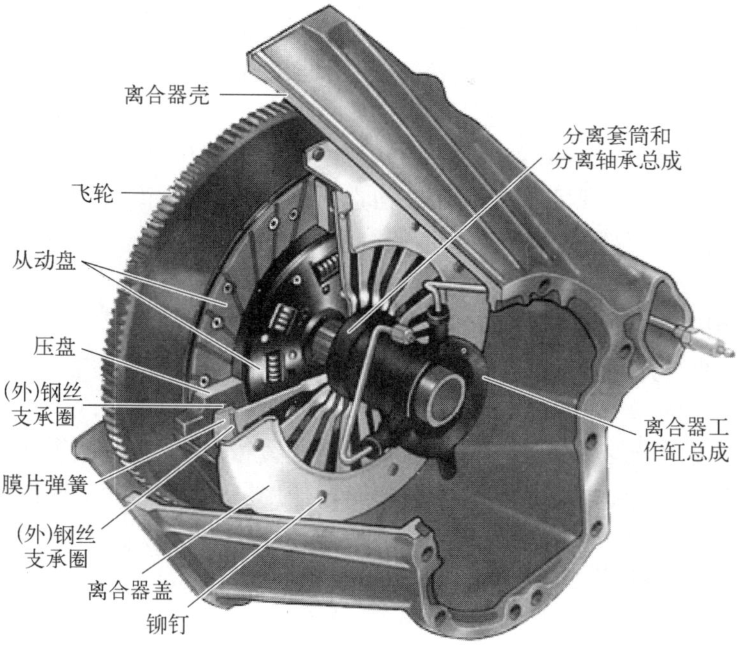

北京吉普切诺基汽车膜片弹簧离合器

图 6－22 机械摩擦片式离合器

压紧装置是将主、从动部分压紧产生摩擦作用的机构，主要由螺旋弹簧或膜片弹簧组成，与主动部分一起旋转，它以离合器盖为依托，将压盘压向飞轮，从而将处于飞轮和压盘间的从动盘压紧。

操纵机构是使离合器主、从动部分分离断开动力传递的机构。它包括分离杠杆、分离杠杆支承柱、分离叉、分离套筒、分离轴承、离合器踏板等。

2. 变速器

变速器是汽车传动系统的重要总成，一般具有：改变传动比，扩大驱动轮转矩和转速的变化范围，以适应经常变化的行驶条件，使发动机在较好工况下工作；在发动机旋转方向不变的情况下，使汽车实现倒向行驶；利用空挡，中断动力传递，以使发动机能够启动、怠速运转和滑行等；一些汽车如自卸汽车、专用汽车等还能输出动力驱动其他机构等功能。

变速器按传动比变化情况可分为有级式、无级式和综合式三种。

有级式变速器是目前使用最广的一种。它采用齿轮传动，具有若干个定值传动比。目前，轿车和轻、中型货车变速器的传动比通常有 3~5 个前进挡和一个倒挡，在重型货车用的组合式变速器中，则有更多挡位。

无级式变速器其传动比在一定的数值范围内可按无限多级变化，常见的有电力式和液力式(动液式)两种。电力式无级变速器的变速传动部件为直流串激电动机，除在无轨电车上应用外，在超重型自卸车传动系中也有广泛采用的趋势。动液式无级变速器的传动部件为液力变矩器。

综合式变速器是指由液力变矩器和齿轮式有级变速器组成的液力机械式变速器，其传动比可在最大值与最小值之间的几个间断的范围内作无级变化，目前应用较多。

按换挡操纵方式的不同，变速器可分为手动操纵式、自动操纵式和半自动操纵式。

自动操纵式变速器其传动比选择和换挡是自动进行的，即机械变速器每个挡位的变换是借助反映发动机负荷和车速的信号系统来控制换挡系统的执行元件而实现的，驾驶员只需操纵加速踏板以控制车速。常见的自动变速器有3种类型：电控液力自动变速器（EAT）、机械无级变速器（CVT）电控机械自动变速器（AMT）。

半自动操纵式变速器有两种型式：一种是常用的几个挡位自动操纵，其余挡位则由驾驶员操纵；另一种是预选式，即驾驶员预先用按钮选定挡位，在踩下离合器踏板或松开加速踏板时，接通一个电磁装置或液压装置来进行换挡。

3. 分动器

分动器一般用于多轴驱动的汽车上，输出轴可以有多个，将变速器输出的动力分配到各驱动桥；多数车装用两档分动器，兼起副变速作用。

4. 万向传动装置

（1）*万向传动装置的功用*　汽车上任何一对轴线相交，且相对位置变化（长度和角度）的旋转轴之间的动力传递，均需要用万向传动装置，作用是在轴间夹角和相对位置经常发生变化的转轴之间传递动力。万向传动装置广泛应用于汽车中，尤其是汽车的传动系统和转向系统，其应用如图6－23、图6－24所示。

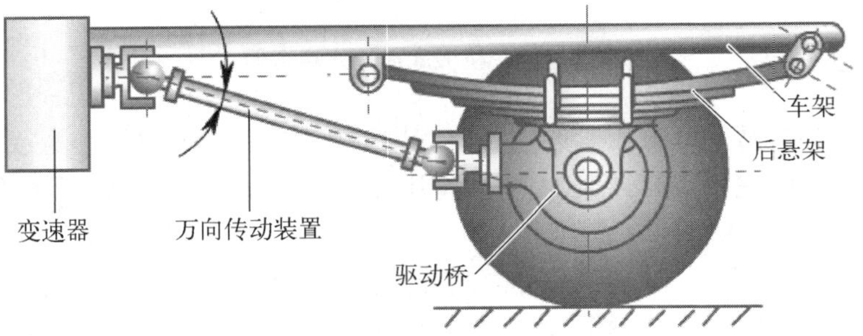

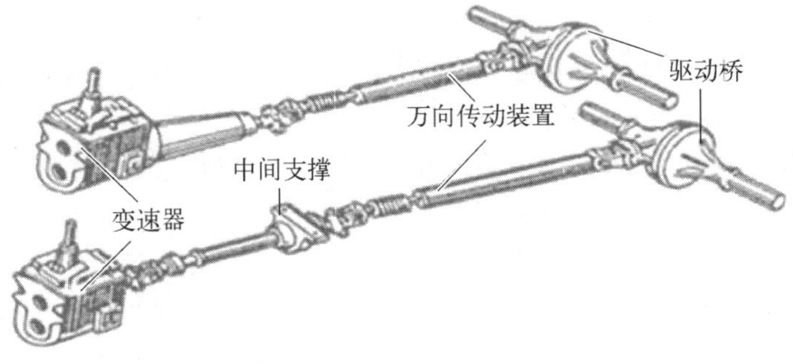

图6－23　变速器与驱动桥之间万向传动装置

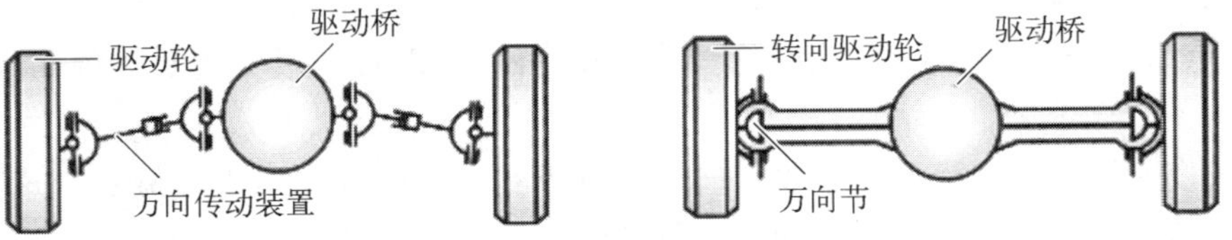

图6－24　驱动桥与驱动轮之间万向传动装置

万向传动装置应用于变速器与驱动桥之间实现二者间的动力传递；应用于越野汽车变速器与分动器之间消除车架变形及制造、装配误差等引起的其轴线同轴度误差对动力传动的影响。汽车转向驱动桥的半轴是分段的，转向时两段半轴轴线相交且交角变化，因此转向驱动桥要用万向节；断开式驱动桥的半轴，主减速器壳在车架上是固定的，两端桥壳上下摆动，半轴是分段的，须用万向节。

（2）万向传动装置组成

1）传动轴　传动轴总成主要由传动轴、花键轴、滑动叉、中间支承和万向节叉等组成（图 6－25）。传动轴是万向传动装置中的主要传力部件。通常用来连接变速器（或分动器）和驱动桥，在转向驱动桥和断开式驱动桥中，则用来连接差速器和驱动轮。

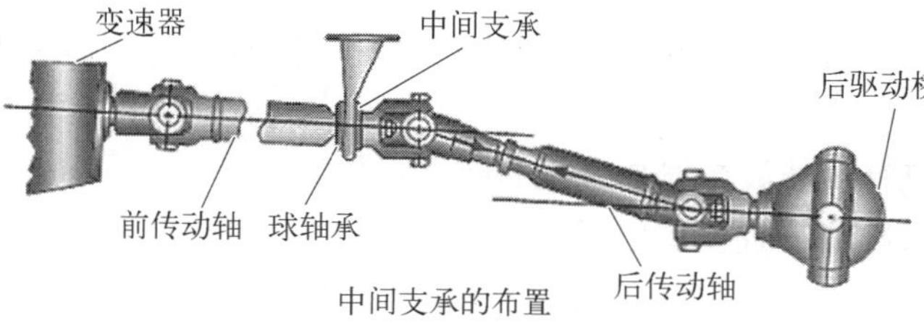

图 6－25　传动轴结构及布置图

2）中间支承　如果万向传动装置传递的动力较远，传动轴中间会分段，并加中间支承。其作用防止产生共振，传动轴过长时自振频率低，易产生共振；补偿传动轴的轴向角度方向的安装误差，以及行驶时的轴窜动、车架变形引起的位移变化。中间支承通常装在车架横梁上，能补偿传动轴轴向和角度方向的安装误差，以及汽车行驶过程中因发动机窜动或车架变形等引起的位移。中间支承常用弹性元件来满足上述要求，它主要由轴承、带油封的盖、支架、弹性元件等组成。摆动式中间支承的特点是中间传动轴可以通过摆臂绕支承轴摆动；支承轴和摆臂下端均有橡胶衬套，可以改善轴承受力。

5. 主减速器、差速器、半轴

万向传动装置传来的动力经主减速器、差速器、半轴等最终传递到驱动车轮，并实现降速增矩、改变动力传递方向后，分配到左右驱动轮，使汽车行驶，并允许左右驱动轮以不同的转速旋转。其中主减速器具有降速、增矩、变向的功用；差速器使两侧驱动轮不等速旋转；半轴则将扭矩从差速器传至驱动桥；而桥壳是安装基础，承重且承力，主减速器、差速器、半轴布置示意图如图 6－26 所示。

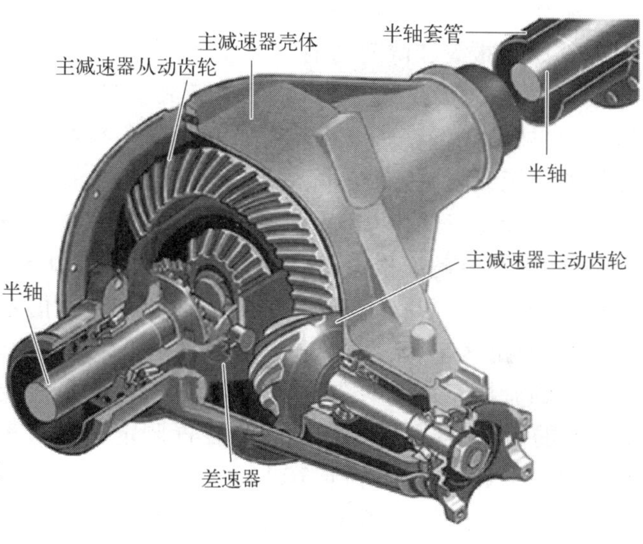

图 6－26　主减速器、差速器、半轴布置示意图

（三）传动系统安全技术要求

1. 离合器

1）机动车的离合器应接合平稳，分离彻底，工作时不允许有异响、抖动或不正常打滑等现象。

2）踏板自由行程应与该车型的

技术要求一致。

3）离合器彻底分离时，踏板力应小于或等于 300 N（拖拉机运输机组应小于或等于 350 N），手握力应小于或等于 200 N。

2. 变速器和分动器

1）换挡时齿轮应啮合灵便，互锁、自锁和倒挡锁装置应有效，不允许有乱挡和自行跳挡现象；运行中应无异响；换挡杆及其传动杆件不应与其他部件干涉。采用自动变速器的机动车，应通过设计保证只有当变速器换挡装置处于驻车挡（“P”挡）或空挡（“N”挡）时方可启动发动机[具有自动起停功能时在驱动挡（“D”挡）也可启动发动机]；变速器换挡装置换入或经过倒车挡（“R”挡）以及由驻车挡（“P”挡）位置换入其他挡位时，应通过驾驶人的不同方向的两个动作（驾驶人踩下制动踏板应视为一个动作）完成，但车速低于 10 km/h 时通过汽车电子控制技术能有效避免驾驶人误操作的除外。变速器出现功能限制使用情形时，对驾驶人应有警示信息提示。

2）在换挡杆上应有驾驶员在驾驶座位上即可容易识别变速器和分动器挡位位置的标志。若换挡杆上难以布置，则应布置在换挡杆附近易见部位。

3）有分动器的机动车，应在挡位位置标牌或产品使用说明书上说明连通分动器的操作步骤。

4）如果纯电动汽车和插电式混合动力汽车是通过改变电机旋转方向来实现前进和倒车两个行驶方向转换的，应满足以下要求，以防止当车辆行驶时意外转换到反向行驶：

a）前进和倒车两个行驶方向的转换，应通过驾驶人不同方向的两个动作来完成；

b）仅通过驾驶人的一个操作动作来完成，应使用一个安全设备使模式转换只有在车辆静止或低速时才能够完成。

3. 传动轴

传动轴在运转时不允许发生振抖和异响，中间轴承和万向节不允许有裂纹和松旷现象。发动机前置后驱动的客车的传动轴在车厢地板的下面沿纵向布置时，应有防止传动轴滑动连接（花键或其他类似装置）脱落或断裂等故障而引起危险的防护装置。

4. 驱动桥

驱动桥壳、桥管不应有裂纹和变形，驱动桥工作应正常且无异响。

5. 超速报警和限速功能

1）车长大于或等于 6 m 的客车应具有超速报警功能，当行驶速度超过允许的最大行驶速度（允许的最大行驶速度不应大于 100 km/h）时能通过视觉和声觉信号报警，但具有符合规定的限速功能或限速装置的除外。

2）三轴及三轴以上货车（具有限速功能或配备有限速装置，且限速功能或装置符合规定的除外）应具有超速报警功能，当行驶速度对混凝土搅拌运输车大于或等于 60 km/h，对其他货车大于或等于 100 km/h 时，能通过视觉和声觉信号报警。

3）公路客车、旅游客车和危险货物运输货车及车长大于 9 m 的其他客车车长大于或等于 6 m 的旅居车应具有限速功能，否则应配备限速装置。限速功能或限速装置应符合 GB/T 24545 的要求，且限速功能或限速装置调定的最大车速对设置了符合规定的车内随行物品存放区的公路客车应小于 70 km/h，对其他公路客车、旅游客车和车长大于 9 m 的其他客车、车长大于或等于 6 m 的旅居车不应大于 100 km/h，对危险货物运输货车不应大于 80 km/h。专用校车应安装符合 GB/T 24545 要求的限速装置，且调定的最大车速不应大于

80 km/h。

6. 车速受限车辆的特殊要求

低速汽车、轻便摩托车、正三轮摩托车、拖拉机运输机组等车速受限车辆应在设计及制造上确保其实际最大行驶速度在满载状态下不会超过其最大设计车速，在空载状态下不会超过其最大设计车速的110%。

（四）交通事故车辆传动系统检验鉴定

因传动系统故障直接引起交通事故的比例不大，一般来说，传动系统故障可能会导致汽车动力下降、起步和换挡困难等，有可能使车辆无法机动通过或绕开障碍而引发交通事故。但是在一些特殊的状况下，例如下长坡、挡位失效，可能无法控制车辆而发生事故，或者传动轴及其他部件损坏导致其他系统总成或零部件故障，引起行驶性能下降或功能丧失，从而引发交通事故。

车辆传动系统检验包括传动系检视、动态检验和静态检验。传动系统主要检验项目和方法见表6-5。

表6-5 传动系统检验鉴定项目和方法

总成或部件	检验鉴定项目	方　法
离合器	检验离合器自由间隙是否符合技术要求，传递动力是否平顺稳定，是否存在动力流失等现象	检视、经验检测、仪器检测
变速器及分动器	检验变速器各挡位挂挡情况，是否出现脱挡、卡顿等情况	检视、经验检测
万向传动装置	检验万向节、中间轴承是否紧固，润滑是否充分，传动轴运转是否正常，有无振动或异响	检视、经验检测、仪器检测
驱动桥	检视驱动桥是否有弯折、过载等现象，驱动桥运转是否正常，与轮胎链接是否紧固	检视、仪器检测

1. 车辆传动系统检视

（1）静态检视

1）换挡杆及其传动杆件是否与其他部件干涉。

2）在换挡杆上是否有驾驶员在驾驶座位上即可容易识别变速器和分动器挡位位置的标志。

3）有分动器的机动车，是否在挡位位置标牌或产品使用说明书上说明连通分动器的操作步骤。

4）传动轴车厢地板的下面沿纵向布置时，是否有防止传动轴滑动连接（花键或其他类似装置）脱落或断裂等故障而引起危险的防护装置。

5）变速器及分动器支架是否连接正常、固定可靠。

6）传动各部件是否连接正常；传动轴、万向节安装正确；中间轴承及支架是否有裂纹和松旷现象。

7）检视驱动桥壳、桥管是否有变形和裂纹。

（2）动态检视　对具有行驶能力的交通事故车辆，传动系统动态检视的内容如下。

1）离合器接合是否平稳，有无异响、打滑、抖动、沉重、分离不彻底等现象。

2）变速器倒挡能否锁止，换挡是否正常，有无异响。

3）传动轴/链有无异响、抖动；驱动桥的主减速器和差速器有无异响。

2. 车辆传动系统动态检验

交通事故车辆传动系的动态检验一般以检视为主。必要时，根据需要对事故车辆的最低稳定行驶速度进行检验。

3. 车辆传动系统静态检验

（1）离合器踏板自由行程　离合器踏板自由行程检查方法，用钢直尺抵在驾驶室底板上，先测量踏板自由高度，再用手轻按踏板，当感到阻力增大时测量此时踏板高度，两次测量的高度差即为离合器踏板自由行程。

（2）离合器踏板力测量和变速杆操纵力测量　离合器彻底分离时，用踏板力计测量踏板力的最大值；用拉力计测量变速杆换挡时的最大操纵力。

（3）离合器滑转状况的检测　用离合器打滑测定仪测定离合器的打滑状况。

1）把驱动轮置于底盘测功机或车速表试验台滚筒上，无条件者可支起驱动桥。

2）汽车变速器挂直接挡，此时若离合器不打滑，发动机转速与传动轴转速相同。

3）测定仪以汽车蓄电池作为电源，由发动机火花塞或一缸点火高压线通过电磁感应给测定仪的高压电极输入信号脉冲，控制闪光灯的闪光时刻，因此闪光灯的闪光频率与发动机转速成正比。

（4）传动系间隙测量　在汽车使用过程中，传动系统因传递动力，且配合表面或相啮合零件间有相对滑移而产生磨损，从而使间隙增大，如变速器、主减速器、差速器中的齿轮啮合间隙，传动轴、半轴的花键连接间隙，十字轴颈与滚针轴承间的间隙及滚针轴承与万向节间的间隙等。这些间隙都可使相关零件间产生相对角位移或角间隙，其角间隙之和构成传动系统的总角间隙。

（五）案例

一辆四桥货车在某高速公路行驶过程中其传动系双后驱动桥之间的轴间差速器总成损坏、脱落，车辆失去动力后停靠应急车道，随后驶来的小轿车碰撞脱落在路面的轴间差速器残件后失控并钻入停于应急车道的货车后下部，导致人员死亡、车辆受损。轴间差速器损坏、脱落的原因是本案事故原因调查的重要事项，对事故责任的认定有重要影响。检验表明，变速器输出端凸缘未见明显异常（图 6－27a），第三车桥输入端轴间差速器壳体破裂，连接螺栓剪切断裂（图 6－27b）；第一传动轴末端的中间支撑脱落，轴外表见新鲜环形带状擦痕（图 6－27c）；第三万向节主动叉花键轴断裂（图 6－27d）。

图 6－27　货车传动系统

在痕迹勘查基础上，结合万向传动装置等速传动原理及等速条件，可得出轴间差速脱落的原因：该车万向传动装置第一传动轴的中间支撑脱落使得等速传动的条件丧失，导致传动装置在旋转过程中振动加剧、总成发生干涉，最终导致轴间差速器与第三万向节和第三车桥之间的连接相继失效，轴间差速器总成脱落（图 6－28）。

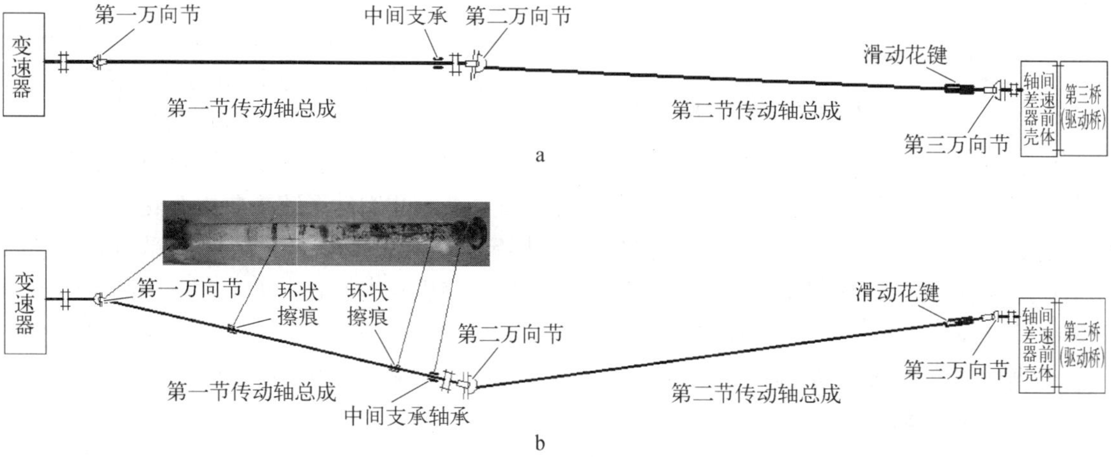

图 6－28　万向传动装置布置示意图

a. 正常布置状态；b. 中间支撑脱落后的状态

四、制动系统检验鉴定

（一）制动系统的功能

汽车上装设的，以便驾驶员能根据道路和交通等情况，使外界（主要是路面）对汽车某些部分（主要是车轮）施加一定的力，对汽车进行一定程度的强制制动，这种对汽车进行制动的外力称为制动力，相应的一系列专门装置即称为制动系统。其具体作用体现在以下几点：

1）车辆紧急制动时，在尽可能短的距离内停车；

2）车辆下长坡时，将车速稳定在安全行驶条件下；

3）车辆长时间驻车时，应使车辆可靠地驻留在原地不动；

4）保证车辆在行驶中能按驾驶员要求减速甚至停车；

5）保证车辆在制动过程中的行驶稳定性。

根据制动系统的具体作用不同，制动系统可分为行车制动系统、驻车制动系统、应急制动系统及辅助制动系统等。用以使行驶中的汽车降低速度甚至停车的制动系统称为行车制动系统；用以使已停驶的汽车驻留原地不动的制动系统则称为驻车制动系统；在行车制动系统失效的情况下，保证汽车仍能实现减速或停车的制动系统称为应急制动系统；用以在行驶过程中辅助配合行车制动作用的制动装置称为辅助制动系统，如缓速装置。

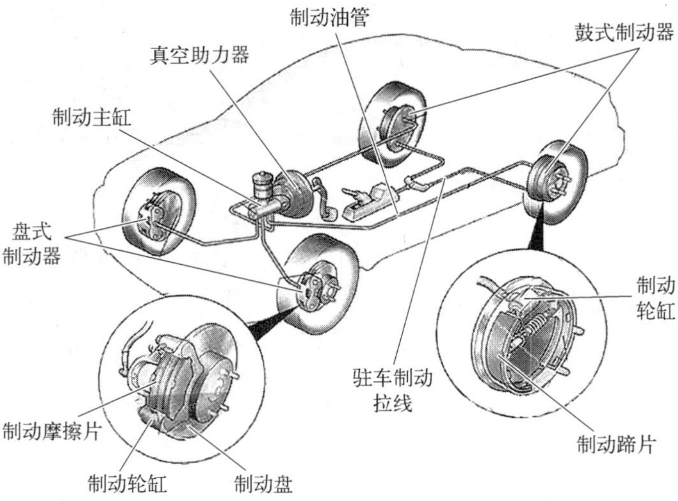

图 6－29　制动系统组成示意图

（二）制动系统的组成

车辆制动系统一般由供能装置、控制装置、制动器、传能装置四个基本组成部分组成（图 6－29）。

（1）供能装置　包括供给、调节制动所需能量以及改善传能介质状态的各种零部件，其中产生制动能量的部分称为制动能源；

（2）控制装置　包括产生制动动作和控制制动效果的各种部件，如制动踏板机构；

（3）传能装置　包括将制动能量传输到制动器的各个部件，如制动主缸、制动轮缸；

（4）制动器　产生阻碍车辆运动或运动趋势的力的部件。较为完善的制动系统还具有制动力调节装置、报警装置、压力保护装置等附加装置。液压式制动系统主要由车轮制动器和液压传动机构等组成。车轮制动器主要由旋转部分、固定部分和调整机构组成，旋转部分是制动鼓或制动盘；固定部分包括制动蹄和制动底板或制动钳；调整机构由偏心支承销和调整凸轮组成用于调整蹄鼓间隙。制动控制及传动机构主要由制动踏板、推杆、制动主缸、制动轮缸和管路组成。

根据传能介质的不同，制动系统又分为两大类：液压式制动系统和气压式制动系统。

1. 液压式制动系统

液压式制动系统一般主要由制动踏板、真空助力泵、制动总泵（也称为制动主缸）、制动液（也称为刹车油）、制动油管、ABS 泵总成、制动分泵（也称为制动轮缸）和车轮制动器组成。

制动系统的制动管路布置有三种型式，见图 6－30。轿车常用交叉布置式，这样当一条管路发生泄漏时，另一条管路仍起制动作用，并且制动力也较为均衡，可有效避免制动跑偏。

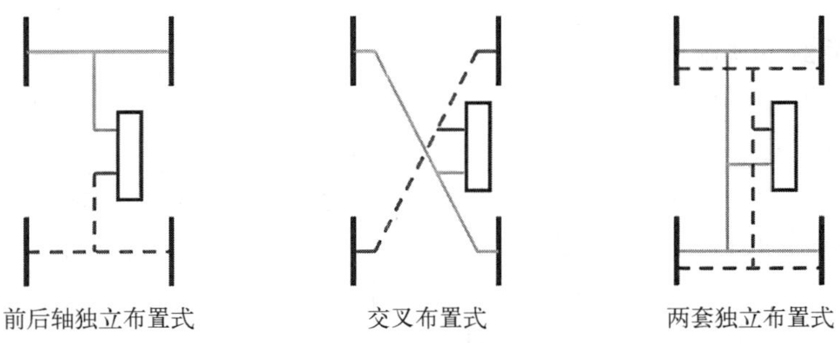

图 6－30　液压制动系统管路的布置型式

（1）制动主缸　制动主缸的作用是将自外界输入的机械能转换成液压能，液压能通过管路再输给制动轮缸。制动主缸分单腔和双腔式两种，分别用于单、双回路液压制动系统。

（2）制动轮缸　制动轮缸的功用：将液力转变为机械推力，有单活塞和双活塞两种。其基本组成是缸体、活塞、调整螺钉（顶块）、放气阀（放气螺钉）等（图 6－31），其中放气阀是制动系统的必备部件，用以排除制动管路中混入的空气。

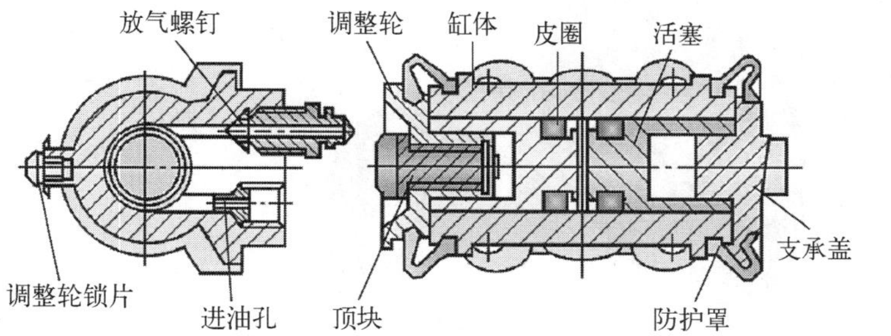

图 6－31　制动轮缸结构图

（3）制动器　制动器是用以产生制动力矩的部件。制动器按照结构可分为鼓式制动器和盘式制动器（图 6－32 和图 6－33）；按安装位置可分为车轮制动器和中央制动器。车轮制动器可用于行车制动和驻车制动，中央制动器只用于驻车制动和缓速制动。

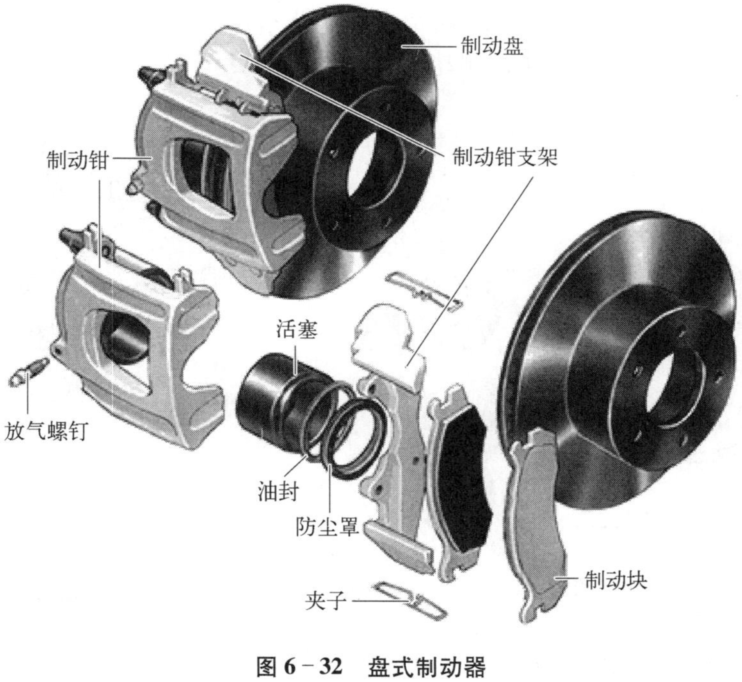

图 6－32　盘式制动器

液压制动主缸、制动轮缸和连接油管内充满制动液，它们组成一个封闭的压力传递系统。当踩下制动踏板时，推动制动主缸的活塞向前移，制动主缸内制动液的压力升高，制动液通过油管进入各车轮的制动轮缸，推动制动轮缸的活塞移动，实现脚踩制动踏板的力向车轮制动器的传递，促使车轮制动器实施制动。当松开制动踏板时，制动主缸活塞在油压和回位弹簧作用下回位，制动轮缸活塞和车轮制动动器回位，解除对车轮的制动（图 6－34）。

图 6－33 鼓式制动器

真空助力器是真空助力伺服制动系统的核心部件，是利用发动机进气管的真空和大气之间的压差起助力作用。制动液是液压制动系统中传递制动压力的液态介质，有合成型和矿物油型，分为 DOT3、DOT4、DOT5、DOT5.1 四个级别。轿车常用 DOT3、DOT4 矿物油型制动液。制动油管的作用是传递制动系统中的制动油液，见图 6－35。

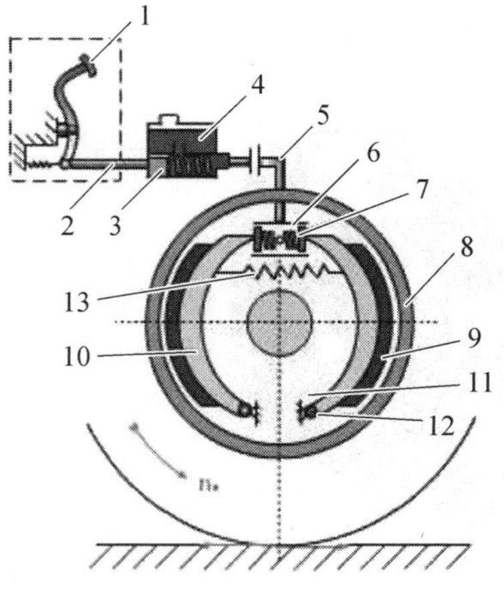

图 6－34 液压式制动系统结构简图一

1. 制动踏板；2. 推杆；3. 主缸活塞；4. 制动主缸；5. 油管；6. 制动轮缸；7. 轮缸活塞；8. 制动鼓；9. 摩擦片；10. 制动蹄；11. 制动底板；12. 支承销；13. 制动蹄回位弹管

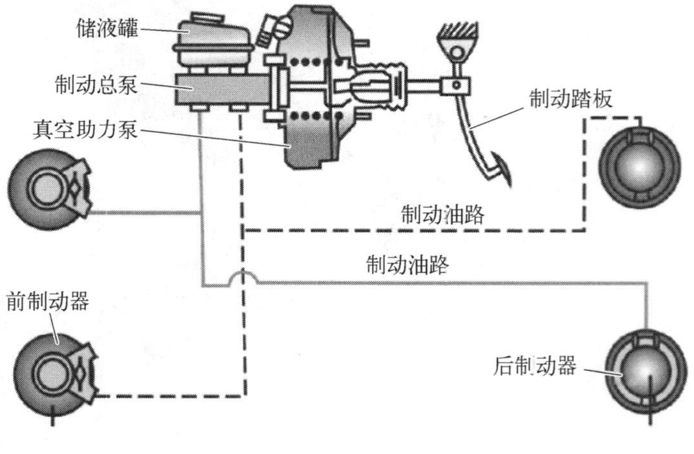

图 6－35 液压式制动系统结构简图二

2. 气压式制动系统

以发动机的动力驱动空气压缩机产生足够的高压空气作为制动器制动的唯一能源，而驾驶员的操作体力仅作为控制能源的制动系统称之为气压制动系统，见图 6－36。制动时，驾驶员踏下制动踏板，制动阀打开，使储气筒到制动气室之间的通道接通，令储气筒内的压缩空气经过制动阀进入了制动气室，足够的气压推动制动气室推杆向外伸出，带动制动调整臂转动凸轮，凸轮转动使制动蹄片张开压紧至制动鼓上，从而使车轮制动，车辆减速或停车。

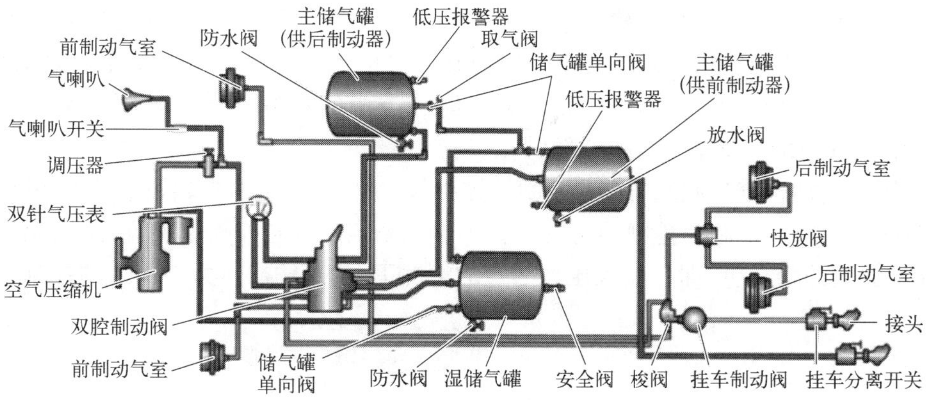

图 6-36 东风 EQ1090E 型汽车的双回路气压制动系统示意图

气压制动系统各元件之间的连接管路有 3 种:

(1) 供能管路　供能装置各组成件(如空压机、储气筒)之间和供能装置与控制装置(如制动阀)之间的连接管路;

(2) 促动管路　控制装置与制动器促动装置(如制动气室)之间的连接管路;

(3) 操纵管路　一个控制装置与另一个控制装置之间的连接管路。如果制动系统中只有一个气压控制装置,即只有一个制动阀,就没有操纵管路。

1) 气压式制动系统供能装置包括:产生气压能的空压机和积储气压能的储气筒;将气压限制在安全范围内的调压阀及安全阀;改善传能介质(空气)状态的进气滤清器、排气滤清器、管道滤清器、油水分离器、空气干燥器、防冻器等;在一个回路失效时用以保护其余回路,使其中气压能不受损失的多回路压力保护阀等。

a) 空压机和调压阀　空压机由发动机通过带传动直接驱动,有单缸式和双缸式,当储气筒的压力达到一定值时,利用调压阀可以使空压机处于空转状态,而当储气筒的压力下降到一定值时,调压阀又能控制空压机向储气筒充气。

空压机卸荷装置和调压阀控制空压机工作状态的工作原理是,当储气筒的压力达到一定值时,作用在调压阀膜片组件下方的气压大于其上弹簧的压力,膜片组件向上移动并带动芯管一同上移,芯管下的阀门关闭,储气筒气压作用在卸荷柱塞上方,使其下移,顶开进气阀门,空压机往复运动的过程中,进气阀门始终开启,空压机处于空转状态。当储气筒的气压下降到一定值时,膜片组件在弹簧作用下下移,芯管顶开阀门,卸荷柱塞上方的气压降低,柱塞上移,进气阀门正常开关,空压机向储气筒充气。

b) 调压阀　在储气筒压力超过规定值时,空压机出气口经调压阀直通大气,将压缩空气放出而中止对储气筒充气,见图 6-37。

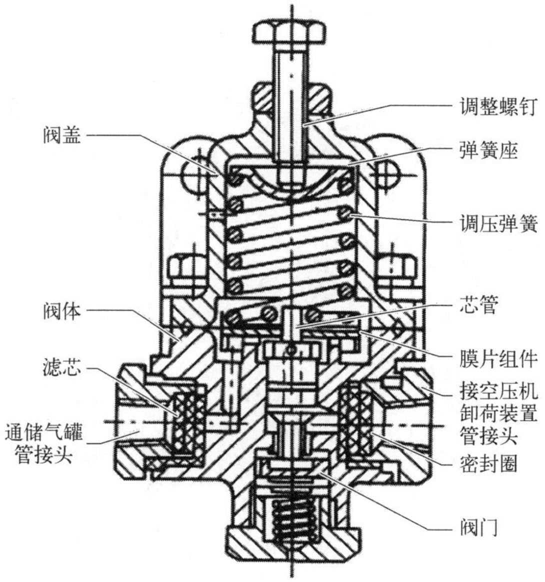

图 6-37 调压阀示意图

c) 防冻器　油水分离器或滤气调压阀

输出的压缩空气仍可能含有少量残留水分。为了防止在寒冷季节中，积聚在管路和其他气压元件内的残留水分冻结，最好装设防冻器，以便在必要时向气路中加入防冻剂，以降低水的冰点。其基本工作原理是，当冬季温度低于5℃，防冻器中的乙醇蒸气会随压缩空气流进入回路，回路中的冷凝水溶入乙醇后，冰点降低。

2）气压式制动系统控制装置包括：制动控制阀、快放阀、继动阀及梭阀（双向阀）等。

a）制动控制阀　　制动控制阀是气压行车制动系统中的主要控制装置，用以起随动作用并保证有足够强的踏板感，即在输入压力一定的情况下，使其输出压力与输入的控制信号——

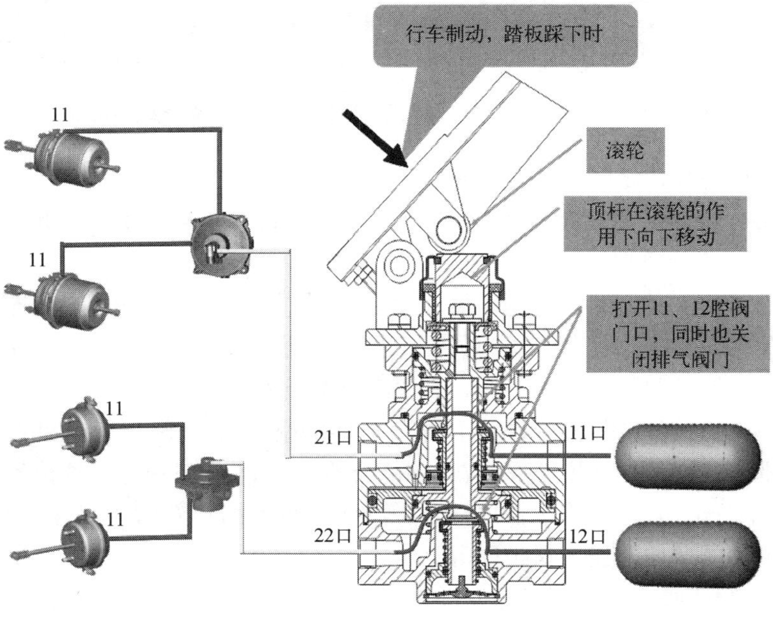

图6－38　制动控制阀工作原理图一

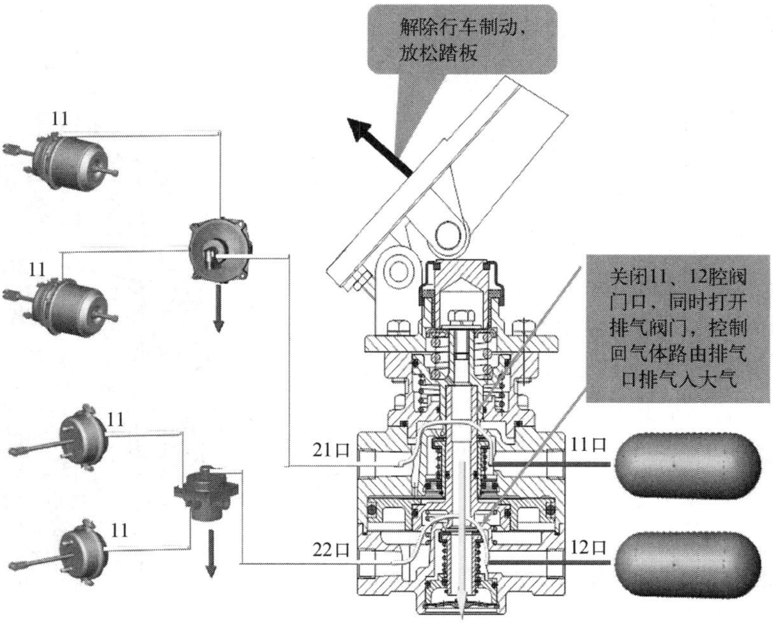

图6－39　制动控制阀工作原理图二

踏板行程和踏板力成一定的递增函数关系。其输出压力的变化在一定范围内应该是渐进的。制动控制阀输出压力可以作为促动管路压力直接输入到作为传动装置的制动气室,但必要时也可作为控制信号输入另一控制装置(如继动阀),见图 6-38、图 6-39。

b) 快放阀与继动阀　　快放阀的作用是保证解除制动时制动气室快速放气。快放阀布置在制动阀与制动气室之间的管路上,靠近制动气室,由于离制动气室近,制动气室排气所经过的回路短,放气速度较快。

继动阀的作用是使压缩空气不流经制动阀,而是通过继动阀直接充入制动气室,以缩短供气路线,减少制动滞后时间,见图 6-40。

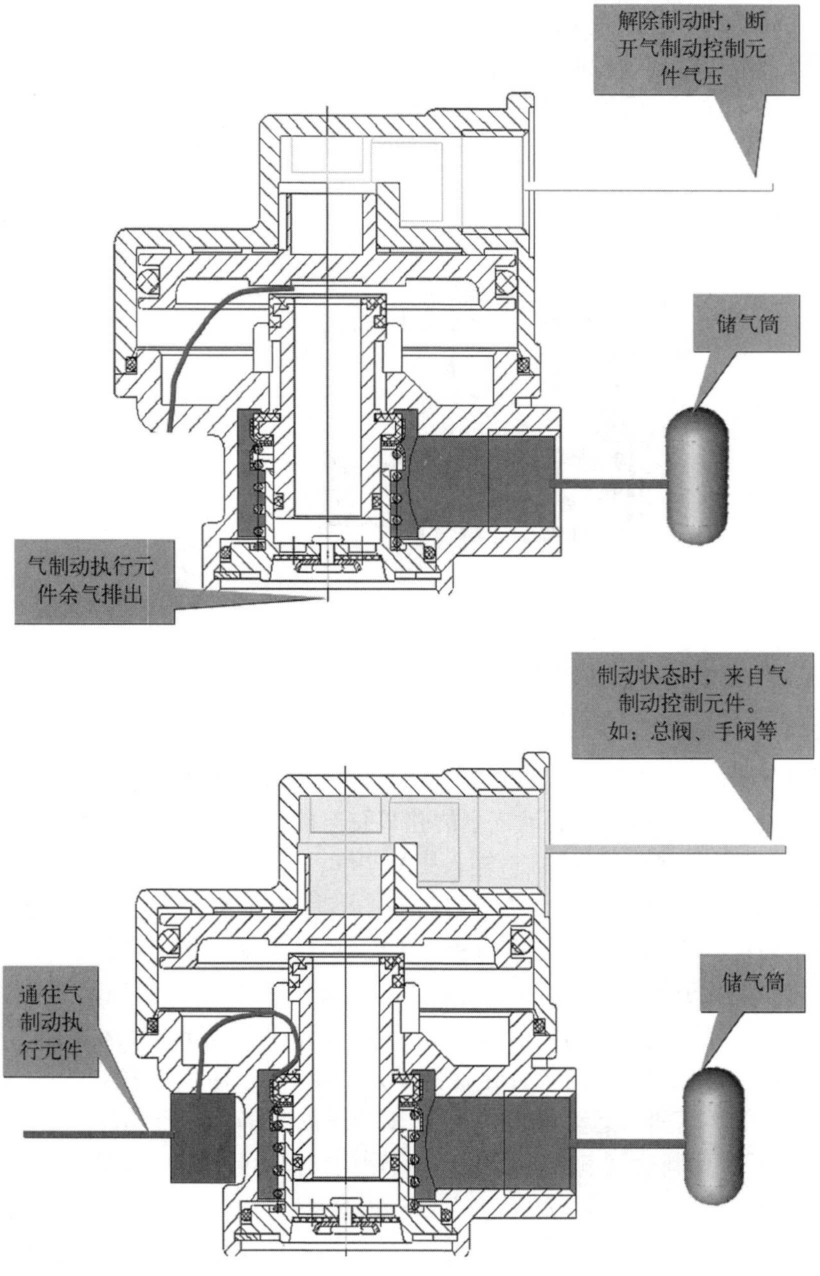

图 6-40　继动阀工作原理图

c）梭阀（双向阀） 梭阀的特点是双腔制动阀的两腔都可以通过梭阀向挂车制动阀输入控制气压，保证在汽车两制动回路之一损坏时，挂车制动阀仍然可以接到制动控制信号。

3）制动气室 制动气室的作用是将气压能转换成机械能输出，输出的机械能传给制动凸轮等促动装置，使制动器产生制动力矩。制动气室有膜片式、活塞式和复合式三种。根据国家标准《GB/T5620 道路车辆 汽车和挂车 制动名词术语及其定义》，前转向轴安装的单腔制动气室，叫作行车制动气室（service brake actuator），指在车辆行车制动系统中，通过压缩空气为制动器提供驱动力的装置。大型商用车前转向轴一般安装只具备刹车制动功能的单腔制动气室，而后驱动轴安装同时具有刹车功能和驻车功能的双腔制动气室。

a）膜片式制动气室 膜片式制动气室的两腔通过膜片隔离，连接叉与制动调整臂相连。

b）活塞式制动气室 活塞式制动气室的推杆行程较大，其活塞工作寿命也比膜片长，但整个气室结构较复杂，成本较高，常用于重型货车。

c）复合制动气室 后轴安装的双腔制动气室为复合制动气室，也称为储能弹簧制动气室，制动气室由行车制动气室和驻车制动气室两部分组成，兼起行车制动和驻车制动的作用，见图 6－41。

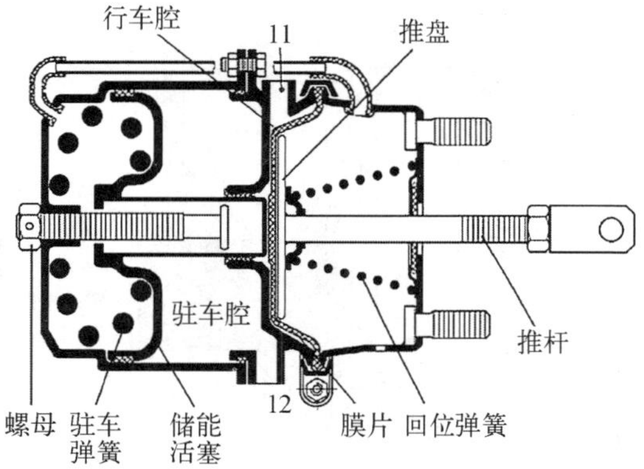

图 6－41 复合制动气室原理图

工作原理：

储能弹簧制动气室的压缩空气接口“11”接口是行车制动接口，与制动气室的行车腔连接；“12”接口是驻车制动接口，与制动气室的驻车腔连接。行车制动是“通气制动”、驻车制动是“断气制动”。行车腔制动：“11”接口输入压缩空气，压缩空气最终到达行车腔，行车腔前端的膜片（皮碗）受到气压作用，推动推盘、推杆向前运动，输出制动力。最终导致推盘/推杆推出，完成行车制动；行车腔解除：“11”接口断开压缩空气，受到回位弹簧的影响，行车腔前端的膜片（皮碗）、推盘均回到原位，解除行车腔制动；驻车腔制动：“12”接口断开压缩空气，储能弹簧完全释放，储能弹簧依次推动储能活塞、驻车销轴、膜片（皮碗）向前运动输出制动力，最终导致推盘/推杆推出，完成驻车腔制动；驻车腔解除：“12”接口输入压缩空气，驻车腔充满压缩空气，气压推动储能活塞向后运动，且驻车腔气压带来的驻车力大于储能弹簧提供的弹力，储能弹簧又一次被压缩到制动气室末端。此时驻车销轴、膜片（皮碗）、推盘/推杆等一系列传动件受到回位弹簧的压力恢复原位，完成驻车腔解除制动。

按照“停车→开车→停车”的顺序梳理制动气室的工作状态，即：驻车解除→行车制动→行车制动解除→驻车制动的过程，见图 6－42。

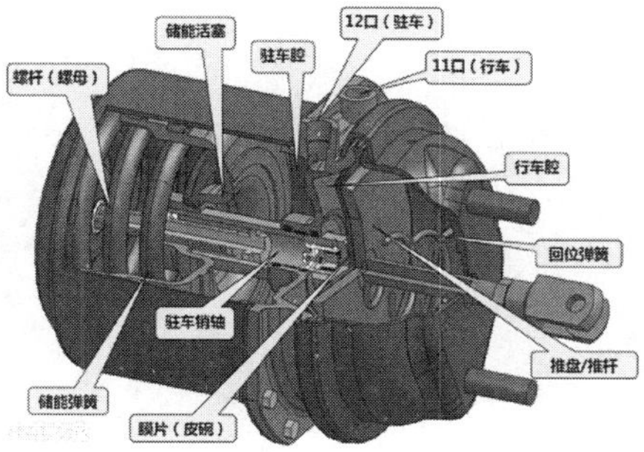

	驻车解除	行车制动	行车制动解除	驻车制动
“11”行车接口行车腔	断气	断气→通气	通气→断气	断气
	解除	制动	解除	解除
“12”驻车接口驻车腔	断气→通气	通气	通气	通气→断气
	解除	解除	解除	制动

图 6－42　储能弹簧制动气室原理

为了避免行车腔充气制动、驻车腔断气制动的双重制动的可能性（两种制动叠加后制动力矩极大，会造成制动气室以及下游所有的制动零部件早期过载失效），在压缩空气管路上设计有差动式继动阀，从而避免两种制动同时叠加。

4）行车制动　　行车制动又称脚制动，由驾驶人脚踏制动阀控制。踩踏制动踏板，力传递到脚制动阀上，脚制动阀将气路打开，从储气罐过来的压缩空气，经过脚制动阀到达继动阀 4 号口，继动阀 4 号口为继动阀的控制口，气体进入到继动阀 4 号口内推动活塞运动，将继动阀的进气口 1 打开，储气罐的气体经过 1 号口进入到继动阀出气口（2 号），到达制动气室，推动制动气室的活塞运动，从而推动推杆运动，带动调整臂运动，将力传递到制动杆上，推动制动蹄向外运动，使摩擦片与刹车鼓产生摩擦，从而实现制动，见图 6－43。

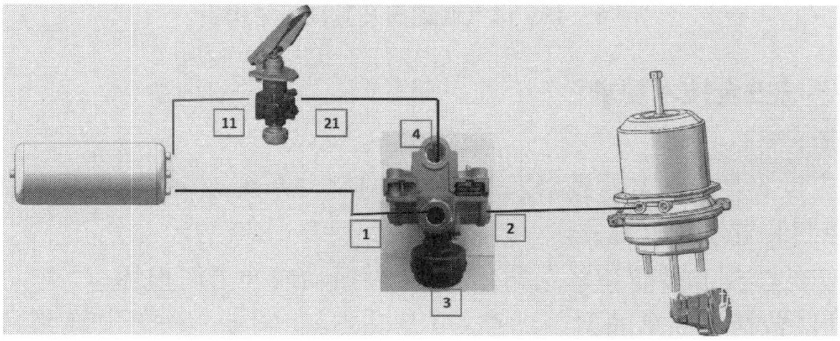

图 6－43　行车制动气路简图

5）驻车制动　　又称断气刹、手刹、手制动阀。

车辆正常行驶状态下，气路保持常通，继动阀的进气口为打开状态，储气罐的气体经过继动阀的进气口，到达制动气室，从而推动制动气室的膜片进行压缩弹簧，弹簧被压缩，无制动作用。

当需要驻车制动时，手制动阀打开，气体经过手制动阀达到手刹继动阀 4 号口，推动继动阀内膜片运动，关闭继动阀的进气口，制动气室内的气体通过继动阀排气口放掉，压缩的弹簧因为没有力的作用反弹，带动推力杆运动，从而带到推力杆下端的调整臂运动，将力传递到制动杆上，推动制动蹄向外运动，使摩擦片与刹车鼓产生摩擦，从而实现制动，见图 6－44。

6）排气制动　　驾驶员按下排气制动开关，电磁阀控制排气制动气路，使排气管内的蝶阀转动，将排气管堵住，压缩空气在按钮阀打开同时也进入停油气缸，停油气缸的活塞在压缩空气的作用下移动，推杆通过联动机构带动调速器柄，使油料停止供应，阻止发动机的运转实现而实现制动作用，见图 6－45。

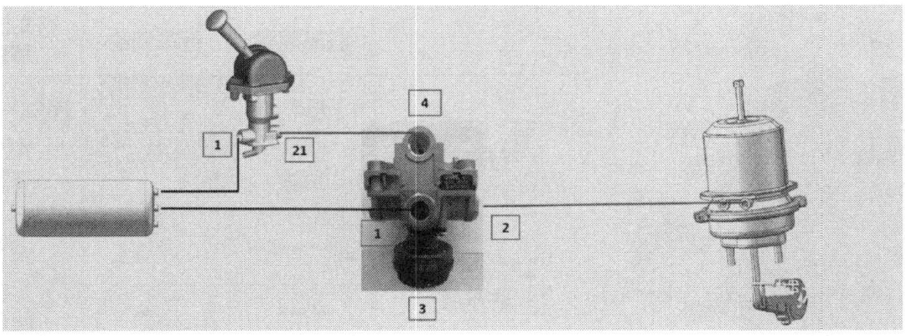

图6－44 驻车制动气路简图

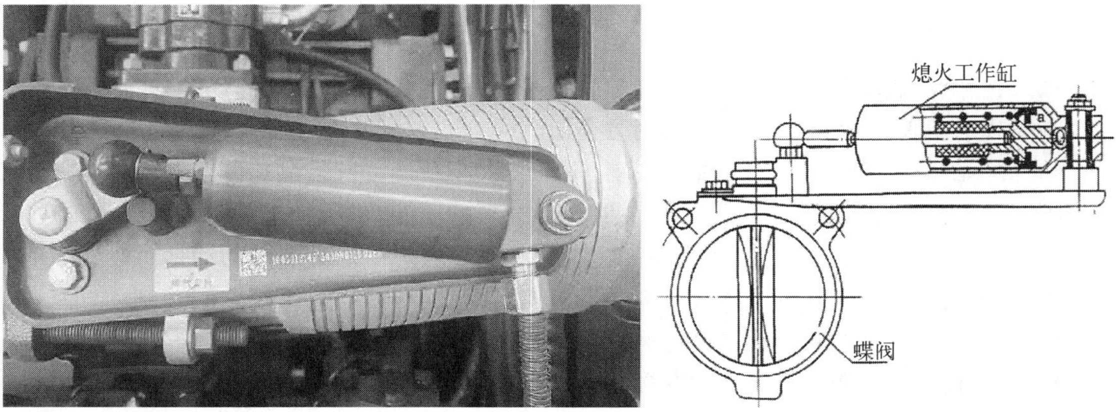

图6－45 排气制动阀及其剖面结构图

（三）制动系统安全技术要求

1. 基本要求

1）机动车应设置足以使其减速、停车和驻车的制动系统或装置，且行车制动的控制装置与驻车制动的控制装置应相互独立。

2）制动系统的机构和装置应经久耐用，不会因振动或冲击而损坏。

3）制动踏板（包括教练车的副制动踏板）及其支架、制动主缸及其活塞、制动总阀、制动气室、轮缸及其活塞、制动臂及凸轮轴总成之间的连接杆件等零部件应易于维修。

4）制动系统的各种杆件不应与其他部件在相对位移中发生干涉、摩擦，以防杆件变形、损坏。

5）制动管路应为专用的耐腐蚀的高压管路，安装应保证具有良好的连续功能、足够的长度和柔性，以适应与之相连接的零件所需要的正常运动，而不致造成损坏；制动管路应有适当的安全防护，以避免擦伤、缠绕或其他机械损伤，同时应避免安装在可能与机动车排气管或任何高温源接触的地方。制动软管不应与其他部件干涉且不应有老化、开裂、被压扁、鼓包等现象。其他气动装置在出现故障时不应影响制动系统的正常工作。

6）汽车制动完全释放时间（从松开制动踏板到制动消除所需要的时间）对两轴汽车应小于或等于0.80 s，对三轴及三轴以上汽车应小于或等于1.2 s。

7）机动车在运行过程中不应有自行制动现象，但属于设计和制造上为保证车辆安全运行的除外。当挂车（由轮式拖拉机牵引的装载质量3 000 kg以下的挂车除外）与牵引车意外脱离后，挂车应能自行制动，牵引车的制动仍应有效。

2. 行车制动

行车制动必须保证驾驶员在行车过程中能控制机动车安全、有效地减速和停车。行车制动必须是可控制的，且必须保证驾驶员在其座位上双手无须离开方向盘（或方向把）就能实现制动。

1）机动车（总质量小于或等于 750 kg 的挂车除外）应具有完好的行车制动系，其中汽车（三轮汽车除外）的行车制动应采用双回路或多回路。

2）行车制动应保证驾驶人在行车过程中能控制机动车安全、有效地减速和停车。行车制动应是可控制的，且除残疾人专用汽车外，应保证驾驶人在其座位上双手无须离开方向盘（或方向把）就能实现制动。

3）行车制动应作用在机动车（三轮汽车、拖拉机运输机组及总质量不大于 750 kg 的挂车除外）的所有车轮上。

4）行车制动的制动力应在各轴之间合理分配。

5）机动车（边三轮摩托车除外）行车制动的制动力应在同一车轴左右轮之间相对机动车纵向中心平面合理分配。

6）汽车（三轮汽车除外）、摩托车（边三轮摩托车除外）挂车（总质量不大于 750 kg 的挂车除外）的所有车轮应装备制动器。其中，所有专用校车和危险货物运输货车的前轮和车长大于 9 m 的其他客车的前轮，以及危险货物运输半挂车、三轴的栏板式和仓栅式半挂车的所有车轮，应装备盘式制动器。

7）制动器应有磨损补偿装置。制动器磨损后，制动间隙应易于通过手动或自动调节装置来补偿制动控制装置及其部件以及制动器总成应具备一定的储备行程，当制动器发热或制动衬片的磨损达到一定程度时，在不必立即做调整的情况下，仍应保持有效的制动。客车、总质量大于 3 500 kg 的货车和专项作业车（具有全轮驱动功能的货车和专项作业车除外）、总质量大于 3 500 kg 的半挂车，以及所有危险货物运输车辆的所有行车制动器应装备制动间隙自动调整装置。

8）制动踏板的自由行程应与该车型的技术要求一致。

9）行车制动在产生最大制动效能时的踏板力或手握力应小于或等于：

a）乘用车和正三轮摩托车：500 N；

b）摩托车（正三轮摩托车除外）：350 N（踏板力）或 250 N（手握力）；

c）其他机动车：700 N。

10）采用气压制动的汽车，按照 GB 12676 规定的方法进行测试时，从踩下制动踏板到最不利的制动气室响应时间（A）应小于或等于 0.6 s，且对具有牵引功能的汽车从踩下制动踏板到主挂间气压控制管路接头延长管路末端的响应时间（B）还应小于或等于 0.4 s；采用气压制动的挂车，按照 GB 12676 规定的方法进行测试时，从主挂间气压控制管路接头处到最不利的制动气室响应时间（C）应小于或等于 0.4 s。A、B、C 的数值（取值到 0.01 s，精确到 0.05 s）应在产品标牌（或车辆易见部位上设置的其他能永久保持的标识）上清晰标示。

11）货车列车和铰接列车（带有连接板的货车和旅居半挂车的组合除外）行车制动系的匹配，应保证满载状态下牵引车（或挂车）制动力与列车制动力的比值大于或等于牵引车（或挂车）质量与汽车列车质量的比值的 90%。

12）所有汽车（三轮汽车、五轴及五轴以上专项作业车除外）及总质量大于 3 500 kg 的挂车应装备符合规定的防抱制动装置。总质量大于或等于 12 000 kg 的危险货物运输货车还应装备电控制动系统(EBS)。

13）防抱制动装置中的任何电器故障不应使行车制动器的制动促动时间和制动释放时间延长。在需要电源进行操纵防抱制动装置的挂车上,电源应由专用电源线路供给。

14）教练车(三轮汽车除外)及自学用车的行车制动应装备有副制动装置。副制动装置应安装牢固、动作可靠,保证教练员在行车过程中能有效地控制机动车减速和停车。

15）采用气压制动的汽车、挂车,在设计和制造上每个储气筒(有压力表等压力显示装置的除外)和制动气室都应具有可用于测试制动管路压力的连接器。

3. 应急制动和剩余制动性能

1）汽车(三轮汽车除外)应具有应急制动功能。

2）应急制动应保证在行车制动只有一处失效的情况下,在规定的距离内将汽车停住。

3）应急制动应是可控制的,其布置应使驾驶人容易操作,驾驶人在座位上至少用一只手握住方向盘的情况下(对乘用车为双手不离开方向盘的情况下),就可以实现制动。它的控制装置可以与行车制动的控制装置结合,也可以与驻车制动的控制装置结合。

4）采用助力制动系的行车制动系,当助力装置失效后,仍应能保持规定的应急制动性能。

5）客车、货车和货车底盘改装的专项作业车,当行车制动传输装置部分失效时,仍应具有符合 GB 12676 规定的剩余制动性能。

4. 驻车制动

1）机动车(两轮普通摩托车边三轮摩托车前轮距小于或等于 460 mm 的正三轮摩托车和两轮轻便摩托车除外)应具有驻车制动装置。

2）驻车制动应能使机动车即使在没有驾驶人的情况下,也能停在上、下坡道上。驾驶人应在座位上就可以实现驻车制动。对于汽车列车和轮式拖拉机运输机组,如挂车与牵引车脱离,挂车(由轮式拖拉机牵引的装载质量 3 000 kg 以下的挂车除外)应能产生驻车制动。挂车的驻车制动装置应能由在地面上的人实施操纵。

3）驻车制动应通过纯机械装置把工作部件锁止,并且驾驶人施加于操纵装置上的力:

a）手操纵时,乘用车应小于或等于 400 N,其他机动车应小于或等于 600 N;

b）脚操纵时,乘用车应小于或等于 500 N,其他机动车应小于或等于 700 N。

4）驻车制动操纵装置的安装位置应适当,操纵装置应有足够的储备行程(开关类操作装置除外),一般应在操纵装置全行程的三分之二以内产生规定的制动效能;驻车制动机构装有自动调节装置时允许在全行程的四分之三以内达到规定的制动效能。驻车制动使用电子控制装置时,锁止装置应为纯机械装置,发生断电情况锁止装置仍应保持持续有效。棘轮式制动操纵装置应保证在达到规定的驻车制动效能时,操纵杆往复拉动的次数不应超过三次。

5）采用弹簧储能制动装置做驻车制动时,应保证在失效状态下能方便地解除驻车状态;如需使用专用工具,应随车配备。

5. 辅助制动

1）车长大于 9 m 的客车(对专用校车为车长大于 8 m)、总质量大于或等于 12 000 kg 的货车和专项作业车、总质量大于 3 500 kg 的危险货物运输货车,应装备缓速器或其他辅助制动装置。车长大于 9 m 的未设置乘客站立区的客车、总质量大于 3 500 kg 的危险货物运输货车半引车装备的辅助制动装置的性能要求应使汽车能通过 GB 12676 规定的ⅡA 型试验。

2）装备电涡流缓速器的汽车,电涡流缓速器的安装部位应设置温度报警系统或自动灭火装置。

6. 液压制动的特殊要求

1）采用液压制动的机动车，制动管路不应存在渗漏（包括外泄和内泄）现象，在保持踏板力为 700 N（摩托车为 350 N）达到 1 min 时，踏板不应有缓慢向前移动的现象。

2）液压行车制动在达到规定的制动效能时，踏板行程应小于或等于踏板全行程的四分之三，制动器装有自动调整间隙装置的机动车踏板行程应小于或等于踏板全行程的五分之四，且乘用车应小于或等于 120 mm，其他机动车应小于或等于 150 mm。

3）液压行车制动系不应由于制动液对制动管路的腐蚀或由于发动机及其他热源的作用形成气阻而影响行车制动系的功能。

7. 气压制动的特殊要求

1）采用气压制动的机动车，在气压升至 750 kPa（或能达到的最大行车制动管路压力，两者取小的值）且不使用制动的情况下，停止空气压缩机工作 3 min 后，其气压的降低值应小于或等于 10 kPa。在气压为 750 kPa（或能达到的最大行车制动管路压力，两者取小的值）的情况下，停止空气压缩机工作将制动踏板踩到底，待气压稳定后观察 3 min，气压降低值对汽车应小于或等于 20 kPa，对汽车列车、铰接客车及铰接式无轨电车、轮式拖拉机运输机组应小于或等于 30 kPa。

2）采用气压制动的机动车，发动机在 75% 的额定转速下，4 min（汽车列车为 6 min，接客车和铰接式无轨电车为 8 min）内气压表的指示气压应从零开始升至起步气压。

3）气压制动系统应装有限压装置，以确保贮气筒内气压不超过允许的最高气压。

4）气压制动系应安装保持压缩空气干燥、油水分离的装置。

8. 储气筒

1）车长大于 9 m 的客车、总质量大于或等于 12 000 kg 的货车和货车底盘改装的专项作业车，采用气压制动时，储气筒的额定工作气压应大于或等于 850 kPa，且装备有空气悬架或盘式制动器时还应大于或等于 1 000 kPa。

2）装备储气筒或真空罐的机动车应采用单向阀或相应的保护装置，以保证在筒（罐）与压缩空气（真空源）连接失效或漏损的情况下，筒（罐）内的压缩空气（真空度）不致全部丧失。

3）储气筒的容量应保证在额定工作气压且不继续充气的情况下，机动车在连续五次踩到底的全行程制动后，气压不低于起步气压。

4）储气筒应有排污阀。

5）采用气压制动的汽车和具有储气筒的挂车，应在产品标牌（或车辆易见部位上设置的其他能永久保持的标识）上清晰标示储气筒额定工作气压的数值。

9. 制动报警装置

1）采用液压制动的机动车，其储液器的加注口应易于接近，从结构设计上应保证在不打开容器的条件下就能很容易地检查液面。如不能满足此条件，则应安装制动液面过低报警装置。

2）采用液压制动的汽车（三轮汽车和装用单缸柴油机的低速货车除外），如液压传能装置任一部件失效，应通过红色报警信号灯警示驾驶人。只要失效继续存在且点火开关处在开（运行）的位置，该信号灯应保持发亮。报警信号灯即使在白天也应很醒目，驾驶人在其座位上应能很容易地观察报警信号灯工作是否正常。报警装置的失效不应导致制动系统完全丧失制动效能。

3）采用气压制动的机动车，当制动系统的气压低于起步气压时，报警装置应能连续向驾驶人发出容易听到或看到的报警信号。

4）安装具有防抱制动装置的汽车，当防抱制动装置失效时，报警装置应能连续向驾驶人发出容易听到或看到的报警信号。

5）安装制动间隙自动调整装置的客车、货车和总质量大于3 500 kg的专项作业车，当行车制动器制动衬片需要更换时，应采用光学或声学的报警装置向在驾驶座上的驾驶人报警。

（四）交通事故车辆制动系统检验鉴定

车辆制动系统检验包括制动系检视、动态检验和静态检验。制动系统主要检验项目和方法见表6-6。

表6-6 制动系统检验鉴定项目和方法

总成或部件	项　目	方　法
行车制动系、驻车制动系、应急制动系	检视三大制动系的制动功能和效能	检视、仪器检测
制动器	检验制动器是否完好，是否达到磨损极限	检视、关键零部件检验鉴定
控制机构	检验制动踏板行程是否符合技术要求、驻车制动操纵机构功能是否正常	检视
供能装置	检验制动液液面高度，制动管路是否完整	检视、仪器检测
传动装置	检验制动主缸（或控制阀）是否正常工作，密封线是否符合技术要求	检视、仪器检测

1. 制动系统检视

（1）液压制动系统

1）检查真空助力器连接件状况及真空助力器效能。

2）检查制动液储液罐、液面高度、液质，记录及拍照。

3）检查制动主缸是否漏液。

4）检查ABS连接是否可靠，ABS/EBD故障警告灯是否点亮。

5）制动灯是否正常显示。

6）检查制动管路及接头是否完好。

7）检查制动系统构件、管道是否存在与其他构件的摩擦、干涉现象。

8）通过摇动及转动轮胎，检测车轮径向、轴向间隙及轴承是否松旷、卡滞、损坏。

9）检查驻车制动，检测驻车制动闸把行程，制动拉索是否卡滞，回位迅速。

（2）气压制动系统

1）检查制动总阀，制动连接管路以及其他的控制阀，如单向阀、继动阀、快放阀、挂车阀等有无漏气现象。

2）检测双管路气压系统的连接及管道等有无漏气现象。

3）检查制动气室及连接管道是否完好，有无漏气现象。

4）检查制动系统构件、管道是否存在与其他构件的摩擦、干涉现象。

5）通过摇动及转动轮胎，检测车轮径向、轴向间隙及轴承是否松旷、卡滞、损坏。

6）检查驻车制动器，检测驻车制动闸把行程，制动拉索是否卡滞、回位迅速。或检查弹簧储能制动器自锁装置是否有效。

2. 制动系统动态检验

具有行驶能力的事故车辆制动系统检验一般采用动态检验，车辆制动系统动态检验一般分为台试制动性能检验和路试制动性能检验。

（1）动态检验前的准备工作　以较低车速（如 20 km/h 左右）直线行驶，双手轻扶方向盘，急踩制动踏板后迅速放松，初步了解车辆制动系统功能、效能和有无跑偏现象。对气压制动汽车，踩下并放松制动踏板若干次，使制动气压下降至起步气压，检查低气压报警装置是否报警；对装用弹簧储能制动器的车辆，报警后起步行驶，检查在低气压时弹簧储能制动器是否有效。

（2）台试制动性能检验　根据 GB 7258、GB 38900 等相关标准要求对事故车辆的制动性能进行台试检验。当对台试检验结果有异议时，按路试检验行车制动性能进行复检。

（3）路试检验制动性能　具备条件的，事故汽车行车制动性能检验鉴定宜优先采用路试检验法。以汽车行车制动性能动态检验鉴定为例，按照 GB 7258、GB 38900、SF/T 0161 等标准相关要求，介绍事故汽车行车制动性能的路试检验过程。

1）环境

a）在平坦、硬实、清洁、干燥且轮胎与路面间的附着系数大于或等于 0.7 的混凝土或沥青路面上进行制动性能动态检测。

b）开展制动性能动态检测的路面纵向坡度一般不宜大于 1%，路面局部不应有明显的破损、凸起和凹陷。汽车制动性能动态检测前，应使用坡度测量仪和水准仪等设备测量路面的纵向坡度。

c）路面长度及宽度应满足检验需求并预留安全距离，尤其在雾天等能见度降低的环境中应增加预留的安全距离。

d）在室外开展制动性能动态检测时，风速应小于或等于 5 m/s。

2）仪器设备

a）使用的检测设备应通过检定、校准，并在有效期内。

b）用于汽车制动性能动态检测的便携式制动性能测试仪应符合 GB/T 28945 的规定，其计量性能指标应满足 JJF 1168 的要求。

c）用于汽车制动性能动态检测的非接触式速度仪的计量性能应满足 JJF 1193 的要求。

d）用于汽车制动性能动态检测的全球导航卫星系统（GNSS）检测系统的技术性能应符合 GB/T 18314 的要求。

3）车辆状况

a）事故汽车行车制动性能路试检验鉴定前，应对车辆装载情况进行检查；应采取必要的措施，避免装载物在路试检验鉴定过程中掉落、抛洒或发生影响安全的移位。

b）各个轮胎应保证结构完整，车辆应能达到规定的初速度行驶；对于采用气压制动的车辆，应在制动气压大于起步气压时进行制动性能动态检测。若发现车辆存在影响制动性能动态检测的情况，应采取必要的措施。

4）路试检验

a）按照车型对应要求确定测试车道，检验过程应符合 GB 7258—2017 和 GB 38900 的规定，可按照 GA/T 642 的规定进行检验。

b）根据使用的检验设备，应按照相应的操作规定，在确保安全的状况下进行检验。检验时，对于采用手动变速器的机动车，其变速器换挡装置应位于空挡（"N"挡）；但对于采用自动变速器的机动车或新能源汽车，其变速器换挡装置应位于前进挡（"D"挡）。

c）根据使用的检测设备，按照 GB/T 36986—2018 中检测步骤相关规定，按照设备的使用要求开展行车制动性能路试检测，路试检测的一般步骤如下：

① 将踏板力计或触发器安装在制动踏板上；

② 安装传感器或 GNSS 信号接收装置；

③ 设置好车牌号码和车型等参数，操作仪器进入行车制动性能测试状态；

④ 车辆起步，沿测试车道的中线加速行驶至高于规定的初速度后，变速器换挡装置位于规定挡位，滑行到规定的初速度时急踩制动踏板，直至车辆停止；

⑤ 记录测得的数据（如 MFDD、制动协调时间、制动初速度和制动距离等）及车辆有无驶出测试车道边线。

d）使用 GNSS 技术的检测设备时，应选择开阔、不易受干扰的场地，开启测试系统使其进入运行状态后，GNSS 观测卫星应不少于 8 颗，参与解算卫星应不少于 6 颗。

e）若使用的检测设备不具有打印功能，应将存储的测试数据通过具有打印功能的设备完成打印，并按相应管理要求签名留存。若使用的检测设备具有打印功能，应将存储的测试数据打印，并按照相应管理要求签名留存。如打印纸为热敏材料的，应及时复印或拍照记录以便长期保存。

f）制动性能动态检测时的制动初速度与规定的制动初速度之差不宜超过±2 km/h；当制动性能动态检测时的制动初速度与规定的制动初速度之差超过±2 km/h 时，可重新进行路试检验，或可按照 GB/T 36986—2018 中相关规定进行校正。

3. 制动系统静态检验

这部分参数需要车辆在静态条件下测量，一般不涉及零部件拆解检验。包括具有行驶能力事故车辆、虽失去行驶能力但制动系统未受损的事故车辆制动系统相关工作参数及工作状况检验。

（1）制动踏板的自由行程　制动踏板自由行程的检测可用直尺进行测量。先测出制动踏板在完全放松时的高度，再用手轻轻按下踏板，当感觉有阻力时（对于气压制动系，高速螺钉端面与挺杆端面刚刚接触；对于液压式制动系，总泵活塞推杆端面与活塞刚刚接触），测出踏板高度。前后两次测出的高度差即为制动踏板自由行程。测量方法可参考离合器踏板自由行程的检测方法。

（2）制动鼓与摩擦片、制动盘与摩擦片之间的间隙测量　可以用塞尺通过观察孔测量。

（3）液压制动系统的管路压力测量　可以通过压力传感器接口或分泵接口，接上压力表，排掉管路中的空气，按规定的踏板力踩下制动踏板，读取压力表的读数。

（4）液压制动系统的密封性检验　保持踏板力为 700 N（摩托车及轻便摩托车为 400 N）达到 1 min 时，检查踏板是否有缓慢向前移动的现象。

（5）气制动系统的气室的推杆行程　按规定的踏板力踩下制动器踏板，用钢尺或游标卡尺测量气制动系统的各气室的推杆行程。

（6）气制动系统的气密性和报警装置检验

1）启动发动机，在 75%的额定转速下，用秒表记录气压表的指示气压从零开始升至起步气压的时间。

2）在气压升至 600 kPa 且不使用制动的情况下，停止空气压缩机 3 min 后，测定其气压降低值，其气压降低值不应大于 10 kPa。在气压为 600 kPa 的情况下，将制动踏板踩到底，待气压稳定后观察 3 min，汽车气压降低值不应大于 20 kPa，记录以上数据。

3）在储气筒已调定的最高充气压力下，停止充气，机动车在连续 5 次踩到底的全行程制动后，气压是否低于起步气压。

4）当制动系统的气压低于起步气压时，报警装置是否能连续向驾驶员发出容易听到或看到的报警信号。对装用弹簧储能制动器的车辆，报警后起步行驶，检查在低气压时弹簧储能制动器自锁装置是否有效。

（五）案例

一辆客车在下长坡行驶过程中，行驶至一向右的弯道处时发生驶出路面、侧翻的交通事故，事故造成车辆受损，车上人员伤亡。对客车的制动系统进行检视后发现客车左前制动气室皮膜两侧橡胶层存在严重老化、脱层现象（图 6－46a、b）。对左前制动气室皮膜进行密封性检验，结果表明该皮膜橡胶层、帘布层已穿透，功能丧失（图 6－46c、d）。

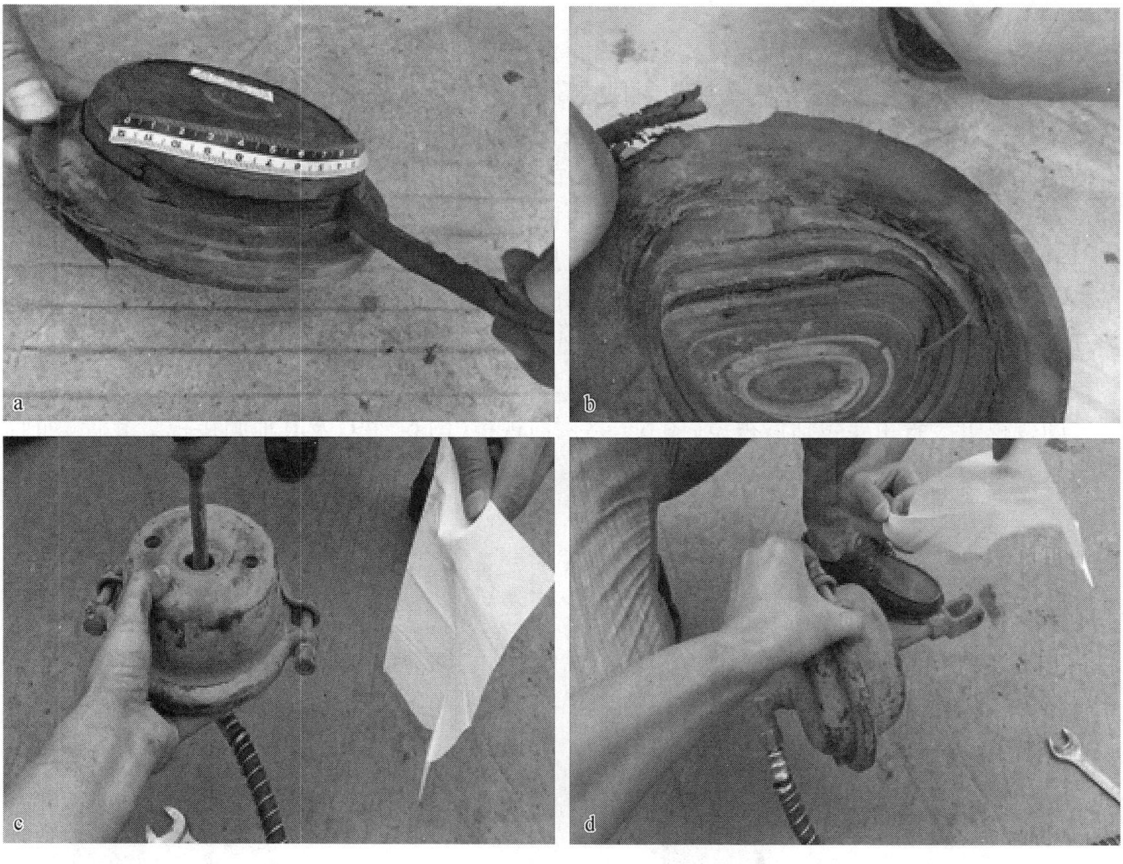

图 6－46　客车左前制动气室皮膜及其密封性检验

该车左前制动气室皮膜帘布层穿透，密封功能丧失。当客车采取制动措施时，左前制动气室漏气，导致左前轮制动器失效，根据该车的制动回路布置为前后分开的双回路，由于左前、右前轮处于同一制动回路，当左前制动气室漏气失效时，处于同一回路的右侧制动器也会失效，最终导致整车制动效能严重下降。

五、车辆安全防护装置

（一）车辆安全防护装置简介

车辆安全防护装置包括汽车安全带、间接视野装置、货车防护装置和其他安全防护装置。

1. 汽车安全带

（1）安全带结构　典型的安全带系统（图6－47）主要包括自锁式卷收器、织带和锁扣组成。卷收器中的核心元件是自锁式卷轴，它与织带的一端相连。在卷收器内部，一个弹簧储能装置为卷轴提供旋转作用力（或扭矩），使织带有一定的预紧力，织带的两端固定在车身上。当织带拉出的加速度超过某一值时，织带将会被锁止，从而保护驾乘人员。目前，有两种常用的锁定系统，即由汽车运动触发的系统和由安全带运动触发的系统。

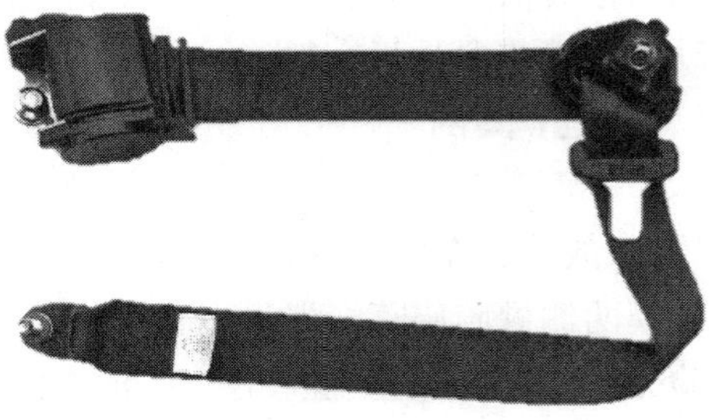

图6－47　汽车安全带

（2）安全带的作用　研究机构测试表明，汽车以时速为50 km/h的速度撞上墙壁的冲击力，相当于从10 m高度（约为3层楼屋顶的高度）跌落到水泥地面上。汽车时速为50 km/h时发生碰撞，体重50 kg的人全正面冲击的冲击力将达到1 500 N；作用于既没有系安全带也没有使用儿童座椅的四岁儿童身上的向前方冲击的能量，是儿童体重的30倍！这说明高速行驶的汽车发生碰撞或紧急制动时，将产生巨大的惯性力，这个惯性力能使驾乘者与车内的方向盘、挡风玻璃、座椅靠背、车门等物体发生碰撞，甚至将驾乘者抛离座位或抛出车外。而座椅安全带的缓冲作用，能吸收大量的撞击能量，化解巨大的惯性力，并将驾乘人员牢牢束缚在座位上，防止身体与车内坚硬物体碰撞或被抛出车外。

2. 间接视野装置

间接视野装置主要包括后视镜（图6－48）、前视镜（图6－49）及其他间接视野装置（如监视装置）等。

图6－48　后视镜

图6－49　前视镜

3. 货车防护装置

（1）前下部防护装置　货车、专项作业车前下部防护是指专门的前下部防护装置或者依靠自身的外形与特性具有前下部防护装置功能的车辆的车体、车架部件或其他部件

(图6-50),当发生正面碰撞时能够提供有效的保护和足够的阻挡能力,以防止发生钻入碰撞。

图6-50 货车前下部防护装置示例图

图6-51 侧面防护装置示例图

(2) *侧面防护装置* 货车、专项作业车和挂车侧面防护装置是为了防止人员被卷入的装置,其结构形式如图6-51所示。

(3) *后下部防护装置* 货车、专项作业车和挂车后下部防护是指专门的后下部防护装置或者依靠自身的外形与特性具有后下部防护装置功能的车辆的车体、车架部件或其他部件,当发生追尾碰撞时能够提供有效的保护和足够的阻挡能力,以防止发生钻入碰撞。

4. 其他安全防护装置

其他安全防护装置主要包括燃油系统防护装置,易燃、易爆、有毒物专用车的防护装置,以及保险杠等。

(二) 车辆安全防护装置安全技术要求

1. 汽车安全带

1) 乘用车、旅居车、未设置乘客站立区的客车、货车(三轮汽车除外)、专项作业车的所有座椅,设有乘客站立区的客车的驾驶人座椅和前排乘员座椅均应装备汽车安全带。

2) 除三轮汽车外,所有驾驶人座椅、乘用车的所有乘员座椅(设计和制造上具有行动不便乘客乘坐设施的乘用车设置的后向座椅除外),总质量小于或等于3 500 kg的其他汽车的所有外侧座椅、其他汽车(设有乘客站立区的客车除外)的前排外侧乘员座椅,装备的汽车安全带均应为三点式(或全背带式)汽车安全带。

3) 专用校车和专门用于接送学生上下学的非专用校车的每个学生座位(椅)及卧铺客车的每个铺位均应装备两点式汽车安全带。

4) 汽车安全带应可靠有效,安装位置应合理,固定点应有足够的强度。对于能够折叠以方便进入车辆的后部或行李舱的整体座椅或座垫或靠背,在折叠并恢复座椅到乘坐位置后,依据车辆产品使用说明书,单人就能方便地使用这些座椅配套的安全带,或很容易从这些座椅的下面或后面方便地进行恢复。

5) 汽车(三轮汽车除外)应装备驾驶人汽车安全带佩戴提醒装置。当驾驶人未按规定佩戴汽车安全带时,应能通过视觉和声觉信号报警。

6) 乘用车(单排座的乘用车除外)应至少有一个座椅配置符合规定的ISOFIX儿童座椅固定装置或至少有一个后排座椅能使用汽车安全带有效固定儿童座椅。

7) 设计和制造上具有行动不便乘客(如轮椅乘坐者)乘坐设施的载客汽车、装备有担架的救护车，应装备能有效固定轮椅、担架的安全带或其他约束装置。

2. 车外后视镜和前视镜

1）机动车（挂车除外）应在左右至少各设置一面主后视镜；乘用车、总质量小于或等于 3 500 kg 的货车和货车底盘改装的专项作业车还应设置一面内视镜，但为满足专用功能的要求安装了遮挡内视镜视野范围的非玻璃材料的装置时，可不设置内视镜；总质量大于 3 500 kg 的货车和货车底盘改装的专项作业车还应在右侧至少设置一面补盲后视镜，但驾驶室/区高度无法满足镜面或其托架的任何部分离地高度大于或等于 1 800 mm 时，不应设置补盲后视镜；总质量大于 7 500 kg 的货车和货车底盘改装的专项作业车，以及在车辆右侧设置了补盲后视镜的总质量大于 3 500 kg 且小于或等于 7 500 kg 的货车和货车底盘改装的专项作业车，还应在左右两侧至少各设置一面广角后视镜。汽车及车身部分或全部封闭驾驶人的摩托车，设置有符合 GB 15084 规定的其他间接视野装置（如摄影/监视装置）时，应视为满足要求。

2）汽车、车身部分或全部封闭驾驶人的摩托车内视镜和外视镜（或其他间接视野装置）的安装位置和角度，应保证驾驶人能借助内视镜和外视镜（或其他间接视野装置）在水平路面上看见符合 GB 15084 规定区域的交通情况；专用校车应保证驾驶人能看清乘客门关闭后乘客门车外附近的情况及后窗玻璃后下方地面上长 3.6 m、宽 2.5 m 范围内的情况，并且在正常驾驶状态下能通过内视镜观察到车内所有乘客区。对于汽车列车，当所牵引挂车的宽度超过牵引车宽度时，牵引车应加装后视镜加长架（延长支架）以保证其后视镜的视野仍满足要求。

3）车长大于或等于 6 m 的平头载客汽车及总质量大于 7 500 kg 的平头货车和平头货车底盘改装的专项作业车，应在车前至少设置一面前视镜或相应的监视装置，以保证驾驶人能看清风窗玻璃前下方长 1.5 m、左侧驾驶室最外点平行于车辆纵向中心线，右侧为车辆纵向中心线向右 1.5 m 宽范围内的情况；但驾驶室/区高度无法满足前视镜的镜面或其托架的任何部分离地高度大于或等于 1 800 mm 时，不应设置前视镜。

4）车外后视镜和前视镜应易于调节，并能有效保持其位置。

5）安装在外侧距地面 1.8 m 以下的后视镜，当行人等接触该镜时，应具有能缓和冲击的功能。

6）教练车（三轮汽车除外）及自学用车应安装有符合规定的辅助后视镜，以使教练员能有效观察到车辆两侧及后方的交通状态。

7）摩托车（车身部分或全部封闭驾驶人的摩托车除外）后视镜的性能和安装要求应符合 GB 17352 的规定，轮式拖拉机运输机组后视镜的性能和安装要求应符合 GB 18447.1 的规定。

3. 货车防护装置

（1）*前下部防护装置*　总质量大于 7 500 kg 的货车、货车底盘改装的专项作业车应按 GB 26511 的规定提供对平行车辆纵轴方向的作用力具有足够阻挡力的前下部防护，以防止正面碰撞时发生钻入碰撞。

（2）*侧面及后下部防护装置*

1）总质量大于 3 500 kg 的货车（半挂牵引车除外）、货车底盘改装的专项作业车和挂车，应按 GB 11567 的规定提供防止人员卷入的侧面防护。

2）货车列车的货车和挂车之间应提供防止人员卷入的侧面防护。

3）总质量大于 3 500 kg 的货车、货车底盘改装的专项作业车（半挂牵引车及由于客观原因而无法安装后下部防护装置的专用货车和专项作业车除外）和挂车（长货挂车除外）的后下部，应提供符合 GB 11567 规定的后下部防护，以防止追尾碰撞时发生钻入碰撞。

（三）交通事故车辆安全防护装置检验鉴定

1. 汽车安全带

1）检视汽车座椅安全带设置情况。

2）座位数不大于20（含驾驶员座位，下同）或者车长不大于6 m的客车及最高设计车速不小于100 km/h的货车和半挂牵引车的前排座椅是否装置汽车安全带。

3）长途客车和旅游客车的驾驶员座椅、前面没有座椅的座椅及前面护栏不能起到必要防护作用的座椅是否装置汽车安全带；当（同向）座椅的座间距大于1 000 mm且座垫前面沿座椅纵向不大于600 mm的范围内没有能起到防护作用的护栏或其他物体时，是否装置汽车安全带。

4）卧铺客车的每个铺位是否安装两点式汽车安全带。

2. 后视镜及前视镜

1）主要检视车外后视镜、前视镜的有无；视镜数量、安装位置是否符合要求；视镜是否易于调节，是否能有效保持其位置。

2）检验车辆车外后视镜是否能保证驾驶员能看清车身左右外侧、车后50 m以内的交通情况；前视镜是否能保证驾驶员能看清风窗玻璃前下方长1.5 m、宽3 m范围内的情况。

3. 货车防护装置

1）按照GB 26511标准相关要求，对车辆前下部的防护功能进行检验，并测量相关尺寸。

2）按照GB 11567标准相关要求，对车辆侧面及后下部防护功能进行检验，并测量相关尺寸。

3）根据交通事故鉴定需要，必要时对防护装置的防护能力进行测试。

4. 其他安全防护装置检验

其他安全防护装置主要包括燃油系统防护，易燃、易爆、有毒物专用车的防护装置，以及保险杠等。

主要检视这类装置的有无，安装位置是否符合要求等，检验这类装置的功能是否正常等。根据交通事故鉴定的需要，针对相应的系统进行检验鉴定。

· 思考题 ·

1. 交通事故调查中，机动车安全技术状况鉴定的目的是什么？
2. 机动车辆安全技术状况鉴定内容主要包括哪些？
3. 机动车辆安全技术状况鉴定主要依据哪些标准进行？
4. 动态检验和静态检验分别适用于哪种情况的事故车辆？
5. 机动车行车制动性能动态检验的条件要求有哪些？

第七章　道路交通设施安全技术状况鉴定

道路交通设施安全技术状况鉴定（以下简称“道路设施鉴定”）是运用交通设施与物证技术的相关理论和方法，结合道路工程、交通工程、车辆工程、工程测量、材料检测等技术，通过测量、检验、检测、计算和分析，对道路交通设施的位置、几何尺寸、力学性能、功能效果等方面的符合性，以及与事故的因果关系等案件事实认定所涉及的专门性问题进行鉴别和判断并提供鉴定意见的活动。

本章介绍的主要内容包括：道路设施鉴定的总体情况、道路设施鉴定的对象和内容、道路设施鉴定常用的标准规范和主要技术指标、道路设施鉴定的重点和常用鉴定方法、典型道路交通事故道路设施鉴定案例。

第一节　道路设施鉴定的总体情况

2020 年之前，道路设施鉴定未纳入全国统一的鉴定执业分类中，各省、自治区、直辖市的司法厅（局）分别以建筑工程质量鉴定（道路交通类）、道路交通事故鉴定（道路设施）、道路设施鉴定等鉴定执业分类审批管理。

2020 年 6 月 23 日，司法部发布《关于印发〈物证类司法鉴定执业分类规定〉〈声像资料司法鉴定执业分类规定〉的通知》（司规〔2020〕5 号），首次明确道路设施鉴定属于交通事故痕迹鉴定范畴，并明确了该类鉴定的内容。2021 年 6 月 15 日，司法部发布《关于印发〈法医类 物证类 声像资料司法鉴定机构登记评审细则〉的通知》（司规〔2021〕2 号），该文件进一步明确了道路设施鉴定的机构鉴定能力、实验室资质、仪器设备配置和人员专业能力要求。2021 年 11 月 17 日，司法行政行业标准《道路交通设施安全技术状况鉴定规范》（SF/T 0099—2021）发布实施，该标准规定了道路设施鉴定的一般要求、鉴定方法和鉴定意见。

第二节　道路设施鉴定的对象和内容

一、道路设施鉴定的对象

道路主要分为公路和城市道路。公路按其在公路网中的地位分为国道、省道、县道、乡道和村道，按技术等级分为高速公路、一级公路、二级公路、三级公路和四级公路。城市道路包括快速路、主干道、次干道和支路。如今，随着城镇的扩张，部分公路逐渐被城镇包围在里面，形成公路兼顾城市道路的状况。本书中的道路是指为供各种车辆和行人等通行的工程设施，按其使用特点分为公路、城市道路、厂矿道路、林区道路及乡村道路等。

交通事故的影响因素较多,道路环境因素是其中之一,不同类型道路的状况、交流量等均存在较大差异。2009 年至 2017 年我国共发生一次死亡 10 人以上重特大道路交通事故 171 起,死亡 2 542 人,受伤 2 402 人。通过对 171 起重特大道路交通事故分析,事故数按道路行政等级分布如图 7－1 所示。

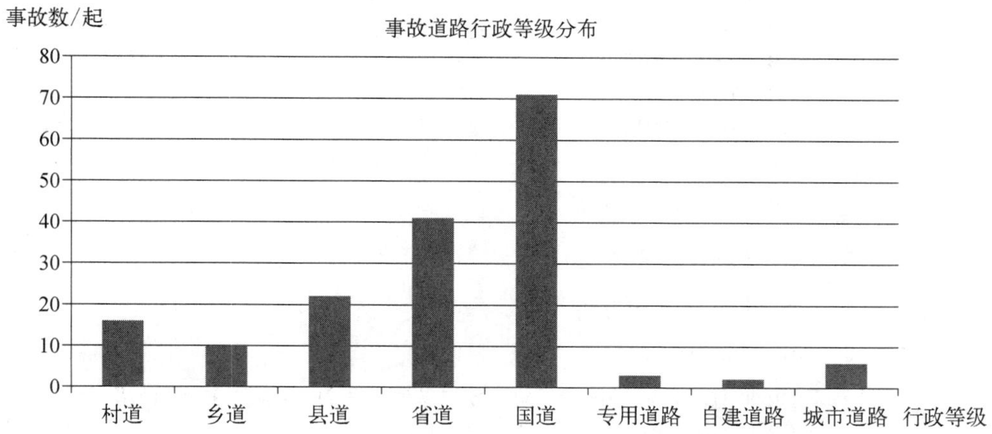

图 7－1　重特大道路交通事故数按道路行政等级分布图

二、道路设施鉴定的内容

道路设施鉴定主要包括道路交通设施的标准规范符合性鉴定和设施与事故的因果关系鉴定两个方面。

道路交通设施的标准规范符合性鉴定包括对交通事故现场或事故发生地点等相关区域进行勘查、测量;对路基、路面、桥涵、隧道、交通工程及沿线交通附属设施的安全技术状况进行检验(如道路线形、护栏、标志、标线等);判断事故相关区域交通设施的技术状况或性能的符合性(如材料、设置位置、几何尺寸、力学性能等),以及与事故的因果关系。

设施与事故的因果关系鉴定包括设施不符合标准规范是否与本次交通事故的发生有关,或者设施不符合标准规范是否加重了本次交通事故的后果。

第三节　道路设施鉴定常用的标准规范和主要技术指标

一、道路设施鉴定常用的标准规范

道路设施鉴定常用的标准规范主要有国家标准、行业标准和行业指南等。其中,国家标准分为强制性标准和推荐性标准,行业标准是推荐性标准。在道路设施鉴定中,主要涉及针对所有道路的标准,仅针对公路的标准和仅针对城市道路的标准三大类。

(一) 道路设施相关标准

道路设施的常用标准和技术指南如表 7－1 所示。

表 7-1 涉及道路设施的常用标准

序号	类 别	标准编号/指南年份	标 准 名 称
1	国家标准	GB 5768.1—2009 GB 5768.2—2022 GB 5768.3—2009 GB 5768.4—2017 GB 5768.5—2017 GB 5768.6—2017 GB 5768.7—2018 GB 5768.8—2018	道路交通标志和标线 第 1 部分：总则 道路交通标志和标线 第 2 部分：道路交通标志 道路交通标志和标线 第 3 部分：道路交通标线 道路交通标志和标线 第 4 部分：作业区 道路交通标志和标线 第 5 部分：限制速度 道路交通标志和标线 第 6 部分：铁路道口 道路交通标志和标线 第 7 部分：非机动车和行人 道路交通标志和标线 第 8 部分：学校区域
2	国家标准	GB/T 24725—2009	突起路标
3	国家标准	GB/T 24720—2009	交通锥
4	国家标准	GB/T 24970—2020	轮廓标
5	国家标准	GB/T 24718—2023	防眩板
6	国家标准	GB/T 31439.1—2015 GB/T 31439.2—2015	波形梁钢护栏 第 1 部分：两波形梁钢护栏 波形梁钢护栏 第 2 部分：三波形梁钢护栏
7	国家标准	GB/T 26941.1—2011 GB/T 26941.2—2011 GB/T 26941.3—2011 GB/T 26941.4—2011 GB/T 26941.5—2011 GB/T 26941.6—2011	隔离栅 第 1 部分：通则 隔离栅 第 2 部分：立柱、斜撑和门 隔离栅 第 3 部分：焊接网 隔离栅 第 4 部分：刺钢丝网 隔离栅 第 5 部分：编织网 隔离栅 第 6 部分：钢板网
8	国家标准	GB/T 18833—2012	道路交通反光膜
9	国家标准	GB/T 24717—2009	道路预成形标线带
10	国家标准	GB 14887—2011	道路交通信号灯
11	行业标准	SF/T 0099—2021	道路交通设施安全技术状况鉴定规范

（二）公路设施相关标准

公路设施的常用标准规范和技术指南如表 7-2 所示。

表 7-2 涉及公路设施的常用标准

序号	类 别	标准编号/指南年份	标 准 名 称
1	国家标准	GB/T 31447—2015	预镀锌公路护栏
2	国家标准	GB/T 28651—2012	公路临时性交通标志
3	国家标准	GB/T 28650—2012	公路防撞桶
4	国家标准	GB/T 24969—2010	公路照明技术条件
5	国家标准	GB/T 23828—2009	高速公路 LED 可变信息标志
6	国家标准	GB/T 23827—2021	道路交通标志板及支撑件
7	行业标准	JTG B01—2014	公路工程技术标准

续 表

序号	类 别	标准编号/指南年份	标 准 名 称
8	行业标准	JTG F90—2015	公路工程施工安全技术规范
9	行业标准	JTG D20—2017	公路路线设计规范
10	行业标准	JTG D81—2017 JTG/T D81—2017	公路交通安全设施设计规范 公路交通安全设施设计细则
11	行业标准	JTG D82—2009	公路交通标志和标线设置规范
12	行业标准	JTG 5210—2018	公路技术状况评定标准
13	行业标准	JTG H10—2009	公路养护技术规范
14	行业标准	JTG 5142—2019	公路沥青路面养护技术规范
15	行业标准	JTG D30—2015	公路路基设计规范
16	行业标准	JTG/T D33—2012	公路排水设计规范
17	行业标准	JTG D60—2015	公路桥涵设计通用规范
18	行业标准	JTG B05-01—2013	公路护栏安全性能评价标准
19	行业标准	JT/T 895—2014	缆索护栏
20	行业标准	JT/T 1033—2016	交通分隔栏
21	行业标准	JTG H30—2015	公路养护安全作业规程
22	行业标准	JT/T 713—2008	路面橡胶减速带
23	行业标准	JT/T 712—2008	路面防滑涂料
24	行业标准	JTG D60—2015	公路桥涵设计通用规范
25	行业标准	JTG/T 3360-01—2018	公路桥梁抗风设计规范
26	行业标准	JTG/T 3360-02—2020	公路桥梁抗撞设计规范
27	行业标准	JTG D61—2005	公路圬工桥涵设计规范(附条文说明)
28	行业标准	JTG 3362—2018	公路钢筋混凝土及预应力混凝土桥涵设计规范
29	行业标准	JTG 3370.1—2018	公路隧道设计规范 第一册 土建工程
30	行业标准	JTG D70/2—2014	公路隧道设计规范 第二册 交通工程与附属设施
31	行业标准	JTG/T D70—2010	公路隧道设计细则
32	行业标准	JTG/T D70/2-01—2014	公路隧道照明设计细则
33	行业标准	JTG/T D70/2-02—2014	公路隧道通风设计细则
34	行业标准	JTG/T 3381-02—2020	公路限速标志设计规范
35	行业标准	JTG F80/1—2017	公路工程质量检验评定标准 第一册 土建工程
36	行业标准	JTG 5110—2023	公路养护技术标准
37	行业指南	2019	提升公路连续长陡下坡路段安全通行能力专项行动技术指南

续 表

序号	类 别	标准编号/指南年份	标 准 名 称
38	行业指南	2019	提升公路桥梁安全防护能力专项行动技术指南
39	行业指南	2023	公路交通安全设施精细化提升技术指南

（三）城市道路设施相关标准

城市道路设施的常用标准如表 7－3 所示。

表 7－3 涉及城市道路设施的常用标准

序号	类 别	标准编号/指南年份	标 准 名 称
1	国家标准	GB 51038—2015	城市道路交通标志和标线设置规范
2	国家标准	GB/T 51328—2018	城市综合交通体系规划标准
3	国家标准	GB/T 51328—2018	城市综合交通体系规划标准
4	国家标准	GB 50688—2011	城市道路交通设施设计规范(2019 版)
5	行业标准	CJJ 37—2012	城市道路工程设计规范(2016 版)
6	行业标准	CJJ 129—2009	城市快速路设计规程
7	行业标准	CJJ 152—2010	城市道路交叉口设计规程
8	行业标准	GA/T 1567—2019	城市道路交通隔离栏设置指南
9	行业标准	CJJ 36—2016	城镇道路养护技术规范

二、道路设施鉴定常用的主要技术指标

（一）道路交通标志

道路交通标志鉴定主要依据的标准规范为《道路交通标志和标线 第 2 部分：道路交通标志》、《公路交通标志和标线设置规范》和《城市道路交通标志和标线设置规范》。

1. 道路交通标志颜色

根据 GB 5768.2—2022《道路交通标志和标线 第 2 部分：道路交通标志》的要求，道路交通标志的颜色应符合表 7－4 的规定。

表 7－4 道路交通标志颜色的对应使用

标 志		底 色	图形字符	边 框	衬 边
禁令标志	一般情况	白色	黑色	红色	白色[d]
	停车让行、禁止驶入	红色	白色	—	
	禁止车辆停放、禁止车辆长时停放	蓝色	—	红色	
	区域禁止(或限制)	白色	—	黑色	
	解除	白色	黑色	黑色	
	会车让行	白色	红色、黑色	红色	
指示标志	一般情况	蓝色	白色	—	
	会车先行	蓝色	红色、白色	—	
	货车通行	白色	黑色	绿色[c]	

续 表

标志		底色	图形字符	边框	衬边
警告标志[a]	一般情况	黄(荧光黄)色	黑色	黑色	同底色
	施工	橙(荧光橙)色	黑色	黑色	
	交通事故管理	粉红(荧光粉红)色	黑色	黑色	
	避险车道	黄(荧光黄)色	字符黑色,图案黑色+红色	黑色	
	注意行人、注意儿童、注意残疾人	黄(荧光黄绿)色	黑色	黑色	
	注意路面结冰、注意雨(雪)天、注意雾天、注意不利气象条件、注意前方车辆排队	黑色	黄色	黄色	—
指路标志[b]	一般道路	蓝色	白色	白色	同底色
	高速公路/城市快速路	绿色	白色	白色	
旅游区标志		棕色	字符白色/图案白色或彩色	白色	
告示标志		白色	字符黑色/图案黑色或彩色	黑色	
辅助标志	一般情况	白色	黑色	黑色	
	学校、校车	白色/荧光黄绿色	黑色	黑色	

2. 道路交通标志形状

根据 GB 5768.2—2022《道路交通标志和标线 第 2 部分：道路交通标志》的要求，道路交通标志的形状应符合如下规定。

1）正八边形：用于禁令标志中的停车让行标志；

2）倒等边三角形：用于禁令标志中的减速让行标志；

3）圆形：用于禁令标志和指示标志；

4）正等边三角形：用于警告标志；

5）叉形：用于"叉形符号"警告标志；

6）矩形：用于指路标志、旅游区标志、告示标志和辅助标志，以及部分禁令标志、指示标志和警告标志等。

3. 道路交通标志字符

根据 GB 5768.2—2022《道路交通标志和标线 第 2 部分：道路交通标志》的要求，除特殊规定外，指路标志汉字高度一般值应根据设计速度按下表选取。字高可根据设置路段的自由流第 85 位速度进行调整(表 7－5)。路上方指路标志、单向三车道及以上道路路侧的指路标志字高可增大 5～10 cm。汉字字宽和字高应相等。

表 7－5 汉字字高与速度的关系

速度/(km/h)	100～120	71～99	40～70	<40
汉字高度/cm	60～70	50～60	35～50	25～30

除特殊规定外，指路标志的阿拉伯数字和其他文字的高度应根据汉字高度确定，其与汉字高度的关系宜符合下表的规定。特殊情况下，高度经论证可降低，但不应低于规定值的80%。小数点后的阿拉伯数字高度宜为汉字高度的1/2～2/3（表7－6）。

表7－6　阿拉伯数字和其他文字高度与汉字高度的关系

阿拉伯数字和其他文字		与汉字高度（h）的关系
字母或少数民族文字	大小写	1/3 h～1/2 h
阿拉伯数字	字　高	h
	字　宽	1/2 h～h
	笔画粗	1/6 h～1/5 h

4. 道路交通标志设置

根据GB 5768.2—2022《道路交通标志和标线 第2部分：道路交通标志》的要求，同一地点需要设置两个以上标志时，宜安装在一个支撑结构上，但最多不应超过4个。一个支撑结构上并设的标志应按禁令标志、指示标志和警告标志的顺序从上往下、从左往右设置。

警告标志前置距离一般根据道路的设计速度按下表选取。也可考虑所处路段的限制速度或自由流第85位速度按表7－7进行适当的调整。

表7－7　警告标志前置距离一般值

速度/（km/h）	减速到下列速度/（km/h）												
	条件A	条件B											
		0	10	20	30	40	50	60	70	80	90	100	110
40	100	30	*	*	*								
50	150	30	*	*	*	*							
60	190	30	30	*	*	*							
70	230	50	40	30	30	*	*	*					
80	270	80	60	55	50	40	30	*	*				
90	300	110	90	80	70	60	40	*	*	*			
100	350	130	120	115	110	100	90	70	60	40	*		
110	380	170	160	150	140	130	120	110	90	70	50	*	
120	410	200	190	185	180	170	160	140	130	110	90	60	40

注：条件A——交通量较大时，道路使用者有可能减速，同时伴随变换车道等操作通过警告地点，典型的标志如注意车道数变少标志。

条件B——道路使用者减速到限速值或建议速度值，或停车后通过警告地点，典型的标志如急弯路标志、连续弯路标志、陡坡标志、注意信号灯标志、交叉路口标志、铁路道口标志等。——不提供具体建议值，视当地具体条件确定。

路侧标志内边缘不应侵入道路建筑限界，距车行道、人行道、渠化岛的外侧边缘或土路肩应不小于25 cm。除临时性标志外，设有路缘石的道路，路侧标志下边缘距路面的高度符合以下要求，有路缘石的道路，路侧标志下边缘距路缘石顶面的高度符合以下要求：

1）一般为 150~250 cm；

2）小型车比例较大的道路，可根据实际情况降低，但不宜小于 120 cm；

3）路侧有行人时，应不小于 210 cm；有非机动车时，应不小于 230 cm；

4）线形诱导标的高度宜降低，在不影响非机动车和行人的情况下应不小于 120 cm。

（二）道路交通标线

道路交通标志的鉴定主要依据的标准规范为《道路交通标志和标线 第 3 部分：道路交通标线》、《公路交通标志和标线设置规范》和《城市道路交通标志和标线设置规范》。

1. 指示标线的要求

根据 GB 5768.3—2009《道路交通标志和标线 第 3 部分：道路交通标线》的要求，凡路面宽度可划两条及以上机动车道的双向行驶的道路，在允许车辆越线超车或转弯时，应划可跨越对向车行道分界线。可跨越对向车行道分界线为单黄虚线，线段及间隔长分别为 400 cm 和 600 cm，一般线宽为 15 cm，交通量非常小的农村公路、专属专用道路等特殊应用情况下，线宽可采用 10 cm。

同一行驶方向有两条或两条以上车行道，并允许车辆变换车道或短时跨越车行道分界线行驶时，应划可跨越同向车行道分界线。可跨越同向车行道分界线一般线宽为 10 cm 或 15 cm，交通量非常小的农村公路、专属专用道路等特殊应用情况下，线宽可采用 8 cm。设计速度不小于 60 km/h 的道路，可跨越同向车行道分界线线段及间隔长分别为 600 cm 和 900 cm；设计速度小于 60 km/h 的道路，可跨越同向车行道分界线线段及间隔长分别为 200 cm 和 400 cm。

车行道边缘白色实线用于指示禁止车辆跨越的车行道边缘或机非分界。车行道边缘白色实线一般线宽为 15 cm 或 20 cm，交通量非常小的农村公路、专属专用道路等特殊应用情况下，车行道边缘白色实线的线宽可采用 10 cm。

车行道边缘白色虚线用以指示车辆可临时跨越行驶的车行道边缘。车行道边缘白色虚线的一般线宽为 15 cm 或 20 cm，交通量非常小的农村公路、专属专用道路等特殊应用情况下，车行道边缘白色虚线的线宽可采用 10 cm。车行道边缘白色虚线的虚线线段及间隔长分别为 200 cm 和 400 cm。

机动车单向行驶且非机动车双向行驶的路段，在机动车道与对向非机动车道之间应施画黄色单实线作为车行道边缘线。单向行驶的道路左边缘应施画黄色单实线为车行道边缘线。黄色单实线一般线宽为 15 cm 或 20 cm，交通量非常小的农村公路、专属专用道路等特殊应用情况下，线宽可采用 10 cm。

2. 禁止标线的要求

双黄实线作为禁止跨越对向车行道分界线时，禁止双方向车辆越线或压线行驶。一般施画于单方向有两条或两条以上机动车道而没有设置实体中央分隔带的道路上，除交叉路口或允许车辆左转弯（或掉头）路段外，均应连续设置，可采用振动标线的形式。黄色实线线宽一般为 15 cm，特殊情况下可降低至 10 cm，两标线的间隔一般为 10~30 cm。

黄色虚实线作为禁止跨越对向车行道分界线时，实线一侧禁止车辆越线或压线行驶，虚线一侧准许车辆暂时越线或转弯。越线行驶的车辆应避让正常行驶的车辆。中心黄色虚实线可用作双向通行的三条机动车道道路的对向车行道分界线以及需要实行单侧禁止超车的其他道路的对向车行道分界线。标线线宽一般为 15 cm，特殊情况下可降低至 10 cm，两标线的间隔一般为 10~30 cm，虚线段与间隔长分别为 400 cm 和 600 cm。

黄色单实线作为禁止跨越对向车行道分界线时，禁止双方向车辆越线或压线行驶。一般施划于单方向只有一条车道或一条机动车道和一条非机动车道道路、视距受限制的竖曲线、平曲线路段及有其他危险需要禁止超车的路段，可采用振动标线的形式。标线线宽 15 cm，在路面较宽时为保证车行道宽度不大于 3.75 m，黄色单实线线宽可以适当增加，最大为 30 cm。

禁止跨越同向车行道分界线为白色实线，一般线宽为 10 cm 或 15 cm，交通量非常小的农村公路、专属专用道路等特殊应用情况下，线宽可采用 8 cm。

禁止停车线为黄色虚线，施划于道路缘石正面及顶面，无缘石的道路可施划于路面上，距路面边缘 30 cm。黄色虚线的宽度为 15 cm 或与缘石宽度相同，线段长 100 cm，间隔 100 cm。

停止线为白色实线。双向行驶的路口，停止线应与对向车行道分界线连接；单向行驶的路口，其长度应横跨整个路面。停止线的宽度可根据道路等级、交通量、行驶速度的不同选用 20 cm、30 cm 或 40 cm。停止线应设置在有利于驾驶人观察路况的位置。设有人行横道时，停止线应距人行横道 100~300 cm。

3. 警告标线的要求

路面（车行道）宽度渐变段标线用以警告车辆驾驶人路宽或车道数变化，应谨慎行车，并禁止超车。标线颜色为黄色。渐变段长度最小值如表 7－8 所示。

表 7－8　渐变段长度最小值

设计速度 V/(km/h)	最小值/m	设计速度 V/(km/h)	最小值/m
20	20	60	40
30	25	70	70
40	30	80	85
50	35	>80	100

接近障碍物标线的颜色，应根据障碍物所在的位置，与对向车行道分界线或同向车行道分界线的颜色一致。标线外廓为实线，内部以填充线填充，外廓实线宽度原则上与相接的对向车行道分界线或同向车行道分界线相同，填充线为倾斜的平行粗实线，线宽 45 cm，间隔 100 cm，倾斜角度为 45°。当道路中心或车道中有上跨桥梁的桥墩、中央分隔带端头、标志杆柱及其他可能对行车安全构成威胁的障碍物时，应设置接近障碍物标线来指引驾驶人顺利地绕过障碍物。

车行道减速标线设置于弯路、坡路、隧道洞口前、长下坡路段及其他需要减速的路段前或路段中的机动车行车道内，分为车行道横向减速标线和车行道纵向减速标线。车行道横向减速标线为一组垂直于车道中心线的白色标线，线宽 45 cm，线与线间距 45 cm。车行道横向减速标线的设置间隔应使车辆通过各标线间隔的时间大致相等，以利于行驶速度逐步降低，减速度一般设计为 18 m/s^2。

（三）波形梁钢护栏

波形梁钢护栏鉴定主要依据的标准规范为《公路波形梁钢护栏》《波形梁钢护栏 第 1 部分：两波形梁钢护栏》《波形梁钢护栏 第 2 部分：三波形梁钢护栏》《碳素结构钢》《城市道路交通设施设计规范》《公路交通安全设施设计规范》《公路交通安全设施设计细则》《公路工程

质量检验评定标准 第一册 土建工程》。

1. 波形梁钢护栏的设置要求

JTG/T D81—2017《公路交通安全设施设计细则》规定护栏标准段、过渡段、中央分隔带开口护栏、防撞端头以及防撞垫的防护等级与性能应满足 JTG B05—01《公路护栏安全性能评价标准》的规定。护栏的任何部分不得侵入公路建筑限界。路基护栏的防护等级应按公路等级、设计速度和事故严重程度等级选取。

JTG/T D81—2017《公路交通安全设施设计细则》对波形梁钢护栏的设置提出了要求，以路侧四(SB)级波形梁钢护栏为例，其梁板高度为 697 mm，立柱埋深 1 650 mm，立柱间距 2 000 mm/1 000 mm(土中/混凝土中)。JTG F80/1—2017《公路工程质量检验评定标准 第一册 土建工程》第 11.4.2 条规定，横梁中心高度允许偏差为±20 mm；立柱中距允许偏差为±20 mm；立柱竖直度允许偏差为±10 mm/m；立柱外边缘距土路肩边线距离≥250 mm；立柱埋置深度不小于设计要求。

2. 波形梁钢护栏的外形尺寸与允许偏差

GB/T 31439.1—2015《波形梁钢护栏 第 1 部分：两波形梁钢护栏》及 GB/T 31439.2—2015《波形梁钢护栏 第 2 部分：三波形梁钢护栏》规定，波形梁钢护栏板展开宽度应满足 481 mm±1 mm；3.0 mm 厚和 4.0 mm 厚波形梁板，防腐处理后成型护栏板基板的实测最小厚度应分别不小于 2.95 mm 和 3.95 mm，平均厚度应分别不小于 3.0 mm 和 4.0 mm。单根钢管立柱壁厚最小值为 4.25 mm，防腐处理后多根立柱基底壁厚实测平均值不应小于 4.5 mm。方管立柱的壁厚防腐处理前不低于 5.7 mm。

3. 波形梁钢护栏的材料要求

GB/T 31439.1—2015《波形梁钢护栏 第 1 部分：两波形梁钢护栏》规定，波形梁板、立柱、端头、防阻块、托架、横隔梁、加强板等所用基底金属材质应为碳素结构钢，其力学性能及化学成分指标应不低于 GB/T 700《碳素结构钢》规定的 Q235 牌号钢的要求，主要力学性能考核指标为下屈服强度不小于 235 MPa，抗拉强度不小于 375 MPa，断后伸长率不小于 26%；连接螺栓、螺母、垫圈、横梁垫片等所用基底金属材质为碳素结构钢，其力学性能的主要考核指标为抗拉强度 R_m，R_m 不小于 375 MPa；拼接螺栓连接副应为高强度拼接螺栓，其螺栓、螺母垫圈应选用优质碳素结构钢或合金结构钢制造，其化学成分及力学性能应符合 GB/T 699—2015《优质碳素结构钢》或 GB/T 3077—2015《合金结构钢》的规定。高强度拼接螺栓连接副螺杆公称直径为 16 mm 拼接螺栓连接副整体抗拉荷不小于 133 kN。

(四) 道路线形

道路线形鉴定主要依据的标准规范为《城市道路工程设计规范》《公路工程技术标准》《公路路线设计规范》。《公路工程技术标准》的相关要求如下：

1. 车道宽度

车道宽度应符合表 7-9 规定，并应符合如下规定：

1）八车道及以上公路在内侧车道(内侧第 1、2 车道)仅限小客车通行时，其车道宽度可采用 35 m。

2）以通行中、小型客运车辆为主且设计速度为 80 km/h 及以上的公路，经论证车道宽度可采用 35 m。

3）四级公路采用单车道时，车道宽度应采用 35 m。

4）设置慢车道的二级公路，慢车道宽度应采用 35 m。

5）需要设置非机动车道和人行道的公路，机动车道和人行道等的宽度，宜视实际情况确定。

表 7-9 车道宽度

设计速度/(km/h)	120	100	80	60	40	30	20
车道宽度/m	3.75	3.75	3.75	3.50	3.50	3.25	3.00

2. 中间带

高速公路、一级公路整体式路基断面必须设置中间带，中间带由两条左侧路缘带和中央分隔带组成，并应符合下列规定：

1）高速公路和作为干线的一级公路，中央分隔带宽度应根据公路项目中央分隔带功能确定。

2）作为集散的一级公路，中央分隔带宽度应根据中间隔离设施的宽度确定。

3）左侧路缘带宽度不应小于表 7-10 的规定。

表 7-10 左侧路缘带宽度

设计速度/(km/h)		120	100	80	60
左侧路缘带宽度/m	一般值	0.75	0.75	0.50	0.50
	最小值	0.50	0.50	0.50	0.50

3. 路肩

各级公路右侧路肩宽度应符合表 7-11 的规定，并应符合下列规定：

1）高速公路、一级公路应在右侧硬路肩宽度内设右侧路缘带，其宽度为 0.50 m。

2）二级公路的硬路肩可供非汽车交通使用。非汽车交通量较大的路段，可采用全铺的方式，以充分利用。

3）二级公路、三级公路、四级公路在路肩上设置的标志、防护设施等不得侵入公路建筑限界，必要时应加宽路肩。

表 7-11 右侧路肩宽度

公路技术等级(功能)		高速公路			一级公路(干线功能)	
设计速度/(km/h)		120	100	80	100	80
右侧硬路肩宽度/m	一般值	3.00 (2.50)	3.00 (2.50)	3.00 (2.50)	3.00 (2.50)	3.00 (2.50)
	最小值	1.50	1.50	1.50	1.50	1.50
土路肩宽度/m	一般值	0.75	0.75	0.75	0.75	0.75
	最小值	0.75	0.75	0.75	0.75	0.75

续 表

公路技术等级(功能)		一级公路(集散功能)和二级公路		三级公路、四级公路		
设计速度/(km/h)		80	60	40	30	20
右侧硬路肩宽度/m	一般值 最小值	1.50 0.75	0.75 0.25	—	—	—
土路肩宽度/m	一般值 最小值	0.75 0.50	0.75 0.50	0.75	0.50	0.25(双车道) 0.50(单车道)

高速公路、一级公路的左侧路肩应符合下列规定:

1) 高速公路、一级公路的分离式路基,应设置左侧路肩,其宽度规定如表 7－12 所示。左侧硬路肩内含左侧路缘带,左侧路缘带宽度为 0.50 m。

2) 高速公路整体式路基双向八车道及以上路段,宜设置左侧硬路肩,其宽度应不小于 2.5 m。

3) 高速公路分离式路基单幅同向四车道及以上的路段,左侧硬路肩宽度不宜小于 2.5 m。

表 7－12 高速公路、一级公路分离式路基的左侧路肩宽度

设计速度/(km/h)	120	100	80	60
左侧硬路肩宽度/m	1.25	1.00	0.75	0.75
左侧土路肩宽度/m	0.75	0.75	0.75	0.50

4. 圆曲线半径

圆曲线最小半径应根据设计速度,按表 7－13 确定。

表 7－13 圆曲线最小半径

设计速度/(km/h)		120	100	80	60	40	30	20
圆曲线最小半径(一般值)/m		1 000	700	400	200	100	65	30
圆曲线最小半径(极限值)/m	$I_{max}=4\%$	810	500	300	150	65	40	20
	$I_{max}=6\%$	710	440	270	135	60	35	15
	$I_{max}=8\%$	650	400	250	125	60	30	15
	$I_{max}=10\%$	570	360	220	115	—	—	—

5. 平曲线长度

平曲线最小长度应符合表 7－14 的规定。

表 7－14 平曲线最小长度

设计速度/(km/h)		120	100	80	60	40	30	20
平曲线最小长度/m	一般值	600	500	400	300	200	150	100
	最小值	200	170	140	100	70	50	40

6. 视距

高速公路、一级公路的视距应采用停车视距。高速公路、一级公路的一般路段，每条车道的停车视距应不小于表 7－15 的规定。

表 7－15　高速公路、一级公路停车视距

设计速度/(km/h)	120	100	80	60
停车视距/m	210	160	110	75

二级公路、三级公路、四级公路的视距应采用会车视距。受地形条件或其他特殊情况限制而采取分道行驶措施的路段，可采用停车视距。会车视距与停车视距应不小于表 7－16 的规定。

表 7－16　二级、三级、四级公路会车视距与停车视距

设计速度/(km/h)	80	60	40	30	20
会车视距/m	220	150	80	60	40
停车视距/m	110	75	40	30	20

二级公路、三级公路、四级公路双车道公路，应间隔设置满足超车视距的路段。具有干线功能的二级公路宜在 3 min 的行驶时间内，提供一次满足超车视距要求的超车路段。超车视距最小值应符合表 7－17 的规定。

表 7－17　超车视距最小值

设计速度/(km/h)		80	60	40	30	20
超车视距最小值/m	一般值	550	350	200	150	100
	极限值	350	250	150	100	70

7. 纵坡

公路的最大纵坡应不大于表 7－18 的规定，并应符合下列规定：

1）设计速度为 120 km/h、100 km/h、80 km/h 的高速公路，受地形条件或其他特殊情况限制时，经技术经济论证，最大纵坡可增加 1%。

2）改扩建公路设计速度为 40 km/h、30 km/h、20 km/h 的利用原有公路的路段，经技术经济论证，最大纵坡可增加 1%。

3）四级公路位于海拔 2 000 m 以上或积雪冰冻地区的路段，最大纵坡不应大于 8%。

表 7－18　最大纵坡

设计速度/(km/h)	120	100	80	60	40	30	20
最大纵坡/%	3	4	5	6	7	8	9

8. 坡长

公路纵坡的最小坡长应符合表 7－19 的规定。

表 7－19 最小坡长

设计速度/(km/h)	120	100	80	60	40	30	20
最小坡长/m	300	250	200	150	120	100	60

各级公路的最大坡长应符合表 7－20 的规定。

表 7－20 不同纵坡的最大坡长

设计速度/(km/h)		120	100	80	60	40	30	20
最大坡长/m	3	900	1 000	1 100	1 200	—	—	—
	4	700	800	900	1 000	1 100	1 100	1 200
	5	—	600	700	800	900	900	1 000
	6	—	—	500	600	700	700	800
	7	—	—	—	—	500	500	600
	8	—	—	—	—	300	300	400
	9	—	—	—	—	—	200	300
	10	—	—	—	—	—	—	200

第四节 道路设施鉴定的重点和常用鉴定方法

一、道路设施鉴定的重点

道路设施鉴定涉及路基、路面、桥涵、隧道、交通工程及沿线交通附属设施，其中交通工程及沿线交通附属设施又分为交通安全设施、服务设施、管理设施三类。交通安全设施包括交通标志、标线、护栏、视线诱导设施、隔离栅、防落网、防眩设施、防风栅、防雪（沙）栅、积雪标杆等；服务设施包括服务区、停车区和客运汽车停靠站；管理设施包括监控、收费、通信、供配电、照明和管理养护等设施。

通过对前述 171 起重特大道路交通事故分析，存在道路设施及安全管理问题的事故共 66 起，其中道路设施及安全管理问题类型分布如图 7－2 所示。

根据图 7－2 进行分析，道路设施及安全管理问题为事故发生原因的 66 起道路交通事故中，涉及的道路设施及安全管理问题多是由一种或多种因素组成，主要存在的设施问题类型为防护设施问题、标志问题、标线问题和路面问题，其中，42.4%的事故存在防护设施问题，30.3%的事故存在标志问题，16.7%的事故存在标线问题，15.2%的事故存在路面问题。根据上述分

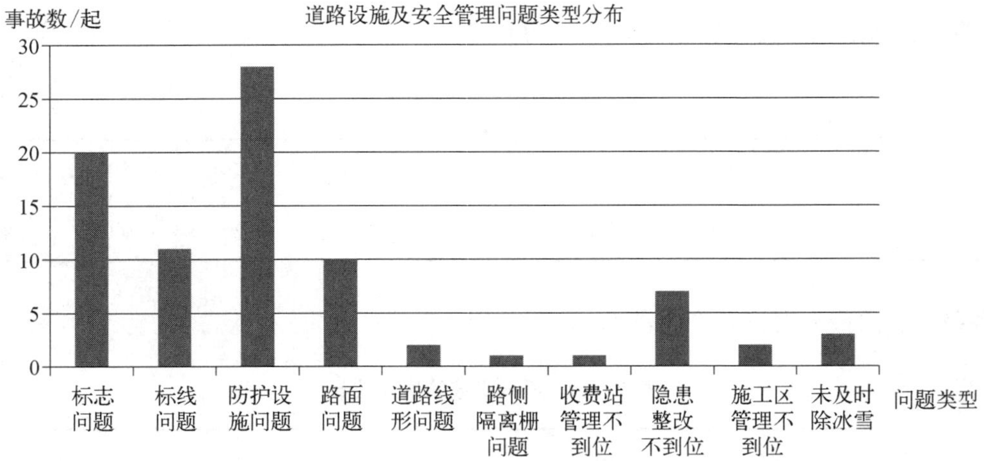

图 7-2　道路交通事故道路设施及安全管理问题类型分布

析，道路设施鉴定的重点设施为防护设施、标志、标线、路面、道路线形、隔离栅、排水设施、施工区相关设施。

二、道路设施鉴定的关键要素

通过对前述 171 起重特大道路交通事故分析，道路设施及安全管理问题与重特大道路交通事故的匹配关系如表 7-21 所示。

表 7-21　道路设施及安全管理问题与重特大道路交通事故的匹配关系

事故路段类型	典型事故形态	重点设施	关键要素
弯坡组合路段	坠　车	几何线形	圆曲线半径、坡度、坡长、超高
		标志	警告标志、限速标志
		路面	路面抗滑、路面宽度
		路侧防护	防护形式、防护等级
		标线	减速标线
	翻　车	几何线形	圆曲线半径、坡度、坡长、超高
		路面	路面抗滑
		标志	警告标志、限速标志
	正面碰撞	隔离和防护设施	中央隔离设施、中分带护栏
		标志	警告标志、限速标志
		标线	中分带标线
		路面	路面抗滑、路面宽度
	追尾碰撞	几何线形	视距
		标志	警告标志、限速标志
		标线	减速标线
		管理措施	除冰措施、除雪措施

续 表

事故路段类型	典型事故形态	重点设施	关键要素
平直路段	正面碰撞	隔离和防护设施	中央隔离设施、中分带护栏
		标志	限速标志
		标线	中分带标线
		路面	路面抗滑、车辙
	坠　车	路侧防护	防护形式、防护等级
		路面	路面抗滑、车辙
下坡路段	追尾碰撞	几何线形	坡度、坡长
		标志	警告标志、限速标志
		标线	减速标线
		管理措施	除冰措施、除雪措施
	正面碰撞	隔离和防护设施	中央隔离设施、中分带护栏
		标志	警告标志、限速标志
		标线	中分带标线
弯道路段	坠　车	几何线形	圆曲线半径、超高
		路侧防护	防护形式、防护等级
		路侧状况	路肩、边沟
		路面	路面抗滑、车辙
		标线	车行道边缘线
	正面碰撞	隔离和防护设施	中央隔离设施、中分带护栏
		标志	警告标志、限速标志
		标线	中分带标线
		路面	路面抗滑、路面宽度
上坡路段	坠　车	标志	警告标志
		路侧防护	防护形式、防护等级
		路面	路面抗滑、路面宽度、路面破损
桥梁路段	坠　车	桥梁护栏	是否设置、护栏安装质量、施工质量
		桥面	桥面状况、抗滑
		桥下空间	桥下空间管理
隧道路段	正面碰撞	洞口防护	防护和过渡
		照明	出入口照明
		标志	入口警告标志
		标线	入口标线
交叉口	侧面碰撞	交叉角度	视距
		标志	交叉口预告标志
		照明	照明设施是否正常
		信号灯	信号灯是否正常

根据上述分析，道路设施鉴定需要重点关注的道路设施及安全管理主要包括：道路几何线形中的坡长、坡度、圆曲线半径、超高，防护中的中分带护栏、路侧护栏，标志中的警告标志、限速标志，标线中的减速标线、中分带标线、车行道边缘线，路面中的路面抗滑、路面宽度，安全管理中的隐患排查治理、养护巡查、养护管理、恶劣天气除冰除雪。

三、道路设施常用鉴定方法

（一）现场数据测量方法

现场数据测量主要是运用卷尺、坡度尺、螺旋测微器、涂层测厚仪等常规测量工具，并辅以激光测距仪、无人机航测、现场三维扫描等技术获得道路设施参数的主要信息。

以护栏和标志的现场数据测量为例，护栏的现场数据测量主要涉及护栏的横梁中心高度、立柱埋深、立柱中距、护栏板基底金属厚度、立柱壁厚等信息（图 7－3）。标志的现场数据测量主要涉及标志的字体高度、文字间距、文字行距、标志反光膜逆反射系数、标志板下缘至路面净空高度、标志设置位置和标志与弯道起点间的距离等指标。

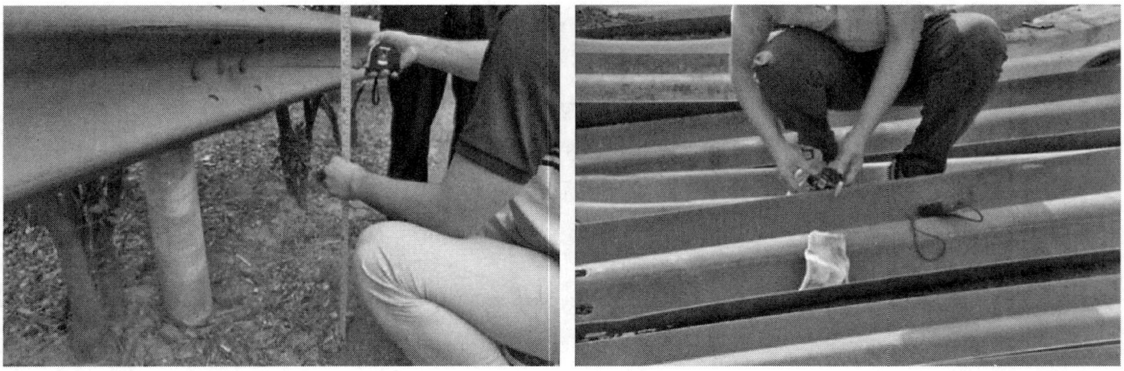

图 7－3　护栏的现场数据测量

1. 护栏横梁中心高度测量

（1）测量仪器　　钢卷尺、水平尺。

（2）测量方法　　将水平尺上缘（或下缘）置于护栏横梁中心处，调节水平尺，观察水准泡，使水平尺处于水平位置。用钢卷尺测量水平尺上缘（或下缘）距设计基准线的高度。

2. 护栏立柱埋深测量

（1）测量仪器　　钢卷尺。

（2）测量方法　　采用立柱拔出机械设备将打入后的立柱拔出，清除立柱埋入部分外壁可能存在的泥土、砂浆等附着物。对于埋入段上端面不规整的立柱，测量立柱定尺长度；对于埋入段上端面规整的立柱，测量拔出后埋入段的长度。在不同位置测量 3 次。

对于埋入段上端面不规整的立柱，以 3 次立柱定尺长度测量结果的算术平均值作为测试结果；对于埋入段上端面规整的立柱，以 3 次埋入段长度测量结果的算术平均值作为测试结果。

3. 护栏板基底金属厚度测量

（1）测量仪器　　板厚千分尺、磁性测厚仪。

（2）测量方法　　每片波形梁板选取 3 处边缘附近平缓部位作为测试位置，板上端（以安装后波形梁板视图为准）左侧一处、下端中部一处，上端右侧一处，擦去该 3 处测试位置表面灰尘等杂物。

用记号笔画圆圈对测试点位进行标注,①号与②号标注在波形梁板正面,③号标注在波形梁板反面,圆圈直径略大于板厚千分尺测砧直径。示意图见图 7－4。

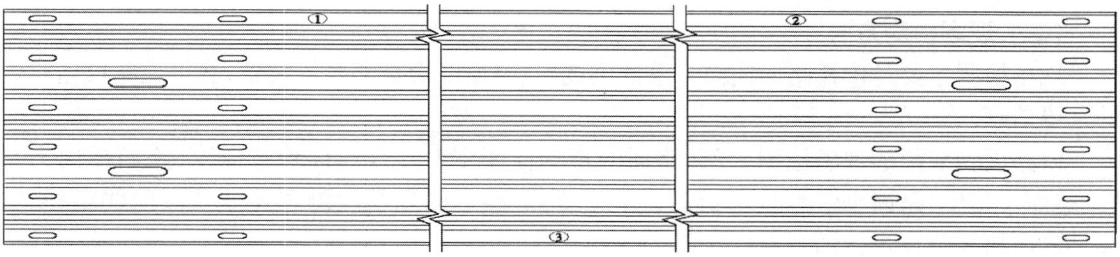

图 7－4 波形梁板基底金属厚度测试位置示意图

旋动板厚千分尺微分筒,扩大测砧与测微螺杆间距,夹入波形梁板,调整板厚千分尺位置,使测微螺杆能落在①号测点标注圆圈内。

缓慢旋紧微分筒至测微螺杆及测砧分别与波形梁板测点两侧接触,待数值稳定,读取板厚千分尺刻线或显示屏读数即为①号测点波形梁板总厚度。

缓慢旋松微分筒,移走板厚千分尺,用磁性测厚仪测量①号测点两侧涂层厚度,每侧测 3 次。

按上述方法,依次进行②、③号测点的测量。

(3) 数据处理

1) 测点处单侧涂层厚度应按式(7－1)计算:

$$T, T' = (T_1 + T_2 + T_3)/3 \tag{7-1}$$

式中,T——测点处正面涂层厚度,μm;

T'——测点处反面涂层厚度,μm;

T_1——测点处某一面第一次涂层厚度测试值,μm;

T_2——测点处某一面第二次涂层厚度测试值,μm;

T_3——测点处某一面第三次涂层厚度测试值,μm。

2) 测点处波形梁板基底金属厚度应按式(7－2)计算:

$$t_1 = t_1' - (T + T')/1\,000 \tag{7-2}$$

式中,t_1——测点处波形梁板基底金属厚度,mm;

t_1'——测点处波形梁板总厚度,mm;

T——测点处正面涂层厚度,mm;

T'——测点处反面层厚度,mm。

3) 波形梁板基底金属厚度应按式(7－3)计算:

$$t = (t_1 + t_2 + t_3)/3 \tag{7-3}$$

式中,t——波形梁板基底金属厚度,mm;

t_1——①号测点处波形梁板基底金属厚度,mm;

t_2——②号测点处波形梁板基底金属厚度,mm;

t_3——③号测点处波形梁板基底金属厚度,mm。

4. 标志板下缘至路面净空高度测量

(1) 测量仪器　　钢卷尺、塔式水准标尺。

(2) 测量方法　　将塔式水准标尺拉出足够的长度,并固定。将塔式水准标尺竖直,上端与标志板下缘接触。用钢卷尺测量路面至塔式水准标尺下端的距离并记录。

(二) 现场检测方法

现场检测主要是依托路面横向力系数测试车、路面线形检测车等装备,获得道路设施参数的主要信息。

以路面和线形的现场检测为例,路面的现场检测主要涉及路面构造深度、路面横向力系数、路面平整度、路面车辙等技术指标(图 7-5)。线形的现场检测主要涉及圆曲线半径、坡长、坡度、超高等技术指标。

图 7-5　路面构造深度和横向力系数检测

(三) 实验室力学性能测试

实验室力学性能测试主要依托于电子万能材料试验机(图 7-6)等装备,获得道路设施力学性能的主要信息。

以护栏的实验室力学性能测试为例,护栏的实验室力学性能测试主要涉及护栏板和立柱的抗拉强度、屈服强度、断后伸长率,连接螺栓的抗拉强度,拼接螺栓连接副整体抗拉荷载,连接螺栓抗拉强度等主要指标。

图 7-6　电子万能材料试验机

(四) 计算机仿真

计算机仿真是以运动学和动力学原理为理论基础,建立多组物理和数学模型,以反映事故过程中诸元素的相对运动及相互状态和内在关系。同时,通过在事故现场中采集的各种物理参数,运用计算机模拟该事故的碰撞过程,最终可确定事故处理中所需要的数据和资料。

计算机仿真需要交通事故中车辆的行驶速度,事故发生的机理,事故发生时车辆的运动状态、行驶方向、事故原因、碰撞过程、停驶状态,事故车辆的制动系、转向系、灯光系、防护设施、反光设施，道路设施模型等信息。

计算机仿真的关键技术在于交通事故现场的信息采集、交通事故再现模型、三维车身模型以及道路设施的建立、软件的开发以及事故过程的分析(图 7－7)。

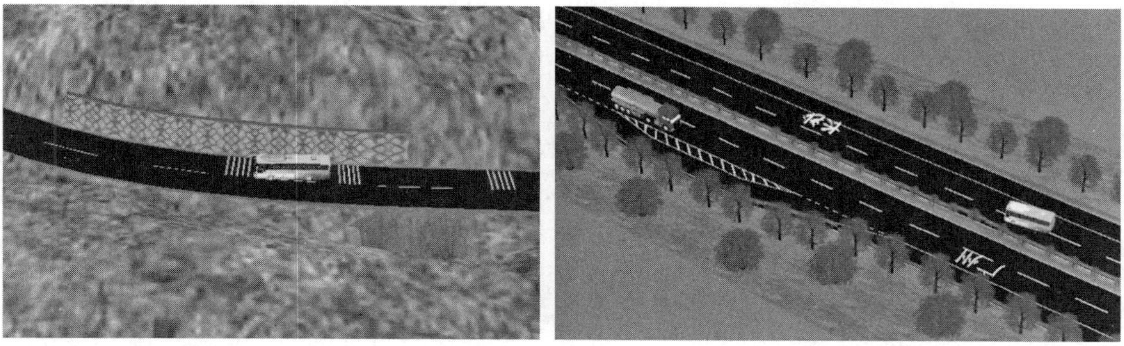

图 7－7 计算机仿真

（五）道路设施及安全管理问题与事故的因果关系分析

该方法是通过对道路交通事故特征进行分析，从事故发生原因和事故后果两个维度，梳理与事故致因有关的道路设施关键指标，并在把握道路交通事故总体发生规律和关键指标梳理的基础上，对与每类道路设施关键指标相关联的关键要素进行研究，形成道路交通事故需要采集的关键要素体系。通过探究道路交通事故中人-车-路-管理各关键要素与事故发生及事故后果之间的联系。

第五节 典型道路交通事故道路设施鉴定案例

一、事故基本情况

2020 年××月××日××时××分，在××高速 K××+××m 处，一辆大型普通客车行驶中发生车辆侧翻事故，造成人员伤亡、车辆和道路设施损坏。通过前期获取的设计及养护资料可知，该事故路段道路设施已于 2019 年 10 月养护改造过。为了调查事故原因，司法行政机关委托对事故地点所处路段的以下事项开展鉴定工作：

1）对事故地点所处路段的波形梁护栏的施工质量和产品质量是否符合相关标准规范的要求进行鉴定。

2）对事故地点所处路段的道路平面线形和纵坡坡度是否符合相关标准规范的要求进行鉴定。

3）对事故地点所处路段的排水系统是否符合相关标准规范的要求进行鉴定。

4）对事故地点所处路段的横向力系数、构造深度是否符合相关标准规范的要求进行鉴定。

5）对事故地点所处路段的平整度是否符合相关标准规范的要求进行鉴定。

6）对事故地点所处路段的车辙是否符合相关标准规范的要求进行鉴定。

二、检验鉴定情况

（一）波形梁护栏的施工质量和产品质量检测

根据 JTG/T D81—2017《公路交通安全设施设计细则》、JTG F80/1—2017《公路工程质量检验评定标准 第一册 土建工程》和 GB/T 31439.2—2015《波形梁钢护栏 第 2 部分：三波形梁钢护栏》开展护栏的检测鉴定工作。

在事故地点前后 100 m 范围内，对事故路段未受损中央分隔带四（SBm）级三波形梁钢护栏进行检测，抽取并截取未变形的护栏板、立柱和防阻块样品各 3 件，M16×45 拼接螺栓 9 件，M16×45 连接螺栓 3 件，M16×170 连接螺栓 3 件，分别进行力学性能试验。

经检测，护栏横梁中心高度如表 7－22 所示：

表 7－22　护栏横梁中心高度

编　号	1#	2#	3#	4#	5#	6#	7#	8#	9#	10#
实测值/mm	682	705	…	…	…	…	…	…	…	…

经检测，立柱定尺长度如表 7－23 所示：

表 7－23　立柱定尺长度

编　号	1#	2#	3#	4#
实测值/mm	2 800	2 798	…	…

经检测，护栏板及立柱的总厚度及防腐层厚度如表 7－24 所示：

表 7－24　护栏板及立柱的总厚度及防腐层厚度

检　测　项　目	技　术　要　求	编号	实测值/计算值			
护栏板总厚度/mm	最小厚度不小于 3.95 平均厚度不小于 4.0	1#	4.26	4.25	4.28	4.26
			平均值		4.26	
			最小值		4.25	
		2#	4.26	4.30	4.25	4.39
			平均值		4.30	
			最小值		4.25	
护栏板镀锌层厚度/μm	平均镀锌层厚度≥84 ≤84 的值不超过 10%	1#	101	98	111	
			97	95	96	
			107	98	110	
			103	103	124	
			102	112	117	
			120	101	114	
			平均值		106	
			≤84 的百分率		0	

续 表

检 测 项 目	技 术 要 求	编号	实测值/计算值		
护栏板镀锌层厚度/μm	平均镀锌层厚度≥84 ≤84 的值不超过 10%	2#	108	109	103
			110	101	97
			92	91	100
			91	100	94
			93	90	115
			120	103	109
			平均值		101
			≤84 的百分率		0
立柱总壁厚	—	1#	6.51	6.39	6.30
			平均值		6.40
		2#	6.51	6.43	6.43
			平均值		6.46
立柱镀锌层厚度	平均镀锌层厚度≥84 ≤84 的值不超过 10%	1#	91	94	92
			96	96	109
			108	120	110
			113	125	104
			108	128	102
			119	116	97
			平均值		107
			≤84 的百分率		0
		2#	111	102	102
			115	122	125
			114	124	134
			115	117	98
			125	93	95
			104	111	111
			平均值		112
			≤84 的百分率		0
立柱防腐前厚度/mm	≥5.7	1#	6.19		
		2#	6.24		

经检测，护栏构件力学性能试验结果如表 7－25 所示：

表 7－25 护栏板、立柱、防阻块力学性能测试结果

检 测 项 目		技术要求	编号	实 测 值		
1. 护栏板材料力学性能	抗拉强度/MPa	≥375	1#	429	431	436
				平均值		432
			2#	426	449	435
				平均值		437

续 表

检测项目		技术要求	编号	实测值		
1. 护栏板材料力学性能	屈服强度/MPa	≥235	1#	314	339	329
					平均值	327
			2#	348	310	359
					平均值	339
	断后伸长率/%	≥26	1#	28.5	29.5	28.5
					平均值	28.5
			2#	39.5	30.0	29.0
					平均值	29.0
2. 立柱材料力学性能	抗拉强度/MPa	≥375	1#	470	481	485
					平均值	479
			2#	457	459	480
					平均值	465
	屈服强度/MPa	≥235	1#	381	394	404
					平均值	393
			2#	399	410	335
					平均值	381
	断后伸长率/%	≥26	1#	30.0	31.5	29.5
					平均值	30.3
			2#	32.5	29.0	31.0
					平均值	30.8
3. 防阻块材料力学性能	抗拉强度/MPa	≥375	1#	404	403	408
					平均值	405
			2#	411	458	412
					平均值	427
	屈服强度/MPa	≥235	1#	299	293	280
					平均值	291
			2#	318	343	338
					平均值	333
	断后伸长率/%	≥26	1#	34.0	31.5	32.5
					平均值	32.7
			2#	32.0	32.5	32.0
					平均值	32.2
4. 拼接螺栓（M16×45）	连接副整体抗拉荷载/kN	≥133	1#		140	
			2#		153	
5. 连接螺栓（M16×45）	抗拉强度/MPa	≥375	1#		420	
			2#		431	
6. 连接螺栓（M16×170）	抗拉强度/MPa	≥375	1#		455	
			2#		441	

（二）道路平面线形和纵坡坡度检测

1. 平面线形检测情况

路段事故发生点段在平面上位于两个反向圆曲线间的连接处，前后圆曲线半径分别为 R1（右转）1 550 m 和 R2（左转）1 325.67 m，分别用两个 230 m 的缓和曲线径向连接；反向曲线过渡段路拱横坡为从曲线中心的 4.1%渐变过渡到 0.03%。

2. 纵坡坡度检测情况

检测路段纵断面指标为坡长 354 m、坡度−1.394%的下坡，接坡长 818.36 m、坡度+0.616%的上坡。

3. 横断面宽度检测情况

该路段横断面各要素组成宽度：中央分隔带 3.0 m、左侧路缘带宽 0.75 m、三个行车道宽 11.25 m（3×3.75 m）、硬路肩宽 3.0 m、土路肩宽 0.75 m。

（三）排水系统检测

根据 JTG/T D33—2012《公路排水设计规范》开展排水系统的检测鉴定工作。

事故路段位于反向 S 形曲线衔接处，由于超高过渡需要存在平坡路段，路面排水采用集中排水方式，利用道路的纵坡和横坡汇集路面水，通过在路侧硬路肩边缘设置拦水带，每隔 20 m 设置急流槽，将路面水排至排水沟中。中央分隔带宽度为 3 m，采用浅碟式集中排水，通过中央分隔带设置 φ30 cm UPVC 管和三通管、集水井进行收集，UPVC 管间距为 4 m。通过 φ30 cm UPVC 横向排水管将集水井中的水引入急流槽后排至路基排水沟。

（四）横向力系数、构造深度检测

根据 JTG F80/1—2017《公路工程质量检验评定标准 第一册 土建工程》和 JTG D50—2017《公路沥青路面设计规范》开展横向力系数的检测鉴定工作。

横向力系数的检测结果如表 7－26 所示：

表 7－26　横向力系数的检测结果

起止桩号	SFC 值	起止桩号	SFC 值
K××+××～K××+××	45.18	K××+××～K××+××	45.07
K××+××～K××+××	44.16	K××+××～K××+××	47.24
K××+××～K××+××	48.13	K××+××～K××+××	47.18
K××+××～K××+××	42.35	K××+××～K××+××	46.16
K××+××～K××+××	47.58	K××+××～K××+××	45.27
…	…	…	…
各断面平均值			46.82

根据 JTG D50—2017《公路沥青路面设计规范》开展构造深度的检测鉴定工作。

构造深度的检测结果如表 7－27 所示：

表 7－27 构造深度的检测结果

桩　号	构造深度/mm			平均值/mm
K××+××	0.87	1.00	0.93	0.93
K××+××	1.06	1.10	0.84	1.00
K××+××	0.97	1.00	0.87	0.95

（五）平整度检测

根据 JTG F80/1—2017《公路工程质量检验评定标准 第一册 土建工程》开展平整度的检测鉴定工作。

平整度的检测结果如表 7－28 所示。

表 7－28 平整度的检测结果

起止桩号	IRI/(m/km)	起止桩号	IRI/(m/km)
K××+××～K××+××	1.3	K××+××～K××+××	1.1
K××+××～K××+××	1.8	K××+××～K××+××	1.2
K××+××～K××+××	1.5	K××+××～K××+××	1.1
K××+××～K××+××	1.1	K××+××～K××+××	2.0
K××+××～K××+××	1.1	K××+××～K××+××	1.5
各断面平均值			1.4

（六）车辙检测

根据 JTG 5210—2018《公路技术状况评定标准》和 JTG 3450—2019《公路路基路面现场测试规程》开展车辙的检测鉴定工作。

车辙的检测结果如表 7－29 所示。

表 7－29 车辙的检测结果

起止桩号	车辙/mm	起止桩号	车辙/mm
K××+××～K××+××	4	K××+××～K××+××	5
K××+××～K××+××	4	K××+××～K××+××	6
K××+××～K××+××	4	K××+××～K××+××	6
K××+××～K××+××	4	K××+××～K××+××	6
K××+××～K××+××	4	K××+××～K××+××	6
…	…	…	…
各断面平均值			5

三、分析说明

（一）波形梁护栏的施工质量和产品质量是否符合相关标准规范的要求

事故路段适用的相关技术标准为交通行业标准 JTG/T D81—2017《公路交通安全设施设计细则》、JTG F80/1—2017《公路工程质量检验评定标准 第一册 土建工程》和 GB/T 31439.2—2015《波形梁钢护栏 第 2 部分：三波形梁钢护栏》。

1. 设置要求

本案中，事故路段中央分隔带无路缘石，波形梁钢护栏横梁中心高度应从路面算起。波形梁钢护栏横梁中心高度符合交通行业标准 JTG/T D81—2017《公路交通安全设施设计细则》和 JTG F80/1—2017《公路工程质量检验评定标准 第一册 土建工程》的要求。

2. 外形尺寸与允许偏差

表 7－23 为护栏立柱的定尺长度，符合 JTG/T D81—2017《公路交通安全设施设计细则》的要求。

已知护栏的横梁中心高度和定尺长度，且该中分带中央分隔带无路缘石，可计算出该护栏的埋置深度，其符合 JTG/T D81—2017《公路交通安全设施设计细则》的要求。

表 7－24 中的现场检测数据为护栏板及立柱的厚度及防腐层厚度，符合 GB/T 31439.2—2015《波形梁钢护栏 第 2 部分：三波形梁钢护栏》的要求。

3. 材料要求

护栏板、立柱和防阻块样品的力学性能结果符合交通行业标准 JT/T 281—2007《公路波形梁钢护栏》的要求。M16×45 拼接螺栓、M16×45 连接螺栓和 M16×170 连接螺栓的力学性能结果符合 GB/T 31439.2—2015《波形梁钢护栏 第 2 部分：三波形梁钢护栏》的要求。

（二）道路平面线形和纵坡坡度是否符合相关标准规范的要求

事故路段适用的交通行业技术标准为 JTG B01—2014《公路工程技术标准》、JTG D20—2017《公路路线设计规范》、JTG 5142—2019《公路沥青路面养护技术规范》。

1. 平面线形情况分析

JTG D20—2017《公路路线设计规范》第 7.1.2 条规定，平面线形必须与地形、景观、环境等相协调，同时注意线形的连续与均衡，并同纵断面、横断面相互配合。

JTG D20—2017《公路路线设计规范》第 7.3.2 条规定，设计速度为 120 km/h 的，圆曲线最小半径一般值为 1 000 m，极限值为 570 m。

事故路段在平面上位于两个反向圆曲线间的连接处，前后平曲线半径分别为 1 550 m 和 1 325.67 m；纵断面位于 0.616%缓上坡，视野较为开阔、通视距离大于 500 m。线形连续且均匀，并能与地形、景观、环境相协调，满足标准规范的要求。

2. 纵坡情况分析

JTG D20—2017《公路路线设计规范》第 8.2.1 条规定，设计速度为 120 km/h 的，最大纵坡为 3%。

事故路段纵坡坡度为 0.616%，满足标准规范的要求。

3. 横断面宽度分析

JTG D20—2017《公路路线设计规范》第 6.1.1 条规定，整体式路基的标准横断面应当由车道、中间带（中央分隔带、左侧路缘带）、路肩（右侧硬路肩、土路肩）等部分组成。

JTG D20—2017《公路路线设计规范》第 6.2.1 条、第 6.4.1 条规定，设计速度为 120 km/h

的高速公路,车道宽度为 3.75 m。右侧路肩宽度宜采用 3.00 m。第 6.3.1 条规定,中间带宽度规定如表 7-30 所示。

表 7-30 中间带宽度

设计速度/(km/h)		120	100	80	60
中央分隔带宽度/m	一般值	3.00	2.00	2.00	2.00
	最小值	1.00	1.00	1.00	1.00
左侧路缘带宽度/m	一般值	0.75	0.75	0.50	0.50
	最小值	0.75	0.50	0.50	0.50
中间带宽度/m	一般值	4.50	3.50	3.00	3.00
	最小值	2.50	2.00	2.00	2.00

事故路段为双向六车道高速,设计速度 120 km/h,该路段路幅土路肩宽 0.75 m,硬路肩宽 3.0 m,三个行车道宽 11.25 m(3×3.75 m),路缘带宽 0.75 m,中央分隔带宽度 3.0 m,中间带宽度 4.5 m,满足标准规范的要求。

(三)排水系统是否符合相关标准规范的要求

事故路段适用 JTG/T D33—2012《公路排水设计规范》的规定。

JTG/T D33—2012《公路排水设计规范》第 3.0.3 条规定:根据公路功能、等级,确定排水设计原则,划分排水段落,分段确定路线和主要构造物排水方案和排水路线,完成排水系统布置图。

第 4.2.1 条第 2 款的规定:路堤较高且边坡坡面未作防护,或坡面虽有防护措施但仍有可能受到冲刷的路段,应采用路面集中排水系统排除路表水。

第 4.3.1 条规定:中央分隔带表面未采用铺面封时分隔带部设置由防水层、纵向排水渗沟、集水槽和横向排水管等组成的防排水系统。宽度大于 3 m 的中央分隔带表面宜设置成浅碟形,横向坡度宜为 1∶4~1∶6。

事故路段位于反向 S 形曲线衔接处,由于超高过渡需要存在平坡路段,路面排水采用集中排水方式,利用道路的纵坡和横坡汇集路面水,通过在路侧硬路肩边缘设置拦水带,每隔 20 m 设置急流槽,将路面水排至排水沟中。中央分隔带宽度为 3 m,采用浅碟式集中排水,通过中央分隔带设置 φ30 cm UPVC 管和三通管、集水井进行收集,UPVC 管间距为 4 m。通过φ30 cm UPVC 横向排水管将集水井中的水引入急流槽后排至路基排水沟;事故路段具有完善的排水系统,符合 JTG/T D33—2012《公路排水设计规范》的要求。

(四)横向力系数、构造深度是否符合相关标准规范的要求

事故路段为沥青路面,该路段横向力系数适用的技术标准为 JTG D50—2017《公路沥青路面设计规范》。

JTG D50—2017《公路沥青路面设计规范》第 3.0.7 条规定,高速公路、一级公路的沥青路面横向力系数 SFC 应不小于 45,构造深度不小于 0.45 mm。

事故路段沥青路面的横向力系数均大于 45,符合 JTG D50—2017《公路沥青路面设计规范》的相关要求。

事故路段为沥青路面,该路段的路面构造深度适用的技术标准为 JTG D50—2017《公路沥青路面设计规范》。

JTG D50—2017《公路沥青路面设计规范》第 3.0.7 条规定:高速公路、一级公路的沥青路面构造深度不小于 0.45 mm。

事故路段沥青路面构造深度均大于 0.45 mm,符合 JTG D50—2017《公路沥青路面设计规范》的相关要求。

(五)平整度是否符合相关标准规范的要求

事故路段为沥青路面,该路段平整度适用的技术标准为 JTG F80/1—2017《公路工程质量检验评定标准 第一册 土建工程》。

JTG F80/1—2017《公路工程质量检验评定标准 第一册 土建工程》第 7.3.2 条规定,高速公路、一级公路力气混凝土路面面层和沥青碎(砾)石面层 IRI 不超过 2.0 mm/km。

事故路段沥青路面采用 IRI 检测平整度,平整度均小于 2 mm,符合 JTG F80/1—2017《公路工程质量检验评定标准 第一册 土建工程》的相关要求。

(六)车辙是否符合相关标准规范的要求

事故路段为沥青路面,该路段车辙适用的技术标准为 JTG 5210—2018《公路技术状况评定标准》。

JTG 5210—2018《公路技术状况评定标准》第 5.2.6 条规定,车辙应按长度(m)计算,检测结果应用影响宽度(0.4 m)换算成损坏面积。损坏程度应按以下标准判断:轻度应为车辙深度在 10~15 mm 之间;重度应为车辙深度大于或等于 15 mm。

事故路段沥青路面车辙均小于 10 mm,不属于 JTG 5210—2018《公路技术状况评定标准》中列出的损坏情况。

四、鉴定意见

根据上述分析,得出如下鉴定意见:

1)事故地点所处路段的波形梁护栏的施工质量和产品质量符合相关标准规范的要求。

2)事故地点所处路段的道路平面线形和纵坡坡度符合相关标准规范的要求。

3)事故地点所处路段的排水系统符合相关标准规范的要求。

4)事故地点所处路段的横向力系数、构造深度符合相关标准规范的要求。

5)事故地点所处路段的平整度符合相关标准规范的要求。

6)事故地点所处路段的车辙符合相关标准规范的要求。

· 思考题 ·

1. 交通事故调查中,道路设施鉴定的内涵是什么?
2. 道路设施鉴定的对象主要包括哪些类型的道路?
3. 道路交通设施鉴定的主要内容有哪些?
4. 在进行波形梁钢护栏的鉴定时,需要依据哪些标准规范?

第八章　道路交通事故车辆速度鉴定

事故车辆速度是道路交通事故调查的重要内容，也是公安交通管理部门进行事故认定、法院进行司法审判的关键技术依据。道路交通事故车辆速度（以下简称为车速）鉴定以事故现场、痕迹等客观物证为依据，以运动学、动力学为理论基础，结合交通工程、车辆工程、道路工程等工程学科，以及汽车检测、碰撞实验技术，以分析计算涉案车辆行驶速度或状态。1941 年，瑞士苏黎世出版了第一本关于交通事故车速鉴定的论著《交通事故力学》，此后，相关研究成果和论著也陆续出现，逐步构建并完善了车速鉴定的理论和技术方法。

本章介绍的主要内容包括：道路交通事故车速鉴定的目的和内容、车速鉴定的基础理论、基于视频图像的速度鉴定、基于事故形态的速度鉴定，以及典型道路交通事故车速鉴定案例。

第一节　车速鉴定的内容和目的

一、车速鉴定的目的

道路交通事故车速鉴定的直接目的是还原车辆在事故发生过程中，或与事故发生有关联的某一阶段的平均速度或某一时刻的速度。在某些案件的调查过程中，也可能存在通过不同阶段或时刻的速度鉴定结果，分析、计算车辆的加速或减速状态，或利用速度鉴定结果进一步对事故车辆进入交通管控区域时所对应的交通信号灯状态进行鉴定。

二、车速鉴定的内容

根据车速的鉴定目的，其鉴定内容一般包括：事故瞬间车辆的行驶速度（包括车辆发生碰撞、倾覆或坠落瞬间的速度等）；采取避险时车辆的行驶速度（包括事故发生前采取制动、转向等避险措施瞬间的速度等）；车辆在某段距离或过程的平均行驶速度；车辆在某段距离或过程的速度变化状态（包括加速、减速等）。

从案件事实调查，以及案件处理和审理的角度出发，应该尽可能鉴定出采取措施时的车辆速度，反映出未采取避险措施前的车辆行驶速度，以此判断车辆是否超速行驶。但在具体案件的鉴定过程中，往往受到鉴定材料、标准和方法的限制，只能计算车辆碰撞时或碰撞后的速度，有些情况只能通过痕迹和其他车辆的速度，分析被鉴定车辆的速度。

第二节　车速鉴定的基础理论

道路交通事故车速重建技术最早起源于欧美等发达国家，1941 年，瑞士苏黎世出版了第一本关于交通事故车速鉴定的论著《交通事故力学》，此后，经历了近 80 年的发展历程，相关研究成果、论著也陆续出现，逐步构建并完善了车速鉴定的理论和技术方法，形成了一套较为成熟的理论体系和技术方法。车速鉴定的理论基础主要包括相关力学基础知识、运动学基础知识、动力学基础知识，以及车辆碰撞过程和特性。

一、力学相关基础知识

（一）力的概念

1. 力的定义

力是物体间的相互机械作用，其作用效果是使物体的机械运动状态发生变化（包括变形）。例如，人用力推车子，使其由静到动，由慢到快，运动状态发生变化。或者反过来，车子撞在墙上，受到墙的反作用力，使其由动到静，甚至反弹回去，也是运动状态发生变化。因此，只要物体的运动状态发生变化，它一定受到力的作用。不仅如此，即使物体的运动状态没有变化，也可能受到力的作用，例如，停在路面上的车，因受到重力和路面反力的作用，其轮胎在与路面接触的部分发生明显的变形，就是静力作用的证明。

2. 力的三要素

力对物体的作用效果决定于三个因素，称为力的三要素，它们是力的大小、方向和作用点。其一，力的大小不同，作用效果就不同。其二，力的方向不同，其作用效果也不同。这是因为方向不同，物体在空间运动的路径不一样，两者无法等效。其三，力的作用点不同，作用效果也不一样。如图 8－1 所示，一本书放在桌面上，用手推它，当推力 F 的作用线通过书的重心 C 点时，书只向前平行移动，没有转动。当推力 F 的作用线不通过 C 点时，书向前运动既有移动又有转动，两者效果不一样。

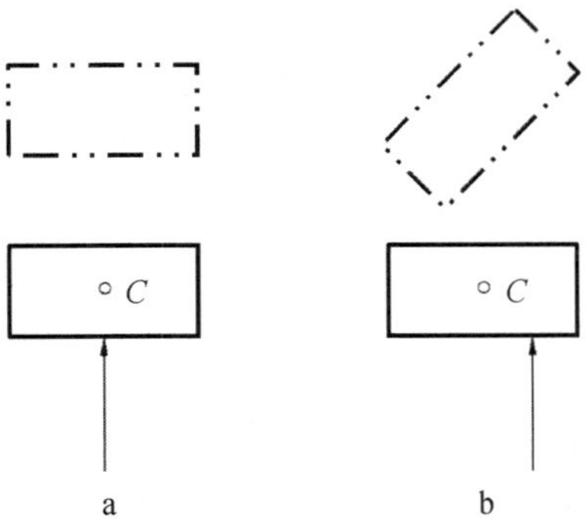

图 8－1　力的三要素

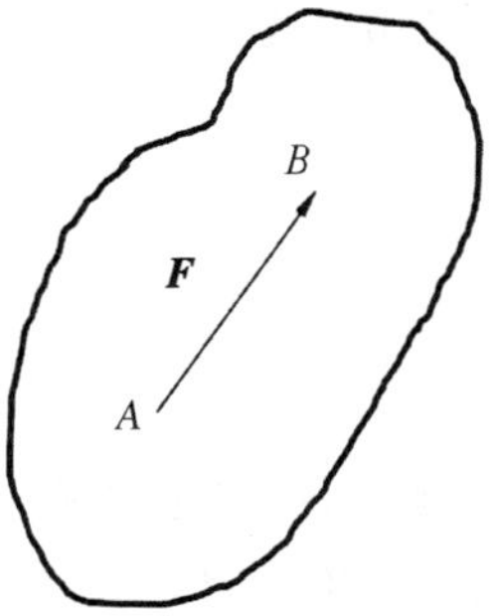

图 8－2　力的矢量

3. 力用矢量表示

力的三要素在数学上需要用一个矢量 $\boldsymbol{F}$ 表示，如图 8－2。矢量 $\boldsymbol{F}$ 的模 F（即长度 AB）表示力的大小，矢量 $\boldsymbol{F}$ 的指向表示力的方向，矢量 $\boldsymbol{F}$ 的端点 A（或 B）表示力的作用点。

（二）力的合成与平衡

1. 力的四边形法则

如图 8－3 所示，地上有一重物，通过其上 A 点作用两个力 F_1 和 F_2，这两个力可以合成为一个合力 R。由经验可知，当合力 R 垂直向上，且大于或等于物块的重力时，

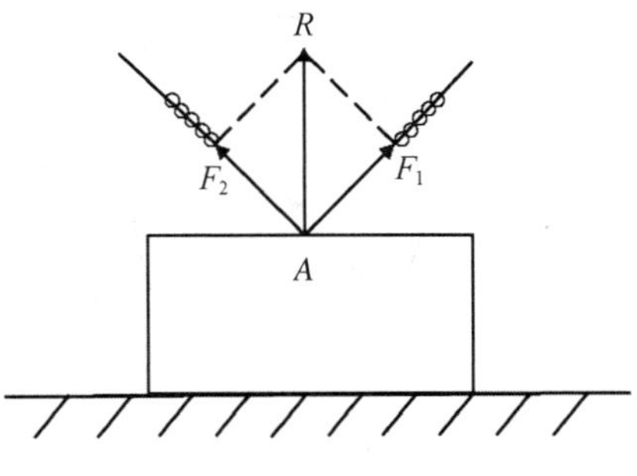

图 8－3　平行四边形法则

该物块将被向上提起,此时合力 R 的大小和方向由分力 F_1 和 F_2 为边组成的平行四边形的对角线决定。

由于力是矢量,不仅有大小,而且还有方向,两个力之和就不能用大小相加,而是由平行四边形的对角线决定。矢量相加称为矢量和,所以矢量和遵守平行四边形法则。其内容是:作用在同一点的两个力 F_1 和 F_2,可以合成为一个合力 R,其大小和方向等于这两个力的矢量之和(即平行四边形的对角线),且作用点不变。即

$$R = F_1 + F_2 \tag{8-1}$$

2. 二力平衡条件

受两个力作用的刚体(不变形的物体)能保持平衡的充分必要条件是:这两个力满足大小相等,方向相反,作用线相同。用矢量表示为

$$F_1 = -F_2 \tag{8-2}$$

式中负号表示方向相反。将上式移项得

$$F_1 + F_2 = 0 \tag{8-3}$$

式(8-3)表示平衡的两个力的矢量和等于零。将它代入式(8-1)得合力 $R = 0$,也就是说,平衡的两个力的合力等于零,平衡的两个力的存在与否,不会影响物体原有的状态。

3. 力的可传性

对于刚体来说,力可以沿其作用线滑移到任何地方而不改变其对刚体的作用,证明如下:

已知 F_1 作用在点 A,如图 8-4a 所示。在其作用线上的任一点 B 处加一对平衡力:

$$F_3 = -F_2$$

如图 8-4b 所示,这样做并不影响原力对刚体的作用。只要满足:

$$F_3 = F_1$$

那么

$$F_1 = -F_2$$

成为一对平衡力,可以把这两个力去掉如图 8-4c 所示。这样做并不影响原力对刚体的作用。于是,作用在 B 点的 F_3,与作用在 A 点的 F_1 是等效的。这就证明了:力可以沿其作用线滑移到任何地方而不改变其对刚体的作用,即力的可传性。

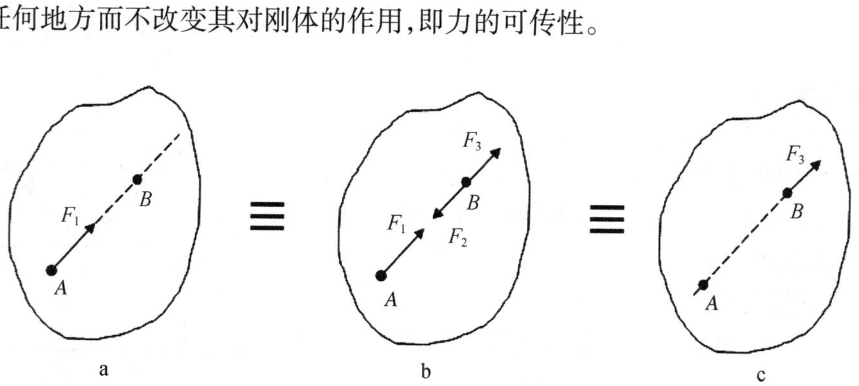

图 8-4 力的可传性

根据力的可传性,对刚体来说,只要作用线位置不变,作用点的位置可以任意滑移。

4. 汇交力系的合成

设有 n 个力 F_1、F_2、…、F_n,它们的作用线汇交于同一点 O(称为汇交力系)。首先可将各个力的作用点沿其作用线滑移到 O 点而成为共点力系,如图 8-5a 所示。然后可以将任意两个力 F_1、F_2 合成为 F_{12},再将 F_{12} 和 F_3 合成为 F_{123}……如上依次合成,直到和最后一个分力 F_n 合成为合力 R_O,则 R_O 就是汇交力系的合力,如图 8-5b 所示。

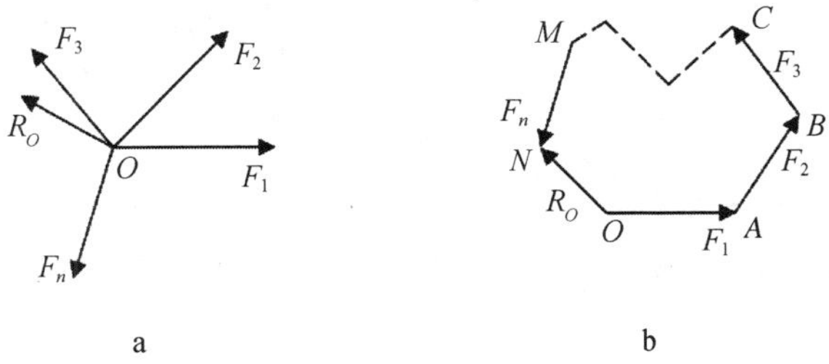

图 8-5 力多边形

从 O 点出发,将 n 个分力按矢量首尾相接画成多边形 $OABC\cdots\cdots N$(称为力多边形)。矢量和 R_O 是这个力多边形的封闭边,它由起点 O 指向终点 N,它的箭头指向与各分力箭头的顺序相反,这是在力多边形中区别合矢量和分矢量的唯一标志。

用矢量和表示合力的大小和方向为

$$R_O = F_1 + F_2 + \cdots + F_n = \sum_{i=1}^{n} F_i = \sum F_i \quad (8-4)$$

汇交力系可合成为一个合力 R_O,其大小和方向等于各分力 F_i 的矢量和(由各分力首尾相接组成的力多边形的封闭边,其箭头指向与各分力箭头的顺序相反),合力的作用点仍在汇交点 O。

5. 汇交力系的平衡

当由 n 个力组成的汇交力系平衡时,其合力 R_O。一定等于零,根据式(8-4),各分力的矢量和一定等于零,即

$$F_1 + F_2 + \cdots + F_n = \sum F_i = 0 \quad (8-5)$$

此时,由 n 个力 F_i 组成的力多边形的终点 N 与起点 O 一定重合(自行封闭)。

汇交力系平衡的几何条件是:力多边形自行封闭,各分力全部首尾相接,没有箭头相反的合力存在。

(三)力偶与力矩

1. 力偶

大小相等,方向相反,但不作用在同一直线的两个力称为力偶。组成力偶的那两个力大小相等、方向相反,但这两个力并不平衡,因为这两个力的作用线不重合。这就再次表明,力的三要素中的第三个要素,作用点或作用线位置非常重要。

2. 力偶矩

力偶的两个力的作用线组成的平面称为力偶作用面。作用面相同的力偶称为平面力偶。

为了度量力偶使物体产生转动的效果，引入平面力偶矩：

$$m = \pm F \cdot d \tag{8-6}$$

图 8－6 中，F 为力偶两个力中任一个力的大小，d 为两个力作用线之间的距离，并称为力偶臂。“±”代表平面力偶的两种转向。通常规定逆时针转时取“+”号，顺时针转时取“-”号。

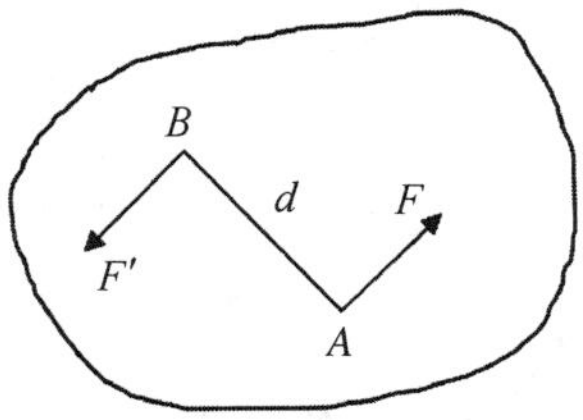

图 8－6 力偶

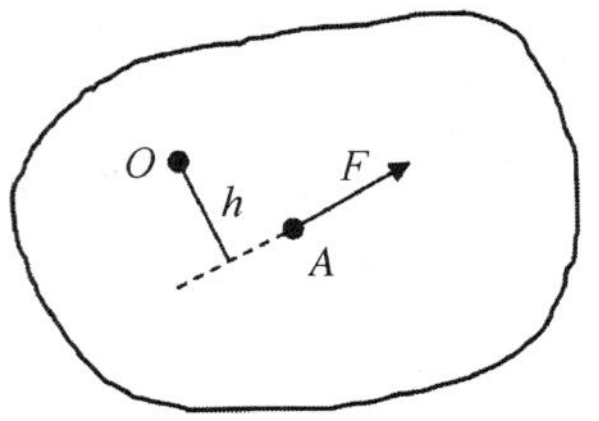

图 8－7 力对点之矩

3. 力对点之矩

力对物体的作用效果包括移动和转动。移动效果由力的大小和方向（即力矢量）决定，转动效果由力对点之矩来度量。

图 8－7 中有一个力 F 及某一点 O，力 F 对 O 点之矩 $m_O(F)$ 定义为

$$m_O(F) = \pm F \cdot h \tag{8-7}$$

式中，F ——力的大小；

h ——力作用线到 O 点的垂直距离，称为力臂。

符号“ ±”代表力对点之矩的两种转向。当顺着力的方向绕 O 点转为逆时针时，取“+”号，顺时针转时，取“-”号。

4. 平面力偶的基本性质

组成力偶的两个力比较特殊，其基本性质：

1）在力偶矩 m 不变的条件下，力偶中力的大小 F 和力偶臂的长短 d 可任意改变，而不改变其对刚体的作用。也就是说，决定力偶作用效果的是力偶矩的大小和转向，不是单个的力 F 或力偶臂 d。因此，可以用弧形箭头来表示力偶，如图 8－8b 所示，箭头表示力偶的转向，m 表示力偶矩的大小。

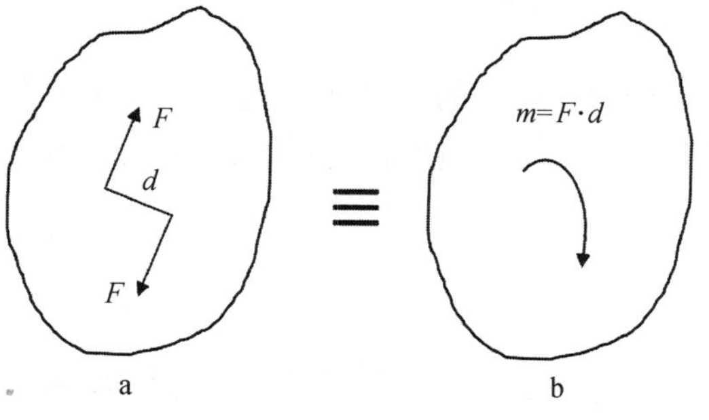

图 8－8 力偶用弧形箭头

2）力偶可以在其作用面内转移到任何地方，而不改变其对刚体的作用，因为作用在刚体上的力可沿其作用线滑移到任何地方，而且力的大小和方向都可改变，只要力偶矩的大小和转

向保持不变。根据这一特性，标画力偶矩 m 时，可以放在任意位置，不必限制它在某一点上。

3）力偶对任一点之矩就等于力偶矩本身。如图 8－9 所示。力偶（F、F'），对 O 点之矩，等于力 F 和 F'，对 O 点之矩之和，即

$$m_O(F)+m_O(F')=-F\cdot l+F'\cdot l'=-F(l-l')=-F\cdot d=m \tag{8-8}$$

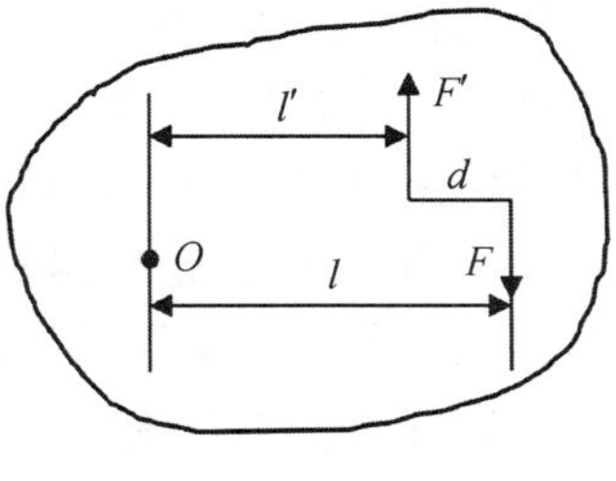

图 8－9　力偶对任一点之矩

可见，无论力矩中心 O 在什么位置，力偶对点之矩等于力偶矩本身。

5. 力线平移定理

力对点之矩与力偶矩都是物体转动效果的度量，都是力乘距离，都是代数量，它们之间存在密切的关系，体现在力线平移定理中，现推导如下。

如图 8－10a 所示，有一力 F 作用在 A 点，另有一点 B，离 F 的距离为 h，如果在 B 点加一对平衡力 F'、F''，并使他们与力 F 大小相等，作用线平行，即满足：

$$F'=-F''=F \tag{8-9}$$

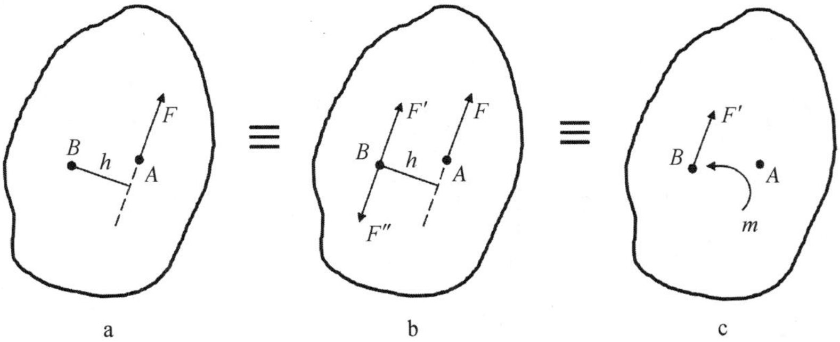

图 8－10　力线平移定理

如图 8－10b 所示，图 8－10b 与图 8－10a 当然是等效的。进一步观察图 8－10b 的三个力中，F 与 F'' 为一力偶，可用力偶 m 表示如图 8－10c 所示。图 8－10c 与图 8－10b 也是等效的，则图 8－10c 与图 8－10a 也就等效。比较这两个图可见，原来作用在 A 点的力 F，现在平行移动到 B 点（即 F'），同时增加了一个力偶 m。此附加力偶之矩为

$$m=F\cdot h=m_B(F) \tag{8-10}$$

这是原力 F 对新作用点 B 之矩。于是，得到力线平移定理为：力的作用线可以平行移动到刚体的任何地方，但需附加一个力偶，此附加力偶之矩等于原力对新作用点之矩。

力线平移定理在理论推导和分析实际问题时都很有用。例如图 8－11b 中，F 力作用线没有通过重心 O 时，可以把它平移到作用线通过重心，同时应附加一个力偶，所以图 8－11b 与图 8－11a 相比，除了同样有平行移动外，图 8－11b 中还有转动。

（四）力的分析与计算

1. 受力分析

为了研究物体的平衡状态或动力状态，首先需要弄清该物体所受的各种力。为此把要研

究的物体(称为研究对象)单独画出,画上它所受的全部作用力,这种图称为受力图或称为分离体图。这就是说,受力图是将该物体从周围物体的约束中分离出来,并用约束力代替原来存在的约束,以保证物体的受力状态不失真。

内力与外力,是根据研究对象的取法。任何两个物体间的相互作用力,如果把这两个物体分开来取研究对象就是外力,如果合在同一个研究对象里就是内力。

2. 平面力系的简化

作用线位于同一平面的各个力组成平面力系,它是工程中最常见的情形。对于更复杂的空间力系,往往可按空间直角坐标系分解为三个平面力系来处理。

设有 n 个力 F_1、F_2、…、F_n 组成平面力系,可以根据力线平移定理,将它们向平面内任一点 O 简化(O 点称为简化中心),办法是将这 n 个力的作用线都平移到 O 点,汇交在一起成为汇交力系 F'_i。同时根据力线平移定理(图 8－11),相对每个力 F_i 附加一个力偶 m_i,此力偶之矩等于原力 F_i 对新作用点 O 之矩,即

$$m_i = m_O(F_i)\ (i = 1,\ 2,\ \cdots,\ n) \tag{8-11}$$

这样将 n 个力作用线平移至 O 点后得到一个汇交力系 F'_i 和一个附加的力偶系 m_i,如图 8－11b所示,然后就可以将汇交力系合成为一个合力 R_O,将附加力偶系合成为一个合力偶 M 如图 8－11c 所示。

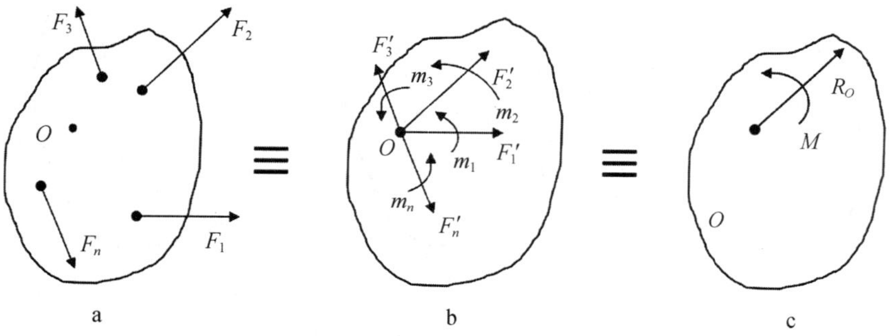

图 8－11　平面力系简化

为了从数学上计算合力和合力偶,先定义力系的主矢量和主矩。

1) 将力系 $F_i(i = 1,\ 2,\ \cdots,\ n)$ 中各个力按矢量和的办法加起来,所得的合矢量称为力系的主矢量 R,即

$$R = \sum F_i \tag{8-12}$$

也就是说,力系中各力的矢量和称为力系的主矢量。

2) 将力系 $F_i(i=1,\ 2,\ \cdots,\ n)$ 各个力对某一点 O 计算力矩并加起来称为力系对 O 点的主矩 M_O,即

$$M_O = \sum M_O(F_i) \tag{8-13}$$

也就是说,力系中各力对某一点的力矩代数和称为力系对该点的主矩。

有了力系的主矢量和对 O 点的主矩,那么平面力系向 O 点平移后所得汇交力系合力的大小和方向,就等于力系的主矢量,即

$$R_O = \sum F'_i = \sum F_i = R \tag{8-14}$$

同时所得附加力偶系的合力偶之矩,就等于力系对 O 点的主矩,即

$$M = \sum M_i = \sum m_O(F_i) = M_O \tag{8-15}$$

至此可得结论:平面力系($i=1,2,\cdots,n$)向任一点 O 简化得一个力 M_O 和一个力偶 M;此力的大小和方向等于力系的主矢量 R(即 $R_O=R$),此力的作用点就在简化中心 O 点;同时,此力偶等于力系对 O 点之主矩 M_O(即 $M=M_O$)。

3. 平面力系的解析

力是矢量,矢量的运算有两种途径:一种是几何法,它是在平行四边形法则的基础上,用力多边形来进行,如图 8-5 所示;另一种是解析法,它是在力的投影基础上,将一个矢量方程分解为两个独立的投影方程进行求解。

(1) *力在轴上的投影* 如图 8-12 所示,设有力 F 和轴 x,将 F 矢量的起点 A 和终点 B,分别向 x 轴作垂线得线段 ab,称力为 F 在 x 轴上的投影,并用 X 表示,即

$$X = F\cos\alpha \tag{8-16}$$

式中,α 为力 F 与 x 轴正向的夹角。当 $\alpha < 90°$ 时,投影 X 为正;当 $\alpha > 90°$ 时(图 8-12b),投影 X 为负,因为 $\cos\alpha = -\cos\beta$。通常是用于小于 90° 的锐角进行运算,因此,当力的方向与轴的正向基本相反时,力在轴上的投影表示为

$$X = -F\cos\beta \tag{8-17}$$

这就是说,力在轴上的投影有时正,有时负,为代数量。

根据上述定义,同一个力在互相平行的两个轴上的投影是相等的;同时,力线平行移动时不影响它在轴上的投影。

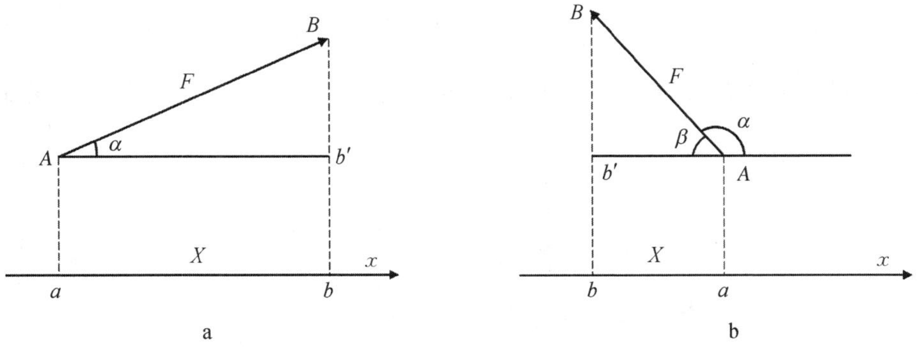

图 8-12 力在轴上的投影

(2) *合力投影定理* 图 8-13 所示 R 为 F_1 和 F_2 的合力。
即

$$R = F_1 + F_2$$

现在把它们投影在 x 轴,合力 R 在 x 轴上的投影记为 R_x,在图上为线段 ad。F_1 在 x 轴上的投影记为 X_1,在图上为线段 ab,F_2 在 x 轴上的投影记为 X_2,在图上的线段 bd。则由线段

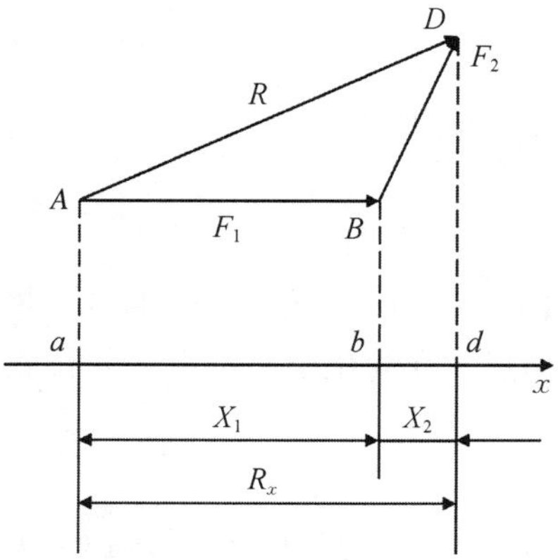

图 8-13 合力投影定理

关系有

$$ad = ab + bd$$

得

$$R_x = X_1 + X_2 \tag{8-18}$$

这表明合力 R 在 x 轴上的投影等于分力 F_1 和 F_2 在 x 轴上投影的代数和。

上述以两个分力为例证明了合力投影与分力投影的关系。现在把它推广到具有 n 个分力的情况,若有

$$R = F_1 + F_2 + \cdots + F_n = \sum F_i \tag{8-19}$$

则有

$$R_x = X_1 + X_2 + \cdots + X_n = \sum X_i \tag{8-20}$$

合力在任一轴上的投影等于各分力在同一轴上投影的代数和。这称为合力投影定理。

(3) 平面力系的平衡方程　从平面力系简化的最后结果中可以得出,如果主矢和主矩都为零,即

$$\left.\begin{aligned} R &= \sum F_i = 0 \\ M_O &= \sum m_O(F_i) = 0 \end{aligned}\right\} \tag{8-21}$$

该力系一定平衡。上述第一式为矢量方程,把它投影在直角坐标轴 x 和 y 上得

$$R_x = \sum X_i = 0$$

$$R_y = \sum Y_i = 0$$

这是两个独立的代数方程。式(8-21)中的第二式本身就是代数方程。把它们联合起来得

$$\left.\begin{aligned} \sum X_i &= 0 \\ \sum Y_i &= 0 \\ \sum m_O(F_i) &= 0 \end{aligned}\right\} \tag{8-22}$$

这就是平面一般力系平衡方程的基本形式。其中前两个称为力的投影方程,第三个称为力矩方程。三个独立的代数方程可以求解三个未知量。

二、运动学相关基础知识

运动学是研究物体在空间的位置随时间变化的几何性质(轨迹、速度、加速度等),但不涉及产生运动的物理因素(力和质量)。针对碰撞事故分析中所涉及的知识,将运动学最基本的内容加以介绍。

几何上的点往往是实际物体的抽象结果。以下两种情况时,物体的运动可抽象为点的运

动：① 当研究物体的整体运动时，例如研究车辆整体的运动状况，就可把车辆抽象为一个动点来代表；② 当物体的尺寸大小与其运动的范围相比小到可以忽略不计时，例如飞机、导弹、人造卫星等。

点运动的轨迹有直线与曲线之分；曲线又可分为圆周运动，抛物线运动及其他高次曲线运动等。

（一）点的直线运动

1. 速度

为了描述点运动的快慢，引入速度的概念。车辆由 A 点到 B 点经过的位移为 s，经历的时间为 t，速度定义表达为

$$v^{*}=\frac{s}{t} \tag{8-23}$$

它表示在 t 时间间隔内，运动的平均快慢。如果把时间间隔取得非常小，平均速度的极限称为瞬时速度，这在数学上称为位移 s 对时间 t 的变化率（导数），即瞬时速度：

$$v=\frac{\mathrm{d}s}{\mathrm{d}t} \tag{8-24}$$

然而，对于匀速直线运动，瞬时速度就等于平均速度，即

$$v=v^{*}=\frac{s}{t} \tag{8-25}$$

速度的单位为米/秒（m/s），也可以采用千米/小时（km/h）。它们的换算关系为

$$1\ \mathrm{m/s}=3.6\ \mathrm{km/h}$$
$$1\ \mathrm{km/h}=\frac{1}{3.6}\ \mathrm{m/s} \tag{8-26}$$

2. 加速度

为了描述速度变化的快慢，引入加速度的概念。假设初始速度为 v_0，经过 t 时间后速度变为 v，加速度定义表述为

$$a^{*}=\frac{v-v_0}{t} \tag{8-27}$$

它表示 t 时间间隔内速度的平均变化率。如果时间间隔 t 取得非常非常小，平均加速度的极限称为瞬时加速度，这在数学上称为速度 v 对时间 t 的变化率（导数），即瞬时加速度为

$$a=\frac{\mathrm{d}v}{\mathrm{d}t} \tag{8-28}$$

然而对于匀变速直线运动，瞬时加速度就等于平均加速度，即

$$a=a^{*}=\frac{v-v_0}{t} \tag{8-29}$$

加速度的单位常用米/秒^2（$\mathrm{m/s^2}$）。

3. 匀变速度运动

由式(8-29)可整理:

$$v = v_0 + a \cdot t \quad (8-30)$$

为了应用式(8-23)求解位移 s,首先要求出平均减速度,它等于初速度 v_0 和末速度 $(v_0 + a \cdot t)$ 的平均值,即

$$v^* = \frac{1}{2}[v_0 + (v_0 + a \cdot t)] = v_0 + \frac{1}{2}a \cdot t$$

然后根据式(8-23),可得位移:

$$s = v^* \cdot t = v_0 \cdot t + \frac{1}{2}a \cdot t^2 \quad (8-31)$$

联立式(8-30)和式(8-31),消去时间 t, 得到

$$v^2 = v_0^2 + 2a \cdot s \quad (8-32)$$

式(8-30)、式(8-31)和式(8-32)是均变速运动的三个基本公式,其中共有五个变量:加速度 a, 初速度 v_0, 末速度 v, 位移 s, 时间 t, 只要已知其中三个,就可以求出其余两个。针对不同的已知量和代求量,列出 15 个公式,如表 8-1 所示。

表 8-1 直线运动的变量及求解公式

代求量	已知量	采用公式	
末速度 v	t, a, v_0	$v = v_0 + a \cdot t$	(1)
	a, v_0, s	$v = \pm\sqrt{v_0^2 + 2a \cdot s}$	(2)
	t, a, s	$v = \frac{s}{t} + \frac{1}{2}a \cdot t$	(3)
初速度 v_0	t, a, v	$v_0 = v - a \cdot t$	(4)
	a, v, s	$v_0 = \pm\sqrt{v^2 - 2a \cdot s}$	(5)
	t, a, s	$v_0 = \frac{s}{t} - \frac{1}{2}a \cdot t$	(6)
位移 s	t, a, v_0	$s = v_0 \cdot t + \frac{1}{2}a \cdot t^2$	(7)
	a, v_0, v	$s = \frac{v^2 - v_0^2}{2a}$	(8)
	t, v_0, v	$s = \frac{1}{2}(v_0 + v)t$	(9)
加速度 a	t, v_0, v	$a = \frac{v - v_0}{t}$	(10)
	t, v_0, s	$a = 2\frac{s - v_0 \cdot t}{t^2}$	(11)
	v_0, v, s	$a = \frac{v^2 - v_0^2}{2s}$	(12)

续 表

代求量	已知量	采用公式	
时间 t	a, v_0, v	$t = \dfrac{v - v_0}{a}$	(13)
	a, v_0, s	$t = \dfrac{(\pm\sqrt{v_0^2 + 2a \cdot s} - v_0)}{a}$	(14)
	v_0, v, s	$t = \dfrac{2s}{v + v_0}$	(15)

表 8－1 中的五个量，除时间 t 总为正外，其余四个可正可负，称为代数量。这是因为位移、速度、加速度都是矢量，既有大小，又有方向。但对直线运动来讲，矢量方位与轨迹重合，只能有两种指向，这两种指向正好与正负号对应，因此，正负号表示位移、速度、加速度的方向。

用正负号表示位移、速度、加速度的方向有两种办法。第一种，沿轨迹直线选定坐标轴 x 的正方向，位移、速度、加速度的方向与坐标轴正向一致时，其值为正，反之为负。第二种，以初速度方向为正，加速运动时 a 为正，减速运动时 a 为负。

（二）点的圆周运动

1. 匀速圆周运动

（1）速度的大小和方向　设动点沿半径 r 的圆弧做匀速运动，如图 8－14a 所示。从 A 点到 B 点经过的距离为弧长 s，经历的时间为 t，速度为

$$v = \frac{s}{t} = v_1 = v_2$$

这只是速度的大小，速度的方向是沿圆周的切线方向（垂直于半径）。由于圆弧上各点的切线方向是不断变化的，所以速度方向也不断地变化。这就是说，匀速圆周运动的速度大小虽然没有变化，但是速度的方向在不断变化，因此也有加速度。

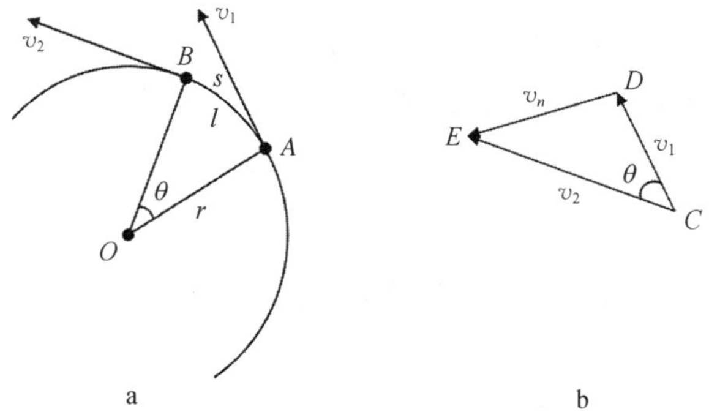

图 8－14　法向加速度

（2）向心加速度　图 8－14a 中，由 A 点的速度 v_1 到 B 点的速度 v_2 速度的变化为

$$v_2 - v_1 = v_n$$

为求此速度矢量的增量，可以如图 8－14b，从同一点 C 出发，作速度 v_1 和 v_2 的平行线，同时把上述矢量差移项变为矢量和：

$$v_2 = v_n + v_1$$

即 v_n 和 v_1 为分矢量，首尾相接，v_2 为合矢量。速度增量 v_n 也是矢量，其大小由三角形 CDE 与 OAB 相似，对应边成比例：

$$\frac{v_n}{l} = \frac{v}{r}$$

或：

$$\frac{v_n}{v} = \frac{l}{r}$$

式中，l 为 AB 之间的弦长，可近似地用弧长 s 代替得

$$\frac{v_n}{v} = \frac{s}{r}$$

两边除以时间间隔 t 得

$$\frac{v_n}{t} \cdot \frac{1}{v} = \frac{s}{t} \cdot \frac{1}{r}$$

式中，$s/t = v$，而速度增量 v_n 的时间变化率 v_n/t 就是加速度 a 的大小，代入上式得

$$\frac{a}{v} = \frac{v}{r}$$

当时间间隔越来越小时，弦长 l 越来越接近，上式等号的近似性逐步消失。因此有

$$a = \frac{v^2}{r} \tag{8-33}$$

这是加速度的大小。加速度方向由增量 v_n 的方向决定。当时间间隔 t 越来越小时夹角 θ 也越来越小。最后 v_n 的方向垂直速度 v 的方向，也就是沿半径 r 的方向，并指向圆心 O。因此这个加速度称为向心加速度，并用 a_n 表示，即有大小：

$$a_n = \frac{v^2}{r} \tag{8-34}$$

动点作匀速圆周运动时，具有向心加速度 a_n，其大小等于速度平方除以圆周半径，其方向沿着半径指向圆心。

2. 匀变速圆周运动

以上讨论了匀变速直线运动，此时的加速度 a 代表速度大小对时间的变化率。接着又讨论了匀速圆周运动，此时的向心加速度代表速度方向对时间的变化率。把两者结合起来，就得到匀变速圆周运动的加速度。即：动点作匀变速圆周运动时，加速度分成切向加速度 a_τ，和法向加速 a_n 两部分；切向加速度代表速度大小对时间的变化率，其大小为

$$a_\tau = \frac{dv}{dt}$$

或者

$$a_\tau = \frac{v - v_0}{t} \tag{8-35}$$

其方向沿圆周切向;法向加速度代表速度方向对时间的变化率,其大小为

$$a_n = \frac{v^2}{r} \tag{8-36}$$

其方向沿半径指向圆心(也称为向心加速度)。

鉴于切向加速度 a_τ 与直线运动中的加速度 a 都是速度大小对时间的变化率,具有相同的数学关系,因此在表 8-1 中,只要用 a_τ 代替 a,所有 15 个公式同样适用匀变速圆周运动。

(三)点的抛物线运动

在交通事故中,有的车辆常常冲出道路,悬空掉下山谷,这属于抛物线运动。还有的车辆碰撞后,撞碎的门窗玻璃及其他散落物也作抛物线运动。

图 8-15 中,动点 M 从 A 点脱离地面,按抛物线轨迹落到 B 点。A 点脱离时的初速度为 v_0,其方向与水平面的倾斜角为 θ,着地点 B 相对 A 点高度为 h,AB 间水平距离为 d。

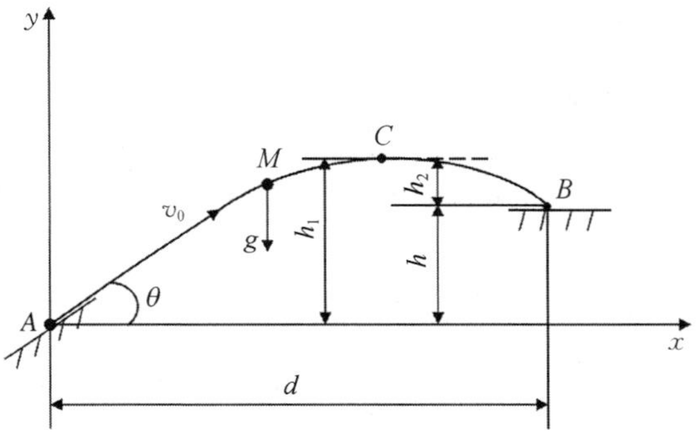

图 8-15 抛物线运动

抛物线为平面曲线,需要用 x、y 两个坐标来描述。由于动点 M 在运动过程中只受重力作用,不考虑空气阻力,因此动点沿 x 方向不受外力作用,保持水平分速度不变,即在整个运动过程中,水平分速度为

$$v_x = v_0 \cos\theta$$

按匀速运动公式,水平距离

$$d = v_x \cdot t = v_0 \cos\theta \cdot t \tag{8-37}$$

动点沿 y 方向受重力作用,加速度 g 为一常数,因此动点沿 y 方向为匀变速运动,由于动点先到达最高点 C,然后再下落,所以需把 y 方向的运动分成前后两个阶段。前一阶段由 A 点到 C 点,上升高度为 h_1,经历时间为 t_1,初速度为

$$v_{oy} = v_0 \sin\theta$$

末速度为

$$v_{cy} = 0$$

根据表 8-1 中公式(13)和(8)分别得

$$t_1 = (v_{cy} - v_{0y})/(-g) = (v_0/g) \cdot \sin\theta \tag{8-38}$$

$$h_1 = (v_{cy}^2 - v_{0y}^2)/2(-g) = (v_0^2/2g) \cdot \sin^2\theta \tag{8-39}$$

后一阶段由 C 点到 B 点,下落高度为 h_2,经历时间为 t_2,初速度 $v_{cy} = 0$。根据表 8-1 中

公式(14)得到:

$$t_2 = \frac{\pm\sqrt{v_{0y}^2 + 2as} - v_{0y}}{a} = \frac{-\sqrt{0 + 2(-g)(-h_2)} - 0}{-g} = \frac{\sqrt{2gh_2}}{g} = \sqrt{\frac{2h_2}{g}} \quad (8-40)$$

用相对升高 h 表示 h_2:

$$h_2 = h_1 - h \quad (8-41)$$

将它代入式(8－40)并引入式(8－39)得

$$t_2 = \sqrt{\frac{2(h_1 - h)}{g}} = \sqrt{\frac{2}{g}\left(\frac{v_0^2}{2g}\sin^2\theta - h\right)} = \frac{1}{g}\sqrt{v_0^2\sin^2\theta - 2gh} \quad (8-42)$$

由于垂直运动与水平运动是同时进行的,所以

$$t = t_1 + t_2$$

将式(8－38)和式(8－42)代入式(8－37)得

$$d = v_x \cdot t = v_x(t_1 + t_2) = v_0\cos\theta\left[\left(\frac{v_0}{g}\right)\cdot\sin\theta + \left(\frac{1}{g}\right)\sqrt{v_0^2\sin^2\theta - 2gh}\right]$$

进一步移项整理

$$gd - v_0^2\sin\theta\cos\theta = v_0\cos\theta\sqrt{v_0^2\sin^2\theta - 2gh}$$

$$gd^2 - 2dv_0^2\sin\theta\cdot\cos\theta + 2hv_0^2\cos^2\theta = 0$$

这是以 d 和 h 表示的抛物线方程。我们关心的是用 d、h 表示初速度 v_0,为此再将它重新整理得

$$gd^2 = 2v_0^2(d\sin\theta\cdot\cos\theta - h\cos^2\theta)$$

$$v_0 = d\sqrt{\frac{g}{(2\cos\theta)}\Big/(d\sin\theta - h\cos\theta)} \quad (8-43a)$$

这就是用落地点的水平距离 d 和上升高度 h 表示的初速度 v_0 的大小。

当水平抛出时,$\theta = 0$,而且上升高度为负值,因此式(8－43a)可整理变换为

$$v_0 = d\sqrt{g/(2h)} \quad (8-43b)$$

三、动力学相关基础知识

把力学和运动学结合起来,研究运动与力的关系,称为动力学。

(一)牛顿定律

1. 牛顿定律

第一定律(惯性定律):质点若不受力的作用,则将保持其运动状态不变,即保持速直线运动或静止。质点保持其运动状态不变的性质称为惯性,因此第一定律也叫惯性定律。

第二定律(力与加速度关系定律):质点受力作用而产生的加速度,其方向与力的方向相同;其大小与力成正比,即

$$ma = F \tag{8-44}$$

式中，a 为质点的加速度；F 为作用在质点上的力；m 为表示质点惯性的大小，称为质量。

质量 m 常常通过重量来求得。因为地面上的物体都受重力作用。设质量为 m 的质点，其重量为 G，重力加一速度为 g。根据式(8-44)得

$$mg = G$$

所以有

$$m = \frac{G}{g} \tag{8-45}$$

重力加速度已经测定为

$$g = 9.806\ 65\ \mathrm{m/s^2} \approx 9.8\ \mathrm{m/s^2}$$

第三定律(作用与反作用定律)：两个物体之间的作用力与反作用力，总是大小相等，方向相反，沿同一直线，分别作用在两个不同的物体上。作用与反作用定律在形式上与二力平衡条件很相似，都是大小相等，方向相反，作用线相同。但是两者是根本不同的，作用力与反作用力分别作用在两个不同的物体上。

2. 质点动力方程

设某质点的质量为 m，其上作用 n 个力 F_1、F_2、…、F_n，根据牛顿第二定律及力的独立作用原理得到：

$$ma = F_1 + F_2 + \cdots + F_n = \sum F_i \tag{8-46}$$

这称为质点动力方程，也叫质点运动微分方程，它是一矢量方程，求解具体问题时，可以写成两种投影形式：直角坐标形式和自然坐标形式。每种形式都可以求两类问题：第一类问题已知运动求力，第二类问题已知力求运动。

(1) *直角坐标形式的动力方程*　将式(8-46)投影在空间直角坐标上得到

$$\left.\begin{aligned} ma_x &= \sum X \\ ma_y &= \sum Y \\ ma_z &= \sum Z \end{aligned}\right\} \tag{8-47}$$

这种直角坐标形式动力方程常用于已知力求运动的第二类问题。如抛物线运动中(图 8-15)，动点只受重力 G 作用，它的动力方程为

$$ma = G = mg$$

即加速度 $a = g$，把它投影到直角坐标系上，则有

$$x\text{ 轴}\qquad a_x = 0$$
$$y\text{ 轴}\qquad a_y = -g$$

这表示：水平方向加速度等于零，属于匀速运动。铅垂方向加速度等于常数，属于匀变速运动。

有了加速度,通过积分,加上初始条件,就能得到速度和位移,对于匀速和匀变速运动,可以直接利用表 8－1 所列 15 个公式。点的抛物线运动中,从式(8－37)到式(8－43)的结果就是这样求出来的。

(2) 自然坐标形式的动力方程　　图 8－16 所示空间曲线上的每一点都可建立三个互相垂直的坐标轴 τ、n、b, 并称为自然坐标系。

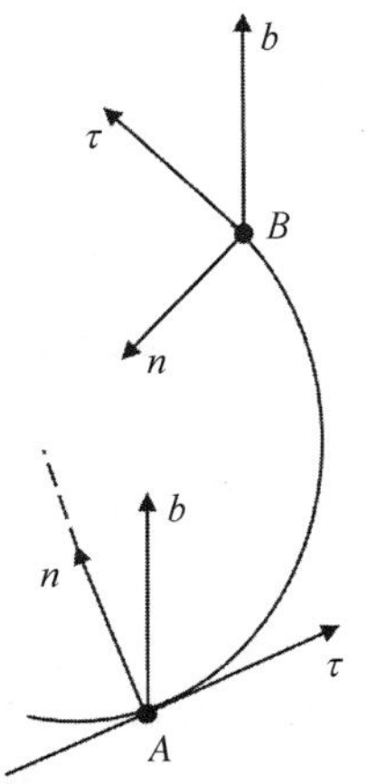

图 8－16
自然坐标系

其中 τ 为切向单位矢量; n 为主法向单位矢量,指向曲率中心; b 为副法向单位矢量,它分别垂直 τ 和 n, 即 $b=\tau\times n$, 现在将动力方程式(8－46)分别投影在三个自然轴上得

$$\left.\begin{aligned} ma_\tau &= \sum F_\tau \\ ma_n &= \sum F_n \\ ma_b &= \sum F_b = 0 \end{aligned}\right\} \tag{8-48}$$

等式右边的 $\sum F_\tau$、$\sum F_n$、$\sum F_b$ 分别为作用在质点上的各个力在三个自然轴上投影的代数和。等式左边的 a_τ、a_n、a_b 分别为质点加速度沿自然轴的三个分量。由于质点作任何曲线运动时,加速度只有切向加速度 a_τ 和法向加速度 a_n 两个分量,没有副法向的加速度分量,即

$$a_b = 0$$

所以上述第三式实际上是平衡方程。自然坐标形式的动力方程要求运动轨迹已知。因此常用于已知运动求力的第一类问题。

动力问题的解题步骤一般是: ① 选取研究对象画受力图;② 进行运动分析;③ 建立动力方程并求解。与静力问题的解题步骤相比,增加了运动分析,其任务是选取坐标系和寻找各个运动量之间的关系。

(二) 动量定理

1. 动量与冲量

(1) 质点动量　　质量 m 与其速度 v 的乘积 mv 称为动量。其中速度 v 是矢量,质量 m 是常数,两者相乘结果 mv 仍是矢量,其方向由速度代表。

(2) 质点系的动量　　由 n 个质点 $m_i(i=1, 2, \cdots, n)$ 组成的质点系,首先需要明确质量中心 C 的位置坐标。假设各质点 m_i 在空间的位置坐标为 x_i、y_i、z_i。若把其中的重力 G_i 用 $m_i g$ 代替,并从分子和分母中消去重力加速度 g, 可以得到

$$\left.\begin{aligned} x_C &= \frac{\sum m_i x_i}{\sum m_i} \\ y_C &= \frac{\sum m_i y_i}{\sum m_i} \\ z_C &= \frac{\sum m_i z_i}{\sum m_i} \end{aligned}\right\} \tag{8-49}$$

由此坐标确定的 C 点,称为质点系的质量中心,简称质心。质心是质量分布的中心,而重

心是重力分布的中心,两者在概念上是不同的。但由于在地面上,重力加速度不随位置而变化,重力分布状况与质量分布状况完全相同,所以重心与质心重合在一起。

式(8－49)等号右边的分母为各质点质量之和,即

$$\sum m_i = M$$

称为质点系的总质量。把它代入式(8－49),并改写为

$$\left.\begin{aligned} Mx_C &= \sum m_i x_i \\ My_C &= \sum m_i y_i \\ Mz_C &= \sum m_i z_i \end{aligned}\right\} \tag{8-50}$$

将此等式两边分别对时间求一阶导数,得到质心速度 v_C 的三个分量与各质点速度 v_i 的三个对应分量之间的关系。把这三个分量合成为矢量来表达:

$$Mv_C = \sum m_i v_i \tag{8-51}$$

等号右边为各质点动量的矢量和,称为质量系的总动量。等号左边为质点系总质量与质心速度的乘积,称为质心的动量。则式(8－51)表示:质点系的总动量 $\sum m_i v_i$ 等于质心的动量 Mv_C。

(3) 力的冲量　力 F 与其作用时间 t 的乘积,称为冲量 P, 即

$$P = F \cdot t \tag{8-52}$$

当力 F 不是常量时,需采用积分形式:

$$P = \int_0^t F\mathrm{d}t \tag{8-53}$$

冲量也是矢量,其方向由力的方向决定。

2. 动量定理

(1) 质点动量定理　牛顿第二定律公式(8－44)中,加速度:

$$a = \mathrm{d}v/\mathrm{d}t$$

则有

$$ma = m(\mathrm{d}v/\mathrm{d}t) = \mathrm{d}(mv)/\mathrm{d}t$$

于是

$$\mathrm{d}(mv)/\mathrm{d}t = F \tag{8-54}$$

两侧积分得

$$\int_0^t \mathrm{d}(mv) = \int_0^t F\mathrm{d}t$$

进一步整理得

$$mv - mv_0 = P \tag{8-55}$$

此式左边为动量的变化，右边为力的冲量，结论为：在时间从 0 到 t 的过程中，质点动量的变化，等于作用在其上的力的冲量，这称为质点动量定理的积分形式，也称为质点冲量定理。

（2）质点系动量定理　由 n 个质点 m_i 组成的质点系可按式(8－54)建立 n 个方程：

$$\frac{\mathrm{d}(m_i v_i)}{\mathrm{d}t} = F_i = F_i^e + F_i^i (i = 1,\ 2,\ \cdots,\ n)$$

这里把作用在质量 m_i 上的合力 F_i 分成外力 F_i^e 和内力 F_i^i 两部分，然后求和：

$$\sum \frac{\mathrm{d}(m_i v_i)}{\mathrm{d}t} = \sum F_i^e + \sum F_i^i \tag{8-56}$$

由于内力是质点系内各质点间相互作用力，它们一定成对出现，求和时互相抵消，即

$$\sum F_i^i = 0 \tag{8-57}$$

代入式(8－56)得到

$$\frac{\mathrm{d}(\sum m_i v_i)}{\mathrm{d}t} = \sum F_i^e \tag{8-58}$$

两边对时间积分

$$\int_0^t \mathrm{d}(\sum m_i v_i) = \int_0^t \sum F_i^e \mathrm{d}t$$

得到

$$\sum m_i v_i - \sum m_i v_{ie} = \sum P_i^e \tag{8-59}$$

或者引入式(8－51)得到

$$Mv_c - Mv_{c0} = \sum P_i^e \tag{8-60}$$

上述两式表明，在时间从 0 到 t 的过程中，质点系动量的变化等于作用在其上全部外力冲量的矢量和。这称为质点系动量定理的积分形式，也称为质点系冲量定理。

（3）质点系动量守恒　当作用在质点系上所有外力的矢量和等于零时。即

$$\sum F_i^e = 0 \tag{8-61a}$$

或者外力冲量的矢量和

$$\sum P_i^e = 0 \tag{8-61b}$$

那么根据式(8－59)得

$$\sum m_i v_i = \sum m_i v_{i0} = 常量 \tag{8-62}$$

式(8－62)表明质点系动量保持不变。称为质点系动量守恒。

经常遇到的情况是，作用在质点系上所有外力在某一轴(x)上的投影代数和等于零，即

$$\sum F_{ix}^e = \sum P_{ix}^e = 0 \tag{8-63}$$

那么根据式（8－59）在 x 轴的投影方程得

$$\sum m_i v_{ix} = \sum m_i v_{i0x} = \text{常数} \tag{8-64}$$

式（8－64）表明质点系沿 x 轴的动量保持不变，这称为质点系沿 x 轴动量守恒。

（4）*动量守恒定律*　动量守恒定律：一个系统不受外力或所受外力之和为零，这个系统的总动量保持不变。以两车碰撞为例，对以两辆碰撞车辆所构成的系统进行分析，根据动量守恒有下式成立：

$$m_1 \vec{v}_{10} + m_2 \vec{v}_{20} = m_1 \vec{v}_{11} + m_2 \vec{v}_{21}$$

式中，m_1、m_2 为车辆 1、2 的质量；v_{10}、v_{20} 为车辆 1、2 碰撞前的速度；v_{11}、v_{21} 为车辆 1、2 碰撞后的速度；

动量守恒定律的适用条件：

1）系统不受外力或者所受合外力为零；

2）系统所受合外力虽然不为零，但系统的内力远大于外力时，如碰撞、爆炸等现象中，系统的动量可看成近似守恒；

3）系统总的来看不符合以上条件的任意一条，则系统的总动量不守恒。但是若系统在某一方向上符合以上条件的任意一条，则系统在该方向上动量守恒。

在车速鉴定的应用中，同样需要对照以上适用条件。在利用动量守恒定律对车辆碰撞过程进行分析时，不需要考虑系统间的作用力（碰撞力）的影响（车辆变形）；注意车辆间的质量差异及变化；若两车碰撞前的动量相差悬殊，则可以忽略碰撞对速度的影响。

3. 质心运动定理

（1）*质心动力方程*　将式（8－51）代入式（8－58）得

$$\frac{d(mv_c)}{dt} = \sum F_i^e$$

而

$$\frac{d}{dt} v_c = a_c$$

为质心的加速度，代入上一式得

$$Ma_c = \sum F_i^e \tag{8-65}$$

这就是质心动力方程，把它和质点动力方程式（8－46）相比较可知，两者是一样的。故得：质点系质心的运动如同一个质点的运动，可认为质心上集中了全部质量和全部外力。

质心动力方程式（8－65）具体应用时，如同式（8－46）一样，也可采用两种投影形式：直角坐标形式（8－47）和自然坐标形式（8－48）。

质心动力方程表明，质点系质心的运动只与作用在其上的外力有关，而与各质点间相互作用的内力无关。

（2）*质心运动守恒*　当作用在质点系上所有外力的矢量和等于零时，根据式（8－65），质心加速度等于零。那么，质心的速度保持不变。当作用在质点系上所有外力在某一轴（x）上的投影代数和等于零，那么质心沿 x 轴的速度分量保持不变，则质心的位置坐标保持不变。

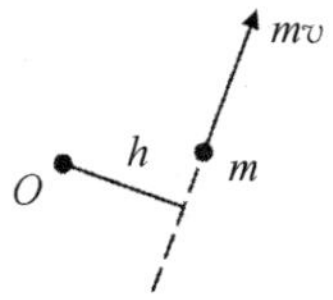

图 8-17 动量矩定义

4. 动量矩定理

与力对点之矩式(8-7)相似,也可定义动量 mv 对 O 点之矩(图 8-17)

$$m_O(mv) = \pm mv \cdot h \tag{8-66}$$

+、-号取决于转向。当动量绕 O 点逆时针转时取正号,反之取负号。

与质点动量定理式(8-54)相似有质点动量矩定理为

$$\left(\frac{\mathrm{d}}{\mathrm{d}t}\right) m_O(mv) = m_O(F) \tag{8-67}$$

它的内容是:质点动量对某点 O 的动量矩对时间的一阶导数,等于作用在该质点上的力对同一点 O 的力矩。

由 n 个质点 m_i 组成的质点系,对每个质点应用式(8-67)后加起来得到

$$\sum \left(\frac{\mathrm{d}}{\mathrm{d}t}\right) m_O(m_i v_i) = \sum m_O(F_i^e) + \sum m_O(F_i^i)$$

等号右边各质点所受力分为内力和外力两部分。由于内力成对产生,它们对任一点的力矩之和互相抵消,即

$$\sum m_O(F_i^i) = 0$$

所以

$$\sum \left(\frac{\mathrm{d}}{\mathrm{d}t}\right) m_O(m_i v_i) = \sum m_O(F_i^e) \tag{8-68}$$

此式称为质点系动量矩定理。它的内容是:质点系对某点 O 的动量矩对时间的一阶导数等于作用于其上的全部外力对同一点 O 的力矩之和。

(三)功能原理

在车辆碰撞等交通事故中,除了在机械运动范畴内,两车动量、动量矩互相转换外,还发生机械能与其他形态能量的转换。例如车轮被制动而滑移时,动能转化为热能,碰撞时发声、发热、发光等。当然机械运动范畴内也存在着动能与势能(位能)之间的转换。用来联系各种能量之间数量关系的度量手段称为功。

1. 力的功

(1) 定义　力与其作用点位移的乘积叫做功。力与位移都有方向性,如图 8-18 所示,作用力 F 与位移方向成 θ 角。那么当物体从 M_1 到 M_2 位移了 s 距离时,力 F 所做的功 W 定义为

$$W = F \cdot s \cdot \cos\theta \tag{8-69}$$

式中,θ——力的方向与其作用点位移方向的夹角。

功是代数量,可正、可负、也可等于零。如果把力分解为沿位移方向和垂直位移方向两个分力的话,那么只有沿位移方向的分力做功,垂直位移方向的分力不做功。

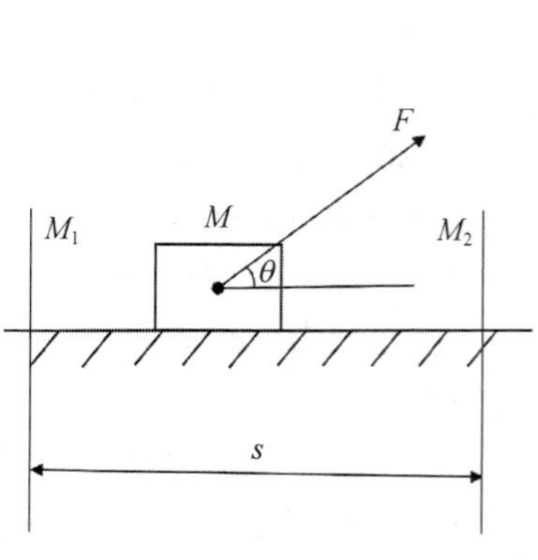

图 8-18 力的功

(2) *重力的功*　　重力 G 由位置 M_1 运动到 M_2 所做的功(图 8-19),等于重力 G 乘这两点高差 h,即

$$W = \pm G \cdot h \tag{8-70}$$

当 h 为上升时取(-)号,即物体上升重力做负功。当 h 为下降时取(+)号,即物体下降重力做正功。不管重力作用点由 M_1 到 M_2 走过的路径是直线还是什么曲线,重力做功与路径无关,与水平距离 d 也无关,只与高差 h 有关。

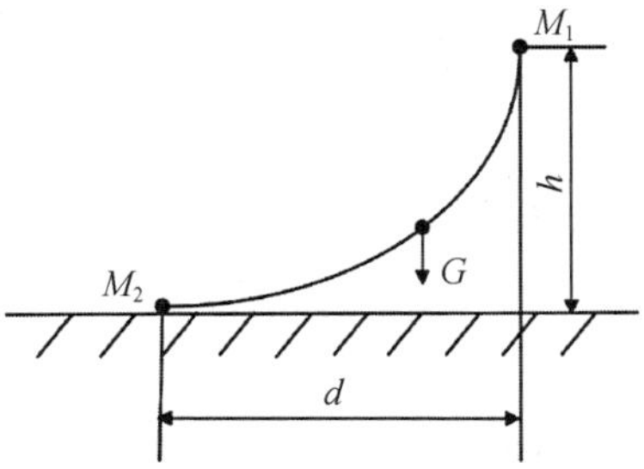

图 8-19　重力的功

(3) *轮胎与路面间摩擦力的功*　　轮胎与路面间滑动摩擦力 F 做的功分以下两种情况:

1) 当车轮抱死不滚动而滑动时,滑动摩擦力 F 做功为

$$W = -F \cdot s = -\phi \cdot N \cdot s \tag{8-71}$$

式中,ϕ ——路面附着系数;

N ——路面法向反力;

s ——轮心位移的距离。

2) 当车轮只滚动而不滑动时,滑动摩擦力 F 不做功。虽然当轮心位移 s 距离后,F 力似乎也跟着位移了 s 距离,其实这是不断变换 F 力作用点的结果。如图 8-20 中,F 力作用在 A 点,下一瞬时就作用在 B 点,然后 C 点……不管哪一点着地的瞬时都没有位移,否则就有滑动了。

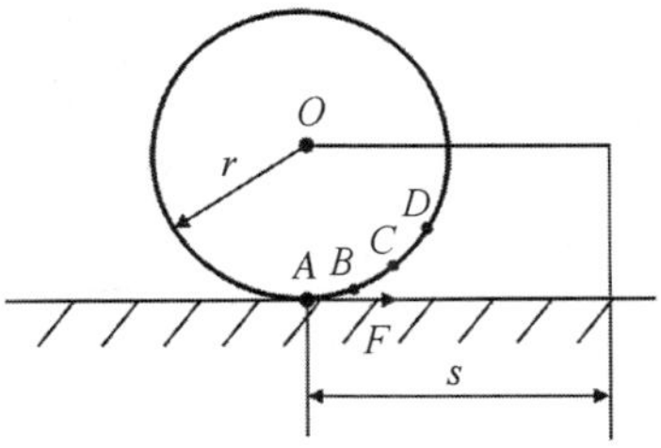

图 8-20　轮胎滑动摩擦的功

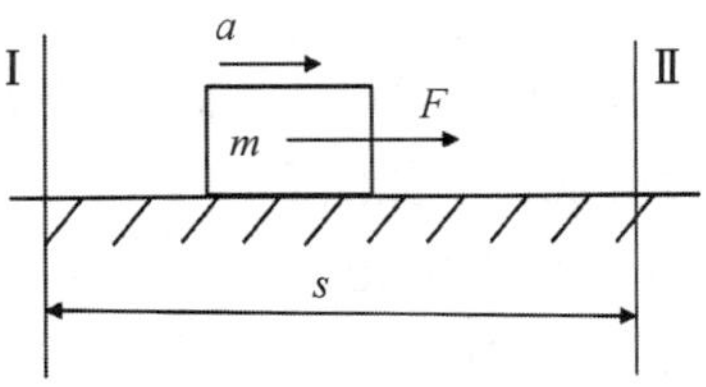

图 8-21　动能定理

2. 动能

物体由于运动而具有的能量,称为物体的动能。它的大小定义为物体质量与速度平方乘积的二分之一。这是一个恒正的标量,因为速度大小的平方不可能出现负值。

假设有 n 个质量为 m_i,速度为 v_i 的系统,它所具有的动能 T 就等于系统内各物体动能的总和,即

$$T = \sum \frac{1}{2} m_i v_i^2 \tag{8-72}$$

图 8-21 所示在水平面上某物块,质量为 m,受水平力 F 作用,从位置Ⅰ运动到位置Ⅱ,速度从 v_1 变为 v_2,经过的距离为 s。由于水平方向只受 F 力作用,根据牛顿第二定律:

$$ma = F$$

得加速度为

$$a = \frac{F}{m}$$

又根据匀变速运动式

$$v_2^2 = v_1^2 + 2as$$

得到

$$v_2^2 - v_1^2 = 2\left(\frac{F}{m}\right)s$$

即

$$\frac{1}{2}mv_2^2 - \frac{1}{2}mv_1^2 = F \cdot s$$

此等式左边为物块动能的变化,右边为力所做的功,即

$$T_2 - T_1 = W_{12} \tag{8-73}$$

式中,T_1——物块在位置Ⅰ所具有的动能;

T_2——物块在位置Ⅱ所具有的动能;

W_{12}——作用在物块上的力,从位置Ⅰ到位置Ⅱ的过程中所做的功。

物体动能的变化等于作用于其上的力所做的功。当力做正功时,使物体的动能增加,反之力做负功时,使物体的动能减少。

3. 势能(位能)

在物体运动或变形过程中,有些力所做的功与路径无关,只决定于始末两个位置,这意味着一定的位置潜在有一定的做功能力。把这种由位置决定的做功能力称为位能或势能。把做功与路径无关的力称为势力。选定一个位置作为势能零点,那么另一个位置所具有的势能定义为:物体从该位置回到势能零点的过程中,势力所做的功。下面介绍重力势能和弹性力势能的计算。

(1) 重力势能　如图 8-22 所示,通常以地面为重力势能的零点,那么位于高度 h 的物体,其重力 G 所具有的势能 U,等于物体从 h 高度下落到地面(即回到势能零点)的过程中,重力所做的功,根据式(8-70),重力势能:

$$U = Gh \tag{8-74}$$

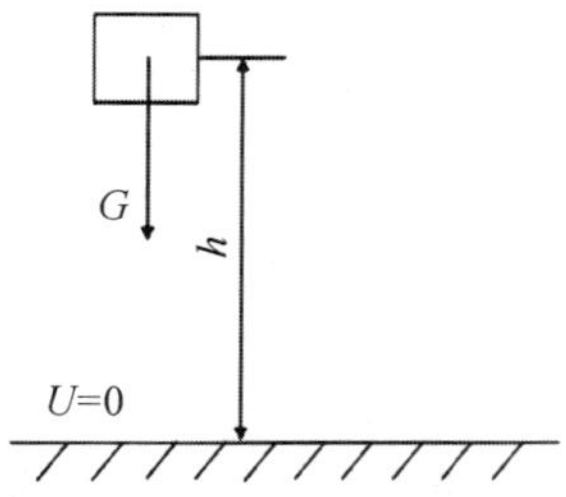

图 8-22　重力势能

(2) 弹性力势能　各种物体受力后将发生变形。物体的变形分为两种,弹性变形——外力卸去后,变形即恢复,也叫做可逆变形;塑性变形——外力卸去后,变形仍存在,也称为残余变形或永久变形。

物体产生弹性变形的力称为弹性力,这可以用一个弹簧来模拟。如图 8-23 所示,设弹簧不受力时的自由长度为 l_0,受外力 F 作用后,其变形为 x(无论缩短或伸长),力与变形的关系为线性的比例关系:

$$F = kx \tag{8-75}$$

如图 8-23b 所示,式中比例系数 k 称为弹簧的刚度。它表示使弹簧产生单位变形所需要的力。由于力 F 随着变形 x 的变化而线性地变化,它所做的功需要逐步积分,其结果就是图 8-23b 中三角形的面积,即弹性力的功

$$W = \frac{1}{2}kx \cdot x = \frac{1}{2}kx^2 \tag{8-76}$$

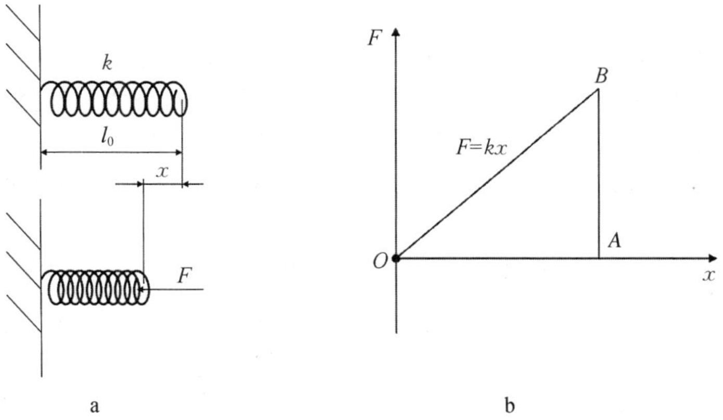

图 8-23 弹性力势能

这是外力 F 在使弹簧产生变形 x 的过程中所做的功。

弹性力的势能 U。通常以弹簧未变形的自由长度为势能零点。变形为 x 时的势能是指变形恢复(即回到势能零点)过程中,弹性力所做的功。弹性力 F' 是指弹簧给周围物体的力,它与使弹簧变形的外力 F 是作用力与反作用力的关系。弹性力 F' 在变形恢复过程中所做的功,正好与外力 F 在使弹簧变形过程中所做的功相等。所以弹性力的势能为

$$U=\frac{1}{2}kx^2 \tag{8-77}$$

式中,x ——弹簧的变形(无论伸长或缩短);

k ——弹簧的刚度。

4. 能量守恒

(1) 机械能守恒定律 在物体运动过程中,只受有势力作用时(这样的空间称为势力场),从位置Ⅰ到位置Ⅱ,势力所做的功可分为两段计算,如图 8-24 所示,先从位置Ⅰ到势能零点,再从势能零点到位置Ⅱ。即

$$W_{12}=W_{10}+W_{02} \tag{8-78}$$

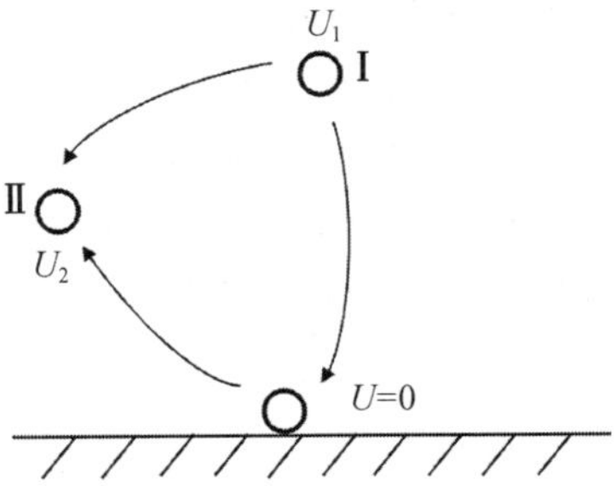

图 8-24 机械能守恒

因为势力做功与路径无关,所以这样做当然是允许的。根据势能的定义,位置Ⅰ的势能 U_1 就等于从位置Ⅰ回到零点时势力所做的功,即

$$U_1=W_{10}$$

同理 $U_2=W_{20}$

反过来 $W_{02}=-U_2$

把这些代入式(8-78)得到

$$W_{12}=W_{10}+W_{02}=U_1-U_2$$

把它代入式(8-73)

得到

$$T_2 + U_2 = T_1 + U_1 \tag{8-79}$$

式中两边分别为两个位置的动能加势能。我们把物体的动能加势能称为它的机械能。那么式(8-79)表明,物体在势力场中运动时,机械能保持不变,这称为机械能守恒定律。

(2) 广义的能量平衡方程　上例中从位置Ⅰ到Ⅱ,重力势能减少,动能增加,即重力势能转化为动能。这表明在势力场中,物体的动能和各种势能之间可以互相转化,但是总的机械能保持不变。

如果在物体运动过程中,存在着摩擦力等非有势的力,或者存在着塑性变形等不可逆的过程,那么机械能就不守恒了。一部分机械能将转化为热能、声能、光能、化学能等其他形态的能量。不过在广义的范畴内,能量仍然是守恒的,它既不能创造,也不能消灭,只能从一种形态转化为另一种形态。对于这种广义范围的能量平衡仍可利用动能定理式(8-73)

$$T_2 - T_1 = \sum W_{12}$$

把它改变为

$$T_1 = T_2 - \sum W_{12} = T_2 + (-\sum W_{12}) \tag{8-80}$$

式中,T_1 为初始的动能;T_2 为最后剩余的动能;$\sum W_{12}$ 为从位置Ⅰ到位置Ⅱ运动过程中,作用在物体上的所有外力所做的功;反之($-\sum W_{12}$)表示本物体对周围物体做功,它使本物体的动能转化为其他形态的能量。

有可能转化的能量包括:① 由重力或弹性力做功转化为势能;② 由摩擦力做功转化的能量;③ 其他形式的能量消耗(例如碰撞中的塑性变形功、振动等)。

可见,式(8-80)中($-\sum W_{12}$)是以功的形式表达的能量转化。因此,式(8-80)就成为广义的能量平衡方程。

(3) 能量守恒定律　能量既不会凭空产生,也不会凭空消失,只能从一个物体传递给另一个物体,而且能量的形式也可以互相转换。一个封闭(孤立)系统的总能量保持不变。

以两车碰撞为例。以两车中的 1 车为研究对象,对由 1 车构成的系统进行分析,根据能量守恒定理,有下式成立:

$$\frac{1}{2}m_1v_{10}^2 + m_1gh_{11} = \frac{1}{2}m_1v_{11}^2 + m_1gh_{12} + E_{1loss} \tag{8-81}$$

式中,m_1 为 1 车的质量;v_{10} 为 1 车碰撞前的速度;v_{11} 为 1 车碰撞后的速度;h_{11} 为 1 车碰撞前的质心高度;h_{12} 为 1 车碰撞后的质心高度;E_{1loss} 为 1 车的能量损失。

车辆碰撞中的 E_{1loss} 可能包括有:由于车辆塑性变形所损失的能量;车辆轮胎与地面间的摩擦力做的功;车辆在旋转过程中损失的能量。应用实践中应根据具体条件,考虑 E_{1loss} 的形式,以及是否可以忽略不计。

同样,也可以对由 1 车和 2 车构成的系统进行分析,根据能量守恒定律进行分析。

四、事故过程的认知

(一) 事故过程

对于事故过程和碰撞形态的认识和判断是车速鉴定的重要基础。现场图、照片等现场勘验材料,以及痕迹检验、鉴定结果(事故调查)是认识、判断事故过程的基础材料。从车速鉴定的角度出发,事故过程可以分为前、中、后三个阶段,每个阶段车辆所处的状态既是"事故调查"的对象,也是"车速鉴定"的依据和基础。

交通事故中车辆的碰撞过程一般具有时间短、碰撞力大的特点。时间短,包括变形和恢复阶段,一般在 0.1 秒左右,而且刚度越大,碰撞时间越短。碰撞力大,碰撞力通常是物体重量的十几倍甚至几十倍。

(二)碰撞形态

从车速鉴定的角度出发,以碰撞力与车辆质心的位置,以及车辆的运动维度对碰撞形态进行分析。具体如下:

1. 力与质心

按照碰撞力与车辆质心的位置,车辆碰撞类型可以分为:向心正碰、向心斜碰、偏心正碰、偏心斜碰等。作用力与质心的位置是影响车辆碰撞后运动形态的主要因素,此外,还必须结合两车的动量进行考量。

(1) 向心正碰　质心对质心的碰撞为向心碰撞;相对速度的方向与碰撞面呈直角的碰撞为正碰撞。完全的追尾碰撞或对向碰撞均为向心正碰,如图 8-25 所示。

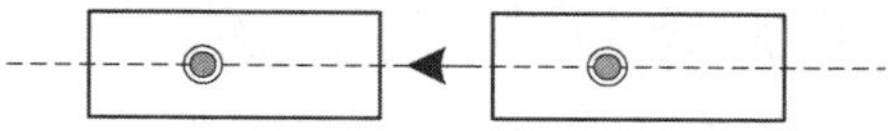

图 8-25　向心正碰

通过力学分析,在这种碰撞形态下,碰撞力和惯性方向均在通过两车质心的一条直线上。碰撞车辆间的接触部位(接触面)没有分力或相对切向运动的趋势,因此不会发生摩擦;车辆也不会发生旋转。

(2) 向心斜碰　虽然是质心对质心的碰撞,但是碰撞速度不垂直于碰撞面,而是斜向碰撞的称为向心斜碰,如图 8-26 所示。

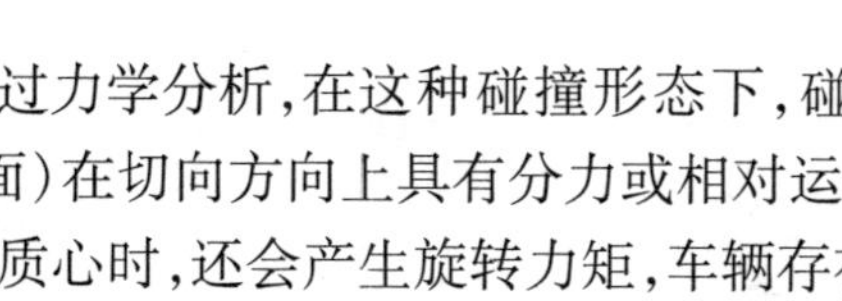

图 8-26　向心斜碰

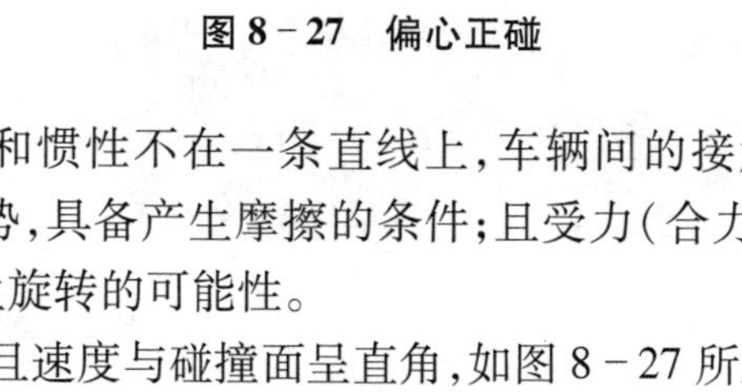

图 8-27　偏心正碰

通过力学分析,在这种碰撞形态下,碰撞力和惯性不在一条直线上,车辆间的接触部位(接触面)在切向方向上具有分力或相对运动趋势,具备产生摩擦的条件;且受力(合力)方向不通过质心时,还会产生旋转力矩,车辆存在发生旋转的可能性。

(3) 偏心正碰　质心与质心偏斜地碰撞,且速度与碰撞面呈直角,如图 8-27 所示。

通过力学分析,这种碰撞形态与向心斜碰相似。同样,车辆间的接触部位(接触面)在切向方向上具有分力或相对运动趋势,车辆间具备产生摩擦的条件;当受力(合力)方向不通过质心时,还会产生旋转力矩,车辆存在发生旋转的可能性。

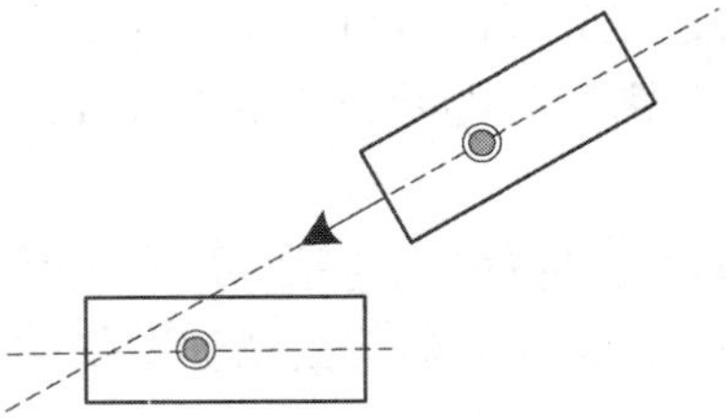

图 8-28 偏心斜碰

(4) 偏心斜碰　质心与质心偏斜地碰撞，且速度方向未与碰撞面呈直角，所以会产生摩擦力，如图 8-28 所示。

通过力学分析，同样，车辆间的接触部位（接触面）在切向方向上具有分力，车辆间具备产生摩擦的条件；当受力（合力）方向不通过质心时，还会产生旋转力矩，车辆存在发生旋转的可能性。

2. 车辆的运动维度

按照车辆在碰撞过程中的运动维度，可以将车辆碰撞分为一维碰撞和二维碰撞。具体如下：

(1) 一维碰撞　一维直线碰撞，也叫对心正碰撞。碰撞前后车辆质心的运动始终保持在同一直线上，只用一个坐标轴就能够完全描述车辆的运动状态，故称为一维直线碰撞，如图 8-29 所示。

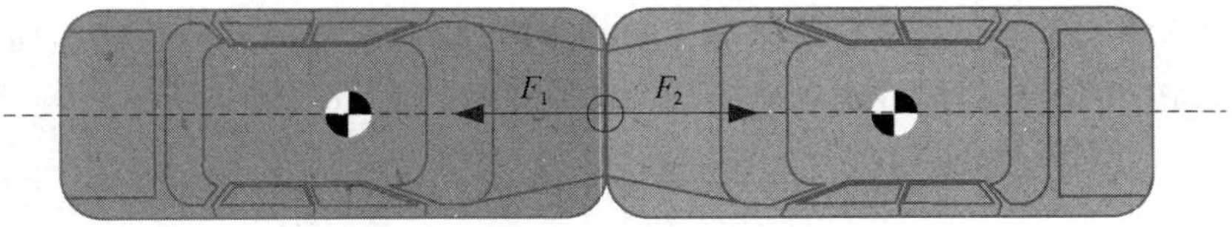

图 8-29 一维碰撞

一维直线碰撞中又可以分为两种：正面碰撞，碰撞前两车行驶速度相反，形成对向碰撞；追尾碰撞，碰撞前两车速度的方向相同，由于后车速度快于前车速度，后车的头部与前车的尾部发生碰撞。

(2) 二维碰撞　碰撞前、后，车辆的速度方向不在一条直线上。此外，可能伴随车辆旋转，如图 8-30 所示。

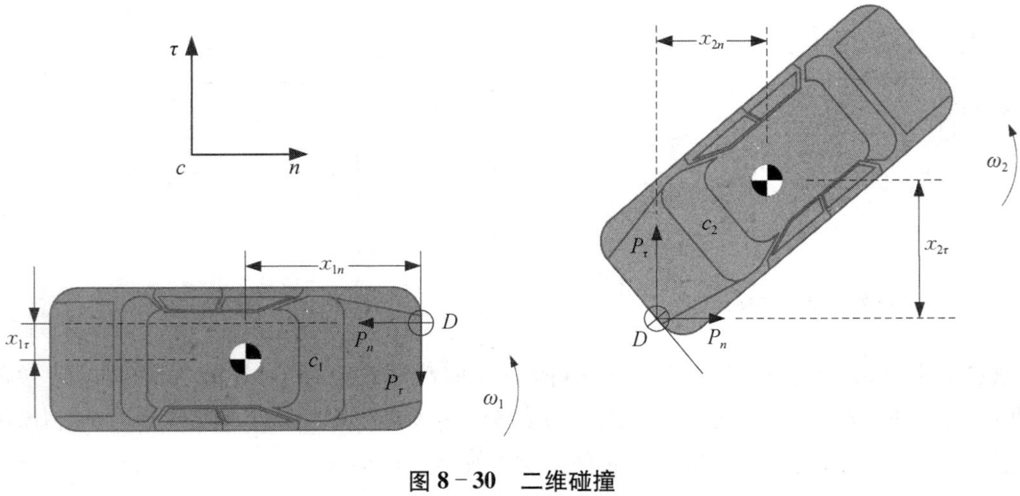

图 8-30 二维碰撞

二维碰撞还可以根据受力特点和求解方程不同分为以下四种：

忽略转动的二维碰撞，围绕碰撞点旋转的二维碰撞，一般的二维点碰撞，一般的二维面碰撞。

（三）弹性恢复

从车辆开始接触，在接触面上产生碰撞压力和压缩变形。这个压力从小到大，使得速度逐渐接近，直至两车出现相同的速度（共同速度），压缩变形达到最大。紧接着由于弹性变形逐渐恢复，两车压紧的程度逐渐放松，两车速度出现差异，直至两车分离。

弹性恢复系数如下式表示：

$$\varepsilon = \frac{\Delta v_{after}}{\Delta v_{before}} \tag{8-82}$$

式中，Δv_{after} 为两车碰撞后的速度差；Δv_{before} 为两车碰撞前的速度差。

完全弹性碰撞（$\varepsilon = 1$）、完全塑性碰撞（$\varepsilon = 0$）、弹塑性碰撞。

有时塑性变形很大，弹性变形很小而忽略不计，这时只有变形阶段，而没有弹性恢复阶段。此种情况，变形阶段末瞬时两车具有相同的速度，就是碰撞后过程的开始。

（四）接触形式

根据车辆碰撞过程中是否达到共同速度，将碰撞分为完全碰撞和滑动碰撞。具体如下：

完全碰撞：在压缩阶段结束时两车达到共同速度，在碰撞点处未发生相对运动。图 8－31 中两车追尾碰撞是典型的完全碰撞。

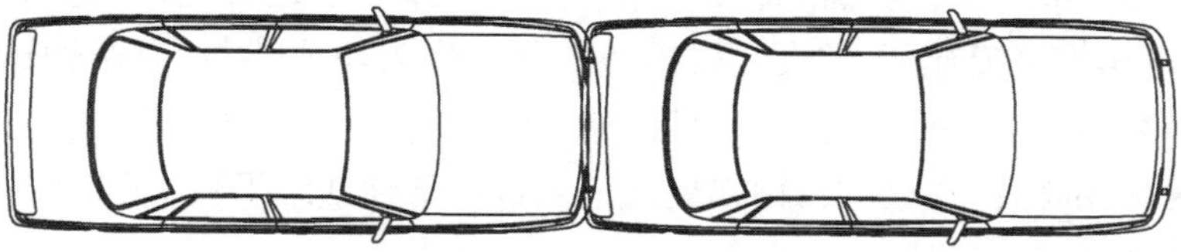

图 8－31　完全碰撞

滑动碰撞：两车未曾达到过共同速度，在碰撞接触面有切向相对运动（滑动），该运动符合摩擦运动的规律，如图 8－32 所示。

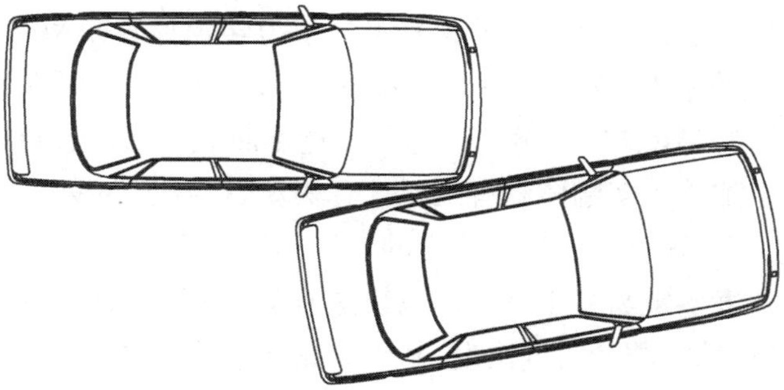

图 8－32　滑动碰撞

第三节　车速鉴定的一般方法

目前，道路交通事故车辆速度鉴定的方法主要包括：基于事故形态的速度鉴定、基于仿真再现的车速重建、基于行车记录信息的速度鉴定和基于视频图像的速度鉴定。

一、车速鉴定方法概述

（一）基于事故形态的车速鉴定

这种方法在事故形态和过程分析的基础上，利用运动学、动力学等经典力学的相关理论方法，结合汽车检测、碰撞试验，重建事故过程中的速度，这种方法是车速计算的基本方法，也是使用最广泛的方法。GB/T 33195—2016《道路交通事故车辆速度鉴定》中的“5.1 依据动力学理论进行车速鉴定的方法”、“5.2 依据运动学理论进行车速鉴定的方法”、“5.3 依据经验公式进行车速鉴定的方法”和“6 典型事故形态的车速鉴定”主要采用了这种方法，其中包括：根据功能原理，利用车辆路面制动痕迹及制动纵滑附着系数的速度计算公式；基于碰撞数据建立的车辆塑性变形与有效碰撞速度的经验公式，结合动量守恒定律和功能原理，推导一维碰撞事故中的速度计算公式；根据动量守恒定律和功能原理，推导的车辆二维碰撞事故中的速度计算公式；基于抛物运动过程，利用人体、车辆抛出距离及滑行阻力系数，推导人车碰撞事故、车辆坠落事故中的车辆碰撞速度；根据圆周运动的极限条件，推导车辆转弯过程中发生侧滑、侧翻时临界速度计算公式等。

（二）基于仿真再现的车速重建

这种方法根据事故车辆、道路信息，以及动力学、碰撞力学相关理论和实验数据建立车辆及其碰撞模型，以车辆碰撞速度、角度等碰撞初始条件作为输入参数，以车辆运动轨迹和位置作为目标约束函数，建立事故过程重建模型。通过仿真优化，当车辆运动轨迹或位置的输出结果与事故现场情况相吻合，建立的目标误差约束函数达到预期结果数，就将本次模拟的初始输入条件作为重建结果进行输出。

20 世纪 60 年代美国已经开始使用计算机辅助交通事故分析，并由 NHTSA（美国道路交通安全管理局）开发出世界第一套汽车模拟碰撞软件 SMAC，该软件主要用于分析、模拟两辆汽车之间的撞击，依据车辆撞击后的损坏程度、车辆最后位置以及地面遗留的轮胎印痕，模拟计算车辆撞击前的初始状态、撞击过程。后来发展的 AUTOSMAC 软件能自动调整车辆撞击前的初始状态，使模拟更加迅速有效。此后，随着有关数学力学等计算模型的不断改进，又出现了一些用于事故再现的应用软件，如 CRASH（CRASH3、CRASH97）、IMPAC、EESARM、HVOSM、EDCRASH、J2DACS、WACCAR、PC-CRASH 等。经过不断更新、升级，目前 PC-CRASH 已经在单刚体模型的基础上加入了多刚体和有限元计算模型，得到道路交通事故重建领域的普遍认可，成为道路交通事故重建领域应用最广泛的事故模拟软件。

基于事故形态的速度鉴定与基于事故模拟软件的车速重建所使用的基本理论和方法基本相同，但从逻辑顺序和计算步骤的角度出发，基于事故形态的速度鉴定采用的是“反推法”，依据事故现场中涉案车辆、行人的最终位置，逐步反推前一阶段的速度；而基于计算机模拟的车速重建则采用的是“正推法”。

基于计算机模拟的车速重建方法所使用的车辆模型和碰撞模型相对复杂，需要借助计算机进行大量运算；考虑的因素较多，需要输入的参数较多，部分参数难于在事故调查的过程中获取；此外，还存在输入条件不唯一的可能性。因此，目前，计算机模拟软件仍是一个复杂的工具，其计算过程和结果对于鉴定人和使用者来说，可能是“灰箱”或“黑箱”，使用的方法和参数是否符合相关鉴定标准的要求，鉴定人能否进行解释和出庭质证，这些问题都成为该方法在司法鉴定领域应用所要面临的问题。

（三）基于视频图像的车速鉴定

随着城市化进程的推进和处理突发性事件的需要，视频监控技术得到了快速发展，广泛应用于交通管理、公共监控及安保系统中。视频监控系统不仅有一定的监视作用，而且可以为一些案件提供现场证据，为案件的侦破及取证提供重要线索。一些大中型城市在重要路段、交叉口等主要交通节点普遍设置视频监控设备，此外一些私家车也已经开始安装视频车辆行驶记录仪，根据 GB/T 38892—2020《车载视频行驶记录系统》，这些设备可以记录其监控范围内车辆的行驶过程、交通管理控制信号和各种交通事件。

2009 年，司法部司法鉴定科学技术研究所对基于视频图像的车速度鉴定方法进行了探索，提出了根据速度的定义，利用现场参考物和车辆结构特征的空间标定方法，并结合视频帧率计算车辆行驶速度。2014 年，公安部发布并实施了 GA/T 1133—2014《基于视频图像的车辆行驶速度技术鉴定》，2024 年，对该标准的内容进行了修订，名称改为 GA/T 1999.3《道路交通事故车辆速度鉴定方法 第 3 部分：基于视频图像》。2023 年，司法部发布并实施了 SF/T 0160—2023《基于图像的道路交通事故重建技术规范》。

（四）基于行车记录信息的车速鉴定

由于 ABS、ESP 等电子制动控制系统的广泛应用，事故现场已经很难再发现典型的车辆制动痕迹；车身结构不断优化，以及超强度钢材的大量使用，使得传统车辆碰撞参数的计算方法已经不能与目前的车身强度相匹配。汽车安全技术的不断发展已经给道路交通事故车速鉴定带来了新的挑战。

同时，随着汽车电子技术和远程管理系统的不断发展，以及 GB 39732—2020《汽车事件数据记录系统》、GB/T 19056—2021《汽车行驶记录仪》和 GB/T 32960.1—2016《电动汽车远程服务与管理系统技术规范 第 1 部分：总则》等相关标准的发布和实施，越来越多的车辆具备记录车辆碰撞前、碰撞时行驶状态、驾驶操作信息的功能。这些记录信息也为车速鉴定提供了新的鉴定依据。

1. 汽车行驶记录仪数据

在《道路交通安全法实施条例》、《道路运输车辆动态监督管理办法》和《机动车运行安全技术条件》等法规及国家强制标准的推动下，当前道路运输车辆（用于公路营运的载客汽车、危险货物运输车辆、半挂牵引车以及重型载货汽车）被要求在出厂前应当安装具有行驶记录功能的卫星定位装置，这为道路交通管理执法、事故调查提供了有效的工具。

2003 年国内发布首版 GB/T 19056—2003《汽车行驶记录仪》标准，并于 2012 年、2021 年先后更新两次修订版，不断完善、丰富了汽车行驶记录仪的记录功能。其中 GB/T 19056—2021 版增加了汽车行驶记录仪记录、存储音视频数据的功能。标准规定了汽车行驶记录仪的数据记录功能包含行驶状态记录、事故疑点记录、日志记录等。行驶状态记录应包括：车辆在行驶过程中的实时时间、实时位置信息（经/纬度）、每秒间隔内对应的平均行驶速度（基于车速传感器或 CAN 信号）、参考速度（基于卫星定位信号）以及对应时间的开关量（制动开关、转向开关、远近光灯开关等），记录的时间间隔为 1 s，速度记录单位为千米每小时（km/h），测量范围至少为 0~220 km/h，速度的分辨率不大于 1 km/h。事故疑点记录应包括：行驶结束时间前 20 s 的车辆行驶速度、开关量信号和行驶结束时的位置信息，电源（包括备用电池）断开前 20 s 内的车辆行驶速度、开关量信号及断电时的位置信息，记录的时间间隔为 0.1 s，速度记录单位为千米每小时（km/h），测量范围至少为 0~220 km/h，速度的分辨率不大于 1 km/h。

基于汽车行驶记录仪数据进行车速鉴定可参照 GA/T 1999.1—2022《道路交通事故车辆速度鉴定方法 第 1 部分：基于汽车行驶记录仪》等相关标准，对数据解读结果进行分析，通过确定事故时间段、检查行驶速度记录/行驶状态记录或事故疑点记录、分析数据来源、分析数据有效性确定车辆的行驶速度。

2. EDR 数据

EDR 可以记录车辆碰撞前的行驶、操控过程，以及碰撞过程中的速度变化情况。美国交通部公路交通安全管理局（NHTSA）在 2012 年版的“49 CFR Part 563”联邦法规中规定，新生产的乘用车辆必须安装满足相关技术要求的 EDR 装置。一般车型的 EDR 记录数据中包括：车辆碰撞前一定时间范围内的车辆速度、发动机转速、加速踏板位置、节气门开度、制动踏板操作情况，以及车辆碰撞后一定时间范围内的速度变化情况。

2020 年 12 月，我国发布了国家标准 GB 39732—2020《汽车事件数据记录系统》，该标准规定了 M1 类车辆的汽车事件数据记录系统的术语和定义、技术要求、试验方法和要求、外观和标识、车辆型式的扩展和说明书。EDR 的使用和推广有助于提高道路交通事故鉴定技术的准确性、科学性和客观性。随着 EDR 技术的发展，相关技术法规逐步完善，应用地区和领域不断扩展，该项技术已经给道路交通事故鉴定技术带来了革命性变化。

为了进一步规范基于汽车事件数据记录系统开展道路交通事故车辆速度鉴定，2022 年 7 月，公安部发布了公共安全行业标准 GA/T 1999.2—2022《道路交通事故车辆速度鉴定方法 第 2 部分：基于汽车事件数据记录系统》。该标准规定了基于汽车事件数据记录系统进行道路交通事故车辆速度鉴定的术语和定义、鉴定要求、鉴定步骤和方法、鉴定书要求。按照相关条款的规定开展 EDR 原始数据的读取和解析，通过事件相关性分析、数据记录的完整性分析和数据的有效性分析，分析判断事件触发前的车辆速度。

二、基于视频图像的车速鉴定

（一）计算公式

基于视频图像的车速鉴定主要是根据速度的定义，利用速度的定义进行计算：

$$v = \frac{s}{t}$$

视频图像以图像帧的形式离散地记录了车辆在图像中的运动过程，任意两帧图像间的时间间隔即是行驶时间，车辆在两帧图像上的位置变化即为该车行驶过的位移，将根据视频检验所得的 s 和 t 代入上式，即可计算出被鉴定车辆在相应过程的平均行驶速度。

（二）行驶时间的标定

在固定帧率视频中，图像帧间的时间间隔是一个固定值。因此，时间标定可以根据图像间的间隔帧数和帧率进行计算。如：视频的帧率为 f，则每两帧图像间的时间间隔 t' 可以表示为

$$t' = \frac{1}{f}$$

第 n 帧图像与第 $n + x$ 帧图像间隔了 x 帧图像，则这两帧图像间的时间间隔可以如下计算：

$$t_{(n \to n+x)} = [(n + x) - n] \times t' = x \times \frac{1}{f} = \frac{x}{f}$$

（三）行驶距离的标定

1. 利用现场固定参照物

观察被鉴定车辆车身上某一特征点通过视频图像中某两个参照物的时间间隔，设该时间

间隔为 t_1，实地测量图像中某两个参照物间的距离，设该距离为 l_1，利用速度-时间-位移公式计算车辆通过两个参照物时的平均速度。具体操作步骤如下：

1）根据监控录像中被鉴定车辆的行驶轨迹，选取某一平面内车辆通过的两个可以测量其间距离的点、线或延长线作为参照物，通常可以选择路面标线、人行道边缘或混凝土路面的伸缩缝作为参照物。

2）根据录像中被鉴定车辆的行驶轨迹及参照物的位置，选取车身上的某一特征点作为观察对象。

3）从该特征点到达第一个参照物时开始计数，逐帧播放视频，当该特征点到达第二个参照物时结束计数，此帧图像为第 x 帧。

4）按照被鉴定车辆的行驶方向，测量两参照物间的距离 l_1，如图 8－33 所示。

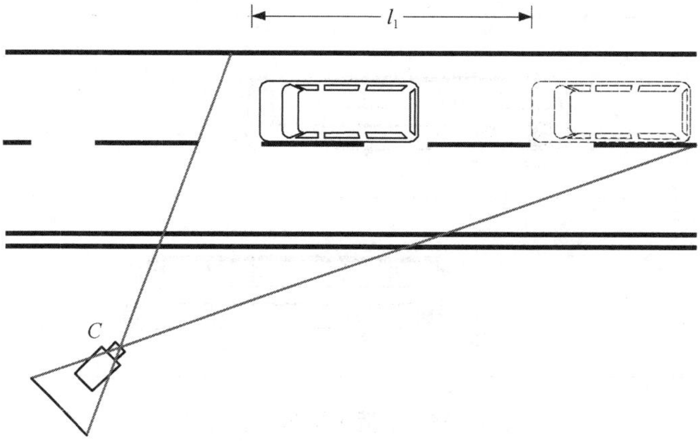

图 8－33　测量两参照物间的距离

因此，被鉴定车辆通过两个参照点的平均速度可以计算如下：

$$v_1 = \frac{l_1}{t_1}$$

若视频场景中没有可供直接参考的标定物，如果固定式摄像头（位置、角度、焦距不变），或者图像画面尚未发生变化，可以根据鉴定需要，进行现场复勘，在目标车辆的行驶轨迹上人为设置参考物。

而后，将复勘时人为设置的参考物叠加在事发时的视频图像上，逐帧检查视频图像，如直接参考观测的方法，观察目标车辆及其特征点与参考物间的位置关系，测量其行驶时间及距离。

具体操作时，可以视车辆的行驶距离和时间（帧率）等情况，适当调整人为参考物的设置距离，以达到车辆特征点与人为参考物间准确对应的位置关系。

2. 利用车辆特征部位

当视频图像中未出现可供选取的固定参照物，或未能观测到车辆特征点与固定参照物重合的图像时，可以视情况采用以下方法：观察被鉴定车辆车身上某两个特征点通过空间中某一参考点的时间间隔 t_2，测量车身上两个特征点间的距离 l_2，利用速度-时间-位移公式计算车辆通过该空间点时的速度。具体操作步骤如下：

1）选取车身某一侧面（左、右）上离地高度近似相同，且可以测量水平距离的两个特征点。通常选取车辆左侧（或右侧）前后端部、前后轮轴心等。

2）从视频图像中任意一帧图像开始，以与车辆前部特征点重合的空间中的一点 A 为空间特征点。逐帧播放视频，在第 y 帧图像上，车身上的另一特征点与空间特征点 A 重合。

3）测量车身上两特征点间的距离。则被鉴定车辆通过的 A 点时的速度可以利用速度-时间-位移公式计算得到。

在实际案例中，可以根据备选的车辆特征点与参考点间的位置关系，优选两者位置对应关系准确、距离信息易于获取的车辆特征点，如图 8－34 所示。

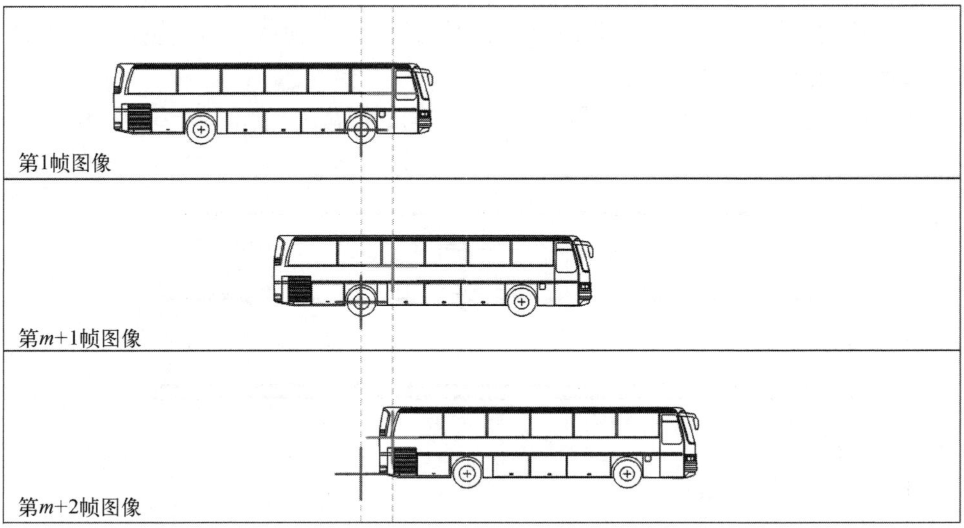

图 8－34　灵活选取车辆特征点

同时，也可以根据两者的位置对应关系，选择车辆行驶时间和距离的不同标定方式，如图 8－35所示，以固定的车辆行驶时间，标定目标车辆行驶距离的范围；或如图 8－36 所示，以固定的车辆行驶距离，标定目标车辆行驶时间的范围。以上两种车辆行驶时间和距离的标定方式都可以使用，但在鉴定的实践中应优选速度计算结果范围较小的标定方式。

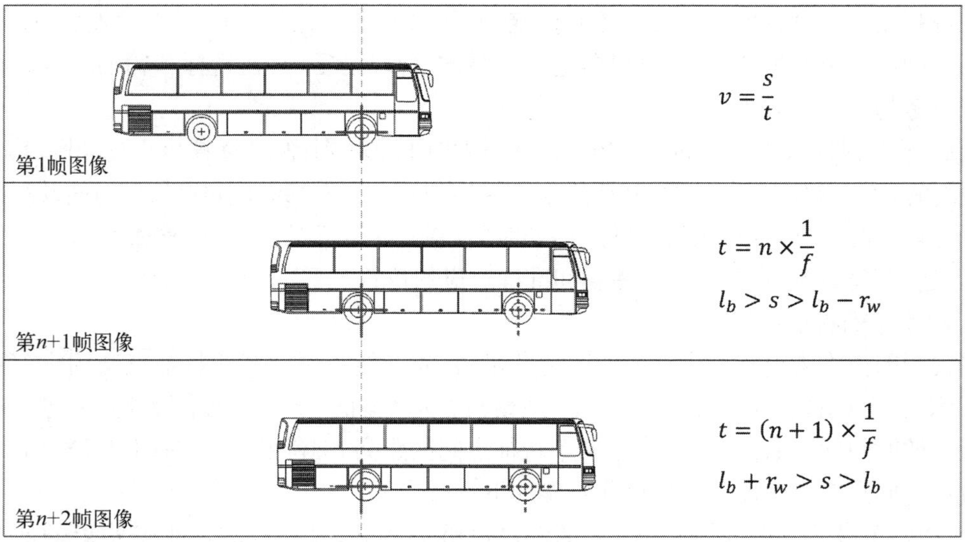

图 8－35　标定目标车辆行驶距离的范围

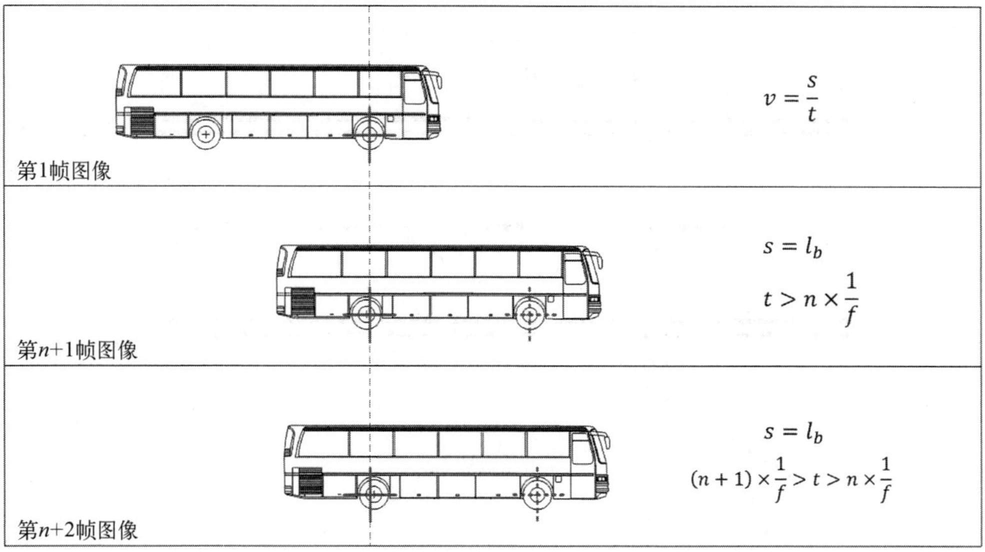

图 8－36　标定目标车辆行驶时间的范围

（四）需要注意的情况

在选取固定物作为参考物，观测目标车辆行驶时间和距离时，应避免以下两种错误的位置关系：

1）车辆特征点与参考物间形成的位置关系是覆盖，而不是到达或位置重合，其真实的行驶距离与参考物间的距离形成相似三角形的关系，如图 8－37 所示。因此，以上两个距离并非相等，但可以利用相似三角形进行求解。

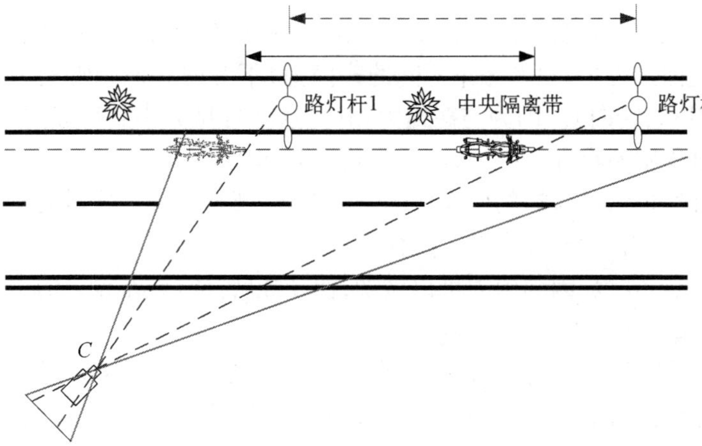

图 8－37　利用现场固定物观察行驶距离

2）以距离为例，物方空间中的某一线段的中点并非像平面成像线段的中点；同样，像平面中某一线段的中点，也不直接对应其物方空间线段的中点，如图 8－38 所示。但是，物方空间中的线段与其像平面中的线段满足一维直接线性的关系。

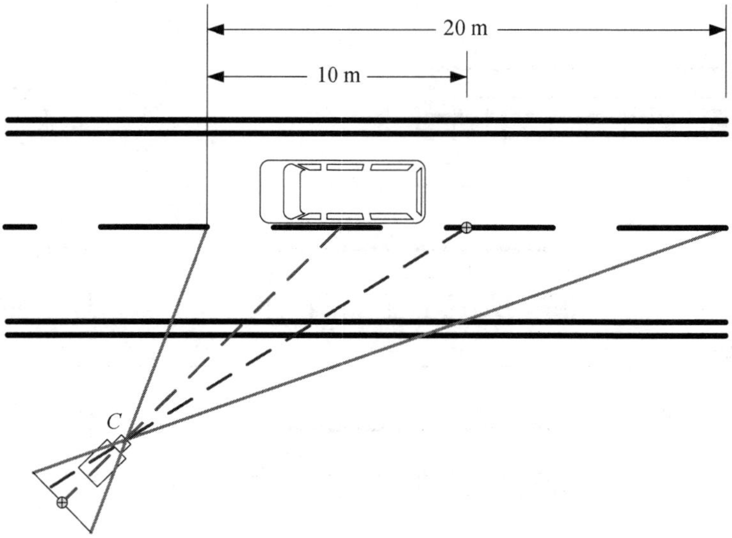

图 8-38 视频中像空间中点与物方空间中点的差异

三、基于事故形态的速度鉴定

(一)基本思路

从速度鉴定的角度出发,分析碰撞形态和事故过程的各个阶段;根据牛顿定律、功能原理、动量守恒定律等运动学和动力学的相关基础理论,结合碰撞试验和经验公式,对事故过程中的各个阶段构建适当的模型;以事故现场中车辆最终位置和事故后果为依据,逐步反推前一阶段的车速,并尽可能计算出被鉴定车辆采取避险措施时的速度。

(二)理论假设

根据车辆碰撞形态和事故过程,结合车辆的碰撞特点,车速鉴定过程中常使用以下假设:

第一,在直接碰撞过程中,只考虑车辆间的碰撞力,不考虑其他的常见力,如重力、路面作用力(制动、滚动、滑动、转向)。因为与碰撞力相比,这些常见力小到可以忽略不计。当然,在碰撞前、碰撞后的过程中不存在碰撞力,而是常见力起作用。

根据第一个假设,把参与碰撞的两车作为一个整体,碰撞前后一定满足动量守恒定律。因为碰撞阶段只考虑碰撞力,而碰撞力对于整体来讲属于内力,也就是说外力(合力)等于零,所以动量守恒。但动能不守恒,因为内力可以做功,使动能转换。汽车设计时,也有类似考虑,通过吸能的塑形变形来达到减少乘员伤害的目的。

第二,在直接碰撞过程中,车辆的位移小到可以忽略不计。因为碰撞时间很短,所以速度乘以时间所得到的位移很小。根据这一假设,变形阶段和恢复阶段都在同一位置上完成。

(三)基于制动痕迹的车速计算

车辆在制动的过程中,从驾驶员踩下制动踏板开始,到车辆产生制动力 F_p;而后,制动力逐步上升并达到基本稳定状态;最后,车辆在制动力的作用下运动停止。在此过程中,车辆的减速度也随之发生变化,从车辆产生制动力开始,车辆减速度 a_b 也开始产生并逐步上升,直至达到基本稳定的状态,其过程如图 8-39 近似表示。

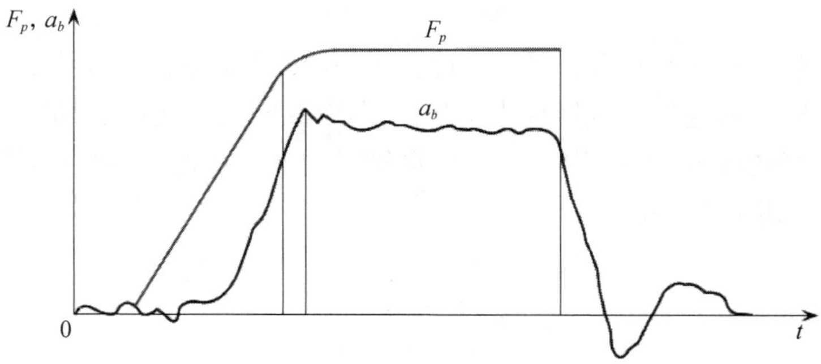

图 8－39　车辆制动过程中的制动力和减速度

将图 8－39 中制动力和减速度的变化情况，近似等效成梯形，如图 8－40 所示。则车辆的减速度可以分为两个阶段，第一阶段是减速度匀速线性上升阶段；第二阶段是减速度稳定阶段，即匀变速运动阶段。

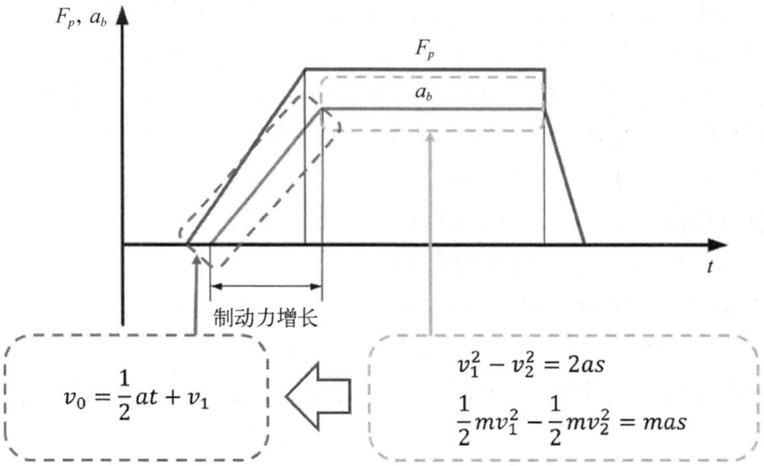

图 8－40　等效梯形图

根据以上两个阶段的运动特点，选择适当的公式进行分析建模，并由后向前逐步反推速度。从第二阶段开始，第二阶段是减速度稳定阶段，车辆运动呈匀减速状态，能够克服摩擦力做功。因此，对于第二阶段，可以分别从运动学和功能原理两个角度进行分析。

设定：减速度上升至稳定阶段 a 时的速度为 v_1；末速度为 v_2，即车辆停止时的速度数值为 0；从 v_1 到 v_2，车辆行驶过的距离为 s。

对第二阶段进行分析，根据运动学公式有：

$$v_1^2 - v_2^2 = 2as = 2\varphi gks$$

根据功能原理有：

$$\frac{1}{2}mv_1^2 - \frac{1}{2}mv_2^2 = mas = mg\varphi ks$$

以上两式均可以进一步整理得：

$$v_1 = \sqrt{2as} = \sqrt{2g\varphi ks} \qquad (8-83)$$

在第二阶段的基础上，继续分析第一阶段。第一阶段是减速度从 0 线形增长到 a 的过程，从运动学的角度出发，减速度呈倾斜直线上升，上图中纵轴表示减速度，横轴是减速度上升所对应的时间 t，减速度斜向直线与对应过程的横轴时间所围成的三角形的面积就是这一阶段的速度变化量 Δv，如下式表示：

$$\Delta v = \frac{1}{2}at$$

则制动的初速度 v_0 可以进一步由式(8-84)表示为

$$v_0 = \frac{1}{2}at + \sqrt{2as} = \frac{1}{2}g\varphi kt + \sqrt{2g\varphi ks} \qquad (8-84)$$

（四）一维碰撞的车速计算

以车辆对向碰撞为例，分析一维碰撞事故中的车速计算过程。车辆 1、2 分别以 v_{10}、v_{20} 的速度对向行驶并发生碰撞，从两车接触开始车辆发生压缩变形，同时产生碰撞力，随着碰撞的继续进行，车辆的压缩变形达到最大程度，此时两车达到了相同的速度，即共同速度 v_c；而后，两车的弹性形变开始恢复，两车在弹力的作用下向相反的方向运动，且速度也随之发生变化；然后，两车分别以 v_{11}、v_{21} 分离；最后，两车碰撞后剩余的动能克服摩擦力做功，速度降低至 0。

在分析一维碰撞过程中，对应共同速度的概念又引入了有效碰撞速度，有效碰撞速度的定义：车辆碰撞前的瞬间速度和碰撞过程中完成动量交换达到同一速度时的速度变化量。也可以理解为从车辆发生碰撞至各车达到相同速度时各车辆产生的速度变化，以上过程如图 8-41 所示。

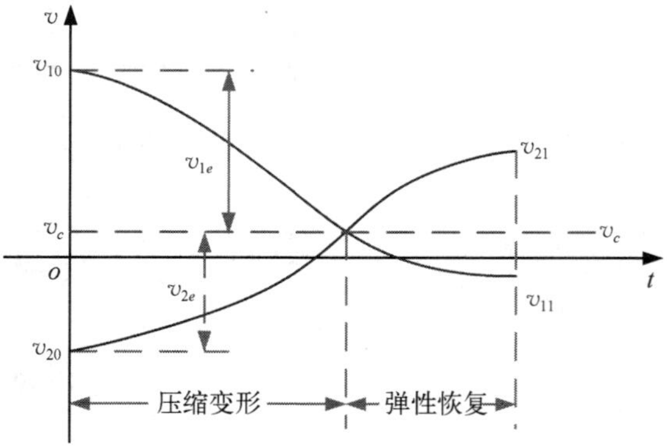

图 8-41　一维碰撞事故中的车速计算过程

根据有效碰撞速度的定义，1 车碰撞初速度 v_{10} 与 v_c 之间的速度变化量即为该车的有效碰撞速度 v_{1e}。同样，2 车的有效碰撞速度 v_{2e}。根据有效碰撞速度的定义，有下式成立：

$$v_{1e} = v_{10} - v_c = \frac{m_2}{m_1 + m_2}(v_{10} - v_{20})$$

$$v_{2e} = v_c - v_{20} = \frac{m_1}{m_1 + m_2}(v_{10} - v_{20})$$

$$v_{1e} + v_{2e} = v_{10} - v_{20}$$

$$\frac{v_{1e}}{v_{2e}} = \frac{m_2}{m_1}$$

根据牛顿第三定律，同样有下式成立：

$$F_1 t = F_2 t$$

$$m_1(v_{10} - v_c) = m_2(v_c - v_{20})$$

$$m_1 v_{1e} = m_2 v_{2e}$$

通过以上分析和推导，可以得知两车的有效碰撞速度与车辆的质量成反比；两车有效碰撞速度的代数和等于两车初速度之差。

根据碰撞实验的统计数据，得到轿车正面碰撞有效碰撞速度与塑性变形量的经验公式，如下所示：

$$v_e = 105.3x \tag{8-85}$$

式中，x 为轿车正面塑性变形量。

根据反推法由车辆最终位置按阶段逐步反推碰撞前的速度。以上对向碰撞事故的最后一个阶段是两车分别以 v_{11}、v_{21} 分离，剩余动能克服摩擦力做功。根据功能原理，对两车分离后的运动进行分析，有下式成立：

$$\frac{1}{2}m_1 v_{11}^2 = m_1 g\mu_{11} s_{11}$$

$$v_{11} = \sqrt{2g\mu_{11} s_{11}} \tag{8-86}$$

式中，g 为重力加速度；μ_{11} 为 1 车碰撞后的运动阻力系数；s_{11} 为 1 车碰撞后的运动距离；对于 2 车同样有

$$\frac{1}{2}m_2 v_{21}^2 = m_2 g\mu_{21} s_{21}$$

$$v_{21} = \sqrt{2g\mu_{21} s_{21}} \tag{8-87}$$

式中，μ_{21} 为 2 车碰撞后的运动阻力系数；s_{21} 为 2 车碰撞后的运动距离。

以上在对碰撞后两车运动分析计算的基础上，分别求得两车碰撞后速度。按照反推法的思路，进一步反推前一阶段，即两车碰撞阶段，计算两车碰撞时的速度。

根据动量守恒定律，对车辆 1、2 的碰撞过程进行分析，有下式成立：

$$m_1 v_{10} + m_2 v_{20} = (m_1 + m_2)v_c = m_1 v_{11} + m_2 v_{21} \tag{8-88}$$

式中，v_c 为车辆 1、2 碰撞后达到的共同速度。

根据上式，共同速度 v_c 可以如下表示：

$$v_c = \frac{m_1 v_{10} + m_2 v_{20}}{m_1 + m_2} = \frac{m_1 v_{11} + m_2 v_{21}}{m_1 + m_2}$$

$$v_c = \frac{m_1 v_{11} + m_2 v_{21}}{m_1 + m_2} = \frac{m_1\sqrt{2g\mu_{11} v_{11}} + m_2\sqrt{2g\mu_{21} v_{21}}}{m_1 + m_2} \tag{8-89}$$

由上式，进一步代入整理：

$$v_{10} = v_c + v_{1e} = \frac{m_1\sqrt{2g\mu_{11} v_{11}} + m_2\sqrt{2g\mu_{21} v_{21}}}{m_1 + m_2} + 105.3x_1 \tag{8-90}$$

$$v_{20}=v_c-v_{2e}=v_c-v_{1e}\frac{m_1}{m_2}=\frac{m_1\sqrt{2g\mu_{11}v_{11}}+m_2\sqrt{2g\mu_{21}v_{21}}}{m_1+m_2}-105.3x_1\frac{m_1}{m_2}\qquad(8-91)$$

（五）基于圆周运动的速度计算

1. 车辆侧滑

车辆在做圆周运动(转弯)时,当其离心力大于或等于车辆所能够提供的横向摩擦力时,车辆就会发生横向侧滑,如图 8－42 所示。

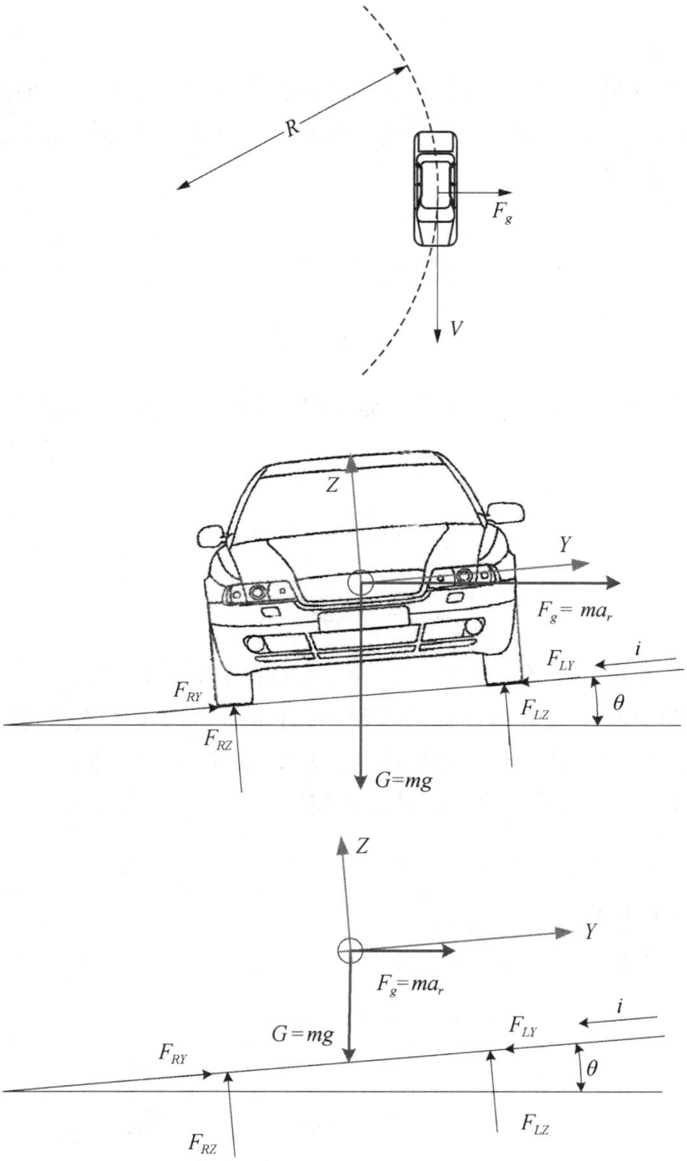

图 8－42　车辆侧滑

其中,θ 为路面横坡角度;i 为对应的坡度;G 为车辆的重力;F_g 为车辆因做圆周运动而产生的离心力;

其中，离心力 F_g 可以表示如下：

$$F_g = \frac{Gv^2}{gR}$$

对车辆发生侧滑时，车体 Y 轴方向的受力情况进行分析：

$$(G\cos\theta + F_g\sin\theta)\mu_Y = F_g\cos\theta - G\sin\theta$$

$$G(\sin\theta + \mu_Y\cos\theta) = F_g(\cos\theta - \mu_Y\sin\theta)$$

$$G(\sin\theta + \mu_Y\cos\theta) = \frac{Gv^2}{gR}(\cos\theta - \mu_Y\sin\theta)$$

上式进一步整理变换得

$$v^2 = \frac{gR(\sin\theta + \mu_Y\cos\theta)}{\cos\theta - \mu_Y\sin\theta}$$

$$v = \sqrt{\frac{\sin\theta + \mu_Y\cos\theta}{\cos\theta - \mu_Y\sin\theta}gR}$$

$$v = \sqrt{\frac{\mu_Y + i}{1 - \tan\theta\mu_Y}gR}$$

$$v = \sqrt{\frac{\mu_Y + i}{1 - \mu_Y i}gR} \tag{8-92}$$

2. 车辆侧翻

车辆在做圆周运动（转弯）时，当其离心力所形成的倾覆力矩大于或等于车辆重力所能够提供的最大抗倾覆力矩时则车辆发生横向侧翻。对车辆发生侧翻时进行受力分析。当车辆内侧（右侧）轮胎与地面间的作用力为零时，即 $F_{RY} = F_{RZ} = 0$，则车辆达到发生侧翻的临界状态，如图 8－43 所示。

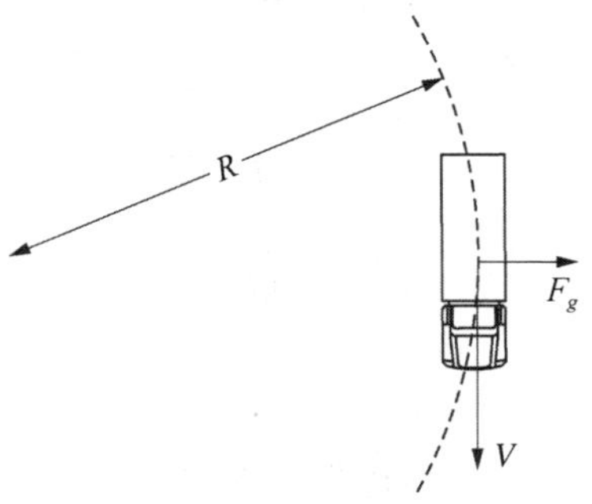

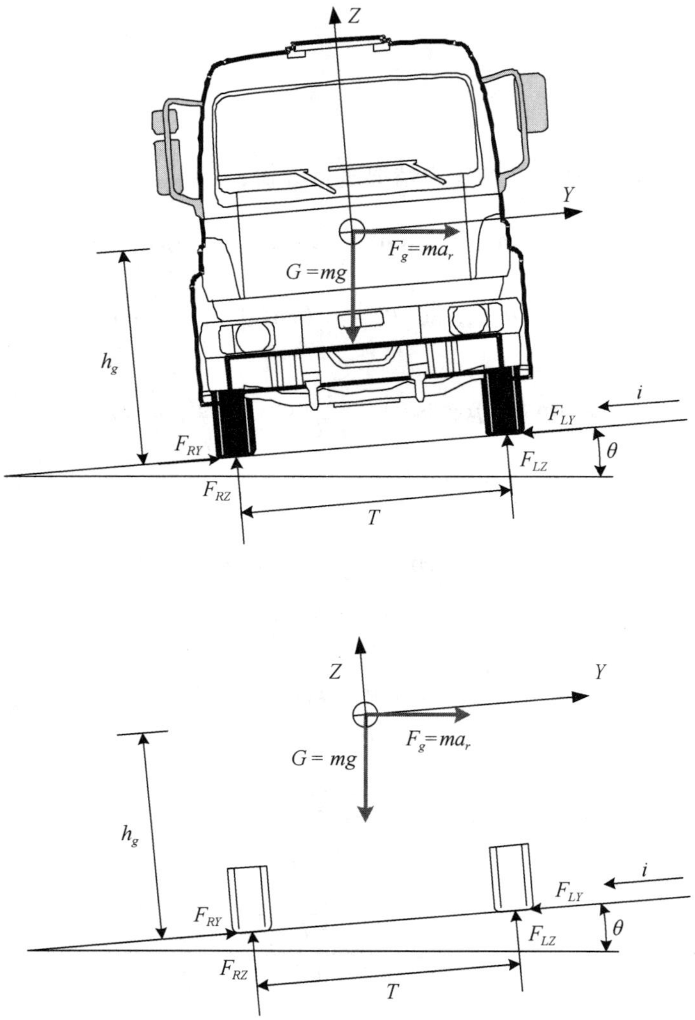

图 8-43 车辆侧翻

其中，θ 为路面横坡角度，i 为对应的坡度；h_g 为车辆的质心高度；T 为车辆的轮距；G 为车辆的重力；F_g 为车辆因做圆周运动而产生的离心力。

对外侧(左)轮胎建立力矩方程：

$$\sum M_L = \frac{T}{2}G\cos\theta + h_g G\sin\theta + \frac{T}{2}F_g\sin\theta - h_g F_g\cos\theta = 0$$

其中，离心力 F_g 可以表示如下：

$$F_g = \frac{Gv^2}{gR}$$

将以上两式联立化简得

$$v = \sqrt{\frac{(T + 2h_g i)gR}{2h_g - Ti}} \tag{8-93}$$

（六）基于抛物运动的车速计算

交通事故中常见抛物运动过程，如：车辆驶出道路后的坠落过程；行人或两轮车当事人与汽车发生碰撞后，人体的摔抛过程等。在车速鉴定实践中，也可以根据抛物运动进行速度计算。

1. 简单平抛运动

假设行人与汽车碰撞后，人体碰撞后做平抛运动，其运动过程如图 8－44 所示。

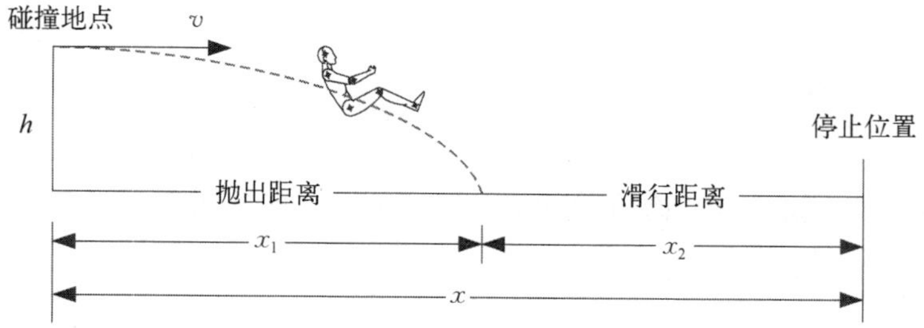

图 8－44　平抛运动

根据人体碰撞后的运动距离推算人车碰撞时，车辆的碰撞速度。设定：v 为车辆与人体碰撞时的速度；m 为人体的质量；h 为人体抛出时的高度（发动机舱盖+躯体半径）；x 为人体碰撞后的水平运动距离；x_1 为人体的抛出距离；x_2 为人体在地面上的滑行距离；t 为人体抛出时的下落时间；μ 为人体在地面上的滑动阻力系数。

对人体碰撞后的水平运动过程进行分析得

$$x_1 = vt$$

对人体碰撞后的垂直运动过程进行分析得

$$h = \frac{1}{2}gt^2$$

合并以上两式，消去 t，则进一步整理得

$$x_1 = v\sqrt{\frac{2h}{g}}$$

$$\frac{1}{2}mv^2 = mg\mu x_2$$

$$x_2 = \frac{v^2}{2g\mu}$$

$$x = x_1 + x_2 = v\sqrt{\frac{2h}{g}} + \frac{v^2}{2g\mu}$$

$$v = \mu\sqrt{2g}\left(\sqrt{h + \frac{x}{\mu}} - \sqrt{h}\right) \qquad (8-94)$$

2. 质点阶段运动分析

将研究对象视为质点，对其碰撞后的运动过程进行分析并建立运动模型。设质点抛出速

度为 V，速度方向与水平方向的夹角为 θ，水平分量为 u，垂直分量为 v。质点碰撞后的运动过程大致可以分为初抛、弹跳和滑行三个阶段，如图 8-45 所示。

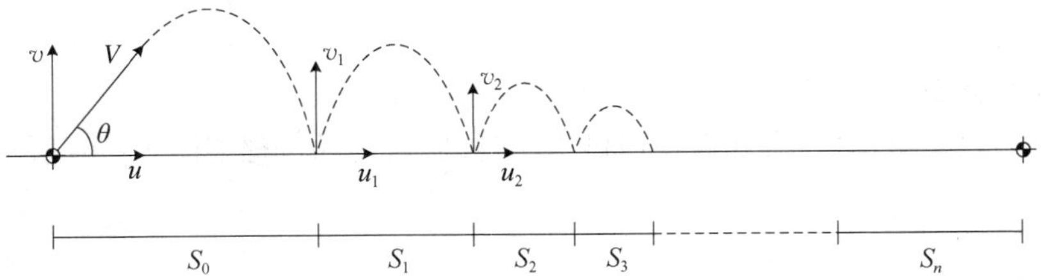

图 8-45 分阶段质点运动示意图

(1) *初抛阶段* 设质点初抛阶段的运动时间为 t_{s0}，根据运动方程可得

$$t_{s0} = \frac{2v}{g}$$

则质点初抛过程的水平位移 S_0 则可由下式表示：

$$S_0 = \frac{2uv}{g}$$

(2) *弹跳阶段* 设质点在路面上的反弹系数为 e，阻力系数为 μ，则质点第一次着地后的垂直弹起速度 v_1 可由下式表示：

$$v_1 = ev$$

着地后的水平速度 u_1 可以表示为

$$u_1 = u - \mu(v + v_1) = u - \mu v - \mu ev$$

第一次弹起后(至第二次落地)的运动距离 S_1 则可以表示为

$$S_1 = \frac{2u_1v_1}{g} = \frac{2}{g}(evu - \mu ev^2 - \mu e^2v^2)$$

同样，对该质点第二次弹起的过程进行分析有下式成立：

$$v_2 = ev_1 = e^2v$$

$$u_2 = u_1 - \mu(v_1 + v_2) = u_1 - \mu v_1(1 + e) = u - \mu v - 2\mu ev - \mu e^2v$$

$$S_2 = \frac{2u_2v_2}{g} = \frac{2}{g}(e^2vu - \mu e^2v^2 - 2\mu e^3v^2 - \mu e^4v^2)$$

对该质点第三次弹起的过程进行分析，同理有以下成立：

$$v_3 = ev_2 = e^3v$$

$$u_3 = u_2 - \mu v_2(1 + e) = u - \mu v - 2\mu ev - 2\mu e^2v - \mu e^3v$$

$$S_3 = \frac{2u_3v_3}{g} = \frac{2}{g}(e^3vu - \mu e^3v^2 - 2\mu e^4v^2 - 2\mu e^5v^2 - \mu e^6v^2)$$

对该质点第四次弹起的过程进行分析，同理有以下成立：

$$v_4 = ev_3 = e^4 v$$

$$u_4 = u_3 - \mu v_3(1+e) = u - \mu v - 2\mu ev - 2\mu e^2 v - 2\mu e^3 v - \mu e^4 v$$

$$S_4 = \frac{2u_4 v_4}{g} = \frac{2}{g}(e^4 vu - \mu e^4 v^2 - 2\mu e^5 v^2 - 2\mu e^6 v^2 - 2\mu e^7 v^2 - \mu e^8 v^2)$$

……

则质点滑行前的运动（初抛 & 弹跳）距离可由下式表示：

$$\begin{aligned}&\sum S = S_0 + S_1 + S_2 + S_3 + S_4 + \cdots\\ &= \frac{2}{g}(uv + euv + e^2 uv + \cdots - \mu ev^2 - 2\mu e^2 v^2 - 3\mu e^3 v^2 - 4\mu e^4 v^2 - 5\mu e^5 v^2 - \cdots)\\ &= \frac{2}{g}\left[\frac{uv}{1-e} - \frac{\mu ev^2}{(1-e)^2}\right]\end{aligned}$$

(3) 滑行阶段　根据以上分析及推导，质点滑行前的水平速度则可以表示为

$$u_n = u - \mu v(1 + 2e + 2e + 2e + \cdots) = u + \mu v - \frac{2\mu v}{1-e} = \frac{u(1-e) - \mu v(1+e)}{1-e}$$

则质点的滑行距离 S_n 可以表示为

$$S_n = \frac{u_n^2}{2\mu g} = \frac{[u(1-e) - \mu v(1+e)]^2}{2\mu g(1-e)^2}$$

因此，碰撞后质点总的运动距离可以表示为

$$\begin{aligned}S &= \frac{1}{g}\left[\frac{2uv}{1-e} - \frac{2\mu ev^2}{(1-e)^2} + \frac{u^2(1-e)^2}{2\mu(1-e)^2} - \frac{2\mu uv(1-e)(1+e)}{2\mu(1-e)^2} + \frac{\mu^2 v^2(1+e)^2}{2\mu(1-e)^2}\right]\\ &= \frac{1}{2\mu g}(u + \mu v)^2\end{aligned}$$

又因为有

$$u = V\cos\theta; v = V\sin\theta$$

上式可以进一步整理得

$$S = \frac{V^2}{2\mu g}(\cos\theta + \mu\sin\theta)^2$$

$$V = \frac{\sqrt{2\mu gS}}{\cos\theta + \mu\sin\theta}$$

进一步整理，则有

$$V_{\min} = \sqrt{\frac{2\mu gS}{1+\mu^2}}; V_{\max} = \sqrt{2\mu gS} \tag{8-95}$$

3. 质点运动微分方程

设质点与地面间的摩擦阻力系数为 μ，碰撞后的水平位移为 x，则水平方向速度可以表示

为 x'，水平方向加速度可以表示为 x''；质点碰撞后的垂直位移为 y，则垂直方向速度可以表示为 y'，垂直方向加速度可以表示为 y''，垂直方向的位移为 H。

以质点碰撞后的瞬间位置为坐标原点，水平运动方向为 x 轴正方向，垂直运动方向为 y 轴正方向建立二维平面直角坐标系。则质点水平位移为 x，水平速度为 $x'(u)$，水平加速度为 x''；垂直位移为 y，垂直速度为 $y'(v)$，垂直加速度为 y''，如图 8－46 所示。

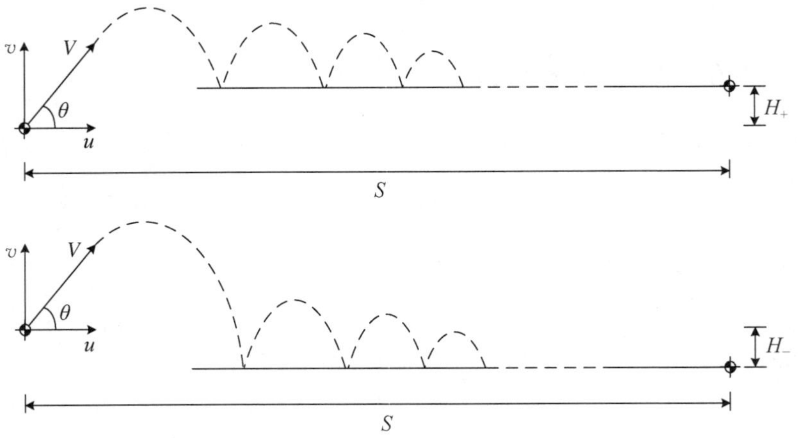

图 8－46　质点抛射运动示意图

对质点的运动过程进行分析，根据牛顿第二定律有以下成立：

$$R - mg = my''$$

$$-\mu R = mx''$$

其中，R 是地面反力。以上两式联立，消去 R 得

$$x'' + \mu y'' = -\mu g$$

上式适应于质点碰撞后的整个运动过程，包括初抛、弹跳和滑行三个阶段。设定：

$$x + \mu y = z$$

则上式可以变换为

$$z'' = -\mu g$$

对上式积分得

$$z'^2 = -2\mu g z + C$$

质点碰撞后瞬间，有以下成立：

$$z' = u + \mu v$$

$$z = 0$$

因此，有以下成立：

$$C = (u + \mu v)^2$$

当质点位于最终位置时，有以下成立：

$$z' = 0$$

$$z_+ = S + \mu H_+; z_- = S - \mu H_-$$

综合以上,即有

$$(u + \mu v)^2 = 2\mu g(S + \mu H_+);\ (u + \mu v)^2 = 2\mu g(S - \mu H_-)$$

进一步整理可得

$$V_+ = \sqrt{\frac{2\mu g(S + \mu H_+)}{(\cos\theta + \mu\sin\theta)^2}}; V_- = \sqrt{\frac{2\mu g(S - \mu H_-)}{(\cos\theta + \mu\sin\theta)^2}}$$

进一步整理,则有

$$V_{+\min} = \sqrt{\frac{2\mu g(S + \mu H_+)}{1 + \mu^2}}; V_{+\max} = \sqrt{2\mu g(S + \mu H_+)}$$

$$V_{-\min} = \sqrt{\frac{2\mu g(S - \mu H_-)}{1 + \mu^2}}; V_{-\max} = \sqrt{2\mu g(S - \mu H_-)} \qquad (8-96)$$

第四节 典型道路交通事故车速鉴定案例

一、EDR 数据在一维碰撞事故中的应用

(一) 基本案情

2016 年 10 月某日某时许,别克牌小型轿车(甲车)在某高速公路某方向 626 km+32 m 处与其前方某号牌半挂牵引车及其拖挂的半挂车(乙车)发生交通事故。2017 年 10 月,办案单位根据案件调查需要,委托对甲乙两车的速度进行重新鉴定。

图 8-47 某案例事故现场照片

（二）检验所见

1. 检验方法

参照 GA 41—2014《道路交通事故痕迹物证勘验》、GA/T 1087—2013《道路交通事故痕迹鉴定》及 GB/T 33195—2016《道路交通事故车辆速度鉴定》有关条款及检验方法对甲乙两车进行检验，并读取甲车安全气囊感应及诊断模块（SDM）中记录的数据，对甲乙两车事故发生时的速度进行分析计算。

2. 检验所见

（1）甲车　车辆识别代号为×××。车顶前部向后撕脱挤压变形，其外侧及右前车门上边梁前上侧见挫印，表层黑色涂层呈减层，黏附绿色及橙色物质。前风窗玻璃碎裂、缺损。发动机舱盖弯折变形，局部见由前向后的割裂，其右端脱位并向左移位，伴刮擦痕迹，表层黑色涂层呈减层，黏附橙色物质。发动机舱内部件破损移位。前保险杠缺损脱位，其外侧见刮擦痕迹，表层黑色涂层呈减层，黏附橙色物质。右后视镜断落。左后视镜向前翻转。左前轮向后移位。左前车门弯折变形。仪表台破损脱位。转向盘扭曲变形。主、副安全气囊均已展开。前排安全带已锁死。

图 8－48　甲车前观照

利用 CDR（CRASH DATA RETRIEVAL SYSTEM）提取该车安全气囊感应及诊断模块（SDM）中记录的数据：

Event Data（General）

Ignition Cycles At Investigation	10 786
Dynamic Deployment Event Counter	1

Event Data（Event Record 2）

Event Recording Complete	Yes
Event Record Type	Deployment
Ignition Cycles At Event	10 785
Event Severity Status：Rollover	No
Event Severity Status：Rear	No
Event Severity Status：Right Side	No
Event Severity Status：Left Side	No
Event Severity Status：Frontal Stage 2	Yes
Event Severity Status：Frontal Stage 1	Yes
Event Severity Status：Frontal Pretensioner	Yes

续 表

Longitudinal SDM Recorded Vehicle Velocity Change at time of Maximum SDM Recorded Vehicle Velocity Change MPH [km/h]	-48 [-78]
Lateral SDM Recorded Vehicle Velocity Change at time of Maximum SDM Recorded Vehicle Velocity Change MPH [km/h]	-1 [-1]

Pre-Crash Data -2.5 to -.5 sec (Event Record 2)

Times (sec)	Accelerator Pedal Position (percent)	Brake Switch Circuit State	Vehicle Speed (MPH [km/h])
-2.5	23	Off	71 [115]
-2.0	23	Off	71 [115]
-1.5	23	Off	71 [115]
-1.0	24	Off	71 [115]
-0.5	24	Off	71 [115]

（2）乙车　牵引车车架钢印号为×××，半挂车车架钢印号为×××。货箱后侧左部变形，伴撞击刮擦痕迹。左后组合灯破损。后保险杠缺失。第六轴左、右轮胎均已拆除。第六轴左部向前移位，其钢板弹簧吊耳支架断裂。车辆后侧距地高 143 cm 以下、距车左端 0～142 cm 范围内见刮擦痕迹，表层绿色及橙色涂层呈减层，黏附黑色物质。

图 8-49　乙车后侧照

图 8-50　乙车左侧后部痕迹照

（三）书证摘录

1. 委托方出具的说明

甲车车内共有三名当事人。分别为×××，男，30 岁；×××，男，33 岁；×××，女，32 岁。

事故现场勘查完毕后我单位委托某检测中心对乙车总重进行测量。测量结果为 44 980 kg，由在场见证的当事人×××确认并在过磅单上签字。

2. 甲车机动车行驶证：

整备质量为 1 750 kg。

（四）分析计算

甲乙两车所检见的痕迹，在部位、受力方向及附着物等方面均可以互相印证，符合甲车正面与乙车后侧左部碰撞形成的特征。

甲乙两车碰撞时，甲车安全气囊感应及诊断模块（SDM）的记录功能被激活，记录了甲车碰撞前2.5秒内的速度及相关操作情况等信息。提取出的数据显示，甲车碰撞中纵向最大速度变化值为-78 km/h、横向最大速度变化值为-1 km/h。甲车碰撞前2.5秒内油门踏板位置开度在23%至24%间、制动踏板开关保持在“关闭”状态、速度保持在115 km/h。根据上述数据，甲车事故发生时油门踏板被踩下、制动踏板未被踩下、速度约为115 km/h。

根据委托方提供的案情信息、出具的说明及甲车机动车行驶证，取甲车事发时的质量约为

$$m_1 = 1\,750 + 60 \times 3 = 1\,930 \text{ kg}$$

乙车事发时的质量约为

$$m_2 = 44\,980 + 60 \times 2 = 45\,100 \text{ kg}$$

根据甲车 EDR 数据，该车碰撞时的速度约为

$$v_{10} = 115 \text{ km/h}$$

Pre-Crash Data -2.5 to -.5 sec

Times (sec)	Accelerator Pedal Position (percent)	Brake Switch Circuit State	Engine Speed	Throttle Position (%)	Vehicle Speed (MPH [km/h])
-2.5	23	Off	2240	59	71 [115]
-2.0	23	Off	2240	59	71 [115]
-1.5	23	Off	2176	59	71 [115]
-1.0	24	Off	2176	59	71 [115]
-0.5	24	Off	2176	59	71 [115] → v_{10}

根据两车碰撞形态，以及甲车碰撞后的形变和损坏情况，两车碰撞后的瞬时速度相等，以共同速度继续运动，即有下列关系成立：

$$v_{11} = v_{21} = v_c$$

根据动量守恒定律，两车碰撞过程中，有下列关系成立：

$$m_1 \Delta v_1 = m_2 \Delta v_2$$

即

$$\Delta v_1 = \frac{m_2 \Delta v_2}{m_1},\ \Delta v_2 = \frac{m_1 \Delta v_1}{m_2}$$

又因

$$v_{11} = v_{21} = v_c,\ v_c = v_{10} + \Delta v_1 = v_{20} + \Delta v_2$$

则

$$v_{20} = v_c - \Delta v_2 = v_{11} - \Delta v_2 = v_{11} - \frac{m_1 \Delta v_1}{m_2}$$

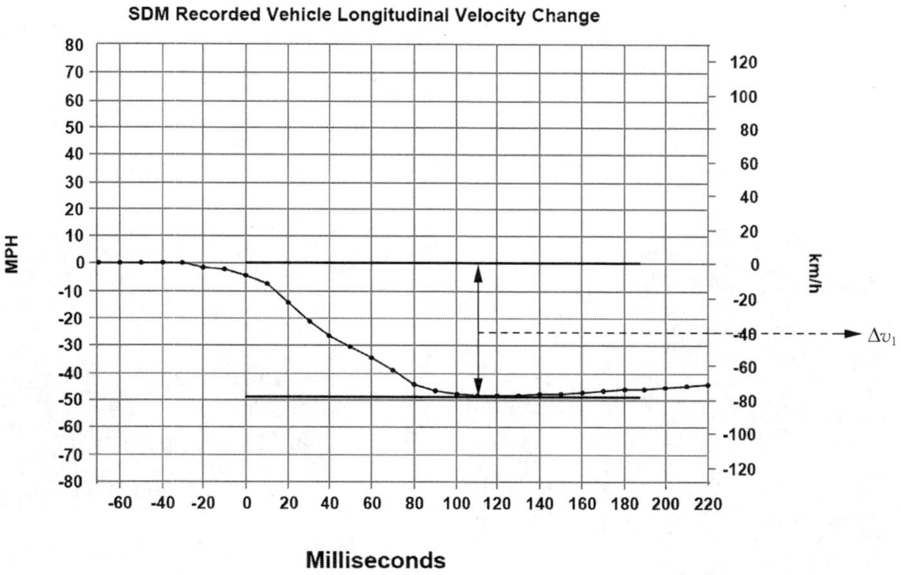

根据甲车 EDR 数据中速度变化情况，甲车碰撞后的速度计算如下：

$$v_{11} = v_{10} + \Delta v_1 = 115 - 78 = 37 \text{ km/h}$$

进一步整理代入计算得

$$v_{20} = v_{11} - \frac{m_1 \Delta v_1}{m_2} = 37 - \frac{1\,930 \times 78}{45\,100} = 33.66 \text{ km/h}$$

根据上述分析计算，乙车碰撞时的速度约为 34 km/h。

二、基于汽车行驶记录仪数据的速度鉴定

（一）基本案情

委托人提供的道路交通事故检验鉴定委托书示，2023 年 6 月 20 日 7 时 35 分许，某号牌豪沃牌重型自卸货车在某道路上与同车道内停止的一辆小型轿车发生交通事故。事故发生后，办案单位根据案件调查需要，委托对某号牌豪沃牌重型自卸货车事发时的行驶速度进行鉴定。

（二）检验所见

1. 鉴定方法

参照 GB/T 33195—2016《道路交通事故车辆速度鉴定》、GB/T 19056—2012《汽车行驶记录仪》、GB/T 19056—2021《汽车行驶记录仪》、GA/T 41—2019《道路交通事故现场痕迹物证勘查》、GA/T 1999.1—2022《道路交通事故车辆速度鉴定方法 第 1 部分：基于汽车行驶记录仪》及 SF/T 0072—2020《道路交通事故痕迹物证鉴定通用规范》有关条款及检验方法，对委托事项作出鉴定意见。

2. 检验所见

（1）被鉴定车辆　车架钢印号为×××327。前下部防护装置断落。前保险杠及前号牌向后变形。右前组合灯破损。前面板见撞击刮擦痕迹，中部破损。各轮胎型号均为 11.00R20。

仪表板显示：行驶总里程为113 868 km。车辆驾驶位上方安装有汽车行驶记录仪，该记录仪正面见“汽车行驶记录仪 GK－110R7－G1A”等字样，通过其USB接口从中导出VDR文件一个。使用“汽车行驶记录仪数据解读软件”打开该文件，其基本信息示：累计里程为113 868.2 km，车辆识别代码为×××327，生产商CCC认证代码为C000374，认证产品型号为GK－110R7－G1A。该记录仪后侧接线情况示，速度信号接线来自CAN信号。

图8－51　被鉴定车辆前侧照

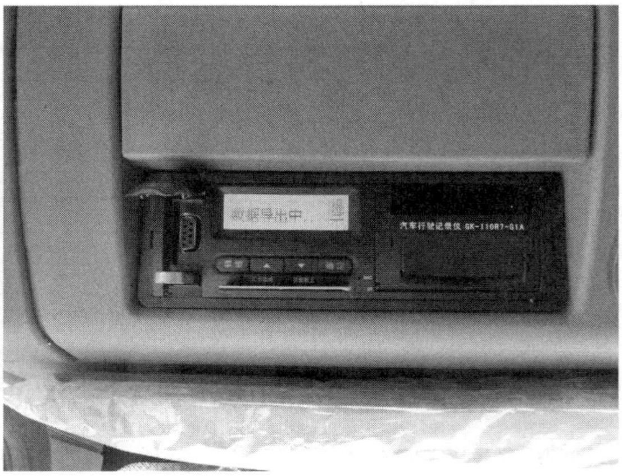

图8－52　被鉴定车辆汽车行驶记录仪

（2）涉案小型轿车　　车辆识别代号为×××012。涉案小型轿车后部向前压溃致车内后排空间缩小。后防撞梁定位异常。左后轮定位异常。

图8－53　涉案小型轿车后侧照

（三）书证摘录

被鉴定车辆机动车行驶证示，品牌型号为豪沃牌ZZ3317V286GF1B。

（四）分析说明

根据被鉴定车辆与涉案小型轿车所检见损坏情况及委托书所示案情，符合被鉴定车辆正面与小型轿车后侧发生碰撞的情况。

被鉴定车辆仪表板所示行驶总里程与其汽车行驶记录仪数据所示累积行驶里程一致，被鉴定车辆车架钢印号与其汽车行驶记录仪数据所示车辆识别代码一致，该记录仪中记录的数据为被鉴定车辆的行驶状态数据。

根据委托书示所示事故发生时间为 2023 年 6 月 20 日 7 时 35 分许，通过“行驶速度记录”查询到距事故发生时间最近一个时段的行驶速度记录，其对应的时间段为“2023 年 6 月 20 日 07: 35: 00 到 2023 年 6 月 20 日 07: 36: 59”，截图如图 8 – 54 所示，该时段内无速度状态日志记录。

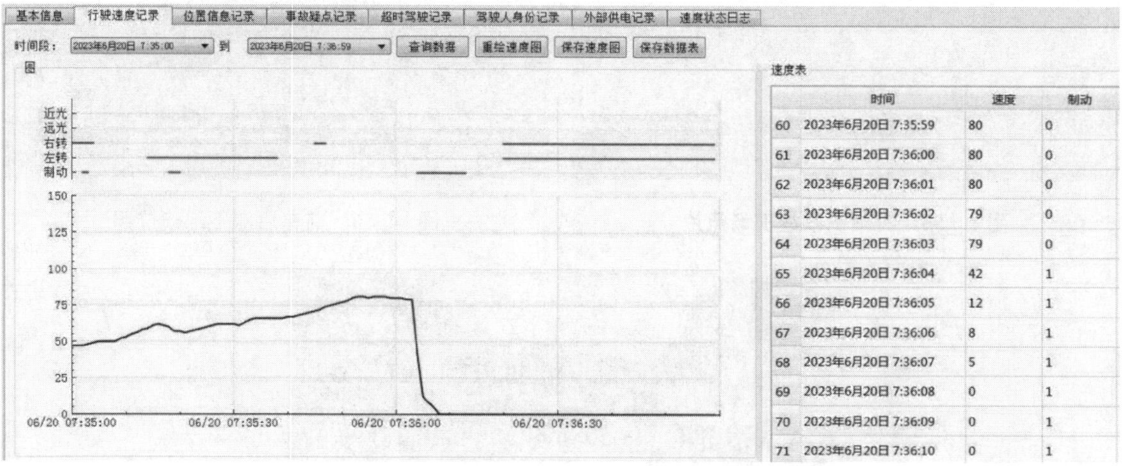

图 8 – 54　行驶速度记录截图

根据上述时间段内行驶速度记录中的速度及制动信号情况，被鉴定车辆在开始制动的前 1 秒内（2023 年 6 月 20 日 07: 36: 03 到 2023 年 6 月 20 日 07: 36: 04）速度变化量为 –37 km/h，符合被鉴定车辆发生正面碰撞所对应的速度变化情况，结合被鉴定车辆事故形态分析，被鉴定车辆汽车行驶记录仪数据中 2023 年 6 月 20 日 07: 35: 00 到 2023 年 6 月 20 日 07: 36: 59 时间段为事故相关联的时间段，该时间段内的行驶速度记录包含了本次事故过程中的速度变化情况。

上述事故相关联的时间段内无速度状态日志记录，且其该时段内 2023 年 6 月 20 日 07: 36: 03 前车辆行驶速度变化平稳，可排除事发前车辆驱动轮抱死、打滑或车辆腾空等情况。根据该记录仪中记录的其他时间段的速度状态日志记录中记录数据、参考速度的数据，结合该记录仪速度信号接线情况，该记录仪的车速信号输入源为基于 CAN 信号的速度。根据被鉴定车辆行驶证所示品牌型号，查询汽车公告，被鉴定车辆事发时的轮胎规格符合该车出厂时的轮胎规格，且各轮胎均无失压、异常损坏等影响车辆速度记录准确性的情况，可排除被鉴定车辆装用轮胎规格对记录速度准确性的影响。

综上所述，根据上述行驶速度记录截图所示的速度及制动信号变化情况，被鉴定车辆事发时的行驶速度约为 79 km/h 可以成立。

三、基于事故车辆故障数据的速度鉴定

（一）基本案情

2018 年 2 月某日某时许，某号牌玛莎拉蒂牌小型越野客车在某高速公路某方向 500 km+600 m 处与其前方某号牌半挂牵引车及其拖挂的半挂车发生交通事故。2019 年 1 月，办案单位根据案件调查需要，委托对某号牌玛莎拉蒂牌小型越野客车碰撞时的速度进行重新鉴定。

图 8-55 某案例事故现场照片

图 8-56 前车后侧下部痕迹照

图 8-57 玛莎拉蒂牌小型越野客车前部痕迹

（二）检验所见

1. 鉴定方法

参照 GB/T 33195—2016《道路交通事故车辆速度鉴定》、GA 41—2014《道路交通事故痕迹物证勘验》及 GA/T 1087—2013《道路交通事故痕迹鉴定》有关条款及检验方法，对委托事项作出鉴定意见。

2. 检验所见

（1）*被鉴定车辆* 车辆识别代码为×××260。

车辆前保险杠脱落、缺失。左、右纵梁前部均见碰撞痕迹，并向右弯折变形。左、右前照灯均脱落、缺失。左、右前轮均瘪气。左、右前翼子板均向后挤压变形。发动机罩前端与锁扣脱开，并向后挤压变形，局部见破口。前风窗玻璃碎裂，并见多处破口。左、右后视镜均异常定位，均向前旋转约 90°。主、副驾驶座安全气囊均展开。主、副驾驶座安全带均锁止，并收紧于左、右 B 柱内侧。仪表板显示：前照灯近光灯故障，行驶总里程为 10 566 km。

（2）*读取诊断故障码* 利用 Panasonic CF-D1 汽车故障电脑诊断仪读取被鉴定车辆诊断故障码。车辆视图页示，VIN 为×××260。共读取到 65 组诊断故障码，其中，诊断故障码 ETM U0151-00 为与乘员约束控制器（ORC）失去通信（该故障诊断码内容示，原始里程表值为 10 560 km，最新的里程表数为 10 560 km）；诊断故障码 TPM_M161 C0077-00 为轮胎压力低（该故障诊断码内容示，原始里程表值为 10 560 km，最新的里程表数为 10 560 km）；诊断故障码 DDM B1F06 - 14 为后视镜位置传感器控制电路-电路对地短路或开路(该故障诊断码内容示,原始里程表值为 10 560 km,最新的里程表数为 10 560 km);诊断故障码 BCM_MY18 B181E - 13 为发动机罩半开输入电路开路(该故障诊断码内容示,原始里程表值为 10 560 km,最新的里程表数为 10 560 km);诊断故障码 BCM_MY18 B178E - 15 为前照灯开关输入电路对蓄电池短路或开路(该故障诊断码内容示,原始里程表值为 10 560 km,最新的里程表数为 10 560 km);诊断故障码 BCM_MY18 B283E - 14 为左侧 HID 前照灯控制电路-电路对地短路或开路(该故障诊断码内容示,原始里程表值为 10 560 km,最新的里程表数为 10 560 km);诊断故障码 BCM_MY18 B283F - 14 为右侧 HID 前照灯控制电路-电路对地短路或开路(该故障诊断码内容示,原始里程表值为 10 560 km,最新的里程表数为 10 560 km);诊断故障码 BCM_MY18 B162A - 15 为左侧近光灯控制电路对电池短路或开路(该故障诊断码内容示,原始里程表值为 10 560 km,最新的里程表数为 10 560 km);诊断故障码 BCM_MY18 B162E - 15 为右侧近光灯控制电路对电池短路或开路(该故障诊断码内容示,原始里程表值为 10 560 km,最新的里程表数为 10 560 km);诊断故障码 ASCM C211B - 92 为点火运行/启动输入性能或运行不正确(该故障诊断码内容示,原始里程表值为 10 560 km,最新的里程表数为 10 560 km,车速为 144.818 00 km/h,发动机每分钟转数为 2 200 RPM);诊断故障码 ASCM C15B3 - 11 为右前加速度传感器-电路对地短路(该故障诊断码内容示,原始里程表值为 10 560 km,最新的里程表数为 10 560 km,车速为 144.818 00 km/h,发动机每分钟转数为 2 200 RPM)。

图 8 - 58　诊断故障码 ASCM C211B - 92 所示内容截屏一

图 8 - 59　诊断故障码 ASCM C211B - 92 所示内容截屏二

图 8-60 诊断故障码 ASCM C15B3-11 所示内容截屏一

图 8-61 诊断故障码 ASCM C15B3-11 所示内容截屏二

（三）分析说明

将被鉴定车辆损坏情况与被鉴定车辆中读取的诊断故障码所示故障比对、分析，发现诊断故障码所示故障与对应的车辆损坏情况吻合。被鉴定车辆仪表板所示行驶总里程数 10 566 km 与上述诊断故障码中的里程数 10 560 km 接近。

上述诊断故障码中 ASCM C211B-92（点火运行/启动输入性能或运行不正确）及 ASCM C15B3-11（右前加速度传感器-电路对地短路）均显示了原始里程表值为 10 560 km 及最新的里程表数为 10 560 km 时，对应的车速为 144.818 00 km/h，对应的发动机每分钟转数为 2 200 RPM。

综合上述分析，可以认为读取的诊断故障码所示信息为被鉴定车辆碰撞时的车辆状态，被鉴定车辆碰撞时的速度约为 145 km/h。

四、基于视频和事故形态的综合鉴定

本案例来自 2018 年车速鉴定能力验证项目，具体材料可参见能力验证样本。

（一）基本案情

2017 年 12 月某日某时许，某号牌解放牌重型厢式货车沿某公路由东向西行驶至某路口处，与由北向南行走的行人发生碰撞。事故发生时该重型厢式货车上有一名驾驶人，未装载货物。经办案警察调查、取证，绘制本起事故道路交通事故现场图一份，拍摄现场勘验照片及车辆检验照片若干张，提取到事发地点的监控视频两段。2018 年 1 月，办案单位委托鉴定某号牌解放牌重型厢式货车事发时的行驶速度。

（二）检验所见

1. 鉴定方法

参照 GB/T 33195—2016《道路交通事故车辆速度鉴定》及 GA/T 1133—2014《基于视频图像的车辆行驶速度技术鉴定》的有关方法和公式，对提供的鉴定材料（送检样品）进行检验，并对委托事项作出鉴定意见。

2. 检验所见

（1）道路交通事故现场图　事故地点为××市××区××公路××路口，天气晴，干燥沥青路面。××公路为东西走向，××路为斜向南北走向，××公路与××路平面斜交叉。××公路为双向四车道，道路中间设有中央隔离带，两条机动车道总宽 720 cm，机动车道分道线为虚线，机动车道两侧各有一条非机动车道及一条人行道。

以××公路由东向西方向机非隔离带南边缘为基准。被鉴定车辆头西尾东停于××公路由东向西机动车一车道内，右前轮、右后轮分别距基准线 520 cm、550 cm，右前轮在地面留有一条由东向西走向制动痕迹，制动痕迹长 3 600 cm，痕迹起点位于由东向西机动车一车道内，距基准线 470 cm，终点位于被鉴定车辆右前轮下方；距被鉴定车辆右前轮东偏北方向 620 cm 处有一处 10 cm× 20 cm 血迹，该血迹位于东向西机动车二车道内，中心点距基准线 200 cm（图 8－62）。

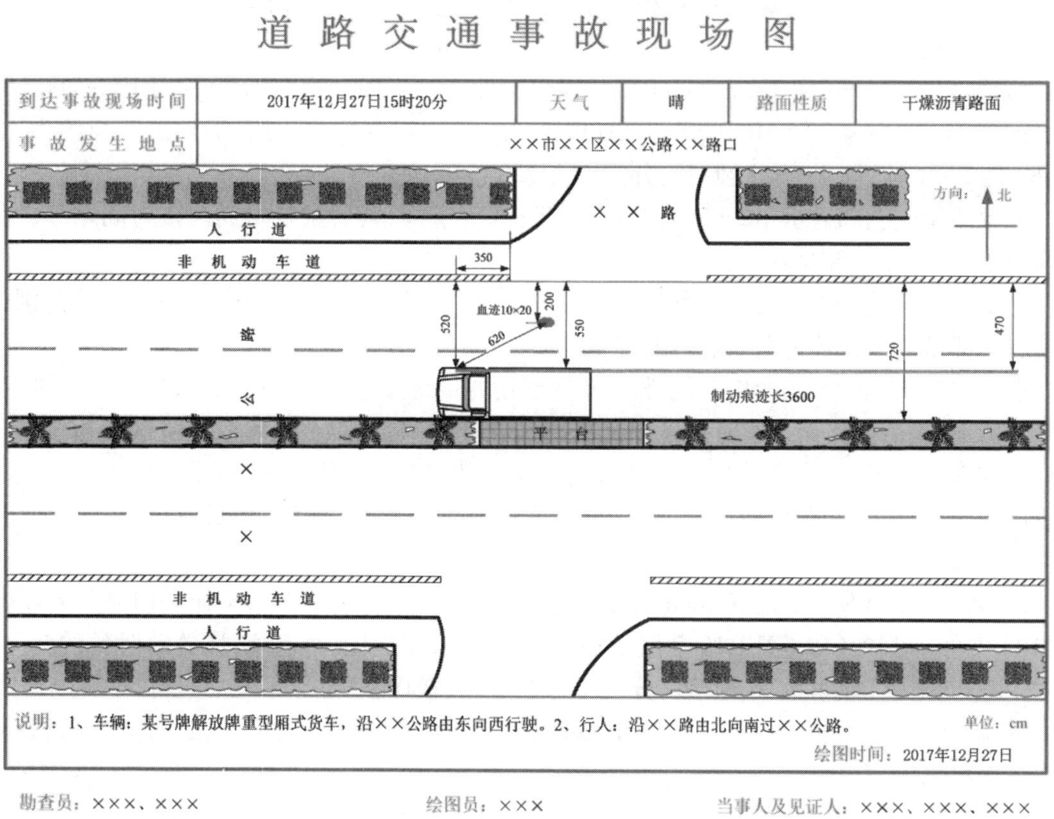

图 8－62　某案例道路交通事故现场图

（2）车辆信息　经测量，货厢外廓尺寸约为780 cm，轮辋外侧半径约为30 cm，车轮半径约为50 cm。

品　牌	解放牌	整车型号	CA5160XXYPK2L5E5A80
整备质量	7 700 kg	核定载质量	8 105 kg
轴　数	2	轴　距	5 700 mm
外廓尺寸	10 000×2 550×3 995 mm		

（3）制动性能测试单　测试单编号为2018－test，日期：2018年1月3日，测试地点：××公路××路口，测试路面为干燥沥青路面，初速度为29.8 km/h，制动距离为8.3 m，协调时间为0.320 s，MFDD为6.01 m/s^2，装载情况为空载，没有超出试车道，结论为合格。测试使用仪器已经过校准。

（4）车辆检验照片　被鉴定车辆（某号牌解放牌重型厢式货车）车身颜色为橘红色，右前照灯灯罩距地高66～87 cm范围见破损，右前照灯灯罩上部相邻前保险杠距地高88～92 cm范围见水平方向条状刮擦痕迹；车辆右前包角饰罩距地高95～100 cm范围见破裂；右车门距地高98～106 cm范围见前高后低横向刮擦痕迹，表层橘红色涂层呈减层。

（5）现场勘验照片　事故发生路段位于一交叉路口，主干道为双向四车道，干燥沥青路面，磨损较小，道路中央设有绿化隔离带，两侧设有非机动车道和人行道。在由东向西方向第一车道内见有一条连续的纵向深色单轮制动痕迹，痕迹起点和止点清晰可见。

（6）视频文件

1）名为“2018 Speed Estimation 01”的视频文件　文件名为“2018 Speed Estimation 01”的MP4文件，大小为7.55 MB，哈希值SHA256为×××。视频画面连续，播放总时长约为1分03秒，共1 581帧，帧率为25帧/秒，分辨率为720×576像素。

视频图像左上部显示“12－27－2017 星期三”等字样，其后数显时间。按时间顺序，视频图像中依次检见以下内容：

在15:07:57第7帧，被鉴定车辆在视频画面左侧中下部自左向右驶入视频监控范围，此时其右前部已与一着黄色上衣的行人发生碰撞；

在15:07:57至15:07:59许，被鉴定车辆制动并最终停定于视频画面中部路面上，被鉴定车辆右侧下方、后方路面上留有一条深色拖痕，该痕迹左端延伸至视频监控范围左边缘，未能检见痕迹起点位置（结合事故现场图及现场勘验照片分析，该痕迹应为记录的3 600 cm长制动痕迹的一部分）。与此同时，行人向被鉴定车辆右前方翻滚、滑移，并最终停定于被鉴定车辆右侧车道内。

2）名为“2018 Speed Estimation 02”的视频文件　文件名为“2018 Speed Estimation 02”的MP4文件，大小为19.6 MB，哈希值SHA256为×××。视频画面连续，播放总时长约为1分00秒，共1 523帧，帧率为25帧/秒，分辨率为1 920×1 080像素。

视频图像左上部显示“12－27－2017 星期三”字样，其后数显时间。按时间顺序，视频图像中依次检见以下内容：

在15:06:57许，行人在视频图像右侧中部由右向左步行进入视频监控范围；

在15:07:14许，行人进入机动车道内；

在 15: 07: 16 第 4 帧图像上，被鉴定车辆在视频图像右侧中部由右向左沿第一车道驶入视频监控范围；

在 15: 07: 16 第 11 帧图像上，选取被鉴定车辆左前轮轴心外端所处空间位置为参考点 A（图 8 - 63）；

在 15: 07: 16 第 16 帧图像上，选取被鉴定车辆左前轮轴心外端所处空间位置为参考点 a；

在 15: 07: 16 第 21 帧图像上，参考点 A 位于被鉴定车辆左后轮轮辋后半部分，此时被鉴定车辆尚未与行人发生碰撞（图 8 - 64）；

图 8 - 63　15: 07: 16 第 11 帧

图 8 - 64　15: 07: 16 第 21 帧

在 15: 07: 16 第 22 帧图像上，被鉴定车辆右前部与行人发生碰撞；

在 15: 07: 17 第 20 帧图像上，选取被鉴定车辆左前轮轴心外端所处的空间位置为参考点 B（图 8 - 65）；

在 15: 07: 18 第 7 帧图像上，选取被鉴定车辆左前轮轴心外端所处的空间位置为参考点 b；

在 15: 07: 18 第 19 帧图像上，参考点 B 位于被鉴定车辆左后轮轮辋后半部分，此时被鉴定车辆尚未停止前进（图 8 - 66）；

图 8-65　15:07:17 第 20 帧

图 8-66　15:07:18 第 19 帧

在 15:07:19 第 8 帧图像上，被鉴定车辆车轮停定于画面左侧路面上，其下方和后方路面上留有深色制动痕迹，制动痕迹右端延伸至视频监控范围右边缘，视频中未能检见该痕迹起点位置。

（三）分析计算

1. 基于视频的车速计算

（1）被鉴定车辆通过参考点 A 时的速度　根据视频图像检验所见，利用速度定义求解被鉴定车辆通过参考点 A 时的速度，公式如下：

$$v = \frac{l}{t} \tag{8-97}$$

由视频图像及被鉴定车辆参数信息，被鉴定车辆特征部位通过空间参考点 A 的时间及距离计算如下。

视频帧率为 25 帧/秒，设帧间间隔为 t'，则有

$$t' = \frac{1}{25}$$

行驶时间 t_A 计算如下：

$$t_A = (21 - 11) \times t' = 10 \times \frac{1}{25} = \frac{2}{5}\ \text{s}$$

行驶距离 l_A 满足以下关系式：

$$l_A > 5.7\ \text{m}$$

$$l_A < 5.7 + 0.3 = 6.0\ \text{m}$$

将参数代入式(8－97)整理计算得

$$v_A = \frac{l_A}{t_A} > 5.7 \times \frac{5}{2} = 14.25\ \text{m/s} = 51.30\ \text{km/h}$$

$$v_A = \frac{l_A}{t_A} < 6.0 \times \frac{5}{2} = 15\ \text{m/s} = 54\ \text{km/h}$$

根据以上计算结果，被鉴定车辆通过参考点 A 时的速度 v_A 大于 51 km/h、小于 54 km/h。

(2) 被鉴定车辆通过参考点 B 时的速度　根据视频图像检验所见，利用速度定义根据公式(8－97)求解被鉴定车辆通过参考点 B 时的速度。

由视频图像及被鉴定车辆参数信息，被鉴定车辆特征部位通过空间参考点 B 的时间及距离计算如下。

视频帧率为 25 帧/秒，设帧间间隔为 t'，则有

$$t' = \frac{1}{25}$$

行驶时间 t_B 计算如下：

$$t_B = (25 + 19 - 20) \times t' = 24 \times \frac{1}{25} = \frac{24}{25}\ \text{s}$$

行驶距离 l_B 满足以下关系式：

$$l_B > 5.7\ \text{m}$$

$$l_B < 5.7 + 0.3 = 6.0\ \text{m}$$

将参数代入式(8－97)整理计算得

$$v_B = \frac{l_B}{t_B} > 5.7 \times \frac{25}{24} \approx 5.94\ \text{m/s} \approx 21.38\ \text{km/h}$$

$$v_B = \frac{l_B}{t_B} < 6.0 \times \frac{25}{24} = 6.25\ \text{m/s} = 22.50\ \text{km/h}$$

根据以上计算结果，被鉴定车辆通过参考点 B 时的速度 v_B 大于 21 km/h、小于 23 km/h。

综上，被鉴定车辆通过参考点 A(碰撞行人之前)速度为 51～54 km/h，通过参考点 B(碰撞行人之后)速度为 21～23 km/h，存在明显的速度降低，结合上述对两视频文件中检验所见的深色制动痕迹起点延伸至视频范围以外，以及事故现场勘验照片、现场图中记录的制动痕迹连续

无间断分析，被鉴定车辆进入视频监控范围至完全停止应一直处于制动减速状态。

（3）被鉴定车辆通过参考点 a 和 b 之间的减速度　上述“2018 Speed Estimation 02”视频中，被鉴定车辆左前轮轴心通过参考点 a 和 b 之间的过程包含了其在视频范围内碰撞前和碰撞后的大部分过程。

通过参考点 a 和 b 之间历时 t_{ab} 为

$$t_{ab} = 41 \times \frac{1}{25} = 1.64 \text{ s}$$

由于制动痕迹连续无间断，因此被鉴定车辆的制动过程可近似认为是匀减速运动，设被鉴定车辆左前轮轴心通过参考点 a 瞬时速度为 v_a，通过参考点 b 瞬时速度为 v_b，根据运动学原理，匀减速运动的平均速度等于其中间时刻的瞬时速度，因此有

$$v_a = v_A$$

$$v_b = v_B$$

设参考点 a 和 b 之间平均减速度值为 a'，根据运动学原理知：

$$a' = \left|\frac{v_b - v_a}{t_{ab}}\right|$$

又因为

$$51 \text{ km/h} < v_A < 54 \text{ km/h}$$

$$21 \text{ km/h} < v_B < 23 \text{ km/h}$$

故

$$a' = \left|\frac{v_b - v_a}{t_{ab}}\right| > \left|\frac{23 - 51}{3.6 \times 1.64}\right| \approx 4.74 \text{ m/s}^2$$

$$a' = \left|\frac{v_b - v_a}{t_{ab}}\right| < \left|\frac{21 - 54}{3.6 \times 1.64}\right| \approx 5.59 \text{ m/s}^2$$

根据以上计算结果，被鉴定车辆通过参考点 a 和 b 之间的平均减速值 a' 小于 5.6 m/s^2、大于 4.7 m/s^2。

2. 基于事故形态和制动痕迹的车速计算

事故现场图中，被鉴定车辆与行人发生碰撞后，路面上留有一条 36 m 长的制动痕迹，该痕迹止点位于被鉴定车辆右前轮着地点。同时，现场勘验照片显示，该制动痕迹为单轮制动痕迹，由此可判定该制动痕迹为被鉴定车辆右前轮制动过程所产生。结合事故形态特征，可根据制动痕迹计算被鉴定车辆在制动痕迹起点时的速度。

由功能转换原理及能量守恒定律有下式成立：

$$\frac{1}{2}mv_1^2 - \frac{1}{2}mv_2^2 = mas + E_{crash}$$

式中，m 为被鉴定车辆质量；v_1 为被鉴定车辆在制动痕迹起点时的速度；v_2 为被鉴定车辆在制动痕迹终点时的速度，其值为 0；s 为制动痕迹长度；a 为减速度；E_{crash} 为被鉴定车辆与行人发

生碰撞损失的能量，由于被鉴定车辆的质量远远大于行人的质量，故该部分被鉴定车辆的能量损失可忽略不计，即 $E_{\text{crash}} \approx 0$。上式简化后可得

$$v_1 = \sqrt{2as}$$

考虑到制动协调时间内车速的降低，因此，被鉴定车辆制动前的速度 v 为

$$v = \Delta v + v_1 = \frac{1}{2}at + \sqrt{2as} \tag{8-98}$$

式中，Δv 为被鉴定车辆在制动协调时间内的速度降低值；t 为制动协调时间。

根据以上计算结果，被鉴定车辆通过参考点 a 和 b 的平均减速度值 a' 为

$$4.7\ \text{m/s}^2 < a' < 5.6\ \text{m/s}^2$$

由道路交通事故现场图及制动性能测试单所示，结合事故案情，制动距离 s 取 36 m，制动协调时间 t 取 0.32 s，将以上参数代入式(8－98)中整理得被鉴定车辆制动前速度为

$$v = \frac{1}{2}at + \sqrt{2as} > \frac{1}{2} \times 4.7 \times 0.32 + \sqrt{2 \times 4.7 \times 36}$$
$$\approx 19.15\ \text{m/s} = 68.94\ \text{km/h}$$
$$v = \frac{1}{2}at + \sqrt{2as} < \frac{1}{2} \times 5.6 \times 0.32 + \sqrt{2 \times 5.6 \times 36}$$
$$\approx 20.98\ \text{m/s} \approx 75.53\ \text{km/h}$$

因此，根据视频中平均减速度计算所得被鉴定车辆制动前的速度 v 大于 68 km/h、小于 76 km/h。

根据视频计算被鉴定车辆通过参考点 A 过程中的平均速度约为 51～54 km/h，通过参考点 B 过程中的平均速度约为 21～23 km/h。由于视频中被鉴定车辆产生的制动痕迹起点不在监控范围内，所以，仅通过视频计算的速度为制动过程中的车速，不能反映制动前的车速。

在该起事故中，根据监控视频结合事故现场图、现场勘验照片等材料可知，被鉴定车辆驾驶员在碰撞前已采取了制动等避险措施。由于视频中被鉴定车辆已经处于制动过程中，视频真实反映了车辆的减速过程。因此，本次鉴定采用视频中的平均减速度值代表被鉴定车辆在产生制动痕迹阶段的制动减速度，得到被鉴定车辆制动前的行驶速度大于 68 km/h、小于 76 km/h。

· 思考题 ·

1. 道路交通事故车辆速度鉴定的主要目的是什么？
2. 道路交通事故车辆速度鉴定的主要方法有哪些？
3. 在进行车速鉴定时，通常需要收集哪些物证？
4. 简述车辆制动过程，并推导基于制动痕迹进行车速鉴定的公式。
5. 简述动量守恒及其在事故车辆速度鉴定中的应用条件。

第九章 道路交通事故涉案者交通行为方式鉴定

人作为交通参与者，以不同的“角色”或状态参与道路交通系统的运行，如驾驶人、乘车人、行人等。目前，人是道路交通系统中最具有主动性的元素，是影响交通安全的主要因素。如驾驶人的操作行为可以直接影响车辆的运动方向和速度，同时也可以控制车辆行车灯、车位灯、转向及危险警告信号等功能的使用。

在道路交通事故的调查及审理工作中，需要确定事故涉案者的行为状态，即涉案者交通行为方式，如驾驶、乘坐、骑行或推行车辆，以及在道路上直立、蹲踞、倒卧等，为事故认定、责任划分和司法审判明确责任主体。部分案件由于条件限制，无法直接判断涉案者交通行为状态（行为方式），则需要通过技术鉴定进行确认。此类鉴定即称为道路交通事故涉案者交通行为方式鉴定，以下简称为交通行为方式鉴定。

第一节 交通行为方式鉴定的目的和内容

一、交通行为方式鉴定的目的

交通行为方式鉴定的目的，就是通过技术鉴定，判断当事人在交通事故中的“角色”或状态，即行为状态，具体包括：驾驶状态、乘坐状态、骑行状态、推行状态、直立状态、蹲踞状态、倒卧状态等，为事故认定、责任划分和司法审判明确责任主体。基于交通行为方式的鉴定意见，也可以进一步判断驾驶人是否存在无证驾驶、酒驾或毒驾等违法行为。

二、交通行为方式鉴定的内容

从委托事项和鉴定目标的角度出发，交通行为方式鉴定的内容包括：

（一）驾乘关系

当涉案事故车辆中有多位乘员时，判断乘员中的驾驶人和乘坐人。在部分案件中可能会由于鉴定材料和方法等条件的限制，存在不能准确判断车内每一位乘员准确位置的可能性，也可以就部分乘员在事故发生时所处位置进行判断，为进一步调查缩小范围。如在一起交通事故中，一辆事故车辆中只有两名当事人，通过检验鉴定，虽然根据现有条件不能直接判断当事人甲是否为驾驶人，但可以根据痕迹物证，直接准确判断当事人乙事发时位于事故车辆副驾驶位置，则可以在限制条件下判断当事人甲和乙的驾乘关系。如在另一起交通事故中，一辆事故车辆中有五名当事人，仅有一名当事人幸存，其余四名当事人均在事故中当场死亡，通过检验鉴定，虽然根据现有条件不能直接判断五名当事人中谁是驾驶人，但可以根据痕迹物证，准确判断这一名幸存的当事人事发时位于事故车辆后排位置，则可以排除其作为驾驶人的可能性。

（二）骑推行状态

《中华人民共和国道路交通安全法实施条例》（修改日期 2017 年 10 月 7 日）之第七十条规定：驾驶自行车、电动自行车、三轮车在路段上横过机动车道，应当下车推行，有人行横道或者行人过街设施的，应当从人行横道或者行人过街设施通过；没有人行横道、没有行人过街设施或者不便使用行人过街设施的，在确认安全后直行通过。根据上述条款之规定，当涉案事故车辆中有自行车、电动自行车、三轮车，且该车有横过道路行为时，须判断其是处于推行状态或骑行状态，即判断自行车、电动自行车或三轮车横过道路时的骑推行状态。如在一起交通事故中，一辆由南向北直行的小型轿车与一辆由东向西横过道路的电动自行车发生碰撞，需要通过调查或鉴定，证明电动自行车横过道路时是处于推行状态还是骑行状态。

（三）行人体位状态

当车辆与行人发生交通事故时，判断碰撞时行人的体位状态或身体姿态，包括：直立、蹲踞、倒卧等。如一起一辆小型货车与一名行人的交通事故中，需要通过车体痕迹和人体损伤痕迹的检验，判断行人与车辆碰撞时，行人是处于直立或是蹲踞、倒卧状态。若本次碰撞时该行人处于蹲踞或倒卧等非直立状态，则需要进一步调查该行人处于非直立状态的原因，如在本次事故之前，该行人是否已经与其他车辆发生碰撞。

第二节　交通行为方式鉴定的方法

一、交通行为方式鉴定的基本方法

车辆在事故过程中由于碰撞力的作用，其行驶状态将在短时间内发生突变，而当事人则会在惯性作用下保持车辆碰撞前的运动趋势，车辆与当事人的运动、受力差异，以及车辆局部压溃、变形均可以导致人体与车辆部件发生接触、碰撞，在此过程中，人体接触部位可能发生擦挫伤、骨折等损伤，车辆部件也可能发生破裂、变形，携带乘员个体信息的生物组织、血液、毛发，以及乘员衣物的织物纤维、碎屑也可能在接触过程中转移到车辆的接触位置。因此，从事交通行为方式鉴定的技术人员应该掌握痕迹学、法医学及力学的基本知识，具备利用相关专业检验、鉴定结果进行综合分析的能力，在鉴定实践中，应该首先从现场痕迹、车辆痕迹及人体损伤的检验入手，充分利用人体特征性损伤、特征性痕迹，以及物质转移等具有唯一性认证条件的检验、鉴定结果，结合车辆运动状态、乘员位置及约束条件，分析当事人的运动趋势，综合判断事故发生时当事人的交通行为方式。

交通事故当事人在事故发生时因交通行为方式不同、所处位置不同，在事故过程中将导致不同的运动形态或二次碰撞，产生不同的后果。这些后果包括车辆内外痕迹、人体损伤痕迹、衣着痕迹、整体分离痕迹、物质交换痕迹，以及现场位置等。鉴定人首先通过检验，发现这些后果；然后，从判断交通行为方式的角度出发，对这些后果形成过程的特征性、差异性和唯一性加以分析判别；最后，根据有效证据的形成条件对当事人的交通行为方式进行判断。

因此，交通行为方式的检验鉴定应该按照从整体到局部，再由局部到细节特征的流程进行。首先，整体判断事故的宏观碰撞形态和运动过程；然后，判断车辆间或车辆与人体间的接触部位；最后，在综合分析上述不同后果形成过程和条件的基础上，判断鉴定对象的交通行为方式。

目前，直接适用于交通事故涉案者交通行为方式鉴定的技术标准主要有：SF/T 0162—2023《道路交通事故涉案者交通行为方式鉴定规范》和 GA/T 944—2011《道路交通事故机动车驾驶人识别调查取证规范》。

二、人体碰撞及运动过程

交通事故中当事人处于不同交通行为方式所产生的后果是此类鉴定的重要依据。因此，以下分别对驾乘关系鉴定、骑推行状态鉴定、行人体位状态鉴定这三个鉴定项目中当事人的典型事故后果及其形成过程和条件进行分析。

（一）乘用车乘员

根据车辆外部碰撞及运动过程，基于力学分析车内乘员的相对运动，并通过发现、分析车内乘员的相对运动和二次碰撞及其形成的损伤、痕迹，判断乘员在车内空间中所处位置。基本过程如图 9－1 所示。

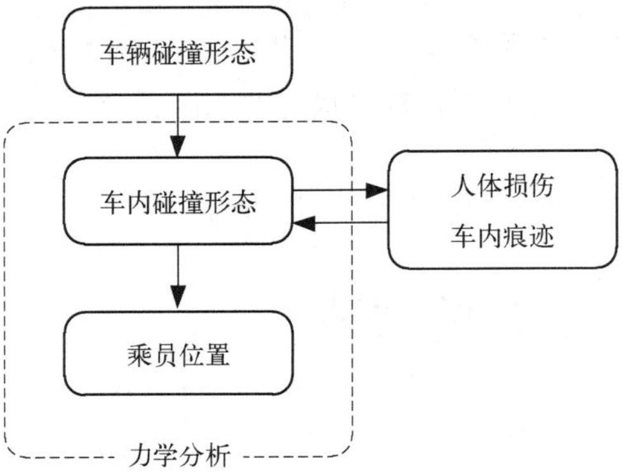

图 9－1　车内乘员位置分析示意图

碰撞前车辆与车内乘员的运动趋势相同，车辆间的相对运动导致车辆发生碰撞，车辆的运动状态由于碰撞力的作用发生改变，车辆在碰撞力的作用下产生加速度或减速度；乘员在惯性的作用下，向作用力或车辆运动趋势的反方向运动。因此，在驾乘关系鉴定的实践中，应根据车辆碰撞形态分析车内乘员的运动、碰撞形态，并指导痕迹检验的重点区域；同时，利用检验结果验证运动分析。以下为通过碰撞试验观察到的典型碰撞形态的乘员运动过程。

1. 正面碰撞

车辆正面（前侧）发生碰撞，车内乘员相对于该车向前运动，并可能会在运动过程中与其前侧的车内部件发生碰撞，产生形象痕迹、损伤痕迹或物质交换。

2. 侧向碰撞

车辆侧面发生碰撞，车内乘员向相对于该车发生碰撞的一侧运动，并可能会在运动过程中与其向碰撞一侧的车内部件发生碰撞，产生形象痕迹、损伤痕迹或物质交换。

3. 追尾碰撞

车辆发生追尾碰撞，被追尾车辆的车内乘员相对于该车向后运动，并可能会在运动过程中与其后侧的车内部件发生碰撞，产生形象痕迹、损伤痕迹或物质交换。

通过以上观察和动力学分析，可以基本认为车内乘员的运动与该车在碰撞力作用下所产生的运动趋势相反，并可能会在运动过程中与其相对运动方向的车内部件发生碰撞，产生形象痕迹、损伤痕迹或物质交换。碰撞过程中车辆的运动形态一般分为三种情况：第一种，车辆在碰撞过程中未发生转动，仅存在平动，则车内乘员将会向车辆的外部碰撞部位相对运动；第二种，车辆在碰撞过程中发生转动，则车内乘员将会向车辆旋转方向的相反方向运动（此种情况利用动力学仿真软件进行建模和碰撞试验，可以进一步验证上述分析）；第三种，车辆在碰撞过程中既发生平动，又发生转动，则车内乘员将会向以上两个相对方向的合成方向进行运动。此外，当乘员发生初始相对运动后，可能会在此后的运动过程中发生碰撞反弹或往复振荡。

以下以一辆 MPV 与一辆轿车的碰撞为例，分析轿车乘员在碰撞过程中的车内运动方向，MPV 前侧右部与轿车的左侧前部发生碰撞，如图 9－2 所示。

根据两车碰撞前的行驶方向和碰撞部位，轿车在碰撞力和惯性的作用下，产生减速度、旋转角速度和相对应的运动趋势，而车内乘员则在惯性的作用下保持碰撞前的运动趋势，因此，碰撞导致车辆与其车内乘员发生相对运动。据此分析，本例中轿车驾驶人在碰撞过程中相对该车向左前部运动，如图 9－3 所示。

从另一个角度分析，轿车在碰撞过程中受到来自左前部向右的力，如图 9－4 中虚线方向，并在该力的作用下产生加速度，而车内乘员在惯性的作用下保持原有运动趋势，在两者共同作用下，车内乘员将向轿车左前部方向相对运动，如图 9－4 实线方向所示。

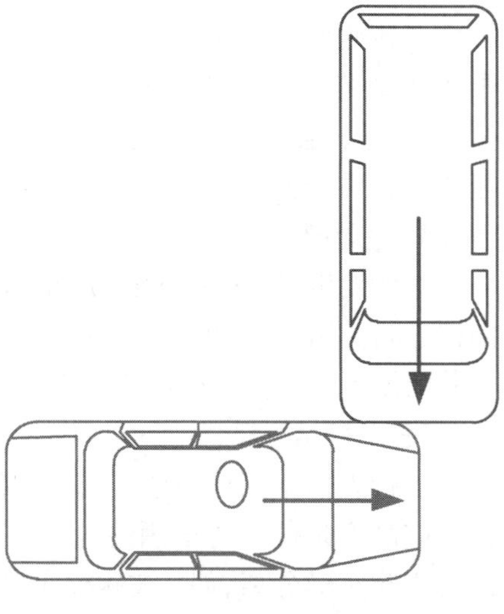

图 9－2　MPV 与轿车的碰撞示意图

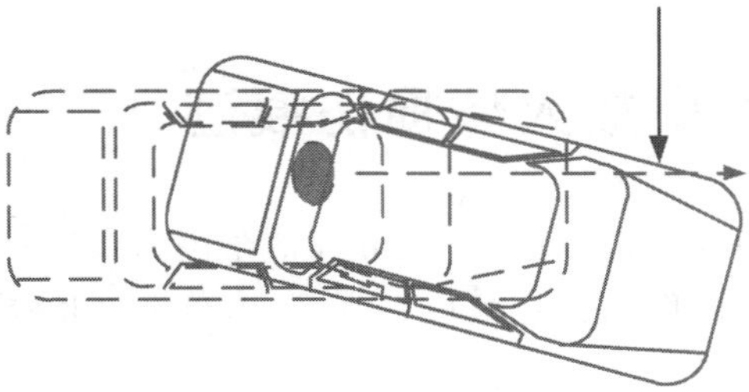

图 9－3　轿车驾驶人与轿车的相对运动趋势

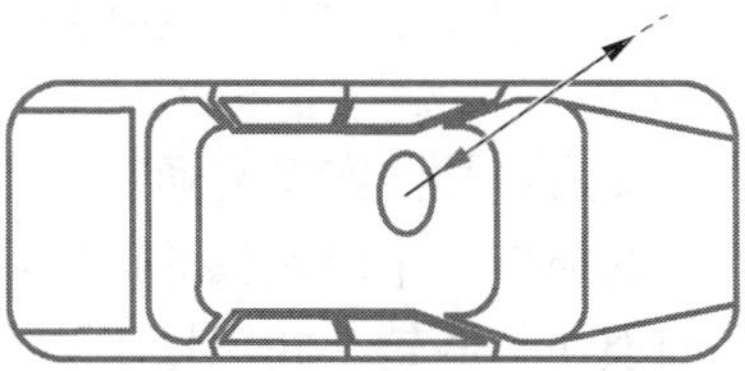

图 9－4　轿车驾驶人在惯性作用下的相对运动趋势

目前，乘用车普遍安装了安全带和安全气囊等乘员约束系统，通过约束乘员身体，限制碰撞过程中乘员的运动距离和运动空间，达到减少乘员伤害的目的。因此，乘员约束系统的使用将会限制车内乘员相对运动，减轻或避免乘员与车内其他部件的碰撞，但约束系统也会与乘员发生作用和反作用，从痕迹的角度分析，这种作用与反作用形成了互为承痕体和造痕体的结果。如典型的安全带损伤痕迹，安全带插口、固定端和纤维带的痕迹，以及安全气囊、侧气帘的痕迹。

（二）两轮车和三轮车骑乘人员

当事人呈骑跨状态驾驶两轮车或三轮车时，双手握把、臀部坐在鞍座上、双下肢骑跨车架、双脚踩踏驱动踏板或置于踏板上。车辆发生碰撞时，以上接触部位可能会在碰撞力的作用下发生分离，或加强接触部位间的相互作用，并在人体、驾乘车辆的相应部位产生痕迹。此外，骑乘状态下的双脚离地高度、双下肢曲直状态，双下肢与车辆间的碰撞痕迹等，可以用来作为区分在推行状态下所产生损伤痕迹的特征。

1. 正面碰撞

车辆正面（前侧）发生碰撞，车辆在前进方向受到阻力，车辆驾驶人和乘客在惯性的作用下继续向前运动，并可能会在运动过程中加强驾驶人手部与转向把之间的作用，驾驶人与其前侧的转向把、仪表、转向轴、前挡风板等部件发生碰撞，产生形象痕迹、损伤痕迹或物质交换。

2. 侧向碰撞

车辆侧面发生碰撞，车辆驾驶人手部与转向把之间的相互作用会发生突变；车辆驾驶人和乘客在骑跨车辆的状态下，其发生碰撞一侧的下肢、臀部外侧会受到来自其他车辆的直接碰撞，双下肢内侧和会阴部也会与骑跨车辆的相应部件加强相互间的作用，产生形象痕迹、损伤痕迹或物质交换。

3. 追尾碰撞

车辆发生追尾碰撞，被追尾车辆的驾驶人和乘客相对于该车向后运动，车辆驾驶人手部与转向把之间的相互作用会发生突变；车辆驾驶人和乘客在骑跨车辆的状态下，其臀部、会阴部及双下肢内侧也会与骑跨车辆的相关部件加强相互间的作用，产生形象痕迹、损伤痕迹或物质交换。

（三）行人

当行人以不同体位或姿态，包括直立、蹲踞、倒卧等，与车辆发生直接碰撞，身体的各部位在相应高度条件下与车辆的各部件发生接触碰撞，碰撞后行人也可能以不同的运动形态或方式与碰撞车辆分离，如：被碰撞车辆抛射，从事故车辆的车顶翻越，遭事故车辆碾压、挤压或拖带等，在相应的碰撞及运动过程中，产生形象痕迹、损伤痕迹或物质交换。

第三节　典型道路交通事故人体损伤痕迹

道路交通事故涉案者交通行为方式鉴定中涉及的人体损伤，通常包括车内人员的损伤与车外人员的损伤。车内人员的损伤可分为驾驶人损伤和其余乘员的损伤；车外人员的损伤包括行人的损伤与两轮车和三轮车骑乘人员的损伤等。

一、损伤类型

根据不同的致伤方式，可将道路交通事故中常见的人体损伤分为碰撞伤、摔跌伤、碾压伤、刮擦与拖擦伤。此外，有时交通事故中还可出现挤压伤、砸压伤以及烧伤或爆炸伤等。

（一）碰撞伤

也称撞击伤，是指车辆在行驶过程中碰撞行人或骑车人，或者车内人员与车内物体碰撞所导致的损伤。碰撞伤可因撞击速度、致伤物表面形态以及人体受撞击的部位不同而出现不同的表现形式，包括表皮剥脱（擦伤）、皮下出血（挫伤）、软组织裂创、内脏器官损伤及骨折等。另外，车外人员受撞击部位的应力区还可出现伸展创，即沿皮肤纹理方向的浅小撕裂创。

（二）摔跌伤

主要是指人体受外力作用，如被车辆撞击后摔跌于路面所形成的损伤，有时车内人员在事故中因惯性作用被抛甩出车外也可形成摔跌伤。行驶的车辆赋予人体强大的冲击力，因此形成的摔跌伤往往比人体在静止状态下摔跌形成的损伤更加严重。颅脑损伤是摔跌伤最严重的后果，通常表现为外轻里重，并且因脑组织的减速性运动形成对冲性损伤，即着力部位的对侧对冲部位的损伤，且对冲性损伤常常更严重。

（三）碾压伤

指车辆从人体上驶过，车轮碾压或挤压人体所形成的损伤。车辆碾压常导致人体内脏、骨骼的严重损伤。另外，车轮与人体皮肤接触留下的特征性的轮胎花纹印痕在鉴定实践中具有重要的意义，其本质是皮肤的表皮剥脱和皮下出血，通常出现在软组织丰富的部位。

（四）刮擦与拖擦伤

刮擦伤指车辆行驶过程中，其侧面或突出部位的部件刮擦人体造成人体体表的损伤，其后常继发摔跌伤或碾压伤。拖擦伤是指车辆部件钩挂人体，致人体随车辆运动，在地面发生拖擦所形成的损伤。损伤往往具有较好的方向性，可以指示力的作用方向。

（五）挤压伤

指车辆与建筑物、交通环境或其他车辆，以及车辆碰撞后车体部件变形、移动对人体挤压造成的损伤。常见于驾驶人被方向盘和座椅靠背挤压在中间，在受挤压部位形成擦伤、挫伤，挤压力较大时可出现挫裂创、骨折以及内脏的损伤，驾驶人可因胸腹部长时间受压迫而引起窒息，或因全身广泛性挫压致挤压综合征。

（六）其他损伤

事故中，车辆发生翻车、坠车时，车体或其他物体砸压人体造成人体形成砸压伤，伤处皮肤常出现不规则挫裂创和不同程度的组织挫碎，亦可见深部的粉碎性骨折。车体破碎物或从车外穿入的锋利物可造成人员裂创、刺创等损伤。另外，车辆由于碰撞后油箱泄油燃烧、电路故障或乘客携带易燃易爆物品起火、爆炸，可引起人员烧伤或爆炸伤。

二、道路交通事故损伤特征

道路交通事故发生时，不同交通参与者的损伤特征有所不同，这些不同的损伤特征可以成为判断涉案者交通行为方式的依据。

（一）车内人员损伤特征

1. 驾驶人损伤特征

车辆驾驶室前有挡风玻璃、方向盘、仪表盘，后有座椅靠背，下有加速、制动及离合器踏板，左有车门，右有变速器操纵杆等，事故发生时，上述部件都可能造成驾驶人损伤。常见的较有特征性的损伤有：挡风玻璃或玻璃框碰撞伤、方向盘损伤、仪表台损伤、四肢反射性损伤、安全带损伤、挥鞭样损伤、气囊损伤等。

（1）*挡风玻璃或玻璃框碰撞伤*　在无安全带和气囊保护的情况下，车辆前侧发生撞击时，驾驶人头部撞击挡风玻璃或玻璃框，可造成头面部擦伤、挫伤、挫裂创及玻璃碎裂所致的浅小刺切创和划伤，有时损伤部位或附近的头发内可发现玻璃碎片。

（2）*方向盘损伤*　驾驶人胸腹部与方向盘撞击所形成的特征性损伤，表现为胸腹部皮肤出现与方向盘形状一致的弧形擦、挫伤，可伴有胸骨横断骨折和肋骨多发性骨折（以单侧多见），严重时可导致胸腹腔脏器挫伤或撕裂伤。

（3）*仪表盘损伤*　驾驶人下肢与仪表盘碰撞，导致驾驶人胫前、膝部及大腿的擦伤、挫伤、挫裂创，甚至出现髌骨粉碎性骨折、胫骨平台骨折。由于力的传导作用有时还伴有股骨颈骨折、股骨头脱位等。

（4）*四肢反射性损伤*　事故发生的瞬间，驾驶人的避险动作及本能反应可以形成驾驶人的特征性损伤，如：双手抓紧方向盘、用力支撑身体等动作，造成手腕和前臂尺桡骨的骨折，有时骨折断端会向外刺穿软组织和皮肤；右脚用力踩制动踏板，导致车辆碰撞的冲击力传导集中至承重腿上，造成踝关节脱位、骨折及跟腱断裂，踏板有时可在右足鞋底留下印痕；若右脚滑移嵌入制动与加速踏板之间，可形成右脚及右踝部的损伤，称为脚踏板损伤，该处的损伤对于驾驶人的判断具有重要的意义。

（5）*安全带损伤*　目前机动车大多采用三点式的安全带，若冲击力巨大，可造成驾驶人胸腹部形成与安全带相对应的特征性条带状皮肤擦挫伤，驾驶人的斜行擦挫伤从左上向右下走行。此外，安全带收紧引起的腹腔压力改变可造成肠管、肝、脾等脏器的破裂。身体在安全带限制的作用下腰椎突然前屈可出现第2或3腰椎的压缩性骨折。

（6）挥鞭样损伤　车辆突然加速（追尾）或减速（正面碰撞）时，车内乘员颈部过伸或过屈，导致颈部椎旁软组织、颈椎及脊髓损伤，常见于下位的颈椎。

（7）气囊损伤　事故发生时，若乘员没有系安全带，人体因惯性向前移动的速度加快，使得气囊打开的时间相对“滞后”，无法对人体起到保护作用。随后气囊充气膨开的瞬间压力可造成人体皮肤擦伤、挫伤、撕裂以及颈椎脱位或骨折等损伤。因气囊位置相对固定，因此人体损伤的部位主要与人的坐高有关。

2. 其他乘员损伤特征

（1）副驾驶位乘员的损伤　副驾驶位乘员的损伤与驾驶人损伤类似，但不形成方向盘损伤及脚踏板损伤，因前方没有方向盘的阻挡，副驾驶位乘员头面部及上肢的损伤较驾驶人和后排乘员都更严重。此外，其安全带损伤呈右上左下的走行方向。

（2）后排乘员的损伤　后排乘员损伤以四肢及头面部多见，且下肢多于上肢，其中较为特殊的损伤为分腿外展式损伤，其形成机理为：事故中突然碰撞，后排乘员身体前移，两膝部抵在前排座位靠背上，而臀部因惯性继续向前移动，导致大腿剧烈屈曲外展分腿，造成髋关节骨折、脱臼及关节损伤，也可发生股骨颈骨折、骨盆分离。

（二）行人损伤特征

1. 撞击伤

交通事故中，行人被车辆撞击致伤是最常见的类型，车辆不同部位撞击人体可形成不同特点的损伤。

（1）保险杠损伤　车辆保险杠撞击人体时，可致下肢皮肤出现撞痕，有时可因裤子遮盖保护而不明显，但是深部的软组织挫伤出血及胫腓骨楔形骨折则很常见，骨折楔形的底边为力的作用点，楔形的尖端指向力的作用方向，即车辆的行驶方向。

（2）膝关节撞击伤　膝关节外侧受到撞击时，可出现腓骨颈附近横行骨折，胫骨、股骨外侧髁压缩骨折，内侧髁牵拉骨折以及韧带的拉伸撕裂。若膝关节深部关节面检见挫伤出血，常提示事发时行人处于直立状态。

2. 碾压伤

人体不同部位受到碾压可呈现不同的特点：头部被碾压时，在车轮及地面的共同作用下，会在受力较小或无外力作用的部位出现头皮及颅骨崩裂。胸腹部受碾压时，急剧升高的胸腹腔内压力可致内脏器官脱出体外。四肢受碾压时，车轮的旋转对四肢皮肤产生的牵拉力，致皮下囊腔形成，或皮肤破裂撕脱，称为剥皮创。此外，车轮碾压形成的花纹印痕类型与是否刹车有关，刹车碾压时，人体皮肤常出现与轮胎凸面花纹一致的表皮剥脱和皮下出血，不刹车碾压时，皮肤印痕则反映轮胎凹面花纹的特征。若出现髋关节外向性脱位，通常提示卧位碾压的体位状态。

3. 伸展创

车辆从人体后部撞击人体重心区，致身体向后过度伸展形成腹股沟或下腹部的伸展创；或人体受碾压时，车轮的巨大牵拉力，造成碾压部位前方皮肤菲薄部位形成伸展创。多见于人体屈侧部位，表现为皮肤表面断续平行排列的浅表性撕裂创，沿皮肤纹理走行。

4. 摔跌伤

多位于体表突出部位，因人体具有一定初速度，故损伤通常较日常摔跌更重。其中头部着地的较多见，形成减速性颅脑损伤，脑组织呈现对冲伤的特征，表现为除着力点出现冲击伤外，其对侧的脑组织亦出现较严重的损伤。

5. 拖擦伤

拖擦伤可因人体与路面接触引起，也可因人体与车辆部件接触所致。表现为面积较大、方向性较好的刷状擦伤，其起始端较重，尾端较轻，且尾端通常呈分叉状。

（三）两轮车和三轮车骑乘人员损伤特征

两轮车和三轮车骑乘人员与行人一样同属于车外人员，故也会出现行人所见的撞击伤、摔跌伤等。

1. 骑行状态损伤特征

两轮车和三轮车驾驶人与乘员所处的位置不同，与车辆结合状态的差异导致了二者呈现不同的损伤特征。

（1）骑跨伤　驾驶人会阴部与鞍座、油箱等部件摩擦，在会阴部及大腿内侧出现擦挫伤，甚至撕裂、骨折等损伤形态。这与发生事故时驾驶人本能地用双腿夹紧车体避免人车分离有关，乘员因与车体结合不紧密，事发时较易发生人车分离，故骑跨伤少见。另外，在驾驶人和乘员的膝关节、小腿、踝关节等部位内侧，有时亦可见软组织损伤，这些损伤的形成机理与骑跨伤相同。

（2）其他车辆部件的损伤　驾驶人向前移动，与车把或后视镜边缘碰撞，会形成特征性的印痕；或与挡风玻璃接触，导致颈部被玻璃划伤。乘员下肢可因与车辆后部的部件（如摩托车排气管）接触形成擦挫伤及烫伤等损伤。

（3）其他　摩托车事故中，因车辆本身质量重、动量大，在紧急制动过程中，驾驶人双手本能地紧握车把用力，可造成其虎口处的损伤。同时，因摩托车驾驶人与车辆结合较为紧密，故多向前外方跌倒，头颈和肩部首先着地，而乘员与车体结合松散，在碰撞摔跌过程中支点较多，因此驾驶人与乘员相比更容易出现锁骨骨折。此外，因踏板式电动两轮车较多见，其人员损伤多以碰撞伤和摔跌伤为主，有时难以见到自行车、摩托车等交通事故中车辆部件对下肢造成的损伤以及骑跨伤等损伤特征。

2. 推行状态损伤特征

推行车辆发生事故时，往往不出现骑跨伤等特征性损伤。此外，有统计数据表明，若事故发生时，机动车先撞击推车人，则受到撞击侧出现下肢擦挫伤、楔形骨折等行人损伤特征，而对侧则反映与两轮车或三轮车部件接触所形成损伤；若先撞击车辆，撞击侧的损伤相对较轻，而对侧的摔跌伤通常较重。

第四节　交通行为方式鉴定的检验对象及检验内容

交通行为方式鉴定的检验对象既包括被鉴定车辆的车体痕迹、现场痕迹，也包括车辆驾乘空间内的痕迹，还应包括被鉴定车辆乘员的损伤痕迹、穿戴物痕迹。视鉴定需要，还应提取检验中发现的附着物，包括衣着碎屑、织物纤维、血迹、皮肤组织等检材，以及检材可能来源的样本。

一、现场检验

现场检验应包括以下要点：

1）判断是原始现场还是变动现场；

2）当事人在现场的位置、姿势；
3）当事人鞋、帽等随身穿戴物品在现场的位置；
4）血迹、人体组织、毛发等在现场的位置、分布及形态；
5）散落物在现场的位置、分布及形态；
6）地面轮胎痕迹；
7）车辆部件、人体或其他物体在地面遗留的痕迹；
8）车辆及脱落部件、人体及人体组织等作用于电杆、路树、隔离带等物体上而遗留的痕迹；
9）车辆在现场的位置、状态及变动情况；
10）以上内容与车辆及相互之间的位置关系。

二、车辆检验

车辆检验应包括以下要点：
1）车体碰撞痕迹及附着物；
2）风窗玻璃损坏情况，有无血迹、毛发、纤维等附着物质；
3）方向盘、转向把的变形、痕迹及黏附的物质；
4）安全带及其附件的痕迹及损坏状况；
5）汽车座椅的位置及姿态，汽车座椅及其周边车内部件的痕迹及损坏情况；
6）摩托车乘员的驾乘姿态，骑跨式或座椅式；
7）摩托车油箱损坏变形情况，有无刮擦痕迹、附着物质；
8）汽车气囊、气帘的展开情况，气囊、气帘表面的痕迹及附着物；
9）加速、制动、离合器等踏板周边有无脱落的鞋等物品，踏板上有无鞋印或附着物质；
10）汽车车内血迹的分布、形状、方向；
11）车载事件记录装置或行驶记录仪等装置的记录信息；
12）排挡杆、驻车制动拉杆的状态和痕迹；
13）中央扶手箱两侧及相邻部件的变形、痕迹和附着物。

三、穿戴物检验

衣着勘验应包括以下要点：
1）衣着颜色、款式、饰物等；
2）衣着、手套等穿戴物的破损情况，刮擦、撕裂等痕迹及附着物质；
3）衣着上有无安全带印痕；
4）鞋、袜底有无加速、制动、离合器等踏板印痕；
5）鞋底有无与地面形成的挫擦痕迹；
6）两轮车驾乘人员有无使用头盔，以及头盔规格、损坏情况；
7）头盔内、外有无血迹、人体组织、毛发等；
8）乘员其他穿戴物痕迹。

四、人体检验

（一）体貌特征检查

检验当事人的体貌特征应包括以下要点：

1）性别、身高、体重、体型、肤色；
2）发型、发色、发长；
3）文身、瘢痕、饰物；
4）生理缺陷及发育畸形。

（二）人体损伤检查

检查人体是否具有以下损伤：
1）头面部与汽车风窗玻璃、摩托车头盔作用形成的损伤；
2）面部、颈部与气囊、仪表盘、风挡作用形成的损伤；
3）肩部、胸腹部与方向盘、安全带、摩托车车把、后视镜、仪表盘作用形成的损伤；
4）手、前臂与方向盘、转向把作用形成的损伤；
5）汽车乘员的膝部、腿部与仪表台、转向轴立柱等车辆部件作用形成的损伤；
6）摩托车驾乘人员的腹部、会阴部、大腿内侧与摩托车油箱等部位作用形成的损伤；
7）摩托车驾乘人员的小腿、足与摩托车前护杠、护板、挡杆等车辆部件作用形成的损伤；
8）踝部及足部有无与加速、制动、离合器等踏板作用形成的损伤。

第五节　交通行为方式的鉴定

一、交通行为方式鉴定的分析与判断方法

（一）分析方法

交通行为方式鉴定的分析一般包括以下三个阶段：首先，根据对事故所涉人员、车辆、道路及周围环境等的痕迹物证勘查和检验，客观分析道路交通事故形态，包括碰撞部位、碰撞过程、碰撞后车辆及人员的运动轨迹等；然后，根据分析得出的事故形态，辨析车辆与人员碰撞形成的痕迹和物质转移，结合相关检材的检验结果，分析痕迹物证的形成条件和过程，判断事故所涉人员在事发时所处的位置或状态；最后，根据人体（活体或尸体）衣着痕迹（包括衣着、鞋、袜、手表、佩戴的饰品及携带物品等）、体表痕迹及特征性损伤，结合车辆和道路等信息，分析致伤物接触面和致伤方式，综合分析重建道路交通事故过程，推断处于不同事故现象中所涉当事人的交通行为方式。

另外，交通行为方式鉴定可运用交通事故现场资料、案件调查事实和计算机仿真事故再现技术等进行辅助分析；必要时，可结合对视频图像的检验结果进行分析。

（二）判断方法

1. 有条件成立

在现有鉴定条件下，有关证据可以互相印证，能够确立存在逻辑链关系，得出有条件成立的意见。

2. 认定性判断

具有认定交通行为方式的典型特征的损伤、痕迹物证和运动轨迹，可以作为交通行为方式判断的关键性依据，即典型证据，且符合有条件成立的，得出认定性的意见。

3. 倾向性意见

在现有鉴定条件下，有关证据尚不能满足成立的条件，但可以通过对确立关系进行比较分

析，得出倾向性的意见。

4. 排除性判断

有关证据不能相互印证，不存在逻辑链关系，综合分析不符合客观事实的，得出否定性的意见。

二、典型交通行为方式的鉴定

（一）汽车的驾乘关系

汽车乘员驾乘关系的鉴定可以从以下方面入手：

1）根据车内不同位置周围的环境差异，分析事故中涉案人员的受力情况及运动趋势，并结合人员损伤特征及痕迹物证进行分析判断。

2）根据车窗玻璃的损坏情况及附着痕迹，结合人员衣着痕迹、体表痕迹及损伤特征，分析车窗玻璃相关痕迹物证的形成条件及过程。

3）根据各座位乘员约束装置（如安全带、安全气囊和气帘等）痕迹物证及状态（如安全带预紧、织带拉伸、安全气囊或气帘起爆等），结合车内人员的衣着痕迹、体表痕迹及损伤特征，分析事发时各座位人员使用约束系统的情况。

4）将座椅及周围部件（如方向盘、仪表台、扶手、饰板和踏板等）的痕迹及附着物，与人员衣着、鞋底痕迹、体表痕迹及损伤（如方向盘损伤、安全带损伤和脚踏板损伤等）进行比对检验，必要时应进行微量物证检验。

5）将座椅及周围部件（如方向盘、仪表台、扶手、饰板和换挡杆等）遗留的指纹和掌纹等痕迹，与相关人员进行比对检验，必要时应结合其分布和形态，分析形成条件及过程。

6）将现场勘查检见的血迹、毛发、人体组织物或人体可能接触部位留有的脱落细胞等生物检材，与人员的体表损伤及痕迹进行比对检验，必要时应进行法医 DNA 检验；对于血迹，必要时结合其分布和形态，分析血迹的形成条件及过程。

7）对于座椅周围的遗留物品，必要时应确认其所有人。

8）根据车辆座椅设置参数，以及座位与加速踏板和制动踏板之间的距离，结合相关人员的身高体型进行分析判断。

9）根据各车门、车窗的变形、破损和锁闭情况，分析车内人员的撤离或被抛甩的条件；对于已经被抛甩出车外的人员，应结合现场人员和车辆的相对位置分析其被抛甩和摔跌的过程。

10）车载电子数据信息，如汽车行驶记录仪（VDR）、汽车事件数据记录系统（EDR）和自动驾驶数据记录系统（DSSAD）的相关数据等，可作为分析判断驾驶人和乘坐人的辅助条件。

（二）摩托车的驾乘关系

摩托车乘员驾乘关系的鉴定可以从以下方面入手：

1）根据不同的碰撞对象及碰撞形态，分析事故中涉案车辆与人员的不同受力情况及运动轨迹，并结合不同的人员损伤特征及痕迹物证进行分析判断。

2）将摩托车前部凸出部件（如仪表盘、车把、后视镜和挡风罩等）的痕迹，与摩托车驾乘人员头颈部、胸腹部、上肢和手的损伤进行比对检验，分析其是否具有摩托车驾驶人的特征性损伤。

3）将摩托车前后座及周围部件的痕迹，与摩托车驾乘人员会阴部和下肢的损伤特征进行比对检验，分析各人员事发时所处的位置。

4）将摩托车表面附着物特征与驾乘人员衣着痕迹进行比对检验，必要时进行微量物证检验。

5）将摩托车上检见的血迹或人体组织等生物检材，与驾乘人员的损伤进行比对检验，必要时应进行法医DNA检验。

6）将驾乘人员的损伤进行比对检验，分析碰撞时各人员的相互位置关系。

7）应注意摩托车驾驶人在事故碰撞、倒地过程中，其上肢和手容易形成的特征性损伤（如虎口、大鱼际擦挫伤、腕关节脱位或尺、桡骨下段骨折等）。对于踏板式摩托车，前座驾驶人两腿间无异物，且处于相对隐蔽位置；而后座骑跨式座位的乘坐人的腿部则比较暴露，碰撞或倒地时下肢内侧和会阴部有时会形成骑跨式损伤痕迹。

（三）自行车的骑推行状态

自行车骑推行状态的鉴定可以从以下方面入手：

1）根据涉案车辆及人员的检验情况，分析事故形态，并结合车辆及涉案者不同的痕迹形成过程和成伤机制进行分析判断。

2）将涉案者下肢直接撞击伤距其足底或所着鞋底的高度与其致伤物距地面的高度进行比较，分析碰撞时涉案者下肢所处的状态。当事人下肢直接撞击伤位置偏低，与造成其损伤的致伤物（车辆部件）距地高度有偏差，可以考虑碰撞时其脚位于自行车踏板上的可能性。

3）根据涉案者推车时的习惯，结合车辆痕迹及碰撞形态，分析碰撞时各车辆与涉案者的相对位置关系。

4）根据涉案者是否具有骑跨状态下形成的特征性损伤，分析其碰撞时的骑行或推行状态。骑跨状态下涉案者双下肢内外侧往往均出血损伤或有体表痕迹，其中外侧呈现一侧为直接撞击伤、另一侧为摔跌伤，而内侧通常为在摔跌过程中与自行车部件接触形成的擦、挫伤。

5）根据自行车车把和鞍座的偏转情况，以及涉案者鞋底新近形成的挫划痕迹和鞍座两侧新近形成的布纹擦痕等，分析是否具有骑行或推行状态下形成的特征性痕迹。

（四）行人体位状态

行人体位状态的鉴定可以从以下方面入手：

1）根据车体痕迹与涉案行人体表痕迹及损伤的比对检验，结合事故车辆的痕迹高度，分析行人碰撞部位的高度，判断行人所处的状态。

2）根据涉案行人的损伤部位、类型和形态，分析其致伤方式，结合碰撞、摔跌或拖擦等事故过程，判断行人所处的状态。

3）根据涉案行人鞋底新近形成的挫划痕迹，分析其是否在下肢承重状态下受到外力作用所形成。

4）事故现场人、血迹和车的相对位置可作为分析碰撞时涉案行人所处状态的辅助条件。

第六节 典型交通行为方式鉴定案例

一、基于痕迹物证和损伤的驾乘关系鉴定

（一）基本案情

2013年3月某日某时许，某号牌起亚小型轿车在某路段发生交通事故，造成车内人员曹某、孔某死亡，王某受伤。根据事故调查需要，2014年3月，办案单位委托对某号牌起亚小型轿车事故发生时，曹某、王某两人中谁是该车事发时的驾驶人进行重新鉴定。

（二）检验所见

1. 被鉴定车辆

车辆识别代号为×××。前保险杠脱落，内胆右部向后移位；前风窗玻璃右部碎裂；右前轮向后移位，轮胎瘪气，轮辋碎裂；右前翼子板中后部见直径约为 36 cm 的竖向柱状凹陷变形伴刮擦痕迹，表层红色涂层呈减层，局部黏附木屑类物质；右侧车门向外弯折变形、前窗玻璃缺失、后窗玻璃向内碎落，后风窗玻璃缺失，左侧车门及其窗玻璃完好；左后组合灯灯罩碎落；后保险杠左部碎裂。

驾驶室气囊（主、副）已打开、剪除；顶棚距其前端 32～39 cm、距其左端 33～49 cm 见刮擦痕迹；顶棚距其右端 0～6 cm、距其前端 19～49 cm 见刮擦痕迹，顶棚距其右端 20～32 cm、距其前端 28～31 cm 见刮擦痕迹；中央控制台下方饰板左下转角见刮擦痕迹，局部黏附织物纤维，提取该处饰板作为检材 1 备检；中央控制台面板左下角见刮擦痕迹，局部黏附织物纤维，提取该处面板作为检材 2 备检；变速器操纵杆及驻车制动把（包裹绒布套）均向右移位，驻车制动手柄左上侧见擦痕，局部黏附浅色物质；变速器左侧饰板距其前端 7～10 cm、距其上端 0～11 cm 见破损；中央扶手箱左侧饰板前下部见挤压破损，下有衬垫物，破口内侧见金属支架，破口邻近饰板见布纹样印痕，提取该处饰板作为检材 3 备检；右前门内侧扶手后部见凹陷变形伴擦痕（图 9－5～图 9－9）。

图 9－5 被鉴定车辆前观照

图 9－6 被鉴定车辆右侧前部痕迹

图 9－7 被鉴定车辆内部前排情况

图 9－8 被鉴定车辆内部局部痕迹

图 9-9 驾驶人座位右侧痕迹

2. 道路交通事故现场图及照片

事故发生路段为弯道，呈南北走向，干沥青路面，路面宽约 9 m。被鉴定车辆头东北尾西南停于道路东侧。道路西侧两棵行道树检见撞击痕迹，曹某头西南脚东北倒卧在两树之间。

3. 曹某尸表检验

冰冻尸体，尸长 182 cm，头顶发长 8 cm，发色黑，发梢棕染。左、右外耳道及口、鼻腔积血，右颊部见 11 cm×6 cm 皮肤擦挫伤，右耳廓缺损。左上臂下段伸侧见 3 cm×2 cm 皮肤擦挫伤，左手背见多处点状皮肤擦伤，左内踝见 2 cm×0.5 cm 皮肤擦伤；右大腿中上段前侧见 8 cm×6 cm 皮肤擦挫伤，右大腿下段外侧见 9 cm×1.5 cm 皮肤擦挫伤，右小腿中段胫前见 3 cm×1 cm 皮肤青紫。尸体冰冻未缓解，各部未能触及明显骨折。

4. 曹某事发时所着外裤检查

黑色长裤，品牌为 D.Wolves，已剪破，提取裤管处布料作为样本备检。

5. 王某

自述事发时穿着白色上衣，灰色棉质牛仔裤。

6. 显微检验及微量物证

经在显微镜下检验发现，检材 1 纤维部分为黑色，部分为蓝色；检材 2 纤维部分为黑色，部分为白色。样本织物为大量黑色、灰色纱线及少量蓝色、棕色纱线编织形成，各纱线经退捻后发现：黑色纱线为黑色纤维组成，灰色纱线为黑色及白色纤维混纺而成，蓝色纱线为蓝色纤维组成，棕色纱线为棕色纤维组成。经相互比较检验发现，检材 1、检材 2 中黑色纤维与样本黑色、灰色纱线中黑色纤维的外观特征一致，检材 1 中蓝色纤维与样本蓝色纱线中蓝色纤维的外观特征一致，检材 2 中白色纤维与样本灰色纱线中白色纤维的外观特征一致。

显微镜下观察，检材 3 上的布纹样擦痕近似呈排列规则的直角折线形印痕，其间可见条状压痕；样本外侧纱线编织图案近似呈直角。通过比较两者，存在检材 3 上的布纹样擦痕为与样本布料同种编织方式织物在相互挤压过程中所形成的可能性。

经 Nicolet 6700 傅里叶变换红外光谱仪检验，检材 1、检材 2 中黑色纤维与样本黑色、灰色纱线中黑色纤维的红外光谱一致，均反映出棉的特征吸收峰；检材 1 中蓝色纤维与样本蓝色纱线中蓝色纤维的红外光谱一致，均反映出聚酯的特征吸收峰；检材 2 中白色纤维与样本灰色纱线中白色纤维的红外光谱一致，均反映出聚酯的特征吸收峰。

经 inVia 激光显微拉曼光谱仪检验，检材 1、检材 2 中黑色纤维与样本黑色、灰色纱线中黑色纤维的拉曼光谱一致，检材 1 中蓝色纤维与样本蓝色纱线中蓝色纤维的拉曼光谱一致，检材 2 中白色纤维与样本灰色纱线中白色纤维的拉曼光谱一致。

图 9－10　曹某事发时所着外裤布纹

图 9－11　中央扶手箱左侧饰板上的布纹样印痕

（三）书证摘录

1. 曹某法医学尸体检验鉴定书——公（刑）鉴（法）字［2013］×××号

尸表检验：尸长 182 cm，发长 8 cm，发育正常，营养中等，双侧瞳孔散大，巩膜混浊，口鼻溢血，右面颊有一横形 4 cm×1.5 cm 损伤痕，额骨可触及粉碎性骨折，左锁骨粉碎性骨折，左锁骨区塌陷，腹部及四肢未见明显畸形。

2. 王某住院病案，住院号：5016

入院情况：患者因摔伤致全身多处疼痛受限 5 小时入院，查全头皮触痛，头枕部可扪及一直径约 2.0 cm 的肿块，压痛明显，左耳及腰背部可见多处擦伤痕，创面渗血，四肢多处可见软组织红肿，各关节活动尚可。

（四）分析说明

被鉴定车辆所检见的痕迹，结合道路交通事故现场图、现场照片分析，被鉴定车辆行驶至事发路段时向左失控，在逆时针旋转的过程中，该车右侧前部、后侧左部分别与现场西侧行道树发生过碰撞，直至停在事故最终位置。

根据被鉴定车辆右侧前部与现场行道树的碰撞形态及该车形变情况分析，被鉴定车辆前排人员在惯性的作用下，将相对被鉴定车辆向右前方运动，并与车内相应部件发生碰撞及物质交换。

显微检验及微量物证检验结果支持中央控制台下方饰板左下转角、中央控制台面板左下角附着织物纤维及中央扶手箱左侧饰板前下部衬垫性破口附近的布纹样擦痕为曹某长裤所留，以上部位的痕迹及附着物非本起事故的驾驶人不易接触和形成。

被鉴定车辆变速器操纵杆、驻车制动手柄均向右移位，符合驾驶人右移过程与以上部件碰撞形成的特征，比较分析曹某、王某损伤情况，曹某右下肢的多处损伤，其形态特征可以在与变速器操纵杆、驻车制动手柄接触过程中形成。

综合以上分析，曹某事发时位于被鉴定车辆驾驶人位置可以成立。

二、基于损伤的自行车骑推行状态鉴定

（一）基本案情

2013 年 7 月某日某时许，某号牌思威牌小型普通客车（甲车）沿某省道由北向南行驶至某

路口时，与龚某及其所携未见悬挂号牌吉村牌 26 英寸自行车（乙车）发生碰撞。根据事故调查需要，2013 年 7 月，办案单位委托鉴定乙车当事人龚某的交通行为方式（骑推行）进行鉴定。

（二）检验所见

1. 甲车

车辆识别代号为×××。

前风窗玻璃左下部以距其左边缘 7 cm、距其下边缘 27 cm 为中心见放射状碎裂凹陷，局部黏附毛发。左前翼子板前部凹陷变形，距其前端 0~60 cm，距地高 77~99 cm 范围内见由前向后的条状擦痕，擦痕前部黏附蓝色物质。前牌照框左部距地高 52~56 cm 范围内见刮擦痕迹，局部黏附蓝色物质。前保险杠左转角距地高 34~76 cm 范围内见刮擦痕迹，表层黑色涂层呈减层，局部黏附蓝色物质（图 9－12~图 9－14）。

图 9－12 甲车左前部位照

图 9－13 甲车前保险杠左转角痕迹

图 9－14 甲车左前翼子板痕迹

2. 乙车

车架钢印号为×××。右前叉外侧距地高 49~52 cm 范围内见刮擦痕迹，表面蓝色涂层呈减层。车架右侧中下部向左弯折变形，距地高 47~50 cm 见刮擦痕迹，表面蓝色涂层呈减层，局部黏附黑色物质。右踏脚曲柄向内弯折变形，鞍座顺时针偏转约 10°，鞍座套右侧后部距地高 78~81 cm 范围内破损，表面蓝色物质呈减层。右后叉上部向内弯曲变形，其外侧距地高 48~52 cm 见刮擦痕迹，表面蓝色涂层呈减层，局部黏附黑色物质。车身左侧检见多处倒地挫痕（图 9－15~图 9－17）。

图 9－15 乙车右侧照

图 9-16　乙车后侧照

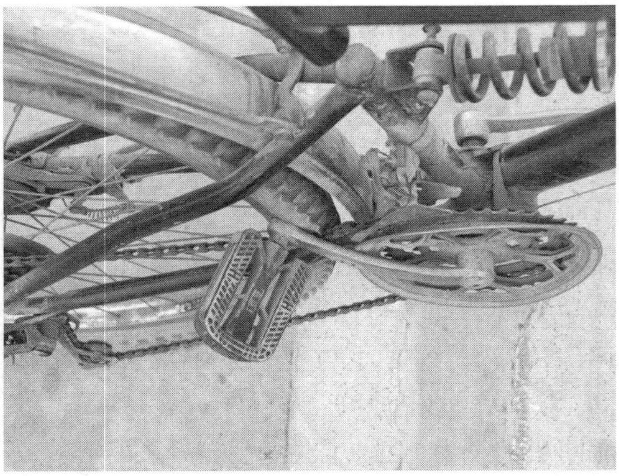

图 9-17　乙车右侧中部变形痕迹

（三）书证摘录

龚某尸体检验报告——公物鉴（痕）字[2013]×××号：

尸长 160.0 cm。右枕部 6.0 cm×5.0 cm 大小的头皮下出血。右肩部见 18.0 cm×8.0 cm 大小的皮下出血。左大腿上段内侧见 15.0 cm×8.0 cm 大小的皮下出血伴皮肤擦伤，左足内踝处见 4.5 cm×3.0 cm 大小的皮下出血，右小腿中上段内侧见 20.0 cm×8.0 cm 大小的皮下出血，右足内踝至右足背内侧见 18.0 cm×6.0 cm 大小的皮下出血（图 9-18~图 9-21）。

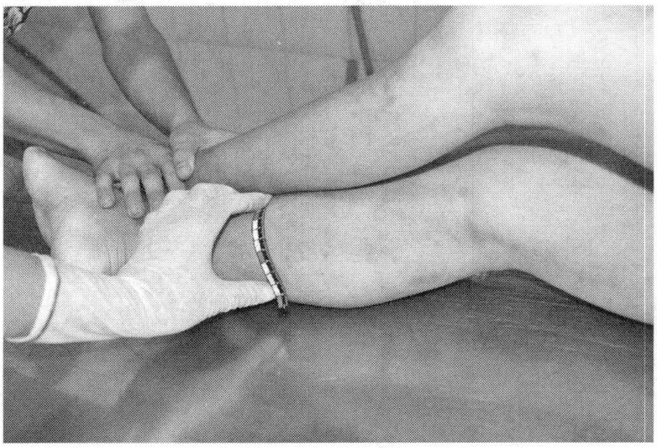

图 9-18　右小腿中上段内侧皮下出血

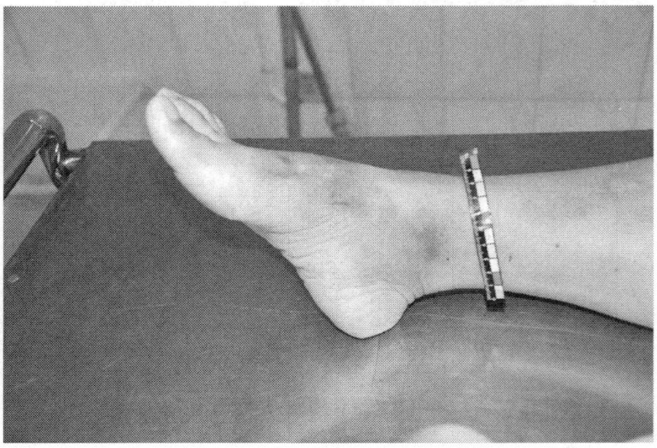

图 9-19　右足内踝至右足背内侧皮下出血

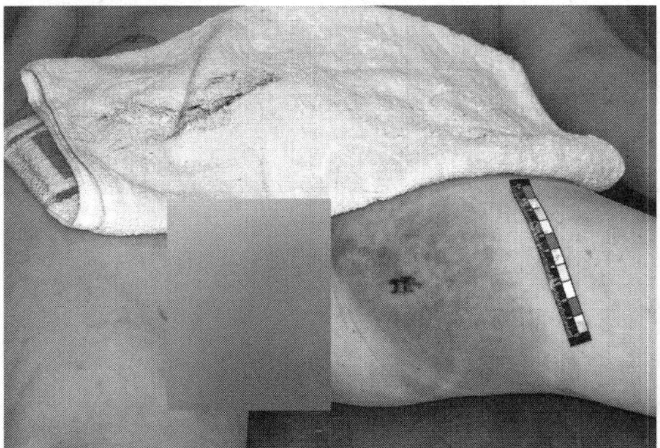

图 9-20　左大腿上段内侧皮下出血伴皮肤擦伤

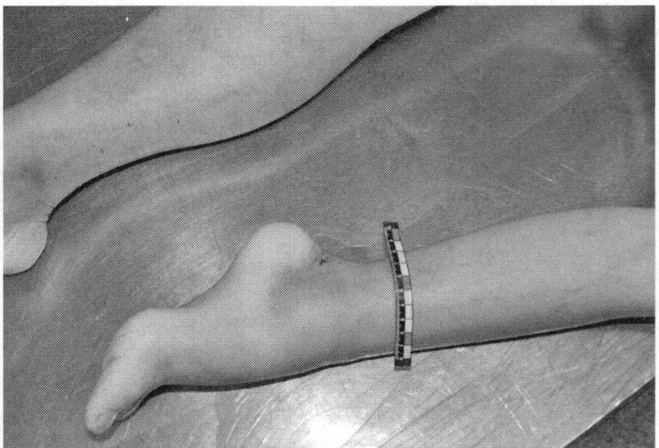

图 9-21　左足内踝处皮下出血

（四）分析说明

甲乙两车所检见的痕迹，在部位、附着物等方面均可以互相印证，符合甲车左前部与乙车右侧碰撞形成的特征。

根据龚某尸体检验分析，左、右踝内侧及右足背损伤在其站立状态下与甲车碰撞不易形成，而踩踏于乙车踏脚板位置时与甲车碰撞可以形成。龚某双下肢内侧的损伤具有在其骑行状态下碰撞所形成的特征，结合乙车鞍座偏转的情况综合分析，龚某事发时呈骑跨乙车姿态可以成立。

三、基于痕迹的自行车骑推行状态鉴定

（一）基本案情

2014 年 11 月某日某时许，某号牌宝马小型轿车（甲车）与王某所携未见悬挂号牌 BRID27 英寸女式自行车（乙车）在某路段发生交通事故。根据事故调查需要，2015 年 1 月，办案单位委托对乙车当事人王某的交通行为方式（骑推行）进行鉴定。

（二）检验所见

1. 甲车

车辆识别代号为×××。前风窗玻璃以距其下端 38 cm、距其左端 4 cm 为中心呈放射状碎裂，局部黏附黑色毛发；相邻 A 柱见 6 cm×10 cm 凹陷变形；前保险杠距地高 74～78 cm，距车左端 50～56 cm 见一处凹陷变形（前进气格栅左上侧）；前进气格栅左部距地高 56～65 cm 见破损伴刮擦痕迹，表层银色物质呈减层；前号牌距地高 39～53 cm、距其左端 0～8 cm 见刮擦痕迹，表层蓝色涂层呈减层，提取该处蓝色涂层作为样本备检；前号牌底座左部距地高 39～63 cm 破损伴刮擦痕迹，表面黑色物质呈减层；左前组合灯灯罩略有脱位（图 9－22、图 9－23）。

2. 乙车

车架钢印号为×××。车架于后下叉处扭曲变形；鞍座逆时针偏转约 15°，其左、右侧各见一处布纹状刮擦痕迹；后书包架扭曲变形，其右前挂钩向上翘起，前缘黏附褐色物质（疑似血迹）；后轮后部向右前方扭曲变形；后轮挡泥板及其支撑杆后侧距地高 46～55 cm 见刮擦痕迹，局部黏附蓝色物质、银色物质；后撑架后侧（撑起状态）距地高 36～43 cm 见刮擦痕迹，局部黏附蓝色物质、黑色物质，提取该处蓝色物质作为检材备检（图 9－24～图 9－28）。

图 9－22　甲车前侧痕迹

图 9－23　甲车前号牌及前保险杠痕迹

图 9－24 乙车后侧痕迹

图 9－25 乙车后侧局部痕迹

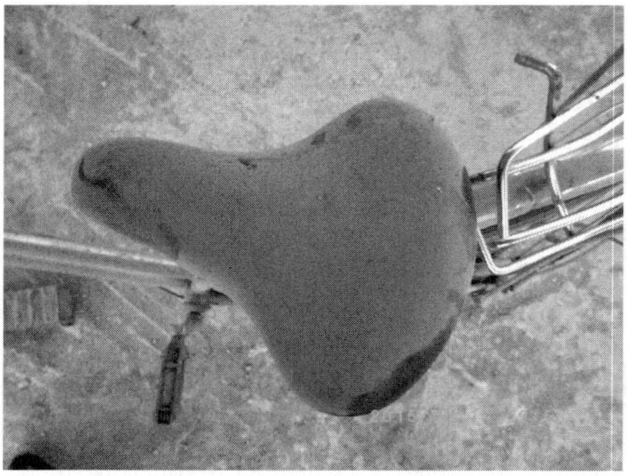

图 9－26 乙车车架及鞍座偏折情况

图 9－27 乙车鞍座后部左上侧布纹样擦痕

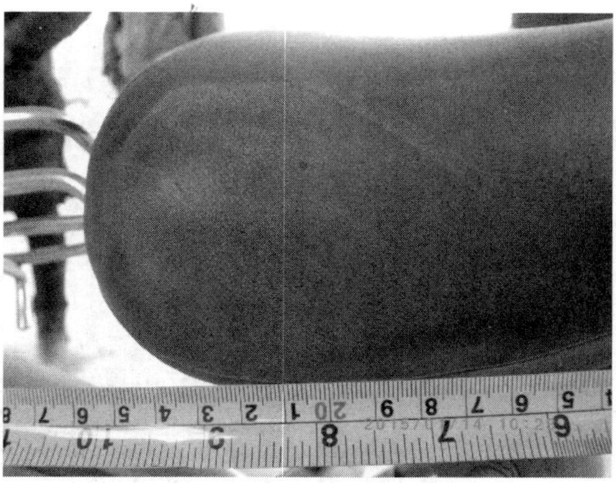

图 9－28 乙车鞍座后部右侧布纹样擦痕

（三）书证摘录

1. 微量物证鉴定意见书

将提取的检材与样本送至本鉴定中心刑事技术鉴定研究室进行检验，出具的鉴定意见书——司鉴中心［2015］微鉴字第×××号，部分摘录如下：

经 Lumar V12 荧光显微镜检验发现：检材附着物第一层为蓝色物质，较薄；第二层为无色透明物质，质韧，其中分布有大量球形微珠，质地坚硬；第三层为银色物质，极薄；第四层为无色胶状物质。样本第一层为蓝色物质，较薄；第二层为无色透明物质，质韧，其中分布有大量球形微珠，质地坚硬；第三层为银色物质，极薄；第四层为无色胶状物质。经相互比较检验发现，检材与样本对应各部分的外观特征一致。

经 Nicolet 6700 傅里叶变换红外光谱仪检验，发现检材与样本第一层蓝色物质、第二层无色透明物质、第四层无色胶状物质的红外光谱对应一致。

经 Quanta 650－EDAX Apollo X 扫描电镜/X 射线能谱仪检验，发现检材与样本第一层蓝色物质中均检出碳、氧、铜、硅和氯等主要元素；第二层无色透明物质中均检出碳、氧和氯等主要元素；第二层中的球形微珠中均检出碳、氧、钠、硅、磷、钾、钙、钡、钛和锌等主要元素；第三层银色物质中均检出碳、氧和铝等主要元素；第四层无色胶状物质中均检出碳和氧等主要元素。

经综合分析认为，检材与样本对应各部分的外观特征一致，检材与样本第一层蓝色物质、第二层无色透明物质、第四层无色胶状物质的红外光谱对应一致；检材与样本第一层蓝色物质、第二层无色透明物质、第二层中的球形微珠、第三层银色物质、第四层无色胶状物质中检出的主要元素成分对应一致。检材附着物与样本涂层是同种类物质。

2. 王某尸体检验鉴定报告书

某司鉴中心［2014］病检字第×××号部分摘录如下：

躯干部（包括外阴）：未见明显异常。

四肢：左侧三角肌上有一处 5 cm×3.5 cm 擦伤，左手拇指背侧有一 0.5 cm×0.5 cm 擦伤，左手食指背侧掌指关节处有一 2 cm×1 cm 擦挫伤，双手十指甲床轻度青紫；右大腿后侧有一长 6 cm 挫裂创，深达肌层；双足十趾甲床苍白。余未见明显异常。

（四）分析说明

甲乙两车所检见的痕迹，结合微量物证鉴定分析，两车在部位、附着物等方面均可以互相印证，符合甲车正面左部与乙车后侧偏左碰撞形成的特征。

根据乙车当事人王某尸表检验鉴定报告书中对其损伤情况的描述，王某右大腿后侧有一长 6 cm 挫裂创，深达肌层，结合两车碰撞形态，若王某呈骑跨乙车状态，其大腿可与乙车书包架右前挂钩接触形成该挫裂创，若王某呈推行乙车状态，该损伤则不易形成。

乙车鞍座左、右侧检见布纹状刮擦痕迹均呈现出前低后高的方向，符合王某呈骑跨姿态坐于鞍座上，在乙车受到由后向前的撞击后，王某在相对于乙车向后运动的过程中，其臀部及双下肢与鞍座发生相互作用的情况下，其对应部位裤子所形成的痕迹特征，且在日常使用的过程中不能形成。结合该鞍座偏转情况分析，乙车当事人王某事发时呈骑跨乙车姿态可以成立。

四、基于综合证据的驾乘关系鉴定

（一）基本案情

2012 年 6 月某日某时许，某号牌奇瑞小型普通客车（甲车）与某号牌北京现代小型轿车

（乙车）在某路口处发生道路交通事故。根据事故调查需要，2013 年 1 月，办案单位委托对李某、张某两人中谁是乙车事发时的驾驶人进行鉴定。

（二）检验所见

1. 甲车

车辆识别代号为×××。前风窗玻璃碎裂，左右两侧窗玻璃均碎落；右前组合灯脱落，呈悬吊状；车辆右侧大面积向内挤压变形，伴刮擦痕迹；其中右前车门距地高 38～46 cm、距车前端 70～105 cm 见刮擦痕迹，表层银色涂层呈减层，局部黏附蓝色物质；右中车门扭曲变形，其外侧距地高 20～52 cm、距车前端 108～210 cm 见擦痕，局部黏附黑色橡胶类物质。车辆左侧另见大面积凹形变形（图 9－29）。

图 9－29　甲车右侧痕迹

2. 乙车

车辆识别代号为×××。车辆正面向后挤压变形；前保险杠碎裂并向后上方扭曲变形；前号牌脱位，表层蓝色物质呈减层，局部黏附银色物质；左前轮外侧胎壁见刮擦痕迹，表层黑色物质呈减层；发动机舱盖向右移位。左前车门扭曲变形，车门窗玻璃碎落，左前车门内侧饰板距其下端 60～61 cm、距其后端 59～63 cm 见刮擦痕迹，局部黏附蓝色织物纤维，提取该处蓝色织物纤维作为“微量检材”备检；左 A 柱内侧见擦痕，局部黏附黑色短发，发干较粗直；前风窗玻璃内侧距其上沿 13～35 cm、距其左边沿 47～60 cm 见由右上向左下的刮擦痕迹，局部黏附棕染毛发、疑似皮屑等物质，该处下方仪表台见流柱状血迹；提取该处疑似皮屑作为“生物检材一”备检；驾驶室气囊（主、副）充分打开，并分别黏附血迹；前风窗玻璃刮水器操纵杆自根部断裂、脱落，呈悬吊状；转向柱下饰罩下侧右部距地板高 33～34 cm 范围内见撞击、刮擦痕迹，局部黏附疑似生物组织物，提取该处疑似生物组织物作为“生物检材二”备检；中央扶手箱向左移位，其右部破损伴擦痕，局部黏附疑似血迹；右座前工具箱箱盖破损、呈打开状（图 9－30～图 9－33）。

图 9－30　乙车前部痕迹

图 9－31　乙车转向柱左侧痕迹

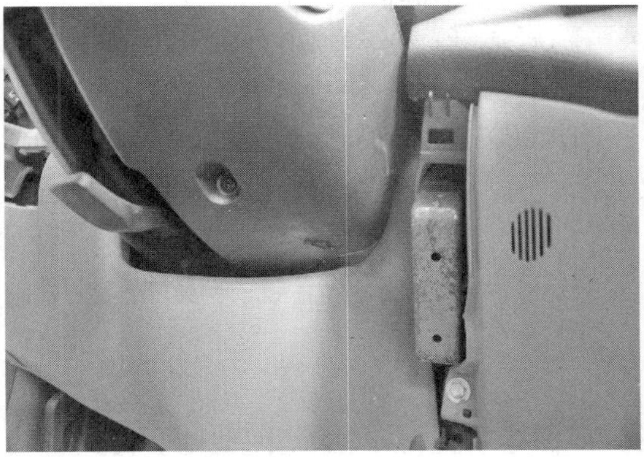

图 9-32 乙车转向柱下侧及右侧痕迹

图 9-33 乙车左前车门内侧饰板黏附的蓝色织物纤维

3. 道路交通事故现场图及照片

甲车头东南尾西北停于路口东北侧,乙车头东北尾西南停于甲车西南,乙车南侧地面见多条轮胎印痕及散落物。

4. 李某体表损伤检验

身份证号为×××。神清,对答切题。头部留短发,发色黑,发干粗直。左膝前见 2.5 cm×1.2 cm 皮肤瘢痕伴色素沉着;右膝内侧见 8 cm×0.6 cm 纵向皮肤瘢痕,周围见缝线针眼。抽取李某血样备检(图 9-34、图 9-35)。

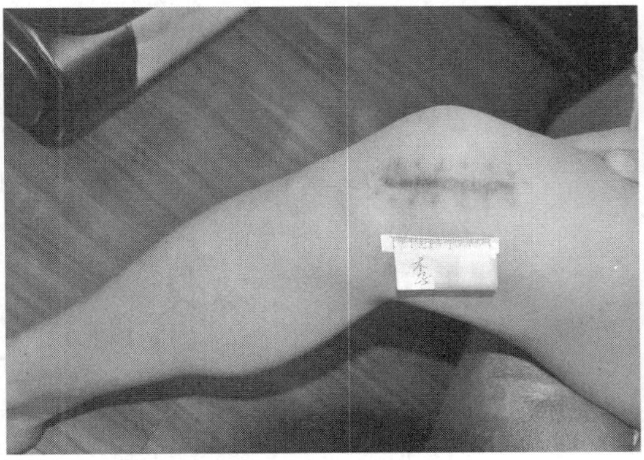

图 9-34 李某右膝内侧皮肤瘢痕

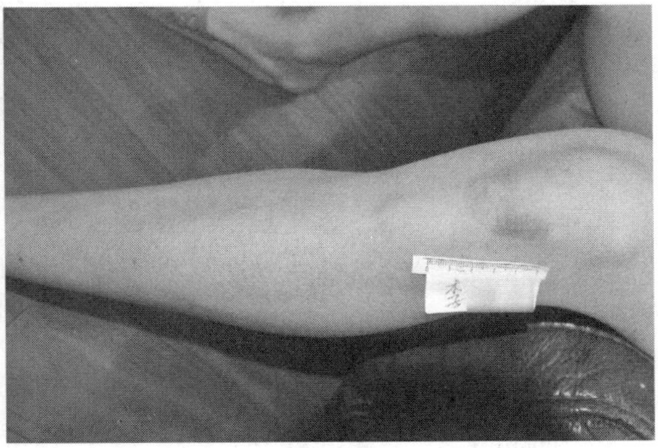

图 9-35 李某左膝前皮肤瘢痕伴色素沉着

5. 张某体表损伤检验

身份证号为×××。神清,卧床,对答切题。头部留长发,发色黑,发梢棕染。额部、左眉弓内侧及鼻背上段见 8 cm×10 cm 散在点、条状皮肤瘢痕,左肘至左前臂上段尺侧见长 8 cm 手术瘢痕,左肘下段尺侧见长 4 cm 手术瘢痕;左臀骶部至左大腿外后转子区见两段分别长 28 cm、3 cm 手术瘢痕;左小腿上段胫前见 2.5 cm×2 cm 散在点、片状皮肤瘢痕伴色素沉着;右小腿中段胫前见 8 cm×1.5 cm 散在条、片状皮肤瘢痕伴色素沉着。抽取张某血样备检。

6. 李某影像材料检查

2012 年 6 月 20 日右膝部数字 X 线片一张(片号: DR00031827)阅片示: 右膝关节骨皮质尚连续,膝周软组织肿胀。

7. 张某影像材料检查

2012年6月20日左肘部数字X线片一张(某医院病案号：×××)阅片示：左尺骨上段斜行粉碎性骨折,尺骨鹰嘴分离,周围软组织肿胀。

2012年6月20日骨盆数字X线片一张(片号：DR00031826)阅片示：左耻骨上支骨折,耻骨梳自弓状线外缘分离,左髋臼破裂,左股骨头半脱位;左股骨粗隆间骨折,断端自大、小转子间分离。

2012年6月20日头部CT片一张(某医院病案号：×××)阅片示：诸层面脑实质未见明显异常密度影,脑室系位正常,左额顶部头皮肿胀。

8. 生物检材检验

经DNA检测,李某血样、张某血样、"生物检材一"、"生物检材二"的基因型见下表。

基 因 座	李 某	张 某	"生物检材一"	"生物检材二"
D19S433	13.2,15	13,14	13,14	13.2,15
D5S818	11,13	11,13	11,13	11,13
D21S11	29,32.2	30,31	30,31	29,32.2
D18S51	13,16	14,15	14,15	13,16
D6S1043	13,14	17,20	17,20	13,14
D3S1358	16,16	17,17	17,17	16,16
D13S317	9,10	9,10	9,10	9,10
D7S820	8,13	11,13	11,13	8,13
D16S539	10,12	11,12	11,12	10,12
CSF1PO	11,11	11,12	11,12	11,11
Penta D	9,12	8,8	8,8	9,12
vWA	18,18	17,19	17,19	18,18
D8S1179	12,14	10,13	10,13	12,14
TPOX	8,8	8,8	8,8	8,8
Penta E	15,18	12,13	12,13	15,18
TH01	7,9	6,7	6,7	7,9
D12S391	18,19	18,21	18,21	18,19
D2S1338	18,23	20,23	20,23	18,23
FGA	20,25	22,23	22,23	20,25
Amelogenin	X,Y	X,X	X,X	X,Y

经比对,张某的基因型与"生物检材一"的基因型一致,似然率为2.72×10^{25};李某的基因型与"生物检材二"的基因型一致,似然率为2.05×10^{25}。

9. 微量检材检验

李某事发时所着衣物：佰驰莱雅2XL－175蓝色短袖T恤。

经显微镜下检验发现：微量检材纤维为蓝色；样本（李某事发时所着衣物）纤维为蓝色。经相互比较检验，两种纤维的外观形态、颜色一致。

经 Nicolet 6700 傅里叶变换红外光谱仪检验，检材蓝色纤维与样本蓝色纤维的红外光谱一致。

经 inVia 激光拉曼光谱仪检验，检材蓝色纤维与样本蓝色纤维的拉曼光谱一致。

（三）书证摘录

1. 李某住院病案（某医院病案号：×××）

入院记录，专科情况：右髌骨外（内）侧缘一纵行创口，长约 7 cm，流血。

手术记录，手术名称：股四头肌断裂修补术，膝关节囊破裂修补术，清创缝合术。术中发现：右膝部外侧（内）一纵行创口，长约 7 cm，探查见股四头肌断裂，关节囊破裂。

2. 张某住院病案（某医院病案号：×××）

入院记录，专科情况：左肘部肿胀，压痛阳性，肘关节活动受限。左髋部肿胀，见皮肤擦伤。左下肢纵轴叩击痛阳性，髋关节活动受限。骨盆分离挤压试验阳性。左前臂中段尺侧一创口，流血，左手各指活动良好。

（四）分析说明

根据甲乙两车所检见的痕迹，结合道路交通事故现场图及照片分析，乙车在由南向北的行驶过程中，其正面与由西向东的甲车右侧发生碰撞可以成立。在惯性和碰撞力的共同作用下，乙车向东北方向运动，同时发生顺时针旋动，最终停于现场。

根据乙车的运动形态，在该车碰撞、旋转的过程中，车内前排人员由于惯性作用，可分别与其左前方向的车内相应部件发生二次碰撞，造成车内部分部件破损，两名当事人不同程度损伤。

DNA 检验的结果支持方向盘下饰罩右部附着人体组织物为李某所留，该部位非驾驶人不能接触；比较李某、张某两人右膝部损伤情况，张某右膝部未见损伤，李某右膝内侧裂创、膝关节囊破裂，符合其就座于驾驶座在事故过程中与方向盘下饰罩碰撞形成的损伤特征。

左前门内侧饰板附着纤维与李某事发时所着衣物的纤维外观形态、颜色一致，红外光谱一致，拉曼光谱一致，二者是同种类纤维，支持李某事发时位于驾驶座，并与左前门内侧碰擦遗留痕迹的可能性。

张某头面部散在多处较细裂创，具有与前风窗玻璃碰撞、割划形成的特征，结合前风窗玻璃内侧由右上向左下的刮擦痕迹、DNA 检验结果分析，事发时张某由于惯性，向车内左前方运动，其头面部可与前风窗玻璃碰撞形成相应损伤。

张某左股骨粗隆间骨折、左耻骨上支骨折，具有遭受钝性物体直接暴力作用形成的特征，结合中央扶手箱损坏情况，该处损伤符合张某事发时位于右前座与变速箱饰罩碰撞形成的特征。

综上所述，李某是某号牌北京现代小型轿车事发时的驾驶人。

· 思考题 ·

1. 道路交通事故涉案者交通行为方式鉴定的目的是什么？
2. 道路交通事故涉案者交通行为方式鉴定的内容包括哪些？
3. 常见的驾驶人特征性损伤有哪些？
4. 道路交通事故涉案者交通行为方式鉴定的检验内容包括哪些？
5. 道路交通事故涉案者交通行为方式鉴定的判断方法有哪些？

第十章　道路交通事故信号灯指示状态鉴定

交通信号灯是交通信号的一种形式，对于路口交通事故，事故参与方进入路口时各自对应的信号灯指示状态直接影响事故责任的认定。随着视频监控技术的快速发展和推广应用，各种监控设备被广泛应用在交通管理、社会治安、行车监控等领域，大量的图像素材给道路交通事故信号灯指示状态鉴定提供了基础条件。道路交通事故信号灯指示状态鉴定是根据图像中被鉴定车辆、人员的位置、运动状态，以及信号灯指示状态，结合信号灯控制方案和相关检验鉴定结果，通过分析计算，判断事故涉案车辆、人员在事故发生前，进入交通信号灯管控道路区域时所对应的信号指示状态。

本章介绍的主要内容包括：道路交通事故信号灯指示状态鉴定的目的和内容、交通信号灯的相关法律法规、交通信号灯的控制类型和方案、道路交通事故信号灯指示状态鉴定的一般方法，以及典型的道路交通事故信号灯指示状态鉴定案例。

第一节　信号灯指示状态鉴定的目的和内容

一、信号灯指示状态鉴定的目的

道路交通事故信号灯指示状态鉴定是以调查案件事实为目的，确定道路交通事故涉案机动车、非机动车或行人等交通参与者在事故发生前进入交通信号灯管控道路区域时所对应的信号指示状态（如：绿灯、黄灯、红灯）。

二、信号灯指示状态鉴定的内容

从委托事项和被鉴定对象的角度出发，道路交通事故信号灯指示状态鉴定的内容包括：

1）确定道路交通事故涉案机动车、非机动车或行人等交通参与者在事故发生前进入路口或其他交通管控区域时所对应的信号灯指示状态。

2）确定道路交通事故涉案机动车进入潮汐（可变）车道时所对应的信号灯指示状态。

第二节　道路交通信号灯

一、相关法规

（一）《中华人民共和国道路交通安全法》相关内容

《中华人民共和国道路交通安全法》（2021 年 4 月 29 日修订）

第二条　中华人民共和国境内的车辆驾驶人、行人、乘车人以及与道路交通活动有关的单位和个人，都应当遵守本法。

第二十六条　交通信号灯由红灯、绿灯、黄灯组成。红灯表示禁止通行，绿灯表示准许通行，黄灯表示警示。

第三十八条　车辆、行人应当按照交通信号通行；遇有交通警察现场指挥时，应当按照交通警察的指挥通行；在没有交通信号的道路上，应当在确保安全、畅通的原则下通行。

第四十四条　机动车通过交叉路口，应当按照交通信号灯、交通标志、交通标线或者交通警察的指挥通过；通过没有交通信号灯、交通标志、交通标线或者交通警察指挥的交叉路口时，应当减速慢行，并让行人和优先通行的车辆先行。

第六十二条　行人通过路口或者横过道路，应当走人行横道或者过街设施；通过有交通信号灯的人行横道，应当按照交通信号灯指示通行；通过没有交通信号灯、人行横道的路口，或者在没有过街设施的路段横过道路，应当在确认安全后通过。

（二）《中华人民共和国道路交通安全法实施条例》相关内容

《中华人民共和国道路交通安全法实施条例》（2017 年 10 月 7 日修订）

第二条　中华人民共和国境内的车辆驾驶人、行人、乘车人以及与道路交通活动有关的单位和个人，应当遵守道路交通安全法和本条例。

第二十九条　交通信号灯分为：机动车信号灯、非机动车信号灯、人行横道信号灯、车道信号灯、方向指示信号灯、闪光警告信号灯、道路与铁路平面交叉道口信号灯。

第三十八条　机动车信号灯和非机动车信号灯表示：

（一）绿灯亮时，准许车辆通行，但转弯的车辆不得妨碍被放行的直行车辆、行人通行；

（二）黄灯亮时，已越过停止线的车辆可以继续通行；

（三）红灯亮时，禁止车辆通行。

在未设置非机动车信号灯和人行横道信号灯的路口，非机动车和行人应当按照机动车信号灯的表示通行。

红灯亮时，右转弯的车辆在不妨碍被放行的车辆、行人通行的情况下，可以通行。

第三十九条　人行横道信号灯表示：

（一）绿灯亮时，准许行人通过人行横道；

（二）红灯亮时，禁止行人进入人行横道，但是已经进入人行横道的，可以继续通过或者在道路中心线处停留等候。

第四十条　车道信号灯表示：

（一）绿色箭头灯亮时，准许本车道车辆按指示方向通行；

（二）红色叉形灯或者箭头灯亮时，禁止本车道车辆通行。

第四十一条　方向指示信号灯的箭头方向向左、向上、向右分别表示左转、直行、右转。

第四十二条　闪光警告信号灯为持续闪烁的黄灯，提示车辆、行人通行时注意瞭望，确认安全后通过。

第四十三条　道路与铁路平面交叉道口有两个红灯交替闪烁或者一个红灯亮时，表示禁止车辆、行人通行；红灯熄灭时，表示允许车辆、行人通行。

第五十一条　机动车通过有交通信号灯控制的交叉路口，应当按照下列规定通行：

（一）在划有导向车道的路口，按所需行进方向驶入导向车道；

（二）准备进入环形路口的让已在路口内的机动车先行；

（三）向左转弯时，靠路口中心点左侧转弯。转弯时开启转向灯，夜间行驶开启近光灯；

（四）遇放行信号时，依次通过；

（五）遇停止信号时，依次停在停止线以外。没有停止线的，停在路口以外；

（六）向右转弯遇有同车道前车正在等候放行信号时，依次停车等候；

（七）在没有方向指示信号灯的交叉路口，转弯的机动车让直行的车辆、行人先行。相对方向行驶的右转弯机动车让左转弯车辆先行。

第六十八条　非机动车通过有交通信号灯控制的交叉路口，应当按照下列规定通行：

（一）转弯的非机动车让直行的车辆、行人优先通行；

（二）遇有前方路口交通阻塞时，不得进入路口；

（三）向左转弯时，靠路口中心点的右侧转弯；

（四）遇有停止信号时，应当依次停在路口停止线以外。没有停止线的，停在路口以外；

（五）向右转弯遇有同方向前车正在等候放行信号时，在本车道内能够转弯的，可以通行；不能转弯的，依次等候。

二、相关术语

国家标准 GB 14887—2011《道路交通信号灯》第 4.1.4 规定：按信号灯功能分类，可分为机动车信号灯、非机动车信号灯、左转非机动车信号灯、人行横道信号灯、车道信号灯、方向指示信号灯、闪光警告信号灯、道口信号灯、掉头信号灯。

GB/T 31418—2015《道路交通信号控制系统术语》规定的各信号灯的术语定义如下：

机动车信号灯：由红色、黄色、绿色 3 个几何位置分立的无图案圆形单元组成的一组道路交通信号灯，指挥机动车通行。

非机动车信号灯：由红色、黄色、绿色 3 个几何位置分立的内有自行车图案的圆形单元组成的一组道路交通信号灯，指挥非机动车通行。

左转非机动车信号灯：由红色、黄色、绿色 3 个几何位置分立的内有自行车和向左箭头图案的圆形单元组成的一组道路交通信号灯，指挥左转非机动车通行。

人行横道信号灯：由几何位置分立的内有红色行人站立图案的单元和内有绿色行人行走图案的单元组成的一组道路交通信号灯，指挥行人通行。

方向指示信号灯：由红色、黄色、绿色 3 个几何位置分立的内有同向箭头图案的圆形单元组成的一组道路交通信号灯，用于指挥某一方向机动车通行。箭头方向向左、向上和向右分别代表左转、直行和右转。绿色箭头：表示车辆允许沿箭头所指的方向通行；红色或黄色箭头：表示仅对箭头所指方向起红灯或黄灯的作用。

掉头信号灯：由红色、黄色、绿色 3 个几何位置分立的内有"掉头"形图案的圆形单元组成的一组道路交通信号灯，用于指挥机动车掉头。

车道信号灯：由一个红色交叉形图案单元和一个绿色向下箭头图案单元组成的道路交通信号灯。红色交叉形表示本车道不准车辆通行；绿色向下箭头表示本车道准许车辆通行。

道口信号灯：由两个或一个红色无图案圆形单元构成的道路交通信号灯。两个红灯交替闪烁或者一个红灯亮时，表示禁止车辆、行人通行；红灯熄灭时，表示允许车辆、行人通行。

闪光警告信号灯：由一个黄色无图案圆形单元构成的道路交通信号灯。工作状态闪烁，表示车辆、行人通行时应注意瞭望，在确保安全后通过（GB 14886—2016《道路交通信号灯设置与安装规范》第 3.1.1 条）。

三、信号灯控制类型

（一）按控制范围

目前，按照控制范围和控制策略，信号灯的类型可分为：单个交叉口的交通控制、干道交叉口信号联动控制和区域交通信号控制系统。

1. 单个交叉口的交通控制

每个交叉口的交通控制信号只按照该交叉口的交通情况独立运行，与其邻近交叉口的控制信号不存在任何联系，称为单个交叉口交通控制，也称为单点信号控制，俗称“点控制”。这是交叉口交通信号控制的最基本形式。

2. 干道交叉口信号联动控制

把干道上若干连续交叉口的交通信号通过一定的方式连接起来，同时对各交叉口设计一种相互协调的配时方案，各交叉口的信号灯按此协调方案联合运行，使车辆通过这些交叉口时，不致经常遇上红灯，称为干道信号联动控制，也叫“绿波”信号控制，俗称“线控制”。

3. 区域交通信号控制系统

以某个区域中所有信号控制交叉口作为协调控制的对象，称为区域交通信号控制系统，俗称“面控制”。

控制区内各受控交通信号都受交通控制中心的集中控制。对范围较小的区域，可以整区集中控制；对范围较大的区域，可以分区分级控制。分区的结果往往使面控制成为一个由几条线控制组成的分级集中控制系统，这时，可认为各线控制是面控制中的一个单元，有时分区成为一个点、线、面控制的综合性分级控制系统。

（二）按控制方式

目前，按照控制方式，信号灯的类型可分为：定时控制、感应控制和自适应控制。

1. 定时控制

交叉口交通信号控制机均按事先设定的配时方案运行，也称定周期控制。一天只用一个配时方案的称为单段式定时控制；一天按不同时段的交通量采用几个配时方案的称为多段式定时控制。

最基本的控制方式是单个交叉口的定时控制。线控制、面控制也都可用定时控制的方式，也叫静态线控系统、静态面控系统。

2. 感应控制

感应控制是在交叉口进口道上设置车辆检测器，信号灯配时方案由计算机或智能化信号控制机计算，可随检测器检测到的车流信息而随时改变的一种控制方式。感应控制的基本方式是单个交叉口的感应控制，简称单点感应控制。单点感应控制随检测器设置方式的不同，可分为：

（1）半感应控制　只在交叉口部分进口道上设置检测器的感应控制。

（2）全感应控制　在交叉口全部进口道上都设置检测器的感应控制。

用感应控制方式的线控制、面控制就是交通信号自动控制系统。

3. 自适应控制

把交通系统作为一个不确定系统，能够连续测量其状态，如车流量、停车次数、延误时间、排队长度等，逐渐了解和掌握对象，并与希望的动态特性进行比较，利用差值以改变系统的可调参数或产生一个控制，从而保证不论环境如何变化，均可使控制效果达到最优或次最优的一种控制方式。

四、信号灯控制方案

目前,从控制范围来看,信号灯的控制类型包括:单个交叉口的交通控制(点控)、干道交叉口信号联动控制(线控)和区域交通信号控制系统(面控);从控制方式来看,信号灯的控制类型包括:定时控制、感应控制和自适应控制。

从使用情况来看,单个交叉口的交通信号控制仍然是被运用得最为广泛的控制方式。同时,定时信号控制是各种控制方式中最基本的一种控制方式,也是被广泛采用的一种控制信号。因此,本书以单个交叉口的定时信号控制为例,介绍信号灯控制的基本方案。

(一)相位

相位是指同时获得通行权的一股或多股交通流所对应信号组的显示状态;是指在一个信号周期内,具有相同的信号灯色显示的一股或几股交通流的状态组合;是交叉口内各信号在一个信号周期内不发生变化的基本阶段;其每一种控制状态(一种通行权),即对各种进口道不同方向所显示的不同灯色的组合,即是一个信号灯相位。

(二)周期

周期是指信号灯色按设定的信号相位顺序变化一周所需的时间,是所有信号相位显示一次所需的时间之和。对应于某一进口道的信号灯各种灯色轮流显示一次所需的时间,即各种灯色显示时间的总和。

(三)相位方案

相位方案是轮流给某些方向的车辆或行人分配通行权信号的顺序,即相位方案是在一个信号周期内,安排了若干种控制状态(每一种控制状态对某些方向的车辆或行人配给通行权)。信号控制机按设定的相位方案,轮流开放不同的信号显示,轮流对各向车辆和行人给予通行权。在信号控制交叉口,其每一种控制状态(一种通行权),即对各进口道不同方向所显示的不同灯色的组合,称为一个信号相位。所有这些信号相位及其顺序统称为相位(相位方案),一般有两相位和多相位(三相位以上)。

相位方案常用相位图来表示,如图 10-1 所示。该图所表示的是最基本的相位方案,通常称此相位方案为基本相位方案。

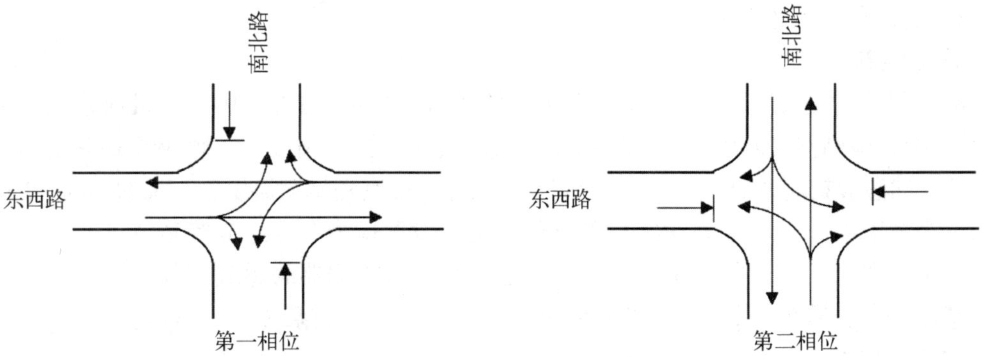

图 10-1 两相位信号的相位图

信号配时方案一般用信号配时图表达。图 10-2 所示是一种最基本的两相位信号配时图。图中第一相位,对不同方向显示的灯色组合是:东西向道路放绿灯,南北向道路放红灯。

控制状态是给东西向车辆以通行权，南北向车辆不准通行。第二相位给东西向道路放红灯，南北向道路放绿灯，即给南北向车辆以通行权。

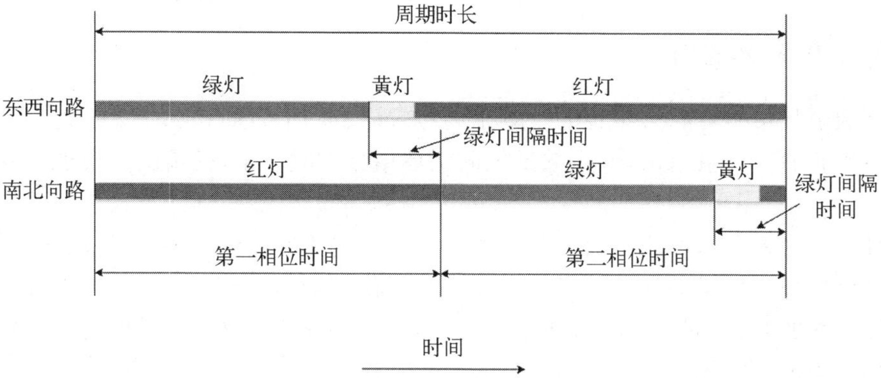

图 10-2　两相位信号配时图

一般信号控制多采用两相位配时方案。交叉口运行的影响非常大，所以在许多情况下，相位数、相位类型、相位次序等常常是要依据左转流量的要求来确定的。根据相位的设置是否允许左转车流与其他车流发生冲突，可以将相位分成允许冲突相位和保护转弯相位两类。当然，按照这个原理，对于右转车流同样也是适用的。例如在图 10-3 中，由于东西两侧进口道左转车都相当多，而交叉口进口道上又设有专用左转车道时，可考虑用三相位信号配时方案。

三相位配时方案中，专用左转相位需要用绿色左转箭头灯。三相位配时方案各进口道不同方向的信号灯色组合为：对东向南和西向北左转车放绿色左转箭头灯，东、西直行车流及南、北直行车流均放红灯；另外两个相位就是基本的两相位信号组合。这三个相位按图 10-3 所示顺序排列，就形成一个三相位的配时控制方案。在这个相位方案中，东向南和西向北左转相位就是保护转弯相位，而北向东和南向西左转相位则是允许冲突相位。

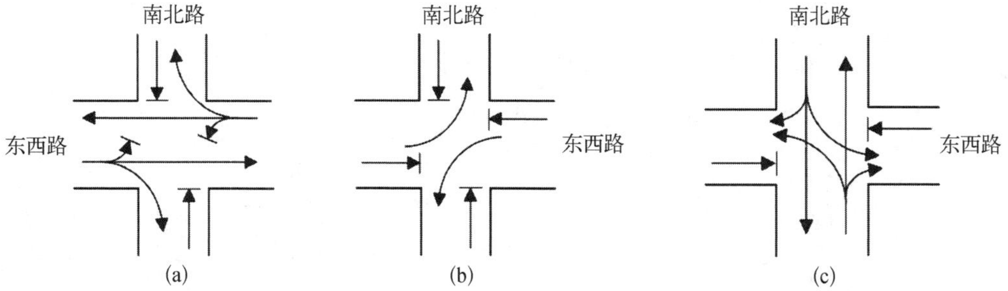

图 10-3　具有专用左转相位的三相位方案

(a) 第一相位；(b) 第二相位；(c) 第三相位

第三节　信号灯状态鉴定的方法

道路交通事故信号灯指示状态鉴定是根据视频图像中被鉴定车辆、人员的位置、运动状态，以及信号灯指示状态，结合信号灯控制方案和相关检验鉴定结果，通过分析计算，判断事故涉案车辆、人员在事故发生前,进入交通信号灯管控道路区域时所对应的信号指示状态。

目前,直接适用于交通事故涉案车辆进入相关交通管控区域时对应信号灯指示状态的技术标准主要有:SF/T 0073—2020《基于视频图像的道路交通事故信号灯状态鉴定规范》。

一、鉴定的基本条件

道路交通事故信号灯状态鉴定的基本条件包含以下四个方面:

(1)鉴定材料　视频图像、事故发生时交通信号配时方案,视情况还可能需要包括尺寸的现场图。

(2)目标车辆或行人　事故涉及的各当事方。包括涉案机动车、非机动车、行人。

(3)目标时间或空间位置　目标时间或空间位置通常为对应关系,一般为目标车辆或行人通过停止线的时刻;对于监控视频中无法确认停止线位置的情况,目标时刻一般选取车辆刚刚进入视频画面的时刻。

(4)当事各方行进方向　信号灯状态是针对某一交通流行进方向而言的,因此判断信号灯状态首先要明确目标车辆或行人所在的位置及其行进方向。

二、鉴定的一般方法

根据鉴定材料的来源和图像显示的内容,以下分别从这两方面总结归纳一般常用的鉴定方法:

(一)按鉴定材料

1. 单目监控图像

基于单个监控视频或卡口照片等单目监控图像,分析计算目标信号灯的指示状态。具体可以分为以下几种情况:

1)图像中可以检见被鉴定对象到达路口相关交通控制区域边界,且可以检见目标信号灯的指示状态的,可以直接根据检视结果得出鉴定意见(图 10－4)。

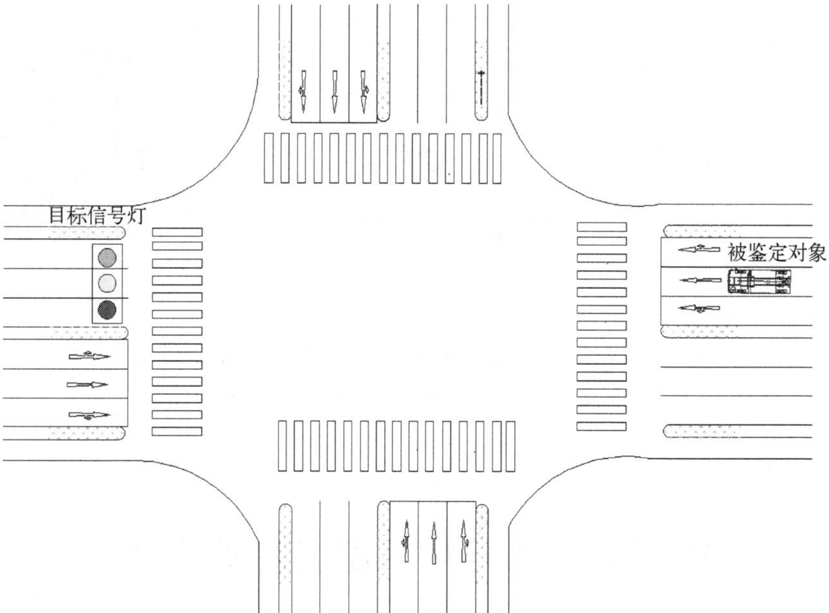

图 10－4

2）图像中可以检见被鉴定对象进入路口相关交通控制区域边界的时刻，但未检见目标信号灯指示状态，但在图像中可以检见路口其他方向信号灯指示状态的，可以结合路口信号配时方案或现场勘查的信号灯工作情况，通过分析计算，判断被鉴定对象进入交通管控区域时所对应的目标信号灯指示状态（图 10－5）。

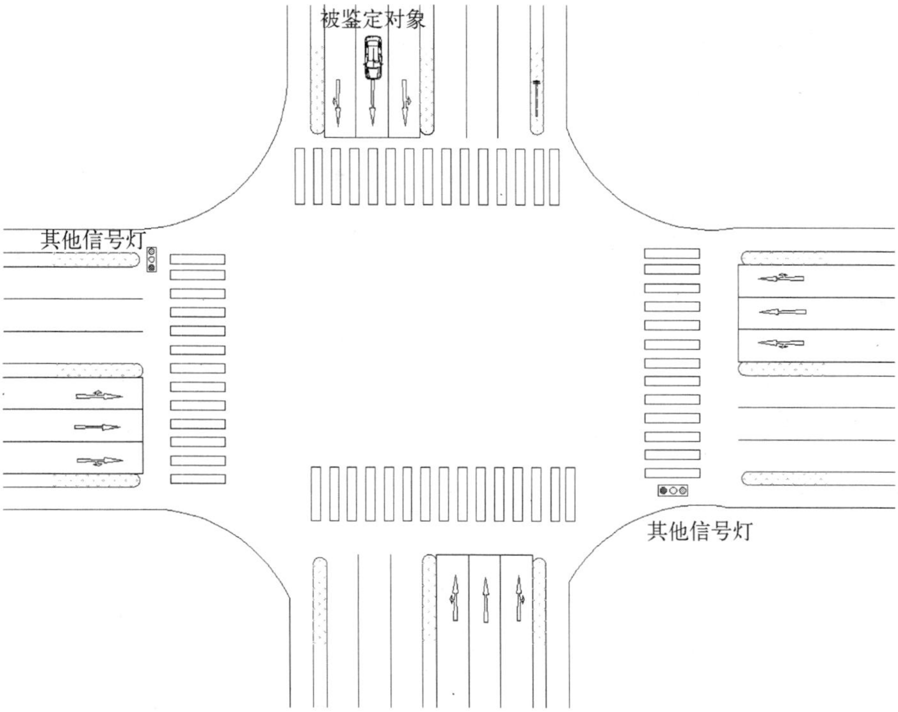

图 10－5

3）图像中未检见被鉴定对象进入路口相关交通控制区域边界的时刻，但可以检见目标信号灯指示状态的（图 10－6），可以视情况采用以下两种方式：

a）在图像中标定出被鉴定对象所在位置，利用标定位置至被鉴定对象进入路口相关交通控制区域边界的距离，结合被鉴定对象通过该段距离的速度，计算出其通过该段距离的时间，再利用被鉴定对象在标定位置的时刻，计算出其到达路口相关交通控制区域边界的时刻，分析判断被鉴定对象进入交通管控区域时所对应的目标信号灯指示状态。

b）在图像中标定出被鉴定对象在某一位置的时刻 A，结合目标信号灯指示状态的某一时刻 B，计算出两个时刻的时间差，结合被鉴定对象在该时间差内的速度，计算出其在该时间差内通过的距离 M，再利用时刻 A 中被鉴定对象的所在位置到其到达路口相关交通控制区域边界的距离 N，比较距离 M 和 N 的差值，分析判断被鉴定对象进入交通管控区域时所对应的目标信号灯指示状态。

4）图像中未检见被鉴定对象进入路口相关交通控制区域边界的时刻，也未检见目标信号灯的指示状态的，但图像中可以检见路口其他方向信号灯的指示状态的，可以首先结合路口信号灯配时方案或现场勘查的信号灯工作情况，分析计算出图像中目标信号灯的工作情况。然后按照 1 中 3）的方法，通过分析计算，判断被鉴定对象进入交通管控区域时所对应的目标信号灯指示状态（图 10－7）。

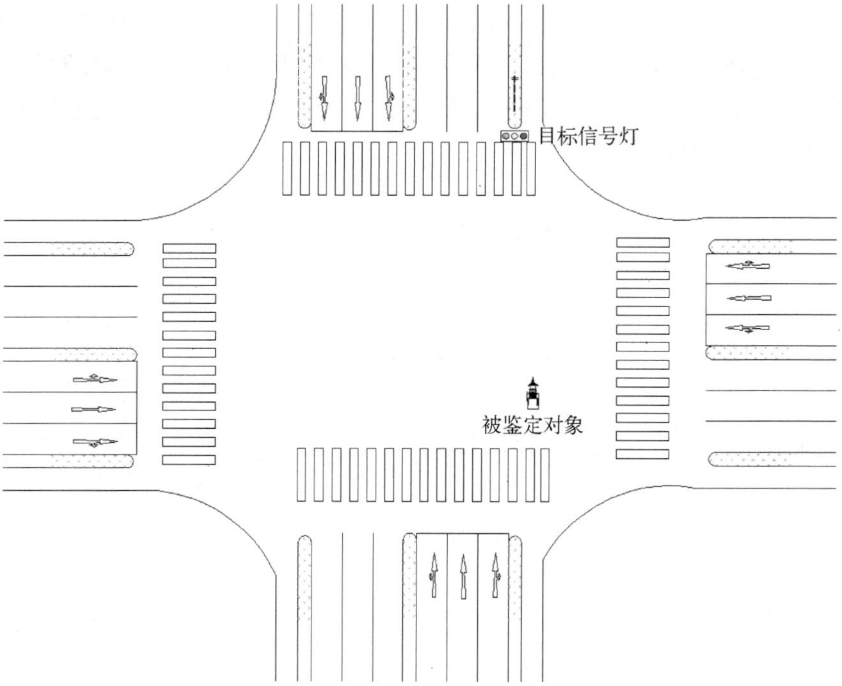

图 10－6

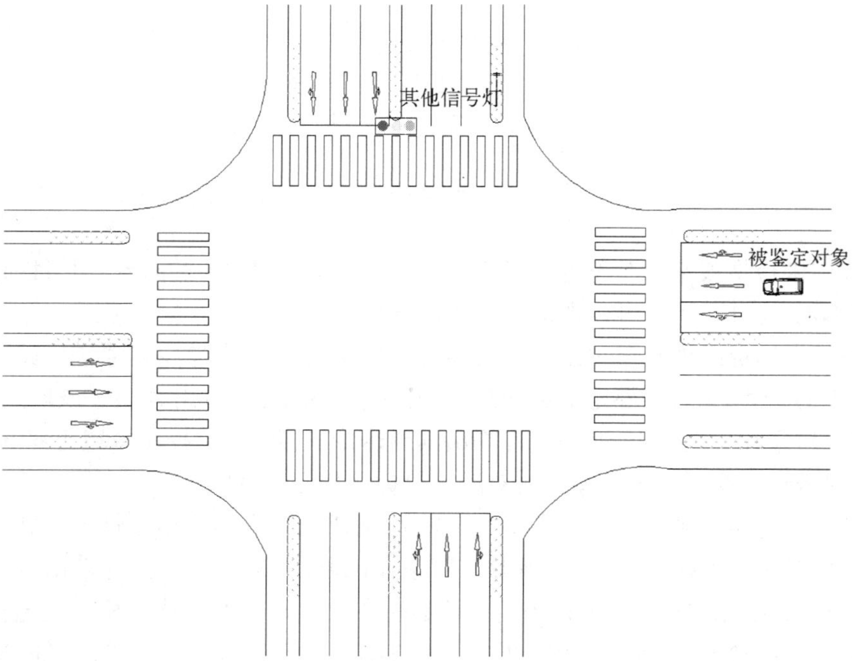

图 10－7

2. 单目移动图像

视频行车记录仪是安装在车辆上的视频图像记录装置，可以客观记录车辆的行驶时间、路径、过程和沿途交通状况，也可以通过分析计算，重建车辆行驶状态。鉴定实践中可以利用视频行车记录仪拍摄的图像，分析计算目标信号灯的指示状态。

1）利用被鉴定车辆的视频行车记录仪拍摄的视频图像分析计算目标信号灯的指示状态。首先应检验视频图像中车头影像前边缘所对应地面位置与被鉴定车辆车头的距离关系，然后结合图像中目标信号灯的工作状态，以及图像中反映的车辆行驶过程，通过分析计算，判断被鉴定对象进入交通管控区域时所对应的目标信号灯指示状态（图 10－8、图 10－9）。

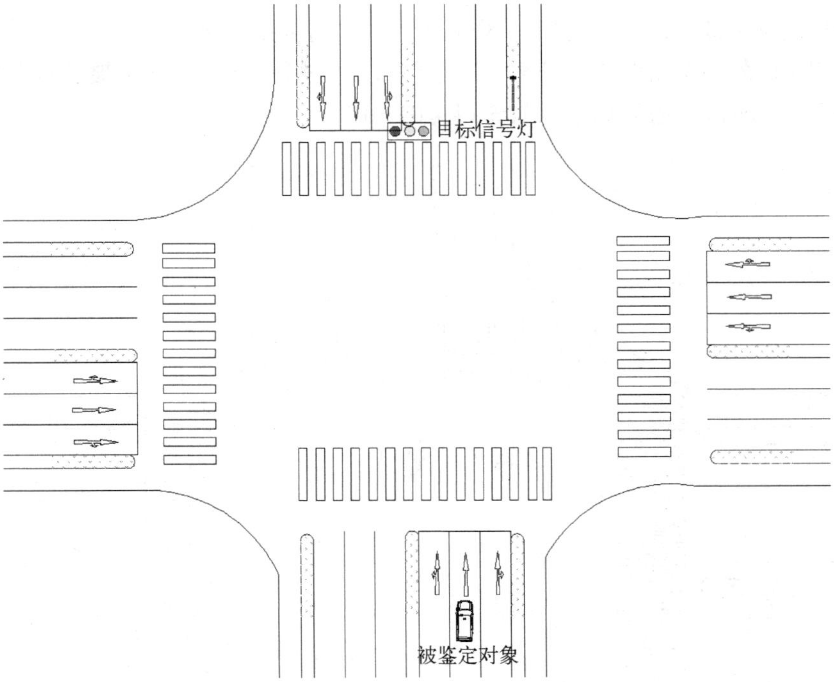

图 10－8

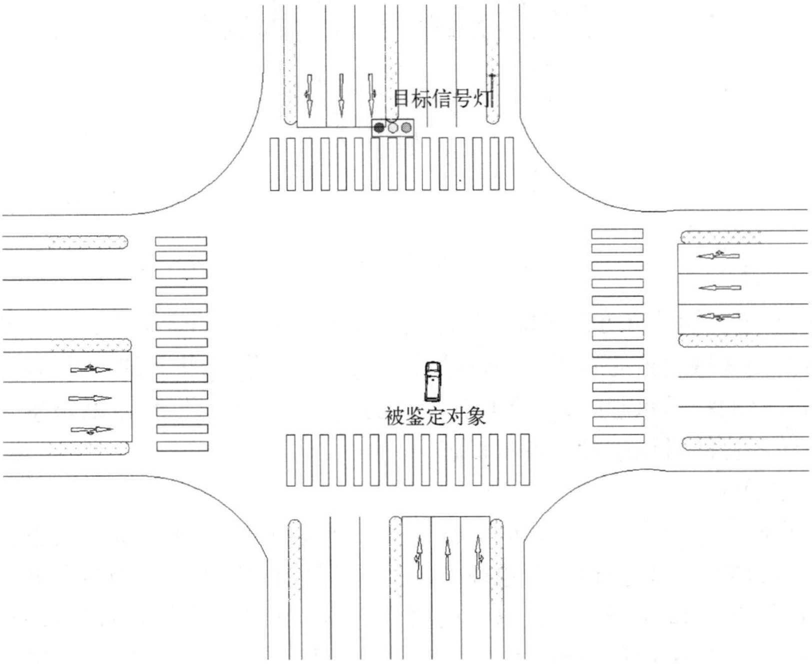

图 10－9

2）利用被鉴定车辆以外的其他车辆的行车记录仪视频所拍摄的视频图像分析计算目标信号灯指示状态。

a）利用被鉴定车辆后方车辆视频行车记录仪拍摄的视频，图像中可以检见出被鉴定车辆进入路口相关交通控制区域边界的时刻及目标信号灯的指示状态。

b）利用被鉴定车辆对向车辆或垂直方向车辆视频行车记录仪拍摄的视频，图像中可以检见出被鉴定车辆进入路口相关交通控制区域边界的时刻及路口某个信号灯的工作情况，结合路口信号灯配时方案及现场勘查的信号灯工作情况，通过分析计算，判断被鉴定对象进入交通管控区域时所对应的目标信号灯指示状态（图 10－10）。

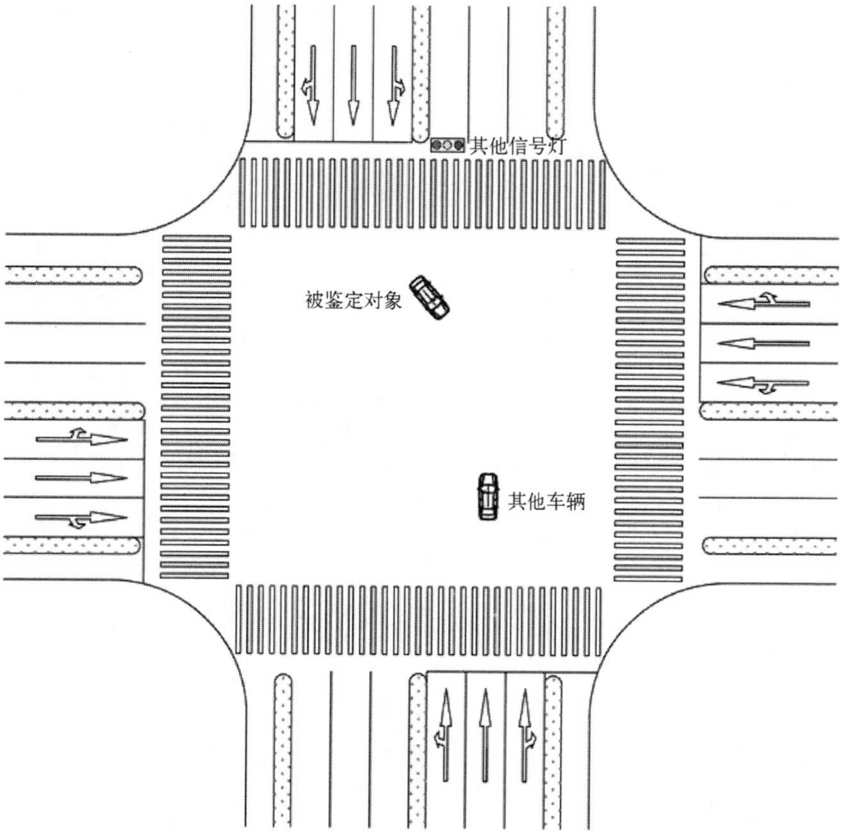

图 10－10

c）利用被鉴定车辆垂直方向车辆行车记录仪拍摄的视频，图像中未检见被鉴定车辆进入路口相关交通控制区域边界的时刻，也未检见目标信号灯的指示状态的，但图像中可以检见路口其他方向信号灯的指示状态的，按照 1 中 4）的方法，通过分析计算，判断被鉴定车辆进入交通管控区域时所对应的目标信号灯指示状态。

3. 多目监控图像

利用多份监控视频或卡口照片（多角度）分析计算目标信号灯的指示状态。根据同一路口不同监控范围的检材中某些相同图像特征，建立不同监控范围视频图像间的时间对应关系。

图 10－11、图 10－12 为同一事故路口的两个不同方位的摄像机拍摄的监控视频，寻找两段视频中的某一动态参照物到达同一位置的时刻，从而将来自两个不同摄像机的视频图像关联在同一时间轴上。

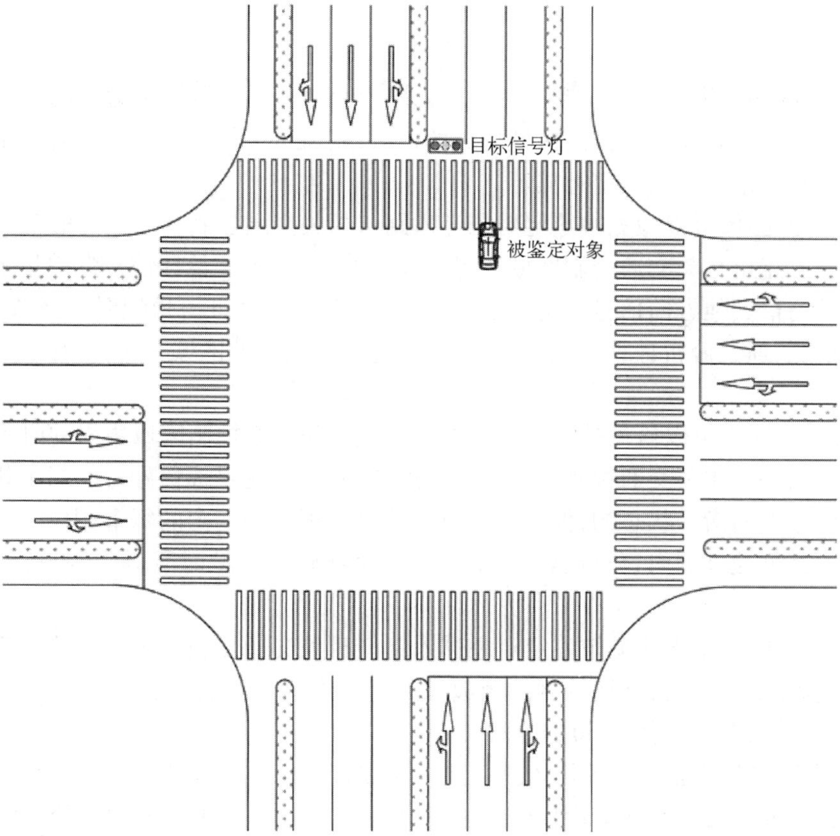

图 10－11

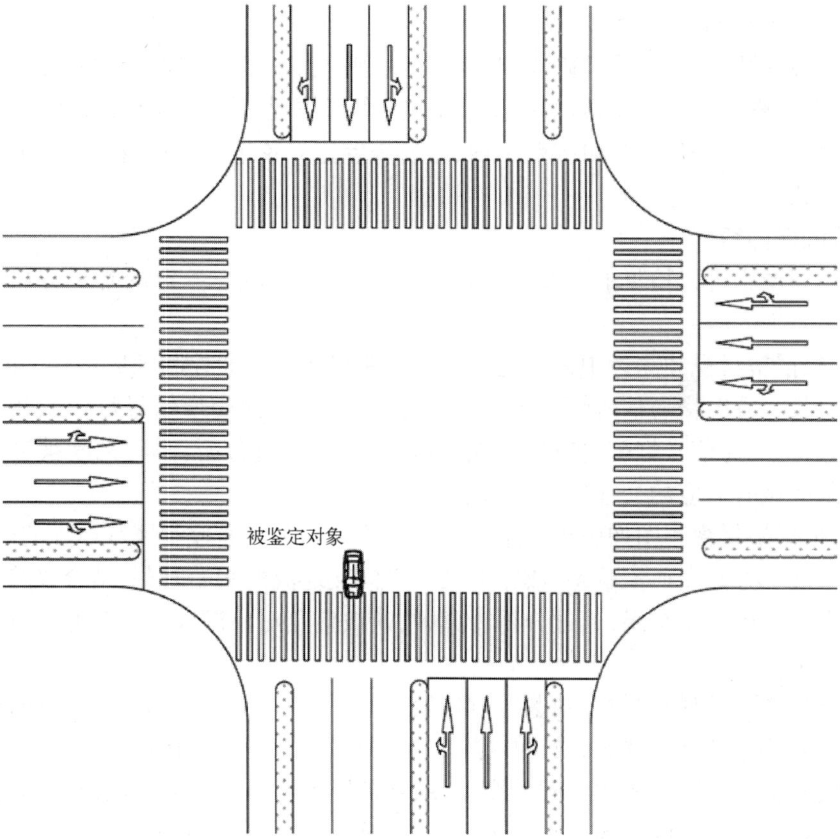

图 10－12

1）关联后的图像可以检见被鉴定对象进入路口相关交通控制区域边界的时刻，或者检见被鉴定对象进入路口相关交通控制区域边界的连续性，且可以检见目标信号灯的指示状态的，可以直接根据检视结果得出鉴定意见。

2）关联后的图像可以检见被鉴定对象进入路口相关交通控制区域边界的时刻，或者检见被鉴定对象进入路口相关交通控制区域边界的连续性，却未检见目标信号灯的指示状态，但图像中可以检见路口其他方向信号灯的指示状态的，可以结合路口信号配时方案或现场勘查的信号灯工作情况，通过分析计算，判断被鉴定对象进入交通管控区域时所对应的目标信号灯指示状态。

3）关联后的图像可以检见被鉴定对象进入路口相关交通控制区域边界的时刻，或者检见被鉴定对象进入路口相关交通控制区域边界的连续性，未检见目标信号灯的指示状态，也未检见路口其他信号灯的指示状态的，但可以检见事故路口多个周期内的每个相位的车流情况的，在一定条件下且可控范围内，分析被鉴定对象进入交通管控区域时所对应的目标信号灯指示状态。

4）关联后的图像中未检见被鉴定对象进入路口相关交通控制区域边界的时刻，或者未检见被鉴定车辆进入路口相关交通控制区域边界的连续性，但可以检见目标信号灯的指示状态的，参照上述1单目监控图像中3）的方法。

5）图像中未检见被鉴定对象进入路口相关交通控制区域边界的时刻，或者未检见被鉴定车辆进入路口相关交通控制区域边界的连续性，也未检见目标信号灯指示状态，但图像中可以检见路口其他方向信号灯的指示状态的，首先要结合路口信号灯配时方案或现场勘查的信号灯工作情况，分析计算出图像中目标信号灯的工作情况。然后参照上述1单目监控图像中3）的方法，分析计算出目标信号灯的指示状态。

6）若多份视频图像间无法准确找到对应关系，则可以根据多份图像资料在一段时间内的相关性，以及多份图像资料中事故路口每个相位的车流情况、信号灯配时方案、现场勘查的信号灯工作情况，在一定条件下且可控范围内，分析被鉴定对象进入交通管控区域时所对应的目标信号灯指示状态。

（二）按图像内容

根据视频图像中可以检见的内容，道路交通事故信号灯状态鉴定的常见方法主要包括以下五种：

第一种，根据检材视频图像中被鉴定对象进入路口相关交通控制区域边界的时刻，以及此时图像中路口某一方向交通信号灯指示状态，或路口某一方向交通信号灯指示状态的起始时刻，结合该路口的交通信号灯配时方案及现场检验结果，通过分析计算，判断被鉴定对象进入相关交通控制区域时对应的交通信号灯指示状态。

第二种，根据检材视频图像中被鉴定对象进入路口相关交通控制区域边界的时刻，以及此时图像中路口某一方向交通流状态，或路口某一方向交通流的起始时刻，结合该路口的交通信号灯配时方案或现场检验结果，通过分析计算，判断被鉴定对象进入相关交通控制区域时对应的交通信号灯指示状态。

第三种，根据检材视频图像中被鉴定对象处于某一参考位置的时刻，以及此时图像中路口某一方向的交通信号灯指示状态，或路口某一方向交通信号灯指示状态的起始时刻，现场测量参考位置与相应交通控制区域边界间的距离，结合被鉴定对象在视频区域内的速度，以及该路口的交通信号灯配时方案或现场检验结果，通过分析计算，判断被鉴定对象进入相关交通控制区域时对应的交通信号灯指示状态。

第四种，根据检材视频图像中被鉴定对象处于某一参考位置的时刻，以及此时图像中路口某一方向的交通流状态，或路口某一方向交通流起始时刻，现场测量参考位置与相应交通控制区域边界间的距离，结合被鉴定对象在视频区域内的速度，以及该路口的交通信号灯配时方案或现场检验结果，通过分析计算，判断被鉴定对象进入相关交通控制区域时对应的交通信号灯指示状态。

第五种，根据同一路口不同监控范围的检材视频图像中某些相同图像特征，建立不同监控范围视频图像间的时间对应关系，将其关联在统一的时间轴上。在此基础上，参照上述四种情况进一步分析处理。

（三）误差分析

1. 由拍摄频率产生的误差

由于摄像机拍摄频率与目标信号灯发光频率不同或不同步，视频图像中的信号灯周期并不完全等同于该信号灯事发时的周期。例如当摄像机捕捉图像频率过小（如帧率为 5 帧/秒），目标信号灯处于变色阶段的绿灯闪烁状态，逐帧播放视频，若第 1 帧图像显示目标信号灯为绿灯，第 2 帧图像显示目标信号灯无灯色，第 3 帧图像目标信号灯为黄灯，则存在第 1、2 帧的帧间目标信号灯仍为绿灯的可能性，特殊情况下存在第 2、3 帧的帧间目标信号灯仍为绿灯的可能性。

2. 由信号灯周期产生的误差

部分信号灯鉴定的案例需要用到不同相位间转换的时间关系，却不需要信号灯周期；但也有部分信号灯鉴定会涉及信号灯周期。例如被鉴定对象由东向西进入路口，该路口东西方向有直行及左转信号灯，南北方向为单一信号灯，视频图像只包含路口北侧单一信号灯，而被鉴定对象在东西方向直行与左转信号灯转换阶段进入路口，此时需要考虑路口东西方向直行信号灯的点亮时长。信号灯周期控制按照道路交通信号系统的控制方式可分为定时控制、感应控制、自适应控制。目前较多采用定时控制与自适应控制，在遇到自适应控制的路口时，上述情况中东西方向的直行信号灯点亮时长就存在误差，若被鉴定对象在设定的绿灯最小时长内进入路口则可以判定其在绿灯情况下进入路口。

3. 由分析计算产生的误差

在部分鉴定案例中，需要首先计算被鉴定对象事发时的行驶速度，然后进一步分析计算其通过进入路口的相关交通控制区域边界所在的时刻。而车速的计算结果往往会受到视频拍摄范围、拍摄角，以及测量误差等条件的约束，其结果可能是数值范围的形式出现，也可能存在一定误差，在使用被鉴定对象行驶速度这一参数进行分析计算前，应对速度的计算结果进行评估。

在部分鉴定案例中，涉及标定位置至被鉴定对象进入路口的相关交通控制区域边界的距离，由于被鉴定对象在该段距离内存在行驶速度发生变化的可能性，故该段距离不宜过长。

4. 由图像配准、图形校正产生的误差

在部分鉴定案例中，涉及对被鉴定车辆车头所在位置与其进入路口的相关交通控制区域边界的相对位置关系的标定，在图像配准以及图形校正过程中，存在参考点选取、测量等环节的误差，鉴定实践中也应注意此类误差，并加以评估和控制。

三、鉴定的一般流程

（一）一般流程

基于视频图像进行道路交通事故信号灯状态鉴定的实践中，一般可以参考以下流程进行：

第一，对视频图像的唯一性特征和基本技术参数进行检验。

第二，对视频图像显示的内容进行检视，选择适当的鉴定方法，鉴定方法可以参考本章上述相关内容。

第三，根据视频检见结果和选取的鉴定方法，测量现场相关位置的距离。

第四，根据委托人直接提供的材料，或根据现场实地勘验，确认信号灯配时方案，其中包括：交通信号控制方式、获取信号配时方案及相位图。当需要使用信号灯周期进行分析计算时，必须使用委托人提供的信号灯配时方案。

第五，根据视频图像中特征时刻确定目标时段的信号相位，根据时间坐标轴标记特定时刻的位置。

第六，根据视频图像所示的内容，以及选取的鉴定方法，通过分析计算，判断被鉴定对象进入相关交通控制区域时对应的交通信号灯指示状态。分析说明应具有对应的检验或材料依据，计算过程中应体现计算公式和参数选取的依据。

（二）关键环节

以上步骤中包含了四个关键环节：判断交通信号控制方式，确认信号配时方案及相位图，根据特征时刻确定所关注时段的周期相位，在相位图上根据时间轴标记所关注的特定时刻位置，进而确认目标车辆或行人在特定时刻所在行进方向的信号灯显示状态。在鉴定实践中可依次进行，如图 10－13 所示。

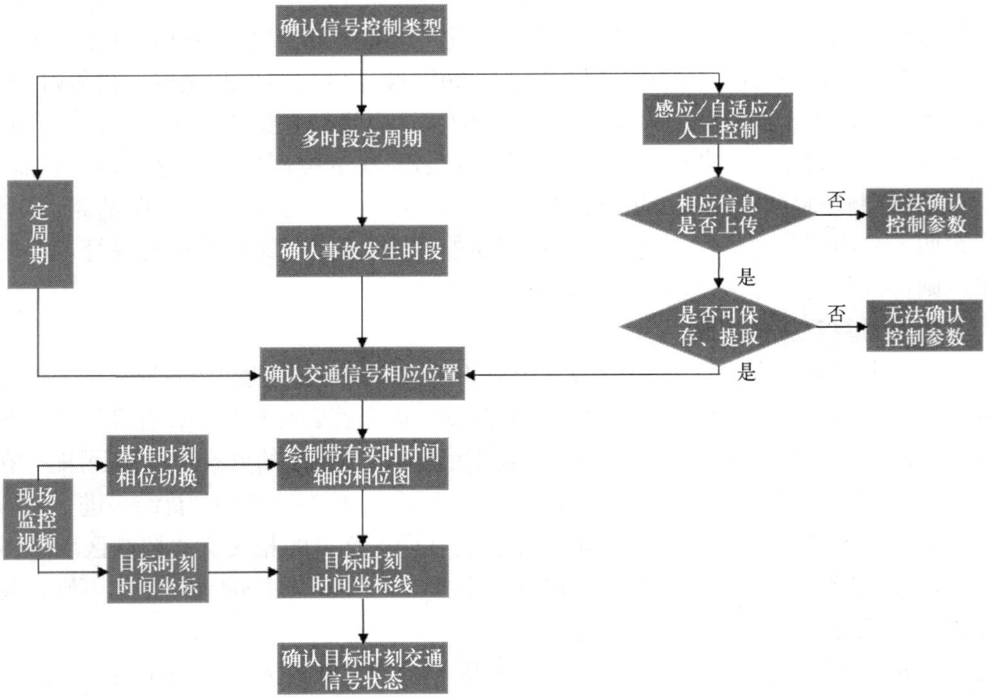

图 10－13

围绕以上四个关键环节及鉴定意见表述，分别阐述其技术要点：

第一，确认交通信号控制方式。针对信号机联网的情况，可从交通信号控制系统软件中直接查看其信号控制方式；对于未联网的单点信号控制机，可对不少于 3 个周期信号配时情况进行统计，并根据其周期变化情况确认其控制类型。

第二，获取信号配时方案及相位图。信号配时方案获取有两种方法：一是鉴定委托单位直接提供；二是鉴定机构检验分析获取。第一种方式通常适用于联网的交通信号控制机；针对第二种情形，可根据后续拍摄的信号状态变化确认信号灯相位配时参数。拍摄时间应不少于3个周期，并应确保所拍视频的帧率稳定、画面连续、时间经过校准，进而可依据视频及其显示的时间信息分析和确定信号周期、相位、绿灯、黄灯、全红时长等关键信息，并绘制信号相位图。目前，可依据时间信息包含信号灯倒计时显示器时间和屏幕显示时间两类。但考虑倒计时显示器种类多且工作原理不尽相同等因素，一般情况下宜采用屏幕显示时间作为时间分析依据。

第三，根据特征时刻确定目标时段的信号相位。根据信号配时方案所得的相位图是没有具体时间信息的一种对信号控制方案的客观表述。不能直接用于确认目标时间段的信号相位周期。为此，需要根据事故现场监控视频中某一个信号灯状态的变化时刻，确认关注时段信号相位的状况，即为信号相位图添加一条时间坐标轴。

第四，根据时间坐标轴标记特定时刻的位置。为信号相位图添加时间坐标后，即可方便地将所要分析的特定时刻标记到时间坐标轴相应的位置上，并可直接确定目标车辆或行人所处行进方向的信号灯状态。信号相位图及时刻标记如图10－14所示。

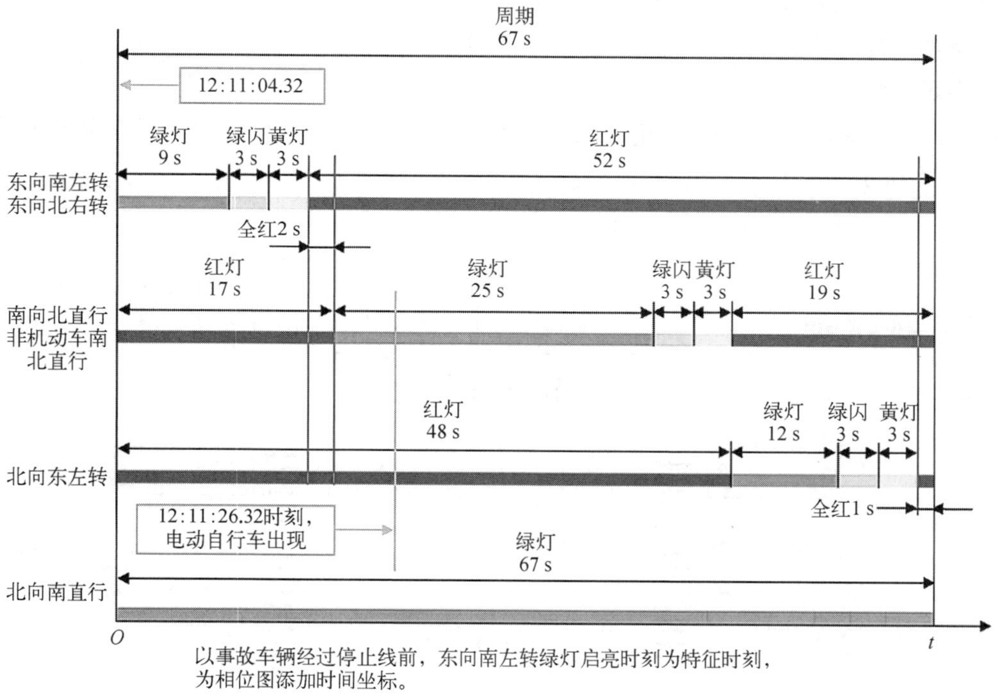

图10－14

第四节　典型道路交通事故信号灯状态鉴定案例

案例一

（一）基本案情

某年某月某日1时13分许，甲乙两车在一十字路口发生事故。要求根据鉴定委托单位提供的事故监控视频、道路交通事故现场图、现场照片及事故交叉口信号灯配时方案等材料，对甲乙进入交叉口时的速度及交通信号灯情况进行鉴定。

（二）检验所见

以下摘录部分检验所见内容：

1. 视频图像

在12分40秒的第18帧图像上，由东向西方向的绿灯亮起。在12分43秒的第19帧图像上，乙车由南向北驶入交叉口视频监控范围。在12分44秒的第4帧图像上，甲车由东向西驶入交叉口视频监控范围。在12分45秒的第6帧图像上，甲乙两车在交叉口发生碰撞。

在1时12分44秒的第4帧图像上，拾取甲车车身右侧的一个特征点，以与该特征点重合的空间中的一点为A点，在44秒的第21帧图像上，甲车车身右侧的另一特征点与A点近似重合；在1时12分44秒的第1帧图像上，拾取乙车车身左侧的一个特征点，以与该特征点重合的空间中的一点为B点，在44秒的第5帧图像上，乙车车身左侧的另一特征点与B点重合。

2. 车辆检验

甲车唯一性标示×××，测得甲车车身上两个特征点的距离为10.29 m。乙车唯一性标示×××，测得乙车车身上两个特征点的距离为1.28 m。

3. 现场勘验

根据鉴定需要，结合道路交通事故现场图及照片，对事故交叉口各部尺寸进行现场勘测，如图10－15所示。

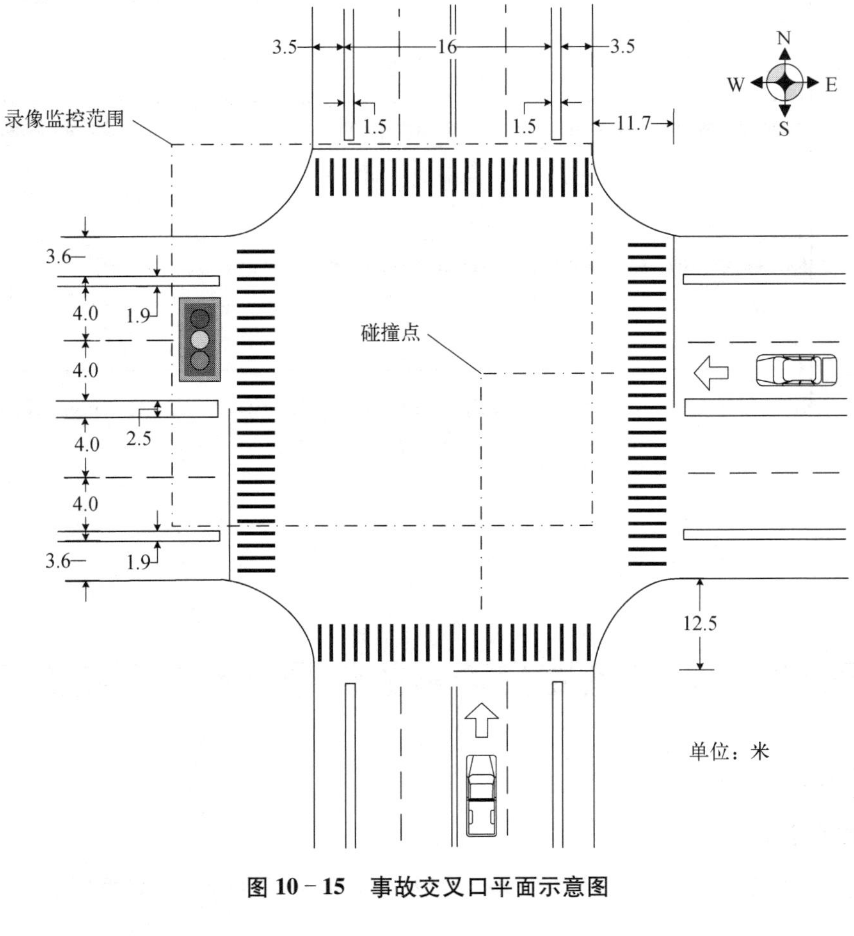

图10－15 事故交叉口平面示意图

4. 信号灯配时方案

根据委托方提供的鉴定材料，该事故交叉口交通信号灯为两相位固定式信号配时，各相位具体配时方案如图 10－16 所示。

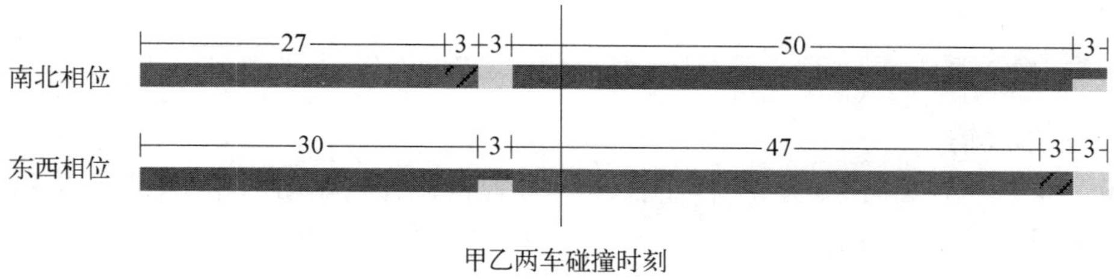

图 10－16 事故交叉口交通信号灯配时方案

（三）分析计算

1. 速度计算

视频中每 1 秒钟被分成 25 个单位时间间隔，设该单位时间间隔为 t'，则有：

$$t' = \frac{1}{25} = 0.04\ \text{s}$$

根据以上视频图像中检见甲车车身右侧两个特征点通过空间点 A 的过程，以及两个特征点间的距离测量结果。将参数代入式（8－98）计算得：

$$v_1 = \frac{l}{t} = \frac{10.29}{t' \times 17} \approx 15.13\ \text{m/s} \approx 54.47\ \text{km/h}$$

根据以上视频图像中检见乙车车身左侧两个特征点通过空间点 A 的过程，以及两个特征点间的距离测量结果。将参数代入式（8－98）计算得：

$$v_2 = \frac{l}{t} = \frac{1.28}{t' \times 4} = 8\ \text{m/s} = 28.8\ \text{km/h}$$

以上甲乙两车的速度计算结果与行车记录仪提取的数据以及基于事故形态计算得出的速度基本一致（具体内容省略）。

2. 信号灯状态

（1）甲车在进入交叉口时的交通信号灯　通过以上分析，甲乙两车在 1 时 12 分 45 秒的第 6 帧图像上，即交叉口东西相位绿灯亮起 4.52 秒后在交叉口内发生碰撞。因此，可以利用以上计算得出的甲车速度，计算出甲车在碰撞发生前 4.52 秒的位置。计算如下：

$$s_1 = v_1 \times 4.52 \approx 68.39\ \text{m}$$

由于交叉口东西方向的长度小于 68.39 米，因此，可以认定甲车在交叉口东西相位处于绿灯状态下，越过由东向西方向停止线进入交叉口。

（2）乙车在进入交叉口时的交通信号灯　根据视频检验，在 1 时 12 分 43 秒的第 19 帧图像上，乙车由南向北驶入交叉口视频监控范围。其车头大约位于交叉口南侧由西向东道路中心延长线位置，距交叉口由南向北方向道路停止线北侧 22 米。而在 1 时 12 分 40 秒的第 18 帧图像上，由东向西方向的绿灯亮起，此时南北相位的红灯亮起。根据以上分析，计算乙车在刚出现在视频监控范围内前 3 秒的位置（南北相位红灯亮起时乙车的位置）。计算如下所示：

$$s_2 = v_2 \times 3 = 24\ \text{m}$$

根据以上计算结果分析，乙车在交叉口南北相位处于红灯状态下，越过由南向北方向停止线进入交叉口。

案例二

（一）基本案情

2020 年 7 月 4 日 7 时 36 分 46 秒左右，×××号牌台铃牌电驱动两轮车（以下简称“被鉴定车辆”）在沿沪江路由北向南行驶通过申江大道时，与沿申江大道由西向南右转的×××号牌小型普通客车发生道路交通事故。

办案机关委托对×××号牌台铃牌电驱动两轮车由北向南驶入交叉口西侧北段非机动车专用道时，以及该车从交叉口西侧安全岛由北向南驶入南段非机动车专用道时，其对应信号灯的指示状态进行鉴定，并提供事故交叉口配时方案、事故交叉口现场勘验照片、事发时现场监控视频等作为鉴定材料。

（二）检验所见

1. 事故交叉口配时方案

沪江路与申江大道交叉口的配时方案如图 10－17 所示，其更新时间为 2020 年 1 月 17 日。沪江路为南北走向，申江大道为东西走向。该交叉口设置有机动车直行信号灯、左转信号灯以及非机动车（行人）信号灯，非机动车和行人采用二次过街的方式。

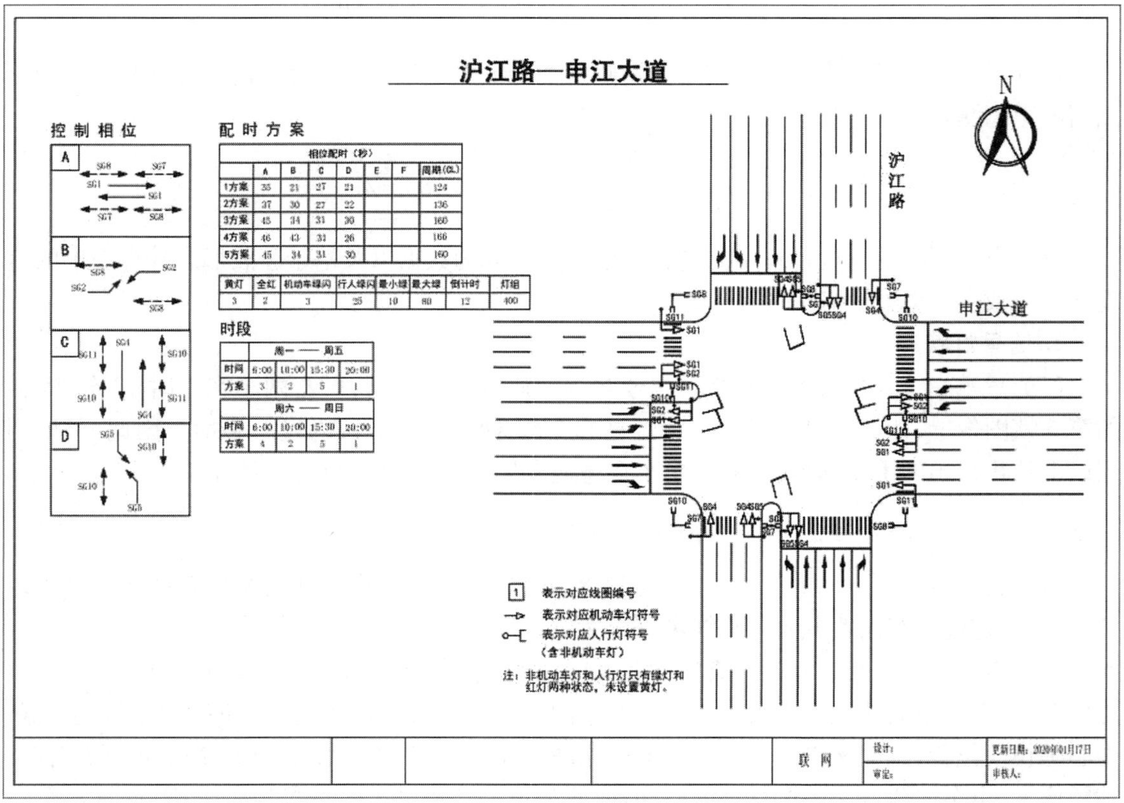

图 10－17 事故交叉口配时方案

（1）控制相位　该交叉口有A、B、C、D共4个控制相位，按顺序循环控制相应的信号灯。各相位控制的信号灯及其对应的交通流如表10－1所示。

表10－1　各相位控制信号灯及对应交通流

相位	信号灯	对应交通流
A	SG1	申江大道东西方向机动车直行
	SG7	交叉口北侧东段、南侧西段东西方向非机动车和行人通行
	SG8	交叉口北侧西段、南侧东段东西方向非机动车和行人通行
B	SG2	申江大道东向南、西向北机动车左转
	SG8	交叉口北侧西段、南侧东段东西方向非机动车和行人通行
C	SG4	泸江路南北方向机动车直行
	SG10	交叉口西侧南段、东侧北段南北方向非机动车和行人通行
	SG11	交叉口西侧北段、东侧南段南北方向非机动车和行人通行
D	SG5	泸江路南向西、北向东机动车左转
	SG10	交叉口西侧南段、东侧北段南北方向非机动车和行人通行

（2）配时方案　该交叉口信号灯配时共有5种方案，每种方案中各相位的配时及周期不同，分别为：

1方案，A相位35 s，B相位21 s，C相位27 s，D相位21 s，周期124 s；

2方案，A相位37 s，B相位30 s，C相位27 s，D相位22 s，周期136 s；

3方案，A相位45 s，B相位34 s，C相位31 s，D相位30 s，周期160 s；

4方案，A相位46 s，B相位43 s，C相位31 s，D相位26 s，周期166 s；

5方案，A相位45 s，B相位34 s，C相位31 s，D相位30 s，周期160 s。

各相位中，机动车绿闪3 s，行人绿闪25 s，倒计时12 s，每个相位结束后至下一相位开始前，有黄灯3 s及全红2 s。

（3）时段　该交叉口根据不同的时段采用不同的配时方案，其中：

周一至周五，自6:00起，采用3方案，自10:00起，采用2方案，自15:30起，采用5方案，自20:00起，采用1方案；

周六至周日，自6:00起，采用4方案，自10:00起，采用2方案，自15:30起，采用5方案，自20:00起，采用1方案。

据配时方案所示，该交叉口非机动车及行人信号灯只有绿灯和红灯，未设置黄灯。

2. 事故交叉口现场勘验照片

事故交叉口现场勘验照片如图10－18所示，该照片由事故交叉口西北角向南拍摄，反映了该交叉口西侧非机动车专用道的情况。该非机动车专用道位于交叉口西侧南北方向人行横道线的东侧，车道内有非机动车图形标记及由北向南的直行导向箭头。

申江大道中央设置有安全岛，行人和非机动车采用二次过街的方式，在安全岛北边缘以及申江大道南侧机非隔离带内，各有一根灯杆，灯杆中部均分别竖向安装了两组信号灯，其中上

图 10-18 事故交叉口现场勘验照片

方为非机动车信号灯,下方为行人信号灯,两组信号灯的红灯均位于上方。上述安全岛南边缘灯杆中部见竖向安装有一组信号灯。

此外,申江大道东向西方向机动车道上方见三组竖向安装的信号灯,每组信号灯最上方的为红灯,最下方的为绿灯。

3. 事发时现场监控视频

使用“视侦通”播放器打开视频文件,该视频帧率为 25 帧/s,视频图像右上部显示“2020-07-04”等字样。

播放该视频,见视频图像连续,根据视频所反映的内容,结合事故交叉口配时方案、现场勘验及案情等,可知该视频的录制设备位于事故交叉口的东南角,拍摄的方向为西偏北方向。图像上侧中右部从左向右可见 4 组信号灯,分别为 1 组机动车左转信号灯 SG2(交叉口西侧申江大道由东向南方向)、2 组机动车直行信号灯 SG1(交叉口西侧申江大道由东向西方向)及 1 组行人信号灯 SG11(交叉口西侧北段)。上述信号灯中,机动车信号灯 SG1、SG2 清晰可见,工作状态正常,可见完整的信号灯周期及颜色变化;交叉口西侧北段行人信号灯 SG11 受拍摄角度、光线等因素的影响,在视频中不能持续显示信号灯颜色,但部分时段可见该信号灯的颜色变化情况。

视频图像上侧中部安全岛左边缘(南边缘)信号灯灯杆中部见一组信号灯,为交叉口西侧南段行人信号灯 SG10,视频中不能清晰显示该信号灯的颜色变化情况,但部分时段可见该信号灯上下位置亮度的变化。因易与视频光线明暗变化混淆,故不对该信号灯的变化情况进行详细说明,仅针对可以清晰检见颜色变化的 SG1、SG2、SG11 进行描述。按播放时间顺序,视频图像依次显示以下内容:

视频显示时间 07:31:31,交叉口西侧机动车直行信号灯 SG1 为红灯,并见“08”及“07”秒倒计时;

视频显示时间 07:31:39 第 22 帧图像,交叉口西侧机动车直行信号灯 SG1 绿灯点亮;

视频显示时间 07:32:13 第 19 帧图像,交叉口西侧机动车直行信号灯 SG1 绿灯开始倒计时;

视频显示时间 07:32:23 第 10 帧图像,交叉口西侧机动车直行信号灯 SG1 绿灯开始闪烁;

视频显示时间 07:32:26 第 20 帧图像,交叉口西侧机动车直行信号灯 SG1 黄灯点亮;

视频显示时间 07:32:29 第 23 帧图像,交叉口西侧机动车直行信号灯 SG1 红灯点亮;

视频显示时间 07:32:30 第 22 帧图像,交叉口西侧机动车左转信号灯 SG2 绿灯点亮;

视频显示时间07:33:11第6帧图像,交叉口西侧机动车左转信号灯SG2绿灯开始闪烁;

视频显示时间07:33:14第20帧图像,交叉口西侧机动车左转信号灯SG2黄灯点亮;

视频显示时间07:33:17第22帧图像,交叉口西侧机动车左转信号灯SG2红灯点亮;

视频显示时间07:33:18第21帧图像,交叉口西侧北段行人信号灯SG11红灯熄灭,绿灯点亮;

视频显示时间07:34:26第1帧图像,交叉口西侧机动车直行信号灯SG1绿灯再次点亮;

视频显示时间07:34:59第20帧图像,交叉口西侧机动车直行信号灯SG1绿灯开始倒计时;

视频显示时间07:35:09第11帧图像,交叉口西侧机动车直行信号灯SG1绿灯开始闪烁;

视频显示时间07:35:12第24帧图像,交叉口西侧机动车直行信号灯SG1黄灯点亮;

视频显示时间07:35:16第1帧图像,交叉口西侧机动车直行信号灯SG1红灯点亮;

视频显示时间07:35:17第1帧图像,交叉口西侧机动车左转信号灯SG2绿灯点亮;

视频显示时间07:35:57第11帧图像,交叉口西侧机动车左转信号灯SG2绿灯开始闪烁;

视频显示时间07:36:00第25帧图像,交叉口西侧机动车左转信号灯SG2黄灯点亮;

视频显示时间07:36:03第25帧图像,交叉口西侧机动车左转信号灯SG2红灯点亮;

视频显示时间07:36:04第25帧图像,交叉口西侧北段行人信号灯SG11红灯熄灭,绿灯点亮,如图10-19所示;

视频显示时间07:36:34,被鉴定车辆出现在视频图像右侧中上部,由右向左(由北向南)行驶;

视频显示时间07:36:38~07:36:39,被鉴定车辆前、后轮均驶入交叉口西侧北段非机动车专用道;

视频显示时间07:36:43~07:36:44,被鉴定车辆前、后轮均从交叉口西侧安全岛驶入南段非机动车专用道;

视频显示时间07:36:46,被鉴定车辆与一辆小型普通客车发生事故;

视频显示时间07:37:11第18帧图像,交叉口西侧机动车直行信号灯SG1绿灯第三次点亮;

视频显示时间07:37:45第25帧图像,交叉口西侧机动车直行信号灯SG1绿灯开始倒计时。

图10-19 07:36:04第25帧图像及其局部放大图

（三）分析计算

1. 目标信号灯

根据案情及检验所见，被鉴定车辆由北向南驶入交叉口西侧北段非机动车专用道时，其对应的目标信号灯为 SG11，从交叉口西侧安全岛由北向南驶入南段非机动车专用道时，其对应的目标信号灯为 SG10。因视频拍摄角度、光线等因素的影响，被鉴定车辆在上述时刻对应的信号灯指示状态无法直接从视频图像中检见，故需参考其他信号灯的变化情况，结合配时方案分析目标信号灯的指示状态。

2. 配时方案选择

案情及监控视频均显示事发时间为 2020 年 7 月 4 日 7 时 36 分，经查询，2020 年 7 月 4 日为周六，根据配时方案，周六自 6: 00 起至 10: 00 前，事故交叉口的信号灯配时采用 4 方案，因此事发时，该交叉口信号灯各相位绿灯的配时为 A 相位 46 s，B 相位 43 s，C 相位 31 s，D 相位 26 s，每个相位间有黄灯（机动车）3 s，全红 2 s，周期 166 s。

3. 视频检验所见与配时方案的比较

根据视频检验所见，该段视频共检见两个完整的信号灯变化周期。视频中 SG1 于 07: 31: 39 第 22 帧图像第一次点亮，于 07: 34: 26 第 1 帧图像第二次点亮，于 07: 37: 11 第 18 帧第三次点亮，两个完整周期的时长分别约为 166.16 s、165.68 s。

第一个完整的周期中，A 相位约 47 s，A、B 相位间黄灯约 3 s，全红约 1 s，B 相位约 44 s，B、C 相位间黄灯约 3 s，全红约 1 s；第二个完整的周期中，A 相位约 47 s，A、B 相位间黄灯约 3 s，全红约 1 s，B 相位约 44 s，B、C 相位间黄灯约 3 s，全红约 1 s。

根据视频检验所见，上述两个完整的信号灯变化周期中，周期时长与配时方案略有差异，但基本符合配时方案 166 s 的周期。每个周期中，A、B 相位的绿灯时间比配时方案长约 1 s，机动车黄灯时间与配时方案基本一致，全红时长比配时方案短约 1 s，各相位开始的时间不受影响。因在两个信号灯变化周期的多个相位均表现出此差异，分析认为该差异为事故交叉口信号灯各相位存在的普遍情况，故应根据视频检验所见的相位配时对被鉴定车辆不同时刻对应的信号灯状态进行分析。

根据上述分析，结合配时方案，修正事发时该交叉口信号灯各相位的配时如下：A 相位 47 s，B 相位 44 s，C 相位 32 s，D 相位 27 s，每个相位间有黄灯（机动车）3 s，全红 1 s，周期 166 s。

4. 综合分析被鉴定车辆对应的信号灯指示状态

根据视频检验所见，交叉口西侧北段 SG11 信号灯在 07: 36: 04 第 25 帧图像时绿灯点亮，此时 C 相位开始。根据上述修正后的信号灯配时，C 相位在 07: 36: 36 第 25 帧图像许结束，因非机动车及行人信号灯只有绿灯及红灯，未设置黄灯，所以在 C 相位结束后，交叉口西侧北段 SG11 信号灯即变为红灯。07: 36: 40 第 25 帧图像许，D 相位开始，至 07: 37: 07 第 25 帧图像许，D 相位结束，在此期间交叉口西侧南段 SG10 信号灯均为绿灯状态。

被鉴定车辆于 07: 36: 38 至 07: 36: 39 驶入交叉口西侧北段非机动车专用道，根据上述分析，此时 C 相位已结束约 2 秒，交叉口西侧北段非机动车专用道 SG11 信号灯为红灯状态。

被鉴定车辆于 07: 36: 43 至 07: 36: 44，从交叉口西侧安全岛驶入南段非机动车专用道，根据上述分析，此时 D 相位尚未结束，交叉口西侧南段非机动车专用道 SG10 信号灯为绿灯状态。

若 C、D 相位仍按照配时方案中的时长，则 C 相位在 07: 36: 35 第 25 帧图像许结束，07:

36: 40 第 25 帧图像许,D 相位开始,至 07: 37: 06 第 25 帧图像许,D 相位结束。根据上述时刻,被鉴定车辆驶入交叉口西侧北段非机动车专用道时,信号灯 SG11 为红灯状态,该车从交叉口西侧安全岛驶入南段非机动车专用道,信号灯 SG10 为绿灯状态。即视频检验所见与配时方案信号灯相位时长的差异情况并不影响对被鉴定车辆驶入交叉口西侧北段及南段非机动车专用道时对应信号灯指示状态的分析结果。

根据上述分析,结合视频检验所见及配时方案所示,绘制一个周期内各相位相关信号灯的灯色时序图,如图 10 - 20 所示。以 07: 36: 04 第 25 帧图像时 SG11 绿灯点亮,即 C 相位开始为参考时刻,在时序图中标注被鉴定车辆驶入交叉口西侧北段及南段非机动车专用道的时间区间,可知该车驶入交叉口西侧北段非机动车专用道时,其对应的信号灯(SG11)为红灯状态可以成立;该车从交叉口西侧安全岛驶入南段非机动车专用道,其对应的信号灯(SG10)为绿灯状态可以成立。

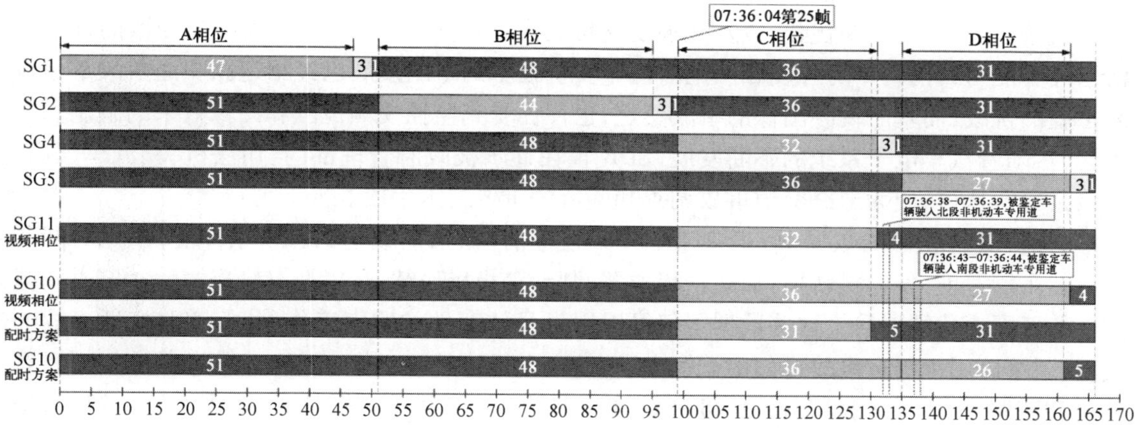

图 10 - 20　一个周期内各相位相关信号灯灯色时序图

· 思考题 ·

1. 简述信号灯控制方案中的“相位”的定义。

2. 按照控制方式,简述信号灯的控制类型。

3. 道路交通事故信号灯状态鉴定的基本条件包括哪些方面?

4. 在进行信号灯状态鉴定时,如何利用视频图像中的特征时刻来确定目标时段的信号相位?

第十一章　基于 EDR 的道路交通事故鉴定

事件数据记录系统(event data recorder, EDR)是以记录车辆碰撞事件为目的装置或功能，该系统可以记录车辆碰撞前的行驶状态、驾驶操作、功能响应，以及车辆碰撞后的速度变化等信息。ABS、ESP 等汽车电子制动控制系统的广泛应用，事故现场已经很难再发现典型的车辆制动痕迹；车身结构不断优化，以及超强度钢材的大量使用，使得传统车辆碰撞参数的计算方法已经不能与目前的车身强度相匹配。汽车安全技术的不断发展已经给道路交通事故重建带来了新的挑战，而基于视频图像的事故鉴定，也往往受到监控视频范围和图像效果的限制。与此同时，随着汽车电子系统的不断发展，EDR 正在逐步被政府管理部门、司法机关、汽车厂商、保险公司所认可，成为道路交通事故调查和鉴定的重要技术手段。

目前，EDR 记录的数据中一般包括：车辆碰撞前(激活前或达到触发条件件前)一定时间范围内的车辆速度、发动机转速、加速踏板位置、制动踏板操作情况，以及车辆碰撞后一定时间范围内的速度变化情况等。这些数据不仅可以用于具体案件的鉴定工作，分析道路交通事故的成因，还可以用于鉴定事故过程中车辆主、被动安全系统是否工作正常。该技术的应用可以有效提高道路交通事故鉴定的可信度和精度。因此，本章主要通过对 EDR 技术的介绍、基于 EDR 数据的事故特点分析、基于 EDR 数据鉴定的一般方法，以及典型的鉴定应用案例，介绍基于 EDR 的道路交通事故鉴定技术。

第一节　EDR 技术的介绍

一、车辆行驶记录装置

随着汽车工业和交通运输业的发展，智能汽车和智能交通已经成为当今汽车技术发展的主要方向之一。为了实时监测车辆的行驶状态，记录车辆的行驶过程和运行工况，越来越多的车辆行驶信息记录装置被应用在现代车辆上。从车载记录数据的使用目的来分，目前的车辆行驶信息记录装置大致可以分为两类，一类是以车辆运行管理为目的的车辆行驶记录仪，主要用于运输企业、交通运输和交通安全管理部门等检测、管理在用的营运车辆，这类装置普遍是在车辆销售后，由运输企业或运输监管部门统一安装。目前，中国、欧洲和日本普遍使用这类车载记录装置。例如：2003 年 9 月 1 日中国开始实施 GB/T 19056—2003《汽车行驶记录仪》，当前代替标准为 GB/T 19056—2021《汽车行驶记录仪》，该标准将汽车行驶记录仪定义为：对车辆行驶速度、时间、里程、位置等数据以及音视频数据进行记录、存储，并可通过数据通信实现数据输出的数字式电子记录装置。这种智能交通监控工具的使用，可以有效遏制疲劳驾驶、超速行驶等违章行为,约束驾驶员不良驾驶习惯;同时,也可以为道路交通事故调查和分析提供参考。

另一类则是以记录车辆碰撞事件为目的事件的记录装置或功能,主要用于道路交通事故调查和分析。EDR是目前此类技术的代表,该技术最早起源于美国的通用汽车公司,并在20世纪90年代基本形成了现代EDR技术。2006年美国交通部公路交通安全管理局(National Highway Traffic Safety Administration, NHTSA)在“49 CFR Part 563”联邦法规中将EDR定义为:“用于记录车辆碰撞前(速度与时间)和碰撞时(速度变化与时间)对应时间序列的车辆动力学数据的装置或功能”。碰撞车辆的EDR系统可以记录事件发生过程中的车辆的行驶状态、驾驶措施、功能响应,以及碰撞过程中的减速等信息。目前EDR数据中一般包括:车辆碰撞前(激活前或达到触发条件前)一定时间范围内的车辆速度、发动机转速、加速踏板位置、制动踏板操作情况,以及车辆碰撞后一定时间范围内的速度变化情况。EDR数据不仅可以直接应用于具体案件的鉴定工作,也可以利用EDR数据开展关于道路交通事故再现技术的研究。

二、EDR技术的发展

20世纪70年代,美国国家公路安全管理局和通用汽车公司就已经开始使用数据记录装置。第一个有文献记载使用数据记录装置的是1973~1976年间安装了气囊约束系统的一批通用汽车,但该记录装置仅用于判断:碰撞级别是否低于展开阈值;碰撞是否发生在气垫展开之前;碰撞强度是否超过30英里/时(1英里=1 609.34米)的前置固定碰撞强度。

另一个关于EDR研究的文献记录是1974年NHTSA的一项研究,这个研究项目在1 050辆出厂后的车辆上安装了两轴加速度(碰撞数据)采集装置,但并不记录碰撞前的数据。这些EDR数据的目的是在安装和使用前确认碰撞测试。EDR装置由好事达保险公司、GMC等车队安装,车型包括德国的保时捷、奥迪汽车。在这次研究中,试验车辆行驶了2 600万英里,其间发生了大量碰撞事故。研究人员最终对23起碰撞的数据进行了分析,研究结果显示EDR数据可以提供准确、客观的碰撞数据。

早期的EDR仅记录了安全带使用情况、安全气囊报警灯工作情况以及加速度变化时间。从1999年开始,通用汽车安全气囊控制模块(ACM)扩大到记录碰撞前的数据,包括车辆速度、发动机转速以及加速、制动的使用,但此时数据的读取、检索功能尚没有对社会开放。

2000年,Vetronix公司发布了第一款商用EDR数据读取设备Crash Data Retrieval (CDR) System,支持通用汽车公司自1995年至2000年制造的部分车辆,这也为执法人员和交通事故重建人员提供了读取数据、分析数据的渠道。

2001年,NHTSA的一份报告中显示丰田、本田和大众生产的部分车辆已经具备在某些特定事件中记录EDR数据的功能。同时,丰田、日产数年前生产的部分车辆就已经安装了具备记录EDR数据的装置,记录碰撞前的速度数据和碰撞过程中的速度变化数据,但当时使用的数据读取工具并不是目前使用的CDR系统。

2003年,Vetronix CDR系统增加了读取部分福特车辆EDR数据的功能,同年BOSCH公司收购了Vetronix公司,并继续开展CDR系统的相关工作。经过三年的发展,CDR系统的效果已经得到了广泛认可,并被美国国家公路交通安全管理局、美国全国运输安全委员会、加拿大交通部,以及北美地区的一些警察局和私人碰撞重建机构所认可和使用。

2003~2007年,BOSCH CDR系统的数据读取范围不断扩大,可以读取更多通用、福特车辆的EDR数据。到2007年,该系统已经扩展到读取通用车辆侧翻传感器数据和福特动力控制系统数据,并增加了读取克莱斯勒车辆 EDR 数据的功能。

一些车辆生产厂商安装了 EDR 数据记录装置,而另一些车辆生产厂商则把此类数据作为机密信息。博世公司不断通过与汽车生产厂商达成协议,持续扩大 CDR 系统的研究和应用范围,至 2025 年 4 月 1 日,CDR 系统的最新版本为 Version 24.3。

我国强制性国家标准 GB 7258—2017《机动车运行安全技术条件》要求乘用车应配备 EDR 或车载视频行驶记录装置。配备了 EDR 的汽车,其产品使用说明书应包括"本车配备了事件数据记录系统(EDR)"等内容的声明;对 EDR 所记录数据项的含义及可能的用途加以说明;对 EDR 数据读取工具的获取途径加以说明。与该标准配套的另一项强制性国家标准 GB 39732—2020《汽车事件数据记录系统》于 2022 年 1 月 1 日实施,要求:"自 2022 年 1 月 1 日起,新申请型式批准的车型应满足除 B 级数据元素和 4.4 之外的要求;自 2024 年 1 月 1 日起,新申请型式批准的车型应满足本标准规定的全部要求""对于 2022 年 1 月 1 日前已获得型式批准的车型,自 2022 年 1 月 1 日起仅需记录以下数据元素:纵向 delta - V、最大记录纵向 delta - V、达到最大记录纵向 delta - V 时间、行车制动开启或关闭(或制动踏板位置)、车辆速度和车辆识别代号,若记录纵向加速度可不记录纵向delta - V、最大记录纵向 delta - V、达到最大记录纵向 delta - V 时间,且应通过碰撞试验、驾驶操作数据试验、台架试验中任一方法验证有效性,其他不做要求"。

三、EDR 的相关标准

(一)IEEE Std 1616—Motor Vehicle Event Data Recorders

2004 年 9 月,国际电气电子工程师学会(IEEE)发布 Motor Vehicle Event Data Recorders 标准。该标准以用户需求为导向,确定了 EDR 应包含的数据元素,并对其定义及解释。其中,以 6 个用户群体为例,分别阐述了其可以利用的 EDR 数据元素,并简要分析了其如何利用 EDR 数据解决有关问题,这 6 个用户群体分别是:美国交通运输安全局(NTSB)、碰撞研究调查机构、汽车行业、紧急应对机构、道路基础设施设计群体、保险行业。该标准在对上述用户群体分析的基础上,提出了 EDR 可以记录的 86 个数据元素,并分别给出轻型车辆(质量≤4 500 kg)及特种轻型车辆(质量≤4 500 kg)EDR 的推荐记录数据元素表,但未规定 EDR 必须记录的数据元素。此外,该标准还规定了所有道路车辆安装的 EDR 应满足防篡改和防撞的要求。

IEEE Std 1616 中,将 EDR 定义为:车辆中用于记录碰撞前或碰撞过程中的任何车辆或乘员数据的一种装置或功能,以便在碰撞后检索记录的数据。

(二)SAE J1698—Vehicle Event Data Recorder

2003 年 12 月,国际自动机工程师学会(SAE)发布 SAE J1698 Event Data Recorder - Output Data Definition,该推荐操作规程旨在汇编各种制造商目前正在记录和存储的与车辆碰撞相关的数据元素,以及合理预测未来将要记录的元素,并建立一种显示和呈现所记录数据的通用格式。该版规程仅适用于单车正面碰撞事件中记录的车辆数据,仅适用于上述数据的下载后格式,不用于标准化任何车载存储单元中存储的数据格式,也不用于标准化数据记录、存储或提取方法。因当时各车企技术不一,该规程不旨在标准化或强制记录任何特定数据元素,也不旨在指定最小数据集。2005 年 3 月,SAE 发布 SAE J1698 - 1 Event Data Recorder - Output Data Definition,该推荐操作规程在 SAE J1698 基础上增加侧面碰撞及追尾碰撞的相关记录数据元素的定义及格式。2013 年 4 月,SAE 发布修订版 SAE J1698 - 1,本次修订是根据最新信息及自 2005 年首次发布本规程以来出现的监管环境进行更新,旨在管理适用于轻型机动车出厂设备记录的数据元素定义及记录格式。2016年3月，SAE发布SAE J1698－1A Pedestrian Protection EDR Output Data Definition Appendix to SAE J1698－1 Event Data Recorder-Output Data Definition，该规程作为SAE J1698－1的附录，在SAE J1698－1的基础上增加了与轻型车辆行人保护系统相关的EDR记录参数及定义。2017年2月，SAE发布修订版SAE J1698－1，本次修订将SAE J1698－1A合并至SAE J1698－1，并对部分数据元素的定义更新。2018年5月，SAE发布修订版SAE J1698－1，本次修订是根据自动驾驶系统（ADS）功能相关的信息增加记录ADS相关数据，并对部分数据的定义更新。

2004年5月，SAE发布SAE J1698－2 Event Data Recorder－Retrieval Tool Protocol，该推荐操作规程旨在确定如何从机动车中提取事件数据的通用方法，包括输出SAE J1698中定义的数据元素的事件记录所需的事件数据集。并且，利用现有的行业标准定义一个通用物理接口及事件数据检索协议。2013年1月，SAE发布修订版SAE J1698－2，本次修订吸纳了当时EDR数据读取最佳实践的信息，以及EDR数据读取的常用方法，旨在用于开发EDR检索工具，并生成具有SAE J1698－1规定的数据元素格式的EDR记录报告。2018年3月，SAE发布新的SAE J1698－2，本次发布未作更新，是2013版本的重申版。

2013年6月，SAE发布SAE J1698－3 Event Data Recorder－Compliance Assessment，该推荐操作规程规定了用于验证EDR记录数据是否符合必要规定及要求的程序，以确保EDR数据在行业内的一致性。2015年12月，SAE发布修订版SAE J1698－3，本次修订细化了检验EDR输出记录相对输入数据有效性的方法。

SAE J1698中，将EDR定义为：汽车上一个或多个电子模块中用于监测车辆及乘员保护系统在事件触发前及事件时的时间序列数据，并能实现事件发生后记录数据可读取的设备。但这些数据不包括冻结帧（freeze frame）数据（非EDR数据）、诊断数据、车联网系统数据。

（三）49 CFR part 563

2006年8月28日，NHTSA发布了美国联邦法规——49 CFR part 563，规定了安装EDR的车辆应该满足的数据标准和检索方法。该规定适用于2010年9月1日及以后生产且销售于美国本土的总重量不超过8 500磅（3 855 kg）和整备质量不超过5 500磅（2 495 kg）的乘用车、多用途乘用车、卡车及公共汽车，但不包括改装的厢式货车和邮政服务用车。

2008年1月14日，NHTSA发布修订版的49 CFR part 563。此次修订考虑了部分企业提出的申请，对2006版的规定作了相应的修订。最大的变化是速度变化量与加速度的记录精度从±5%降低到±10%、增加定义“最大速度变化量、合量”以及延后法规生效时间到2012年9月1日。

2008年2月13日，NHTSA发布第二次修订的49 CFR part 563。本次修订版对“7（b）表Ⅱ”中的一些状态量的记录时间间隔或记录时间的印刷错误进行了修订。

2012年版的“49 CFR Part 563”联邦法规中规定，新生产的乘用车辆必须安装具有统一采样精度、采集方式、存储方式、保存时间、记录功能，并可以提供用于读取数据的商业化EDR装置。

（四）GB《汽车事件数据记录系统》

为了配合强制性国家标准GB7258—2017《机动车运行安全技术条件》的相关要求，全国汽车标准化技术委员会于2016年在工业和信息化部装备工业司和国家标准化管理委员会的指导下开始启动组织EDR标准的前期研究工作，国家标准化管理委员会于2017年正式下达了强制性国家标准《汽车事件数据记录系统》的制定计划。

该标准适用于安装了汽车事件数据记录系统的M1类车辆，其他车辆可参考执行。规定了M1类车辆的汽车事件数据记录系统的术语和定义、技术要求、试验方法和要求、外观和标识、型式检验、说明书和实施日期。其中，碰撞事件定义为：达到或超过触发阈值的碰撞或其他物理事件，或者其他任何导致不可逆约束装置展开的事件；汽车事件数据记录系统（EDR）定义为：由一个或多个电子模块构成，具有检测、采集并记录碰撞事件发生前、发生时、发生后车辆和乘员保护系统的数据功能的装置或系统。

该标准对于碰撞事件的触发阈值、锁定条件，以及碰撞事件的起点、终点提出了明确的要求。要求符合定义的碰撞事件应被EDR系统识别，并且应按照要求对碰撞事件中的数据项目进行记录；EDR数据应记录在非易失性存储器中，EDR系统应至少能记录连续三次碰撞事件数据；按照时间顺序，当前事件应覆盖之前非锁定事件数据，锁定事件数据不应被后续事件的数据所覆盖。

四、EDR数据

（一）EDR事件类型

目前，EDR触发记录信号一般来自安全气囊控制算法的信号源，所以EDR通常集成在安全气囊ECU中。EDR一般记录两类事件：非点爆事件（non-deployment event）和点爆事件（deployment event）。

非点爆事件是指减速度达到事件的触发阈值，但不足以触发安全气囊点爆的碰撞事件。非点爆事件的数据不被锁定，一般情况下，这类数据在两种情况下将会被擦除或改写：

1）如果记录的事件的个数达到预定容量，最先被记录的非点爆事件将会被新产生的非点爆事件或点爆事件所覆盖；

2）非点爆事件在保存250个点火周期后也会被擦除。

点爆事件是指减速度达到安全气囊点爆的触发阈值，且安全气囊点爆的碰撞事件。点爆事件的数据不能被擦除或改写，一旦安全气囊被点爆，就会被写入“锁存DTC”。

（二）EDR的报告文件

目前，使用BOSCH CDR系统可以读取车辆的EDR数据，生成的典型CDR文件主要包括以下几个部分：

1）CDR文件信息。该部分主要包括：车辆识别代号、信息读取时间、EDR设备类型、事件类型等。

2）数据的使用条件说明。

3）数据读取时的系统状态。该部分主要包括：记录的事件次数、数据读取时的点火次数、终端模块编号、软件模块信息等。

4）对应事件时的系统状态。该部分主要包括：记录的事件类型、事件是否记录完整、记录信息是否锁止、本次事件的次序、与后一次记录事件的间隔时间、本次碰撞时的点火次数、被激活的碰撞类型算法、前排乘员的安全带使用情况、最大速度变化量及其对应的产生时间。

5）对应事件的碰撞数据。该部分主要包括：纵向速度变化数据及曲线、纵向加速度曲线；侧向速度变化数据及曲线、加速度曲线，以及翻滚数据等。

6）对应事件的碰撞前数据。该部分主要包括碰撞前一段时间内的：加速踏板位置、制动系统状态、发动机转速、发动机节气门开度、车辆速度等。

7）EDR数据中的原始十六进制数据。

（三）EDR的数据内容

1. 美国联邦法规 49 CFR Part 563

（1）必须记录的元素　美国联邦法规“49 CFR Part 563”中规定安装 EDR 的车辆必须记录表 11－2 中所列的数据元素。

表 11－2　所有装配 EDR 的车辆必须记录的 15 个数据元素

数　据　元　素	记录范围或时间（相对于时间 0 点）	每秒的数据采样率
纵向速度变化量(MPH[km/h])	0~250 ms	100
最大纵向速度变化量(MPH[km/h])	0~300 ms	N/A
达到最大纵向速度变化量时的时间(ms)	0~300 ms	N/A
车速(MPH[km/h])	-5.0~0 s	2
发动机节气门开度(%)/加速踏板位置(%)	-5.0~0 s	2
制动系统(开/关)	-5.0~0 s	2
碰撞时的点火周期	-1.0 s	N/A
数据下载时的点火周期	下载时	N/A
驾驶员安全带使用状态	-1.0 s	N/A
正面气囊警示灯(开/关)	-1.0 s	N/A
驾驶员前侧安全气囊的展开时间(第一级)(ms)	事故发生时	N/A
右前乘员前侧安全气囊的展开时间(第一级)(ms)	事故发生时	N/A
多次事件的次数	事故发生时	N/A
多次事件的时间间隔(ms)	按照需要记录	N/A
记录事件的完整性(是/否)	数据记录结束时	N/A

注:“N/A”表示“不适用”。

该法规还详细规定了对应数据的记录范围或时间及每秒的数据采样率。EDR 可记录的时间范围为-5 s~300 ms,这段时间可以完整地记录碰撞事故发生的全过程。

（2）记录的其他数据　除了上述 15 个基本数据元素外,目前 EDR 还记录了更多的数据元素,以供各领域研究人员使用。从下载的 EDR 报告中整理出 42 个常见数据元素(EDR 可记录的数据≥86 个),并分成五个类别:识别信息数据、系统状态数据、碰撞前数据、碰撞后数据和约束系统数据,如表 11－3 所示。

表 11－3　EDR 常见数据元素分类

类　别	数　据　名　称
识别信息数据	车辆识别代号(VIN) 终端模块零件号 EDR 版本 EDR 设备类型

续 表

类 别	数 据 名 称
系统状态数据	记录事件的类型(Deployment/Non-Deployment) 碰撞类型(正碰/追尾,侧碰,翻车) 记录事件的完整性(是/否) 碰撞记录锁定(是/否) 多次事件的次数 事件的时间间隔(s) 故障诊断码存在(是/否) 数据下载时的点火次数 碰撞时的点火次数
碰撞前数据	车速(MPH[km/h]) 发动机转速(r/min) 马达转速(r/min) 制动踏板开/关状态(开/关) 制动踏板位置(%,0=未踩,100=全部踩下) 制动油压(MPa) 加速踏板位置(%,0=未踩,100=全部踩下) 方向盘转角(°) 节气门位置(%,0=未开,100=全开) 巡航控制开/关状态(开/关) 偏航率(°/s) 翻转率(°/s) 挡位(适用于自动挡汽车)
碰撞后数据	最大纵向速度变化量(MPH[km/h]) 达到最大纵向速度变化量的时间(ms) 最大横向速度变化量(MPH[km/h]) 达到最大横向速度变化量的时间(ms) 纵向速度变化量曲线 纵向速度变化量数据(记录间隔0~250 ms,采样频率10 ms) 横向加速度数据(记录间隔0~250 ms,采样频率10 ms) 纵向加速度曲线 纵向加速度数据(记录间隔0~250 ms,采样频率10 ms) 横向加速度曲线 横向加速度数据(记录间隔0~250 ms,采样频率10 ms)
约束系统数据	安全气囊算法激活状态(Yes/No) 安全气囊点爆时间(ms) 安全带使用状态(Buckled/Not Buckled) 安全带预紧器点爆时间(ms) 主动式头枕点爆时间(ms)

2. GB 39732—2020《汽车事件数据记录系统》

该标准对数据元素的名称、单位、分辨率、最小范围、最小准确度、记录基准时间、最小记录区间、最小记录频率、记录等级进行了规定。EDR 记录的数据元素按照以下要求分成了 A、B 两级：

A 级数据元素：配备 EDR 系统的车辆应记录的数据。A 级数据元素的名称、最小记录区间、最小记录频率及数据说明见表 11－4。

B 级数据元素：配备 EDR 系统的车辆且配备了相关装置或具有相关功能时应记录的相关数据。B 级数据元素的名称、最小记录区间、最小记录频率及数据说明见表 11－5。

表 11－4　A 级数据元素

序号	名　称	最小记录区间	最小记录频率	数据说明
1	纵向 delta－V[a]	相对时间零点(±5 ms) 0 ms 至 250 ms 或 0 ms 至碰撞事件终点＋30 ms，较短者	100 Hz	车辆纵向速度的变化。纵向 delta－V 仅为总 delta－V 的纵向分量
2	最大记录纵向 delta－V[a]	—	—	EDR 记录的 X 轴方向车辆速度累计变化的最大值。该数据应与“达到最大记录纵向 delta－V 时间”结合使用
3	达到最大记录纵向 delta－V 时间[a]	—	—	沿 X 轴方向，EDR 记录的从时间零点到出现速度累计变化最大值所用的时间。该数据应与“最大记录纵向 delta－V”结合使用
4	削波标志[b]	—	—	表示 EDR 采集加速度(横向、纵向)首次达到传感器量程的时间点
5	车辆速度	相对时间零点(－1.1～0 s)－5.0 s 至 0 s	2 Hz	轮边线速度或其他方式获取的车辆速度
6	行车制动，开启或关闭	相对时间零点(－1.1～0 s)－5.0 s 至 0 s	2 Hz	用来检测驾驶员是否踩下制动踏板
7	驾驶员安全带状态	—	—	驾驶员安全带带扣开关的状态
8	加速踏板位置，全开位置的百分比[c,d]	相对时间零点(－1.1～0 s)－5.0 s 至 0 s	2 Hz	加速踏板实际位置与驾驶员全部踩下位置的百分比
9	每分钟转数(rpm)[d,e]	相对时间零点(－1.1～0 s)－5.0 s 至 0 s	2 Hz	车辆发动机主曲轴的每分钟转数
10	事件中上电周期	—	—	从记录 EDR 数据的 ECU 首次使用以来，到事件发生时记录 EDR 数据的 ECU 中动力循环的次数。动力循环的一个示例为，点火开关从“关闭/辅助”模式到“开启/运行”模式
11	读取时上电周期	—	—	从记录 EDR 数据的 ECU 首次使用以来，到读取时记录 EDR 数据的 ECU 中动力循环的次数。动力循环的一个示例为，点火开关从“关闭/辅助”模式切换到“开启/运行”模式

续 表

序号	名　　称	最小记录区间	最小记录频率	数 据 说 明
12	事件数据记录完整状态	—	—	事件数据是否被完整记录并存储到记录EDR数据的ECU中的状态标识
13	本次事件距离上次事件的时间间隔	—	—	如果5秒内发生两个事件,该时间为事件X开始到事件X-1开始经过的时间
14	车辆识别代号	—	—	车辆制造商指定的车辆识别代号(VIN)
15	记录EDR数据的ECU硬件编号	—	—	车辆中实现EDR记录功能的ECU,可能有1个以上
16	记录EDR数据的ECU序列号	—	—	车辆中实现EDR记录功能的ECU,可能有1个以上
17	记录EDR数据的ECU软件编号	—	—	车辆中实现EDR记录功能的ECU,可能有1个以上

a 如果记录了表11-5中的纵向加速度参数,纵向delta-V、最大记录纵向delta-V、达到最大记录纵向delta-V时间、最大记录合量delta-V的平方以及达到最大记录合量delta-V的时间可不记录;如果记录了表11-5中的横向加速度,横向delta-V、最大记录横向delta-V、最大记录横向delta-V时间、最大记录合量delta-V的平方以及达到最大记录合量delta-V的时间可不记录。
b 如果记录了表11-5中纵向或横向加速度参数,削波标志参数可不记录。
c 如果记录了表11-5中发动机节气门位置参数,加速踏板位置参数可不记录。
d 采用K线或未配备气囊的车辆可不记录。
e 纯电动汽车和插电式混合动力电动汽车可不记录。

表11-5　B级数据元素

序号	名　　称	最小记录区间	最小记录频率	数 据 说 明
1	纵向加速度[a]	相对时间零点(±5 ms)0至250 ms或0至碰撞事件终点+30 ms,较短者	500 Hz	车辆上某点的矢量加速度在X轴方向上的分量
2	横向加速度[a,b]	相对时间零点(±5 ms)0至250 ms或0至碰撞事件终点+30 ms,较短者	500 Hz	车辆上某点的矢量加速度在Y轴方向上的分量
3	横向delta-V[b]	相对时间零点(±5 ms)0~250 ms或0至碰撞事件终点+30 ms,较短者	100 Hz	车辆横向速度的变化。横向delta-V仅为总delta-V的在Y轴方向上的分量
4	最大记录横向delta-V[b]	—	—	EDR记录的Y轴方向车辆速度累计变化的最大值,该数据应与“达到最大横向delta-V时间”结合使用
5	最大记录合量delta-V的平方[b]	—	—	EDR记录的纵向delta-V与横向delta-V的平方和的最大值
6	达到最大记录横向delta-V时间[b]	—	—	沿Y轴方向,EDR记录的从时间零点到出现速度累计变化最大值所用的时间,该数据应与“最大记录横向delta-V”结合使用

续 表

序号	名　　称	最小记录区间	最小记录频率	数据说明
7	达到最大记录合量 delta - V 平方的时间[b]	—	—	EDR 记录的数据读取时处理的，从时间零点到最大记录合量 delta - V 平方出现所用的时间，该数据应与“最大记录合量 delta - V 的平方”结合使用
8	横摆角速度	相对时间零点(−1.1 s~0 s)−5.0 s 至 0 s	2 Hz	事件前和事件中车辆相对 Z 轴角度的变化，适用于具有电子稳定性控制系统的车辆
9	转向角度	相对时间零点(−1.1 s~0 s)−5.0 s 至 0 s	2 Hz	转向盘的角坐标，该坐标上零值(0°)表示转向盘处于中间位置(直线行驶时)，正值表示转向盘逆时针方向转动(向左)适用于具备采集转向角度传感器的车辆
10	T_{end}	—	—	碰撞事件终点，如果直至记录周期的终点，该条件还未满足，T_{end} 可被定义为最后记录的数据点的时刻
11	年[c]	—	—	事件发生的年份
12	月[c]	—	—	事件发生的月份
13	日[c]	—	—	事件发生的日期
14	时[c]	—	—	事件发生当天的时间(小时)
15	分[c]	—	—	事件发生当天的时间(分钟)
16	秒[c]	—	—	事件发生当天的时间(秒)
17	挡位	相对时间零点(−1.1 s~0 s)−5.0 s 至 0 s	2 Hz	实际挡位，适用于该信号上总线的车辆
18	发动机节气门位置，全开位置的百分比[d]	相对时间零点(−1.1 s~0 s s)−5.0 s 至 0 s	2 Hz	发动机节流阀开启的百分比
19	制动踏板位置	相对时间零点(−1.1 s~0 s) −5.0 s 至 0 s	2 Hz	制动踏板实际位置，从未踩到完全踩下的区间。可在 EDR 读取报告中说明，当制动踏板位置小于 100% 时车辆的制动系统可能实现 100% 制动，适用于具有制动踏板位置传感器的车辆
20	驻车系统状态	相对时间零点(−1.1 s~0 s) −5.0 s 至 0 s	2 Hz	用来探测驻车制动是否激活的状态，适用于驻车系统状态上总线的 44
21	转向信号开关状态	相对时间零点(−1.1 s~0 s) −5.0 s 至 0 s	2 Hz	用来表示车辆转向或变换车道意图的开关的状态，适用于转向信号上总线的车辆
22	驾驶员安全带预紧装置展开时间	—	—	从事件起点(T_0)到驾驶员安全带预紧装置部署指令所经过的时间

续 表

序号	名　称	最小记录区间	最小记录频率	数 据 说 明
23	驾驶员正面气囊展开时间(第一阶段)	—	—	从事件起点(T_0)到第一阶段驾驶员正面气囊展开指令所经过的时间
24	驾驶员正面气囊展开时间(第二阶段)	—	—	从事件起点(T_0)到第二阶段驾驶员正面气囊展开指令所经过的时间
25	驾驶员侧面气囊展开时间	—	—	从事件起点(T_0)到驾驶员侧面气囊展开指令所经过的时间
26	驾驶员侧面气帘展开时间	—	—	从事件起点(T_0)到驾驶员侧面气帘展开指令所经过的时间
27	前排乘客安全带状态	—	—	前排乘客安全带带扣开关的状态,适用于具有安全带提醒装置的车辆
28	前排乘客安全带预紧装置展开时间	—	—	从事件起点(T_0)到前排乘客安全带预紧装置展开指令所经过的时间
29	前排乘客正面气囊抑制状态	—	—	前排乘客正面气囊显示的抑制状态,适用于具有正面气囊抑制开关的车辆
30	前排乘客正面气囊展开时间(第一阶段)	—	—	从事件起点(T_0)到第一阶段前排乘客正面气囊展开指令所经过的时间
31	前排乘客正面气囊展开时间(第二阶段)	—	—	从事件起点(T_0)到第二阶段前排乘客正面气囊展开指令所经过的时间
32	前排乘客侧面气囊展开时间	—	—	从事件起点(T_0)到前排乘客侧面气囊展开指令所经过的时间
33	前排乘客侧面气帘展开时间	—	—	从事件起点(T_0)到前排乘客侧面气帘展开指令所经过的时间
34	乘员保护系统报警状态	—	—	乘员保护系统故障状态,适用于乘员保护系统报警状态上总线的车辆
35	轮胎压力监测系统报警状态	—	—	当车载轮胎压力监测系统监测到一个或多个轮胎胎压低时的报警状态,适用于该报警状态上总线的车辆
36	制动系统报警状态	—	—	制动系统故障状态,适用于该报警状态上总线的车辆
37	定速巡航系统状态[e]	相对时间零点(-1.1 s~0 s) -5.0 s 至 0 s	2 Hz	定速巡航系统的操作状态
38	自适应巡航系统状态[e]	相对时间零点(-1.1 s~0 s) -5.0 s 至 0 s	2 Hz	自适应巡航系统的操作状态
39	防抱制动系统状态[e]	相对时间零点(-1.1 s~0 s) -5.0 s 至 0 s	2 Hz	防抱制动系统的操作状态,适用于防抱制动系统状态上总线的车辆

续 表

序号	名 称	最小记录区间	最小记录频率	数据说明
40	自动紧急制动系统状态[e]	相对时间零点(-1.1 s~0 s) -5.0 s 至 0 s	2 Hz	自动紧急制动系统的操作状态
41	电子稳定性控制系统状态[e]	相对时间零点(-1.1 s~0 s) -5.0 s 至 0 s	2 Hz	电子稳定性控制系统的操作状态
42	牵引力控制系统状态[e]	相对时间零点(-1.1 s~0 s) -5.0 s 至 0 s	2 Hz	牵引力控制系统的操作状态
43	事件前同步计时时间	—	—	T_0 前最后一个数据采样点到 T_0 的相对时间，适用于具有事件前同步计时功能的车辆。用于不同数据在时间上对齐

a. 如果记录了表 11-4 中的纵向 delta-V、最大记录纵向 delta-V、达到最大记录纵向 delta-V 的时间，纵向加速度可不记录；如果记录了横向 delta-V、最大记录横向 delta-V、最大记录横向 delta-V 时间，横向加速度可以不记录。
b. 配备侧面气囊或侧面气帘时应记录。
c. 出厂前配备卫星定位装置的车辆应记录。
d. 如果记录了表 11-4 中加速踏板位置参数，发动机节气门位置参数可不记录。
e. 如果该功能集成在其他系统中，可通过其他的系统的状态进行表示，应满足 GB 39732—2020 之 8.1 中 g) 的要求。

（四）EDR 的数据来源

1. 记录装置

从车辆设计和使用的角度来看，目前还没有专门用于 EDR 数据采集和记录的设备，而具备相关功能的部分车辆控制模块或设备的首要作用也并不是用于记录 EDR 数据，其数据记录功能仅仅是这些模块或设备的辅助功能。

从 EDR 数据的来源可知，EDR 本身不生成数据，而是由不同的车辆电子设备产生，然后通过 CAN 总线传递给具有 EDR 功能的装置。目前，一般乘用车辆记录 EDR 相关数据的装置有以下三种类型：

1）Electronic Control Module（ECM）电子控制系统和 Powertrain Control Module（PCM）动力控制系统。

2）Airbag Control Monitor（ACM）气囊控制系统、Sensing Diagnostic Module（SDM）传感诊断模块、Occupant Restraint Controller（ORC）乘员约束控制器、Restraints Control Module（RCM）约束控制模块。

3）Rollover Sensors（ROS）侧翻传感器。

2. 数据来源

（1）车速　速度数值是 EDR 数据中一项重要的内容，同时也是事故重建的重要目的之一。EDR 记录的车速来源于车速传感器。该传感器一般安装在变速箱上，读取变速器输出轴的齿轮转速，产生一个与车速成比例的电压信号，输出给 PCM。PCM 将其转化为变速器输出轴的转速，然后根据不同的驱动轮胎尺寸和最终传动齿轮比计算出车辆速度。因此，为保证 EDR 记录车速的准确性，调查人员应记录碰撞时车辆的轮胎尺寸与原始装配的轮胎尺寸，如果两者存在差异，应该对其记录的速度数值进行校正。此外，驱动轴传动比或者是动力控制系统程序也可以影响速度数值。

（2）发动机转速 发动机转速信号来源于曲轴位置传感器3X信号，该信号的信号源来自霍尔效应开关，曲轴每转动一圈，霍尔效应开关输出3个ON－OFF脉冲，作为3X传感器的信号，PCM利用该信号计算发动机转速。

（3）节气门开度 节气门开度数据来源于节气门位置传感器。该传感器是一个简单的电位计，安装在加浓装置的末端，进气歧管的进口处。PCM利用该传感器产生的电压信号计算节气门的开度，1 V对应0%开度，4 V对应100%开度。

（4）制动数据 制动数据的来源因车辆品牌的不同也有所不同。一般情况下，PCM、EBTCM（电子制动牵引控制模块）以及BCM（车身控制模块）都能用来监控制动开关数据。制动踏板开关是一个简单的活塞式开关，一般记录为开或关。

五、EDR数据的作用

通过EDR数据的深度分析和应用，获取与碰撞相关的交通事故基础数据，深化对事故致因的认识，再通过深入挖掘事故的特征，对车辆被动安全性改进和相关标准制修订、车辆先进安全技术的应用、事故预防对策制定、交通安全改善等都具有非常重要的意义。

（一）用于事故处理和审理

EDR数据中包括了碰撞前车辆的状态参数和驾驶人采取的动作等准确且可靠的信息，使用这些数据，可以更精确地进行事故重建，更准确地还原事故事实，提高事故处理和审理的公正性。

（二）用于车辆安全性改善

EDR记录了与车辆主被动安全系统相关的大量数据，特别是与碰撞相关的速度、速度变化、气囊展开情况、乘员安全带使用情况、驾驶人应急操作行为、ABS和ESC等主动安全系统状态等信息，评估安全系统在实际事故中的效果，以及构建交通危险场景和试验工况具有重要作用。

（三）用于交通安全改善和降低保险成本

通过对大量EDR数据进行统计分析，可以获取更为精细的交通事故特征，对于精细化事故预防对策制订具有重要作用。比如对某路段事故车辆事发前车速统计分析可以判断路段限速值的合理性和相关执法手段有效性，对驾驶人的处置措施分析结论可以为驾驶人培训、教育等源头环节提供内容支撑。此外，EDR数据可用于证明相关人员、车辆在事故中是否存在责任（或无辜），降低由于事实不清带来的诉讼和保险成本。研究还表明，通过宣传EDR在汽车上的安装和应用情况，可以改善驾驶人的驾驶行为。据估计，EDR数据在某些案件中降低的保险成本可达20%。

六、EDR数据的获取

随着我国强制性国家标准GB 39732—2020《汽车事件数据记录系统》的实施，国内汽车市场上，具有EDR功能的车辆占比大幅增加。目前，国内一些机构已开发研制出新的EDR数据读取工具，如汽车事件数据解析系统（EDR Reader）、汽车取证大师、数证蜂、EDR数据读取系统等。相较于CDR，这些新出现的EDR读取工具能够更多地适用国产品牌车辆的EDR数据读取，如比亚迪、蔚来、小鹏、理想等，使得国内可读EDR数据的车辆品牌覆盖范围持续扩大。其中EDR Reader当前支持读取的车辆品牌如图11－1所示：

图 11-1　EDR Reader 当前支持读取的车辆品牌

EDR 数据读取途径通常有两种:通过 OBD Ⅱ 标准接口读取(图 11-2)和连接 EDR 或内置 EDR 的控制模块读取(图 11-3)。前者直接连接 OBD Ⅱ 接口,读取方便快捷;后者必须拆卸 EDR 或内置 EDR 的控制模块,且需要专门的模块连接线或适配器。特殊情况下,EDR 模块针脚受损时,可将受损的 EDR 模块与同品牌车辆的同型号 EDR 模块,通过跳线形式连接,再通过外接的 EDR 模块针脚读取 EDR 数据(图 11-4)。使用 EDR 读取工具读取 EDR 数据操作流程可参照图 11-5 所示流程图。

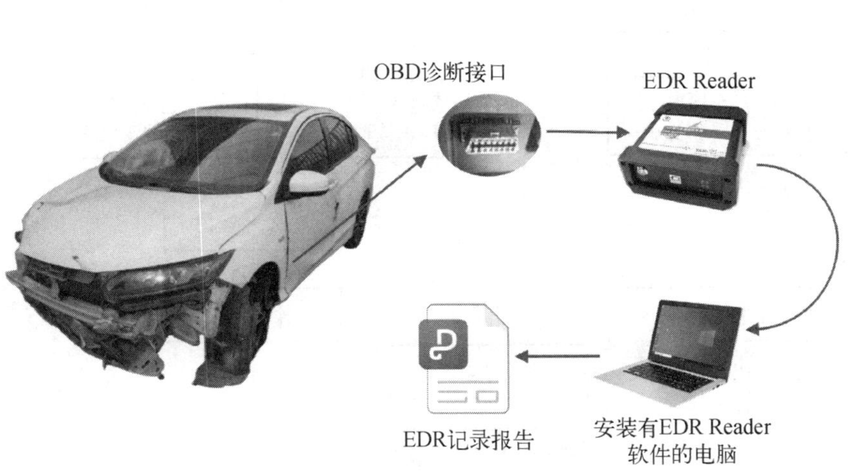

图 11-2　通过 OBD Ⅱ 标准接口读取示意图

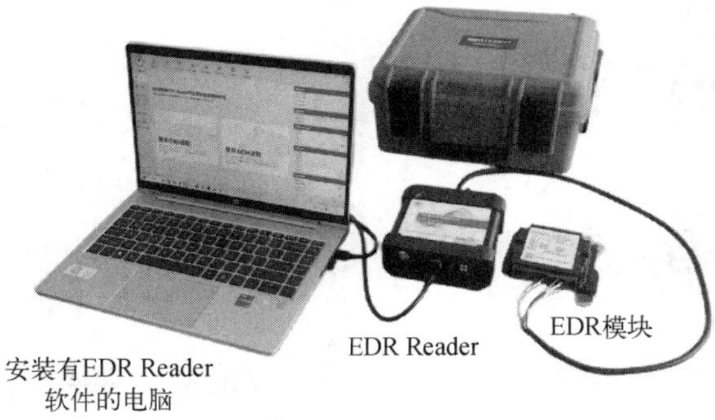

图 11－3　连接控制模块读取示意图

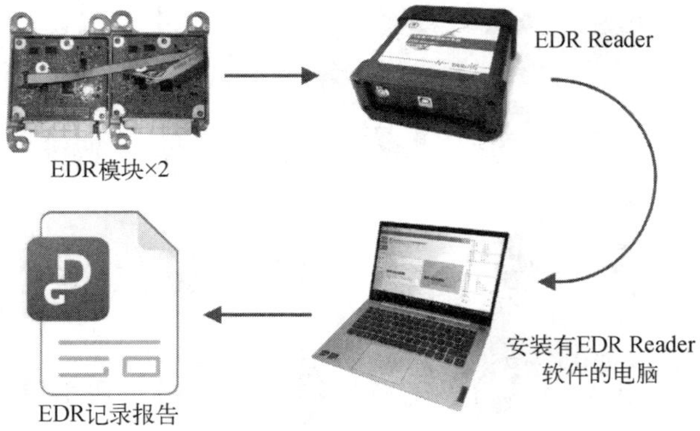

图 11－4　通过跳线形式读取示意图

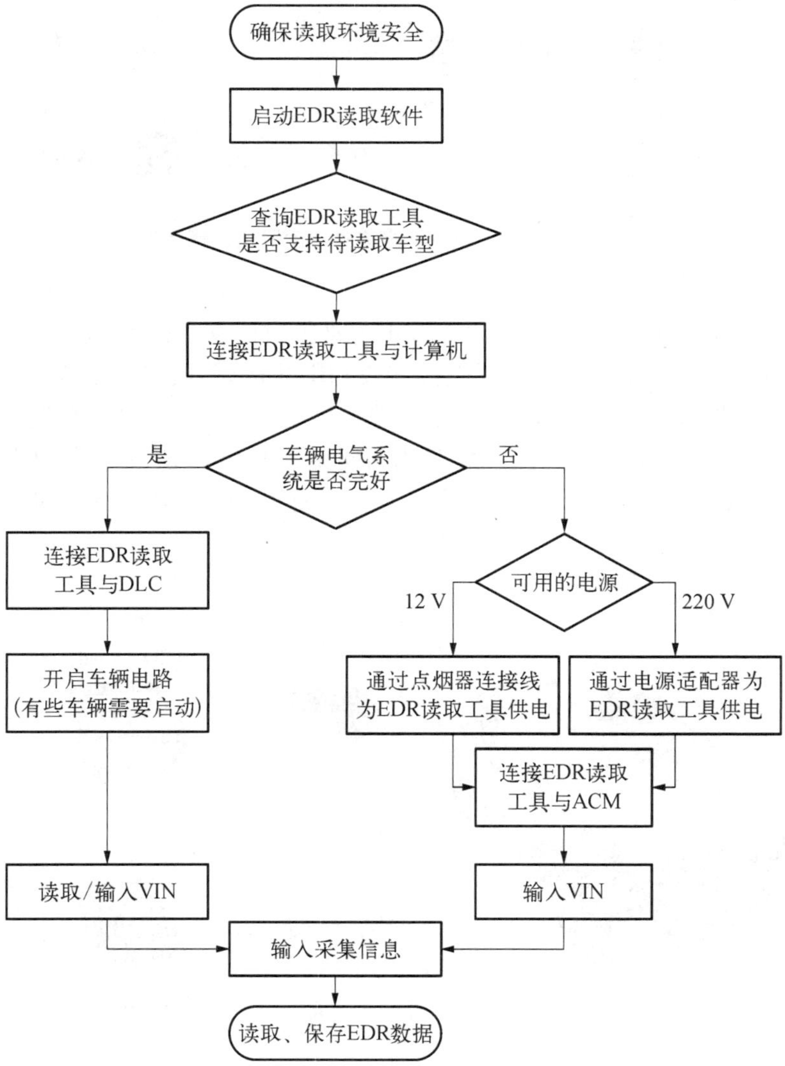

图 11－5　EDR 数据读取操作流程

第二节 基于 EDR 数据的事故特点分析

事故重建理论中对于车辆碰撞的基本假设包括：车辆碰撞力巨大，碰撞力通常是物体重量的十几倍甚至几十倍；碰撞持续时间非常短，包括变形和恢复阶段，一般在 0.1 s 左右，而且刚度越大，碰撞时间越短。在以上假设的基础上运用动量守恒定律、能量守恒定律和功能转换原理等动力学理论和方法进行事故重建。

碰撞车辆的 EDR 数据为证实上述假设提供了真实的碰撞数据。以下利用三起典型碰撞事故形态中的车辆 EDR 数据，对碰撞力和碰撞时间进行还原。

一、对向正面碰撞

案例 1 是发生在某路段上的一起典型对向碰撞事故，A 车为丰田 JTEBX9HJ 小型越野客车（陆地巡洋舰），B 车为现代 BH7167AY 小型轿车（伊兰特），A 车前侧与 B 车前侧发生正面碰撞。车辆痕迹及 A 车 EDR 数据如图 11－6、图 11－7 和图 11－8 所示。

图 11－6　A 车前部痕迹

图 11－7　B 车前部痕迹

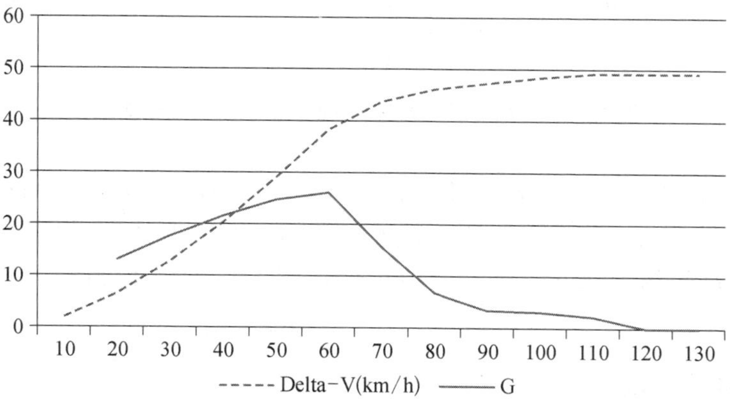

图 11－8　A 车 Delta-V/G 随时间 T(ms) 变化曲线

图 11－8 显示的是 AB 两车碰撞过程中，A 车 EDR 数据中记录的 Delta－V(km/h)随时间 T(ms)变化的曲线(虚线)，以及据此计算的加速度(G)曲线(实线)。根据以上数据可知，两车直接碰撞持续时间约为 110 ms，加速峰值近似达到 26G，即碰撞力峰值约为 A 车重量的 26 倍。

二、侧面直角碰撞

案例 2 是发生在某平面十字交叉路口的一起侧面直角碰撞事故，C 车为丰田牌 TV6460GLX－1 小型普通客车(RAV4)，D 车为长安 CAF7161M 小型轿车(马自达 3)，C 车前侧与 D 车左侧后部发生碰撞。车辆痕迹及 C 车 EDR 数据如图 11－9、图 11－10 和图 11－11 所示。

图 11－9　C 车后部痕迹

图 11－10　D 车前部痕迹

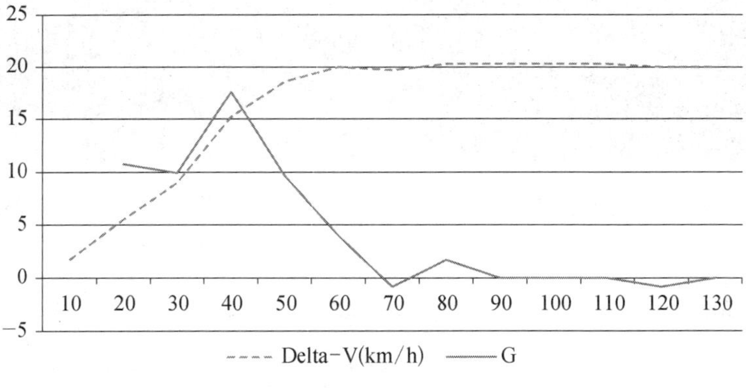

图 11－11　C 车 Delta－V/G 随时间 T(ms)变化曲线

图 11－11 显示的是 CD 两车碰撞过程中，C 车 EDR 数据中记录的 Delta－V(km/h)随时间 T(ms)变化的曲线(虚线)，以及据此计算的加速度(G)曲线(实线)。根据以上数据可知，两车直接碰撞持续时间约为 60 ms，加速峰值近似达到 17G，即碰撞力峰值约为 C 车重量的 17 倍。

三、同向追尾碰撞

案例 3 是发生在某高速公路路段上的一起同向追尾碰撞事故，E 车为乘龙 LZ4230QCA 重型半挂车牵引车及其拖挂的骏强牌 JQ9400CCY 重型仓栅式半挂车,F 车为别克 SGM7242ATA 小型轿车(君越),E 车后侧与 F 车前侧发生追尾碰撞。车辆痕迹及 F 车 EDR 数据如图 11-12、图 11-13 和图 11-14 所示。

图 11-12 E 车后部痕迹

图 11-13 F 车前部痕迹

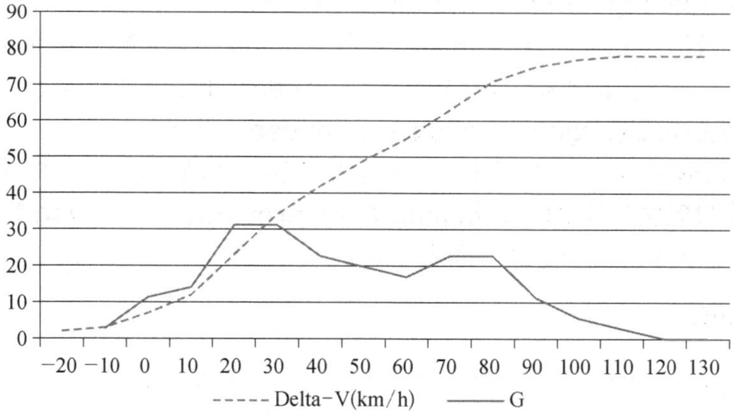

图 11-14 F 车 Delta-V/G 随时间 T(ms)变化曲线

图 11-14 显示的是 EF 两车碰撞过程中,F 车 EDR 数据中记录的 Delta-V(km/h)随时间 T(ms)变化的曲线(虚线),以及据此计算的加速度(G)曲线(实线)。根据以上数据可知,两车直接碰撞持续时间约为 120 ms,加速峰值近似达到 30G,即碰撞力峰值约为 F 车重量的 30 倍。

第三节 基于 EDR 数据鉴定的一般方法

在借鉴 EDR 相关国际法规、标准和技术文献的基础上,结合作者利用 EDR 数据进行道路交通事故鉴定的工作经验,经过总结、提炼和专家论证,形成关于利用 EDR 数据进行道路交通事故鉴定的一般方法。

一、相关术语和定义

（一）汽车事件数据记录系统（Vehicle event data recorder system：EDR）

由一个或多个车载电子模块构成，具有监测、采集并记录碰撞事件发生前、发生时和发生后车辆和乘员保护系统的数据功能的装置或系统。

（二）碰撞事件（impact event）

达到或超过触发阈值的碰撞或其他物理事件，或者其他任何导致不可逆约束装置展开的事件，以先发生者为准。

（三）EDR记录（EDR record）

碰撞事件触发后，存储在一个或多个特定的记录EDR数据的ECU中的时间序列数据。

（四）触发阈值

达到EDR记录的条件。

（五）锁定事件（locked event）

满足锁定条件，不被后续事件覆盖的EDR记录的事件。

（六）非锁定事件（unlocked event）

不满足锁定条件，可被后续事件覆盖的EDR记录的事件。

（七）事件中上电周期（ignition cycles at event）

从记录EDR数据的ECU首次使用以来，到事件发生时记录EDR数据的ECU中动力循环的次数。动力循环的一个示例为：点火开关从“关闭/辅助”模式到“开启/运行”模式。

（八）读取时上电周期（ignition cycles at investigation）

从记录EDR数据的ECU首次使用以来，到读取时记录EDR数据的ECU中动力循环的次数。

（九）相邻事件触发记录时间间隔（time from previous pre-crash trigger event）

相邻两次碰撞事件记录触发建立的时间间隔。

二、数据读取

EDR数据的读取可参照GA/T 1998《汽车车载电子数据提取技术规范》、GA/T 1999.2《道路交通事故车辆速度鉴定方法 第2部分：基于汽车事件数据记录系统》及SF/T 0077《汽车电子数据检验技术规范》进行。

（一）准备工作

实施检验和数据读取前应进行以下工作：

1）查阅读取设备支持的车型、模块列表，确认被鉴定车辆是否被事件数据读取设备（以下简称读取设备）支持。

2）确认数据连接需要的电缆、连接线。

3）确认事件数据记录的电子模块（以下简称数据记录模块）的位置及拆卸工具。

4）确认保险丝盒及气囊保险丝位置。

5）事件数据读取设备应满足相关要求。

（二）诊断接口下载数据

供电检查。检查车辆是否有正常的供电，当被鉴定车辆无法正常供电时，可在确保安全的条件下，采取其他方法供电。

设备连接。连接计算机、数据转换模块、车辆诊断接口。

信息录入。输入调查人员及其他必要调查信息（例如：调查时间等），读取或输入车辆识别代号（VIN）、案件信息、注释等内容。

数据下载。启动需要下载数据模块的相应功能开始下载数据；监视数据下载过程，直至数据下载完成；保存数据至指定的文件夹，复查确保数据可查阅。

（三）数据记录模块下载数据

设备连接。连接计算机、数据记录模块和读取设备。

模块供电。使用电源适配器给数据记录模块或读取设备供电。在供电的状态下，微小的振动有可能改变原有的事件数据，设备连接后应保持模块处于静止状态。信息录入及数据下载同上。

（四）专用设备下载数据

采用其他专用设备下载数据时，应确保车辆检验、设备连接和数据下载过程中，数据保存在指定的介质内，不可复制于鉴定机构以外的设备或存储介质。数据下载步骤同上。

三、检验记录

（一）记录内容

应对鉴定过程进行实时记录并签名。记录内容应包括检验时间、地点、参加人员、使用工具、车辆 VIN、读取设备和下载所得数据文件的唯一性标识、检验过程及结果。记录的内容应当真实、客观、准确、完整、清晰，记录的文本资料、音像资料等应当存入鉴定档案。对数据提取过程中涉及的计算机操作进行记录时，可参见 GA/T 756—2021 相关要求。

需要进行现场勘验、痕迹检验、拍照时，按 GA/T 41 和 GA/T 50 的要求进行。通过其他用设备下载数据时，应记录所用专用设备编号等唯一性标识；如需拆解车辆数据记录模块，应对拆解过程进行拍照或录像记录，其中应包括模块位置及编号信息等。

（二）记录方式

应采用录像、拍照等记录方式，也可结合文字、绘图、录音等记录方式。使用拍照或录像进行记录的，不得对原始图像进行修改。

四、数据确认

根据事故过程和碰撞形态，结合 EDR 数据使用说明，确认记录的具体数据与事件的关联性和准确性。数据确认可以通过 EDR 数据中的以下信息进行：

——事件中上电周期与读取时上电周期；

——相邻事件触发记录时间间隔；

——气囊释放状态；

——锁定事件/非锁定事件；

——乘员占位信息中的安全带使用情况；

——挡位信息；

——可以反映事件情况的其他信息。

五、基于 EDR 数据的鉴定

（一）建立时间轴

根据鉴定需要，建立数据时间轴，按以下方式进行：

1）根据触发先后顺序整理多次或单次的碰撞前数据和碰撞数据。

2）以最后一次碰撞触发处为时间零点，将碰撞前和碰撞中的与时间相关的数据统一在一个时间轴上，明确数据间的先后与重叠关系。这些数据包括：

——发动机转速；

——行驶速度；

——制动踏板位置；

——加速踏板位置；

——正面碰撞中的纵向速度变化量；

——侧向速度变化量；

——翻滚中的侧向速度变化量及翻滚角度。

（二）事故鉴定

1. 单车事故

根据 EDR 数据时间轴，针对鉴定内容的需要，将具体反映驾驶操作、车辆运动状态、车辆运行状态，以及碰撞数据等信息赋予事故车辆，并据此进行驾驶操作、车辆行驶速度、安全气囊误作用等鉴定。其中，车速鉴定应根据 GA/T 1999.2—2022《道路交通事故车辆速度鉴定方法 第 2 部分：基于汽车事件数据记录系统》进行。鉴定结果与已经现场勘查、调查确认的事故过程、视频资料等进行关联对应。根据其他方法进行鉴定时，可同时与基于 EDR 数据的鉴定结果进行比对或校验。

2. 两车及多车车辆事故

涉案车辆均读取到 EDR 数据时，鉴定方法同上。仅部分事故车辆读取到 EDR 数据时，可结合事故形态及其他鉴定材料，使用恰当的方法，计算其他无 EDR 数据车辆的速度等运动状态，具体按 GB/T 33195《道路交通事故车辆速度鉴定》及相关标准进行。

第四节 基于 EDR 数据鉴定应用

一、数据应用的注意事项

在国际上关于 EDR 数据的应用已经达成普遍共识，任何 EDR 数据必须在结合事故现场、痕迹、车辆运动、碰撞形态等物证的基础上，经过分析、确认后才可以用于事故分析和鉴定。EDR 数据往往包括多次事件数据、多种事件（碰撞）类型的多项参数的信息。因此，应用 EDR 数据进行事故分析和鉴定时，应首先注意以下三个方面。

（一）数据相关性

事故车辆的 EDR 数据中可能包含多起事件的数据。因此，首先应根据事故现场、车辆痕迹、运动轨迹等物证，确认调查事件（事故）与数据的相关性。对于非锁定事件，可通过对比事件中上电周期与读取时上电周期、事件触发时间与事故发生时间、事件触发时的车辆里程数与车辆行驶里程等，分析事件与事故的相关性。对于锁定事件，还应对 EDR 记录的发出约束系统展开指令情况和事故车辆约束系统实际展开情况对比，分析 EDR 记录报告中的事件与事故的相关性。

例如：

在以下三辆事故车辆的 EDR 数据中均记录了六次事件及其对应的数据，鉴定人必须确认本次调查事件是六次事件中的哪一次事件，对应六组数据中的哪一组。判断数据的对应性是至关重要的，是后续分析和鉴定的前提。

事故车辆1

CDR File Information

User Entered VIN/Frame Number	2T3BF4DV7AW******
User	
Case Number	
EDR Data Imaging Date	
Crash Date	
Filename	2014-75-024-V2-ACM.CDRX
Saved on	
Imaged with CDR version	Crash Data Retrieval Tool 12.2.1
Reported with CDR version	Crash Data Retrieval Tool 17.1
EDR Device Type	Airbag Control Module
Event(s) recovered	Front/Rear (2), Side (2), Rollover (2)

Event Record Summary at Retrieval

Events Recorded	TRG Count	Crash Type	Time (msec)	Pre-Crash & DTC Data Recording Status	Event & Crash Pulse Data Recording Status
Most Recent Event	11	Side Crash	0	Complete (Page 0)	Complete (Side Page 1)
1st Prior Event	10	Front/Rear Crash	-11	Complete (Page 0)	Complete (Front/Rear Page 1)
2nd Prior Event	9	Side Crash	-1124	Complete (Page 1)	Complete (Side Page 0)
3rd Prior Event	8	Front/Rear Crash	-1195	Complete (Page 1)	Complete (Front/Rear Page 0)
4th Prior Event	7	Rollover	N/A	N/A	Complete (Rollover Page 0)
5th Prior Event	6	Rollover	N/A	N/A	Complete (Rollover Page 1)

事故车辆2

CDR File Information

User Entered VIN/Frame Number	JTMBD32VX65******
User	
Case Number	
EDR Data Imaging Date	
Crash Date	
Filename	2014-08-098-V2-ACM.CDRX
Saved on	
Imaged with CDR version	Crash Data Retrieval Tool 13.0.1
Reported with CDR version	Crash Data Retrieval Tool 17.1
EDR Device Type	Airbag Control Module
Event(s) recovered	Front/Rear (2), Side (2), Rollover (2)

Event Record Summary at Retrieval

Events Recorded	TRG Count	Crash Type	Time (msec)	Pre-Crash & DTC Data Recording Status	Event & Crash Pulse Data Recording Status
Most Recent Event	21	Front/Rear Crash	0	Complete (Page 0)	Complete (Front/Rear Page 1)
1st Prior Event	20	Front/Rear Crash	-16381 or greater	Complete (Page 1)	Complete (Front/Rear Page 0)
2nd Prior Event	18	Side Crash	N/A	N/A	Complete (Side Page 1)
3rd Prior Event	15	Side Crash	N/A	N/A	Complete (Side Page 0)
4th Prior Event	14	Rollover	N/A	N/A	Complete (Rollover Page 0)
5th Prior Event	12	Rollover	N/A	N/A	Complete (Rollover Page 1)

事故车辆3

CDR File Information

User Entered VIN/Frame Number	2T3BF4DV5CW******
User	
Case Number	
EDR Data Imaging Date	
Crash Date	
Filename	2014-05-024-V2-ACM.CDRX
Saved on	
Imaged with CDR version	Crash Data Retrieval Tool 12.2.1
Reported with CDR version	Crash Data Retrieval Tool 17.1
EDR Device Type	Airbag Control Module
Event(s) recovered	Front/Rear (2), Side (2), Rollover (2)

Event Record Summary at Retrieval

Events Recorded	TRG Count	Crash Type	Time (msec)	Pre-Crash & DTC Data Recording Status	Event & Crash Pulse Data Recording Status
Most Recent Event	11	Side Crash	0	Complete (Page 0)	Complete (Side Page 1)
1st Prior Event	10	Front/Rear Crash	-3	Complete (Page 0)	Complete (Front/Rear Page 0)
2nd Prior Event	9	Rollover	-503	Complete (Page 1)	Complete (Rollover Page 1)
3rd Prior Event	8	Front/Rear Crash	-556	Complete (Page 1)	Complete (Front/Rear Page 1)
4th Prior Event	7	Side Crash	-559	Complete (Page 1)	Complete (Side Page 0)
5th Prior Event	6	Rollover	N/A	N/A	Complete (Rollover Page 0)

在另外的一起事故中，一辆雪佛兰牌SGM7209ATA小型轿车的前侧与一辆电动自行车发生碰撞。该小型轿车的发动机舱盖局部凹陷变形，安全气囊未展爆。事故发生后，立即读取了该小型轿车的EDR数据，部分信息摘录如下：

CDR File Information

User Entered VIN	LSGGG54Y8ES××××××
User	
Case Number	
EDR Data Imaging Date	02/14/2019
Crash Date	
Filename	LSGGG54Y8ES××××××_ACM.CDRX
Saved on	Thursday, February 14 2019 at 17:46:56
Imaged with CDR version	Crash Data Retrieval Tool 17.10
Imaged with Software Licensed to (Company Name)	Bosch Automotive Service Solutions
Reported with CDR version	Crash Data Retrieval Tool 17.10
Reported with Software Licensed to (Company Name)	Bosch Automotive Service Solutions
EDR Device Type	Airbag Control Module
Event(s) recovered	Non-Deployment

System Status at Time of Retrieval

Dynamic Deployment Event Counter	0
Multi-Event, Number of Events (Dynamic Event Counter)	1
Dynamic OnStar Notification Event Counter	0
Vehicle Identification Number (VIN)	LSGGG54Y8ES××××××
Ignition Cycle, Download (Ignition Cycles at Investigation)	6402
End Model Part Number	00CF6756
System Type	Continental

System Status at Event (Event Record 1)

Event Record Type	Non-Deployment
OnStar Deployment Status Data Sent	No
Complete file recorded (Event Recording Complete)	Yes
Crash Record Locked	No
OnStar SDM Recorded Vehicle Velocity Change Data Sent	No
Deployment Event Counter	0
Multi-Event, Number of Events (Event Counter)	1
OnStar Notification Event Counter	Data Not Available
Time From Event 1 to 2 (Time Between Events) (seconds)	Data Not Available
Ignition Cycle, Crash (Ignition Cycles at Event)	1151
Algorithm Active: Frontal	Yes
Algorithm Active: Side	Yes
Algorithm Active: Rollover	No
Algorithm Active: Rear	Yes

根据被鉴定车辆安全气囊感应及诊断模块记录的数据显示，本次数据读取时上电周期为6 402；该模块只记录1次事故数据，该事故数据显示事件中上电周期为1 151。上述两个上电

周期相差较大,因此,不能认定被鉴定车辆安全气囊感应及诊断模块中记录的数据为本次事故的数据。

(二)数据记录的完整性

确定 EDR 数据与事故的相关性后,应分析事件数据记录的完整性。可通过核查事件数据记录完整性的状态值、时间序列数据的记录完整情况等进行数据记录完整性分析。事件触发前数据记录不完整时,不应作为相应鉴定的依据。

(三)数据的有效性

在满足以上数据相关性、完整性的前提下,还需对 EDR 数据有效性进行分析,确认记录的数据信息是否可以真实反映车辆运行状态及驾驶员的操作。可通过对事故现场痕迹、车辆碰撞损坏状况,以及车辆相关功能的检验,确认信息的准确性,判断其是否可以真实有效地反映车辆行驶状态和驾驶员的操作行为。

例如:

2014 年 10 月 25 日,13 时 36 分许,发生在浙江高速收费站的一起单车事故的录像。车辆驶出高速公路时,撞击了收费站后车辆起火。驾驶员陈述:事故前,车辆在高速公路上用定速巡航功能行驶,快到收费站的时候,想减速,却发现定速巡航无法解除、制动踏板踩下去没用。

办案单位需要对车辆是否因定速巡航无法解除而引发事故进行鉴定。鉴定过程中发现:油门、刹车踏板活动正常,无干涉、卡滞现象;提取到该事故车辆 EDR 数据,EDR 数据中记录了三组数据,鉴定人首先根据碰撞次数、事故形态、车辆损坏程度等物证,判断第一组数据(TRG7)是本次事故所对应的记录数据。摘录部分数据如下:

Pre-Crash Data, -5 to 0 seconds (Most Recent Frontal/Rear Event, TRG 7)

Time (sec)	-4.6	-3.6	-2.6	-1.6	-.6	0 (TRG)
Vehicle Speed (MPH [km/h])	64.6 [104]	64.6 [104]	65.9 [106]	69.6 [112]	72.1 [116]	73.3 [118]
Brake Switch	OFF	OFF	OFF	OFF	OFF	OFF
Accelerator Rate (V)	2.54	2.85	3.05	3.32	3.36	3.44
Engine RPM (RPM)	2,800	3,600	5,200	5,200	5,600	5,600

在进一步的鉴定中,为确认记录的数据是否可以真实反映驾驶操作情况,鉴定人在接通事故车辆部分元器件电源后,采取了相关操作并观测车辆的电信号。检验结果:

加速踏板未被踩下时,油门位置传感器电压信号为 0.8 V;

加速踏板踩到底时,油门位置传感器电压信号为 4.0 V;

制动踏板触发信号正常,踩下时显示为 ON,抬起时显示为 OFF。

在以上检验结果的基础上,确认该车记录的 EDR 数据可以真实反映操作。即事故发生前约 5 s 内驾驶员踩下加速踏板、未踩制动踏板。碰撞时车辆处于加速状态,而非匀速巡航状态。

(四)数据的技术意义

必须理解数据元素所对应的物理含义和技术意义,在理解这些数据的基础上,进一步结合车辆碰撞形态,应用经典力学、事故重建等原理和方法计算其他未知信息。

例如:

某高速公路上一起追尾事故,前车是一辆重型半挂牵引列车,后车是一辆小型轿车,事故导致后车前部钻入前车后部下侧。车辆痕迹如图 11 - 15、图 11 - 16 所示:

图 11－15　重型半挂牵引列车后观照

图 11－16　小型轿车左前观照

委托单位需要鉴定前车是否超低速（低于 60 km/h）行驶，后车是否超高速（120 km/h）行驶。鉴定过程中，提取了后车的 EDR 数据，该数据包括了两次事件的数据，部分数据摘录如下：

CDR File Information

User Entered VIN	LSGGF53X0BH××××××
User	
Case Number	
EDR Data Imaging Date	01/11/2016
Crash Date	
Filename	LSGGF53X0BH××××××_ACM.CDRX
Saved on	Monday, January 11 2016 at 16:32:07
Collected with CDR version	Crash Data Retrieval Tool 11.1
Reported with CDR version	Crash Data Retrieval Tool 11.1
EDR Device Type	Airbag Control Module
Event(s) recovered	Non-Deployment, Deployment

以上数据显示，EDR 数据中记录了两组数据，分别对应的是一起非点爆事件和一起点爆事件。根据被鉴定车辆（后车）检验所见的气囊点爆情况，结合事故形态和车辆损坏程度等物证，判断两次事件中的第二次事件是本次调查的事件。具体信息如下，其中，后车第二次数据中碰撞前的数据：

Pre-Crash Data -1 to -.5 sec (Event Record 2)

Times (sec)	Cruise Control Active	Cruise Control Resume Switch Active	Cruise Control Set Switch Active	Engine Torque (lb-ft [N-m])	Reduced Engine Power Mode Indicator
-1.0	No	No	No	126 [171]	Off
-0.5	No	No	No	125 [170]	Off

Pre-Crash Data -2.5 to -.5 sec (Event Record 2)

Times (sec)	Accelerator Pedal Position (percent)	Brake Switch Circuit State	Engine Speed	Throttle Position (%)	Vehicle Speed (MPH [km/h])
-2.5	23	Off	2240	59	71 [115]
-2.0	23	Off	2240	59	71 [115]
-1.5	23	Off	2176	59	71 [115]
-1.0	24	Off	2176	59	71 [115]
-0.5	24	Off	2176	59	71 [115]

后车第二次数据中碰撞时的速度数据：

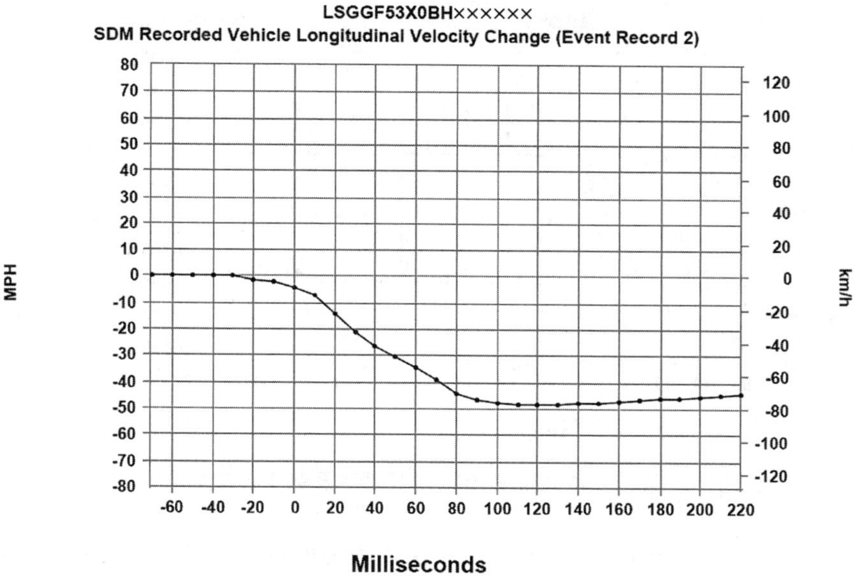

根据后车第二次数据中碰撞前的数据，结合车辆碰撞前的运动形态，记录的速度数值可以真实反映本次事故中后车的运动状态，即行驶速度 115 km/h，低于 120 km/h，未超出最高限速。

这起事故是一起典型的一维追尾碰撞事故。一般情况下，可以根据两车碰撞后的速度，结合根据塑性变形量计算得出的有效碰撞速度，进一步求解前车碰撞时的速度。由于这起事故中，小型轿车前部追尾钻入半挂列车后部，导致小型轿车前部产生了不规则变形，因此无法根据当时鉴定标准的方法计算出后车的有效碰撞速度，进而无法继续计算前车的有效碰撞速度和碰撞时的速度。

但 EDR 数据不仅记录了车辆碰撞前的运动状态和驾驶操作，还记录了车辆碰撞过程中的速度变化情况。根据有效碰撞速度的定义，在这起事故中，后车的速度变化量即为该车的有效碰撞速度。因此，为进一步结合动量守恒计算前车碰撞中的有效碰撞速度提供了条件。

前车速度计算过程示意如下：

Pre-Crash Data -2.5 to -.5 sec

Times (sec)	Accelerator Pedal Position (percent)	Brake Switch Circuit State	Engine Speed	Throttle Position (%)	Vehicle Speed (MPH [km/h])
-2.5	23	Off	2240	59	71 [115]
-2.0	23	Off	2240	59	71 [115]
-1.5	23	Off	2176	59	71 [115]
-1.0	24	Off	2176	59	71 [115]
-0.5	24	Off	2176	59	71 [115] → v_{20}

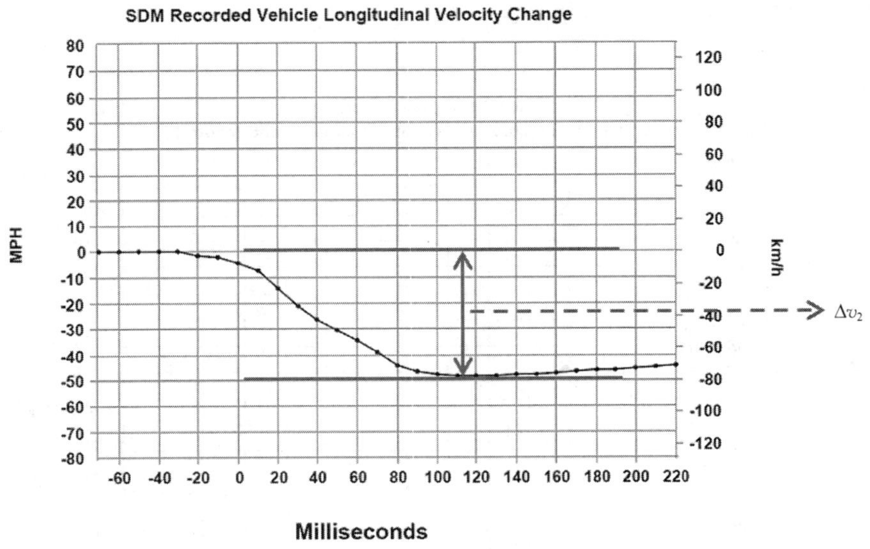

图 11-17　后车 EDR 数据截图及标注示意图

前车碰撞前后的速度分别为 v_{10}、v_{11}，后车碰撞前后的速度分别为 v_{20}、v_{21}，前后两车的有效碰撞速度分别为 Δv_1、Δv_2。根据两车碰撞形态分析，两车碰撞后的瞬时速度相等，即有下列关系成立：

$$v_{11} = v_{21}$$

两车碰撞满足动量守恒的条件，根据牛顿第三定理或动量守恒定律，且有下列关系成立：

$$m_1 \Delta v_1 = - m_2 \Delta v_2$$

上式中，m_1、m_2 分别为前车、后车的质量。上式进一步整理变换得：

$$\Delta v_1 = -\frac{m_2 \Delta v_2}{m_1}$$

又因：

$$v_{10} + \Delta v_1 = v_{11} = v_{21}$$

则：

$$v_{10} = v_{21} - \Delta v_1 = (v_{20} + \Delta v_2) + \frac{m_2 \Delta v_2}{m_1}$$

即：

$$v_{10} = v_{20} + \frac{(m_1 + m_2)\Delta v_2}{m_1}$$

根据事故车辆装载情况，将两车质量代入上式整理即可计算得出前车碰撞时速度。

二、基于 EDR 数据的车速鉴定应用

GB/T 33195—2016《道路交通事故车辆速度鉴定》之 5.7 条基于车载记录设备信息进行车速鉴定的方法以及 GA/T 1999.2—2022《道路交通事故车辆速度鉴定方法 第 2 部分：基于汽

车事件数据记录系统》,从标准的角度提供了利用 EDR 数据进行速度鉴定的方法。此外,GB/T 33195 还定义了两个速度术语,道路交通事故瞬间车辆速度和道路交通事故车辆速度,其中,道路交通事故瞬间车辆速度是指车辆发生碰撞或倾覆或坠落瞬间的车辆速度,道路交通事故车辆速度则是指事故发生前采取避险措施瞬间的车辆速度。

目前,EDR 数据中不仅包含了车辆在事件发生前的速度情况,还包括对应时刻的驾驶操作行为。为许多无法通过路面制动痕迹计算采取制动措施时对应速度的案例,提供了有效且优于传统功能原理的解决途径。

例如:

在某段双向两车道的路段上,一辆雪佛兰科鲁兹小型轿车与一辆丰田陆地巡洋舰 SUV 发生碰撞。办案单位委托对涉案车辆的速度进行鉴定。事故现场如图 11－18、图 11－19 所示。

图 11－18　现场照片一

图 11－19　现场照片二

现场勘验发现,事发地点为坡道弯道路段,部分路面积雪,路面上未检见两车碰撞前或碰撞后轮胎在地面上留下的痕迹。车辆痕迹检验发现,小型轿车左侧前部见撞击痕迹并凹陷变形,安全气囊未点爆;SUV 前侧见撞击痕迹并向后压缩变形,安全气囊点爆。根据车辆痕迹和现场情况分析,这起事故是一起典型的二维碰撞事故,但根据现有条件无法准确获知两车碰撞前后的操作过程和运动方向,无法使用动量守恒定律进行投影解析。因此,无法基于事故形态等传统方法进行速度计算。

鉴定过程中发现,这起事故涉案的两车均具有 EDR 功能,鉴定人利用 CDR 提取了两车的 EDR 数据,摘录部分数据如下所示:

小型轿车的 EDR 数据

CDR File Information

User Entered VIN	LSGPC52H4FF ******
User	******
Case Number	******
EDR Data Imaging Date	June 16 2016
Crash Date	——
Filename	LSGPC52H4FF ****** _ACM.CDRX

续 表

Saved on	Thursday, June 16 2016 at ******
Collected with CDR version	Crash Data Retrieval Tool 16.4
Reported with CDR version	Crash Data Retrieval Tool 16.4
EDR Device Type	Airbag Control Module
Event(s) recovered	Non-Deployment

System Status at Time of Retrieval

Dynamic Deployment Event Counter	0
Multi-Event, Number of Events (Dynamic Event Counter)	0
Dynamic OnStar Notification Event Counter	0
Vehicle Identification Number (VIN)	LSGPC52H4FF××××××
Ignition Cycle, Download (Ignition Cycles at Investigation)	3 137

System Status at Event (Event Record 1)

Event Record Type	Non-Deployment
OnStar Deployment Status Data Sent	No
Complete file recorded (Event Recording Complete)	Yes
Crash Record Locked	No
OnStar SDM Recorded Vehicle Velocity Change Data Sent	No
Deployment Event Counter	0
Multi-Event, Number of Events (Event Counter)	1
OnStar Notification Event Counter	1
Time From Event 1 to 2 (Time Between Events) (seconds)	Data Not Available
Ignition Cycle, Crash (Ignition Cycles at Event)	3 137

Pre-Crash Data −5.0 to −0.5 sec (Event Record 1)

Times (sec)	**Accelerator Pedal, % Full (Accelerator Pedal Position)**	**Service Brake (Brake Switch Circuit State)**	**Engine RPM (Engine Speed)**	**Engine Throttle, % Full (Throttle Position)**	**Speed, Vehicle Indicated (Vehicle Speed) (MPH [km/h])**
−5.0	0	On	3 456	18	74 [119]
−4.5	0	On	3 392	18	72 [116]
−4.0	0	On	3 200	17	65 [105]
−3.5	0	On	2 816	17	58 [93]
−3.0	0	On	2 624	12	50 [80]

续 表

Times (sec)	Accelerator Pedal, % Full (Accelerator Pedal Position)	Service Brake (Brake Switch Circuit State)	Engine RPM (Engine Speed)	Engine Throttle, % Full (Throttle Position)	Speed, Vehicle Indicated (Vehicle Speed) (MPH [km/h])
-2.5	0	On	2 304	11	43 [69]
-2.0	0	On	1 856	10	25 [41]
-1.5	0	On	640	8	21 [34]
-1.0	0	On	192	10	24 [38]
-0.5	73	On	0	31	11 [17]

该车 EDR 数据中只记录 1 次气囊非展爆事件的数据，该数据显示事件中上电周期为 3 137；本次数据读取时上电周期为 3 137，对应的事件类型也是气囊非点爆事件。根据小型轿车的气囊点爆情况，综合比较上电周期和事件类型，判断该车记录的这 1 次事件即是本次碰撞事故，确认了 EDR 数据与调查事故的相关性。在此基础上，结合事故现场和车辆痕迹，进一步确认碰撞前数据的有效性。

该车记录了碰撞前约 5 s 内的数据，记录的时间间隔为 0.5 s，记录的数据包括加速踏板位置、制动功能开启情况、发动机转速、节气门开度和车辆速度。根据数据分析，该车碰撞前约 5 s时的速度约为 119 km/h，制动功能已经开启，此后速度一直下降，制动功能一直处于开启状态。结合车辆碰撞部位和现场情况分析，该车采取制动措施前的速度应大于或等于119 km/h，但根据现有条件无法准确判断该车碰撞时的速度。

SUV 的 EDR 数据

CDR File Information

User Entered VIN/Frame Number	LFMGJE722CS ******
User	******
EDR Data Imaging Date	06/16/2016
Crash Date	——
Filename	LFMGJE722CS ******_ACM.CDRX
Saved on	Thursday, June 16 2016 at ******
Collected with CDR version	Crash Data Retrieval Tool 16.6
Reported with CDR version	Crash Data Retrieval Tool 16.6
EDR Device Type	Airbag Control Module
Event(s) recovered	Front/Rear (2), Side (1)

Event Record Summary at Retrieval

Events Recorded	TRG	Count Crash Type Time (msec)	Pre-Crash & DTC Data Recording Status	Event & Crash Pulse Data	Recording Status
Most Recent Event	11	Front/Rear Crash	0	Complete (Page 1)	Complete (Front/Rear Page 1)
1st Prior Event	10	Front/Rear Crash	−16 381 or greater	Complete (Page 0)	Complete (Front/Rear Page 0)
2nd Prior Event	4	Side Crash	N/A	N/A	Complete (Side Page 0)

System Status at Event (Most Recent Event, TRG 11)

Recording Status, Front/Rear Crash Info.	Complete
Crash Type	Front/Rear Crash
TRG Count (times)	11
Previous Crash Type	No Event
Time from Pre-Crash TRG (msec)	0
Linked Pre-Crash Page	1
Time to Deployment Command, Front Airbag, Driver (msec)	4
Time to Deployment Command, Front Airbag, Passenger (msec)	4
Event Severity Status, Driver	Level 3
Event Severity Status, Passenger	Level 3
Time to Deployment Command, Pretensioner (msec)	4

Pre-Crash Data, −5 to 0 seconds (Most Recent Event, TRG 11)

Time (sec)	−4.1	−3.1	−2.1	−1.1	−.1	0 (TRG)
Vehicle Speed (MPH [km/h])	53.4 [86]	52.2 [84]	52.2 [84]	51 [82]	39.8 [64]	39.8 [64]
Brake Switch	OFF	OFF	OFF	ON	ON	ON
Accelerator Rate (V)	0.78	1.05	1.13	0.78	0.78	0.78
Engine RPM (RPM)	1 600	1 600	1 600	1 200	1 200	1 200

该车 EDR 数据中记录 3 次事件的数据，其中，纵向碰撞（前/后）2 次，侧向碰撞 1 次。根据车辆碰撞形态、气囊点爆情况和事件的间隔时间分析，判断最近记录的一次事件（TRG11）即是本次碰撞事故，确认了 EDR 数据与调查事故的相关性。在此基础上，结合事故现场和车辆痕迹，进一步确认碰撞前数据的有效性。

该车记录了碰撞前约 4.1 s 内的数据，记录的时间间隔为 1.0 s，记录的数据包括车辆速度、制动功能开启情况、加速踏板电压和发动机转速。根据数据分析，该车碰撞前约 1.1 s 时的速度约为 82 km/h，此时制动功能已经开启，此后速度一直下降，碰撞时的速度约为64 km/h，制动功能一直处于开启状态。结合车辆碰撞部位和现场情况分析，该车采取制动措施瞬间的速度约为 82 km/h、碰撞时的速度约为 64 km/h。

三、基于 EDR 数据的车辆技术状况鉴定应用

转向装置、行车制动装置的技术状况鉴定

2023 年某日 09 时许，一辆宝马牌小型普通客车在某路口与一辆自行车发生碰撞，致该小型普通客车严重损坏，不能现场确定该小型普通客车转向装置、行车制动装置的技术状况与事故的关系。为事故调查需要，办案民警委托鉴定该小型普通客车转向装置、行车制动装置的技术状况与事故的关系。

经检验，被鉴定车辆前部多部件向后变形、破损，驾驶员安全气囊及前排乘员安全气囊点爆展开，该车失去行驶能力，无法通过路试检验确定其行车制动性能是否符合 GB 7258—2017《机动车运行安全技术条件》。通过静态检验，该车方向盘、转向柱、转向器、转向拉杆等转向装置各部连接未见异常，转动方向盘，左、右前轮随之动作；该车行车制动装置采用液压制动，制动储液罐内油液充足，制动踏板、制动总泵、制动管路、各轮制动器等行车制动装置各部连接未见异常，踩下制动踏板，各轮均不能转动。对被鉴定车辆静态检验结果分析，被鉴定车辆转向装置各部连接未见异常、功能尚存；行车制动装置各部连接未见异常、功能尚存。

经查，被鉴定车辆安装有 EDR，通过读取该车 EDR 数据，该车碰撞前 5 s 内的车速、驾驶员操作情况及其他相关数据，摘录如下：

Pre-Crash Data −5.0 to −0.5 sec (Record 1 Most Recent)

Times (sec)	Accelerator Pedal, % Full (Accelerator Pedal Position)	Steering Input (deg)	Service Brake (Brake Switch Circuit State)	ABS Activity (Engaged, Non-engaged)	Speed, Vehicle Indicated (Vehicle Speed) (km/h)
5.0	29	−2	Off	No ABS Activity	83
−4.5	29	−2	Off	No ABS Activity	84
−4.0	29	−2	Off	No ABS Activity	84
−3.5	28	−2	Off	No ABS Activity	84
−3.0	0	−2	On	No ABS Activity	81
−2.5	0	12	On	ABS Activity	72
−2.0	0	−70	On	ABS Activity	62
−1.5	0	−216	On	ABS Activity	55
−1.0	0	−144	On	ABS Activity	49
−0.5	0	−214	On	ABS Activity	41
0.0	0	−194	On	ABS Activity	33

根据被鉴定车辆 EDR 数据，该车碰撞前约 3 s 时松开加速踏板、踩下制动踏板，随后约 0.5 s ABS 激活，且碰撞前约 2 s 后方向盘转角开始大幅变化(负值表示左转)。制动踏板踩下、

ABS 激活过程中,速度降低幅度最大为每 0.5 s 速度下降 10 km/h,即最大减速度值约为 5.56 m/s^2。

根据以上分析,被鉴定车辆检验时,转向装置及行车制动装置均功能尚存,碰撞前约 3 s 时该车制动踏板被踩下,ABS 随之激活,至碰撞时被鉴定车辆制动减速度可达 5.56 m/s^2,方向盘转角变化明显(可由 12°转至-216°)。因此,可以排除该宝马牌小型普通客车因转向装置、行车制动装置机械故障而导致事故的可能性。

本次鉴定中,对于失去行驶能力的车辆,不仅通过静态检验定性分析了车辆转向装置、行车制动装置的机械连接功能状况,还结合 EDR 数据,定量分析了车辆碰撞前方向盘转角变化量、制动减速度变化量,保障了鉴定意见的科学性和客观性。

· 思考题 ·

1. 事件数据记录系统(EDR)的主要功能是什么?
2. EDR 事件类型有哪些?
3. EDR 数据的主要来源有哪些?
4. EDR 数据读取的准备工作包括哪些内容?
5. 基于 EDR 数据进行鉴定时,从哪几个方面进行分析论述?

第十二章　汽车火灾痕迹物证鉴定

第一节　燃油汽车起火的主要原因

汽车火灾发生的原因有很多，一般分为两大方面，一方面是汽车本身相关原因，主要有电气故障、油品泄漏、机械故障、摩擦生热、进排气系统因素和操作不当起火等，另一方面是汽车外部原因，主要有人为放火、外来飞火、遗留火种和物品自燃等。

一、电气故障

电气故障引发火灾在汽车本身相关原因引发火灾中占比较高，现代汽车智能化程度越高，线路和设备越复杂，火灾危险性也就越大。

常带电部分：电瓶至起动机、发电机，电瓶至舱内接线盒、驾驶室接线盒、点火开关，防盗系统，ECU 单元等。行驶状态下，全车线路均处于带电状态，其中部分由开关或继电器控制。因此，无论车辆行驶中还是停放数小时甚至几天、十几天均存在电路故障起火的可能。

主要故障形式如下：

(1) *短路*　汽车线路由于制造或安装不当造成外绝缘损伤，或者由于车辆震动、颠簸等，线路与车架、车身、发动机或固定夹具等发生摩擦，损坏外绝缘造成短路故障。此外，起动机、发电机、压缩机、鼓风机及各种电机等，还存在线圈绕组故障形成电热熔痕的可能性。

(2) *过负荷*　汽车线路由于设计时安全载流量不足，或者汽车购置后加装改装电气设备，如氙气大灯、倒车影像、DVD 机、音响、行车记录仪等造成线路过负荷，加速绝缘老化，容易造成线路过热燃烧。

(3) *接触不良*　汽车线路贯穿全车身各个部分，线路间需要用连接器以及很多线路用接线端子等连接。有的产品设计不当或者安装不紧固，当车辆震动、颠簸时容易松动，此时会产生电弧。此外，若车内液体发生渗漏，会使接插件外绝缘材料的绝缘性能下降，同时液体会沿着线路接触到接线端子部位，对其产生腐蚀、氧化作用，出现接触电阻过大现象，局部高温发热引发火灾。

(4) *局部过热*　线路中高电阻故障导致导线温度高于其绝缘皮的燃点，比如制造或安装不良造成的半断线情况，以及线路材料本身存在缺陷，如杂质、孔洞等，造成线路局部过热引发火灾。还有电子元器件失效引发线路板过热起火，电加热座椅控温元件失灵或加热丝出现故障，也存在引发座椅过热起火的可能。

汽车停放状态发现起火，发动机舱内烧损严重，且呈现前重后轻痕迹特征，尤其是左前部电瓶部位最为严重，见图 12－1(a)。在电瓶下方线路上发现有短路熔痕，见图 12－1(b)、图 12－1(c)和图 12－1(d)。发动机舱内左前部电气线路短路引燃周围可燃物起火。

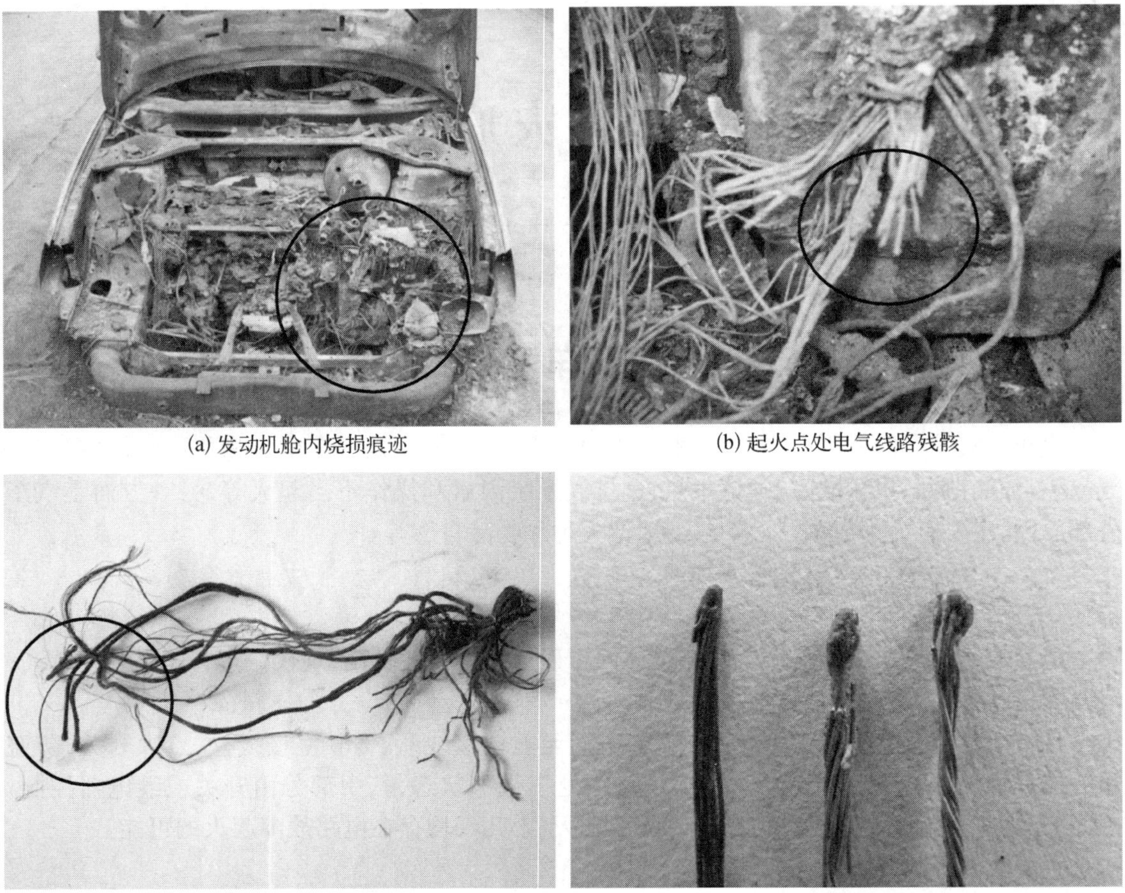

(a) 发动机舱内烧损痕迹　(b) 起火点处电气线路残骸

(c) 现场提取带有熔痕的铜导线　(d) 线路短路熔痕外观

图 12－1　发动机舱内左前部电气线路短路起火

二、油品泄漏

油品泄漏遇火源引发火灾是汽车火灾的常见原因。汽车内油品较多，如汽油、柴油、机油、变速箱油、助力转向液、制动液等。这些油品一旦泄漏有可能被引火源引燃。

汽油的主要引燃方式是电弧、电火花和明火，其他油品如柴油、机油、变速箱油、助力转向液、制动液等主要由排气歧管和催化转化器等炽热表面引燃。炽热表面引燃可燃液体的条件，除了最终表面温度要超过被引燃液体的自燃点以外，影响的因素还有很多，包括通风条件、可燃液体饱和蒸汽压、炽热表面的温度和粗糙度，以及可燃液体的量及其在炽热表面的滞留时间等。

发动机油底壳、机油滤清器、缸盖罩盖等许多的连接件、配合件表面都能发生机油泄漏的故障；燃油箱、燃油管、燃油分配器以及活性炭罐或真空管破损老化，会造成燃油（或蒸汽）泄漏；变速箱及其上部通气孔会出现变速箱油喷出的故障；助力转向液罐及其连接管路松脱会造成助力油液溢出，制动油储液罐及其管路损坏则会导致制动液泄漏。若出现以上油品泄露的情形，都存在接触高温炽热表面而引燃起火的可能。

车辆停放在酒店门口未熄火，司机在驾驶位睡觉，酒店保安发现汽车发动机舱内冒烟起火。发动机舱内右侧烧损严重，尤其右后侧，见图 12－2(a)。拆解下发动机，发现缸体右后角烧损缺失，见图 12－2(b)、图 12－2(c)。右侧气缸盖罩内机油缺失，见图 12－2(d)，而对应左侧气缸盖罩完整且机油正常。发动机舱右侧气缸盖罩内机油泄漏，滴落在下方过热的排气歧管上被引燃而导致汽车火灾的发生。

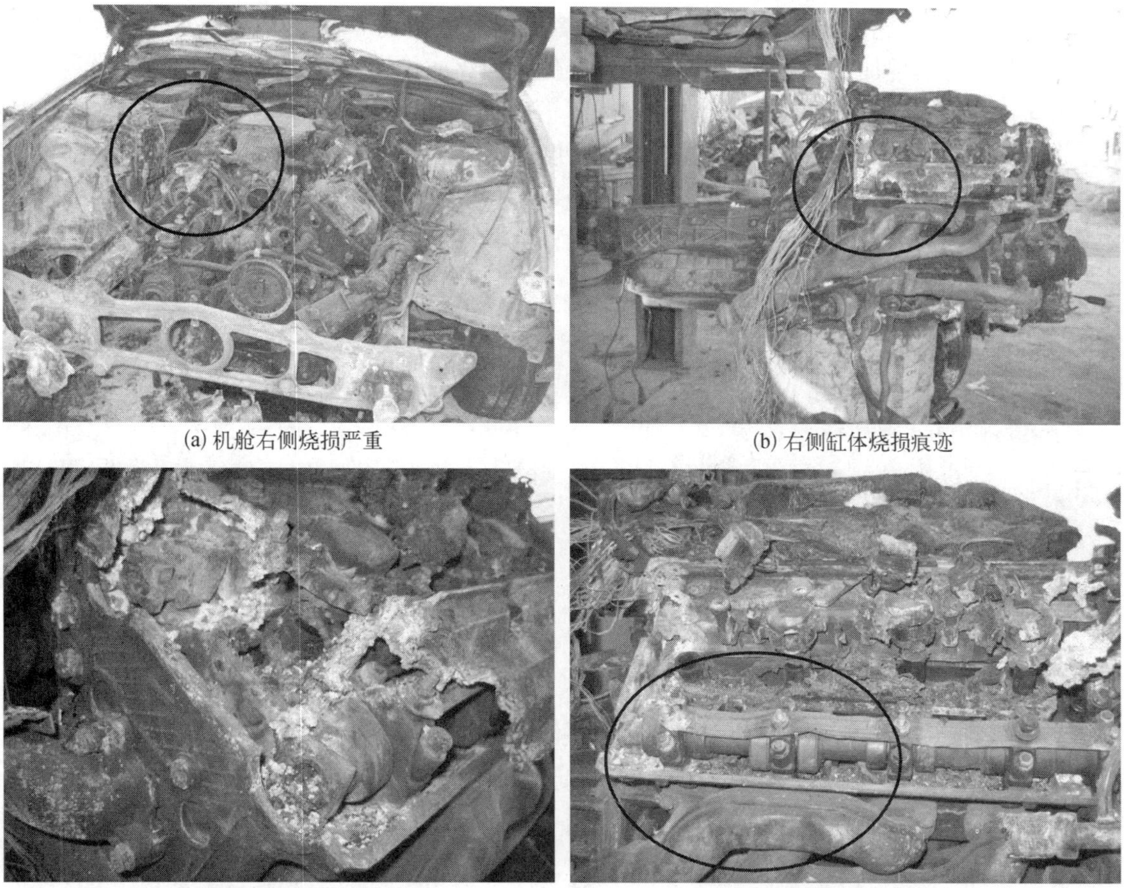

(a) 机舱右侧烧损严重　(b) 右侧缸体烧损痕迹

(c) 右侧气缸盖罩右后角烧损缺失　(d) 右侧气缸盖罩内机油缺失

图 12-2　发动机气缸盖罩内机油泄漏起火

三、机械故障

机械故障能导致某些零部件从发动机壳体中高速飞出，活塞和连杆能够击碎缸壁并破坏发动机外部的其他零部件，或造成电气线路短路起火，或造成机油大量泄漏，被炽热表面引燃。管路机械断裂造成涡轮增压器壳体损坏，喷出的高温烟气流可以引燃附近可燃物。

四、摩擦生热

传动齿轮、传动轴或轴承都存在金属与金属的相互接触，而断裂的传动轴、排气管路或没有轮胎的轮辋则存在金属与路面的相互接触。此外，汽车轮胎充气不足、拉运货物超载、金属捆绑货物或车轮夹带杂物，均会导致轮胎、货(杂)物及箱体间摩擦生热。

五、进排气系统因素

排气歧管和催化转换器产生的高温，足以引燃掉落在发动机舱内的油抹布、报纸以及行驶中夹带进来或者停放时底部接触到的稻草、玉米秆、垃圾堆等可燃物。

排气歧管、催化转换器以及涡轮增压器高温表面也可以引燃柴油、机油、变速箱油、助力转向液、制动液等。

可燃混合气的比例调节不当、点火过早或者点火顺序错乱等可能产生回火现象。在这种情况下，车辆常出现加速不灵，如急剧加油也会促进回火或排气管放炮，甚至排出火星。

一辆轿车在农村附近路段上行驶中发现车辆底部冒烟起火，汽车底盘后半部烟熏痕迹较重，见图 12－3(a)。前部催化转换器部位烧损痕迹不明显，见图 12－3(b)。底盘中后部及排气管路周围黏附有炭化物，见图 12－3(c)、图 12－3(d)。汽车行驶中道路上晾晒的稻谷秆等农作物被夹进底盘，接触排气管高温表面被引燃起火。

(a) 汽车底盘后半部烧损痕迹

(b) 催化转换器部位周围烧损痕迹

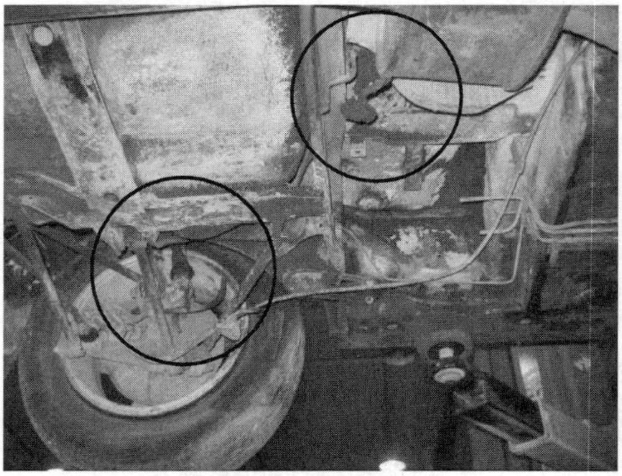
(c) 底盘中部左侧烧损状态

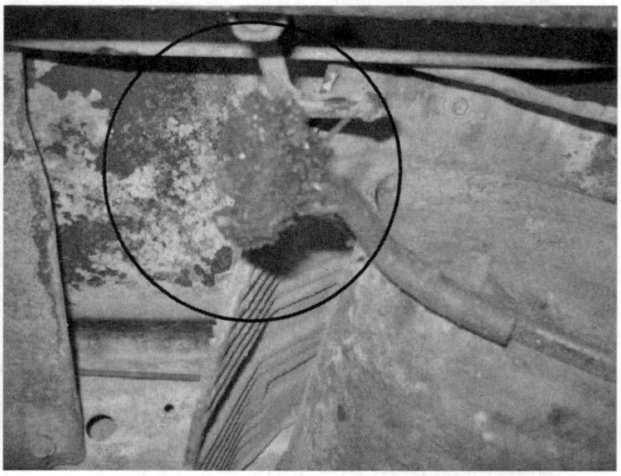
(d) 排气管路周围黏附的炭化物

图 12－3　排气管高温表面引燃稻谷秆等可燃物起火

六、操作不当起火

清洗车辆零件时违反操作规程，不切断蓄电池电源线，此时毛刷金属箍若不慎碰到裸露的电线而打出电火花，可能引燃汽油导致车辆起火。此外，检修车辆时违章用火，焊补油箱时未彻底清洗油箱、直接用明火烘烤发动机，或者偷油抽油时使用明火照明，均存在引燃燃油蒸气酿成火灾的风险。

当车辆不小心陷入沟中或泥泞道路内，司机大力踩踏油门仍不能脱困，此时车辆原地打滑会使发动机过热，且可能会造成机油泄漏，导致排气管路烤燃周围杂草或直接引燃排气管后面的杂草、庄稼秆等可燃物酿成火灾。

停陷在某县境内土路边的一辆轿车发生了火灾，车内一人死亡。车辆后部烧损重于前部，右侧重于左侧，见图 12－4(a)。抬起车辆底盘，排气管路表面残留明显炭化烟熏痕迹，见图 12－4(b)。司机试图脱离，大力踩踏油门，汽车底部的过热，排气管引燃路边的干杂草等可燃物导致汽车火灾的发生。

(a) 汽车后部整体烧损痕迹

(b) 底盘排气管路表面炭化痕迹

图 12－4　大力踩踏油门，排气管过热引燃地面杂草起火

七、人为放火

人为放火的动机有多种类型，主要为经济型、报复型、掩饰型、政治型、精神型、寻求刺激型等。行为人多数情况下会采用易燃液体汽油作为助燃剂，并将汽油或其他易燃液体（如柴油、油漆稀料等）直接泼洒在驾驶室内、发动机部位或汽车轮胎处，但利用其他可燃物助燃或直接点燃车上的可燃物实施放火行为的案件也时有发生。

凌晨 3 时许，一辆豪华品牌汽车行驶至高速公路某处时，报案人称车辆与护栏剐擦相撞后车辆起火。车辆左侧痕迹特征呈现火从前向后燃烧蔓延，见图 12－5(a)。发动机舱内部烧损不严重，而左前部烧损变色严重，为第一起火点，见图 12－5(b)、图 12－5(c)。车辆右侧痕迹特征异常，右后门烧损变色重于右前门，见图 12－5(d)。右后座前方地板处烧损变色严重，为第二起火点，见图 12－5(e)。在该起火点挖掘出塑料桶底及毛巾残骸，见图 12－5(f)。存在使用汽油助燃剂的人为放火嫌疑，排除发生碰撞事故引发车辆本身起火的可能性。

凌晨 1 时许，停放在某市区路边的小型汽车起火，车辆前部烧损严重，向后逐渐减轻，见图 12－6(a)。发动机舱前部重于后部，右前部锈蚀变色重于左侧，发电机掉落到前方地面上，见图 12－6(b)、图 12－6(c)和图 12－6(d)。调取视频监控，汽车早期起火在汽车前侧，见图 12－6(e)。嫌疑人放火后离开过程中回头看向起火点，见图 12－6(f)。系人为放火导致汽车火灾。

(a) 车身左侧整体烧损痕迹

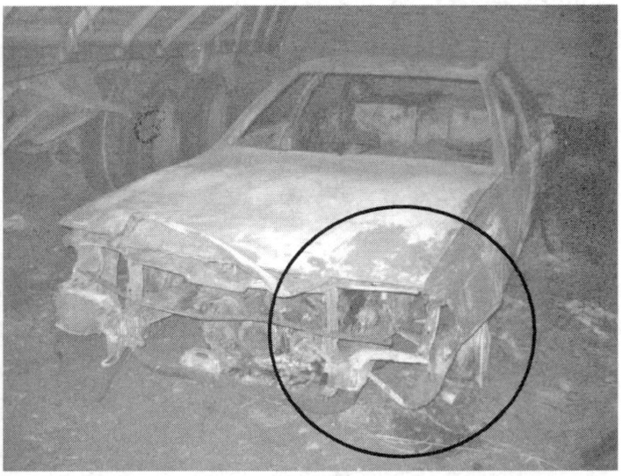

(b) 第一起火点左前部烧损痕迹

(c) 车头前部烧损痕迹

(d) 右后车门严重锈蚀变色

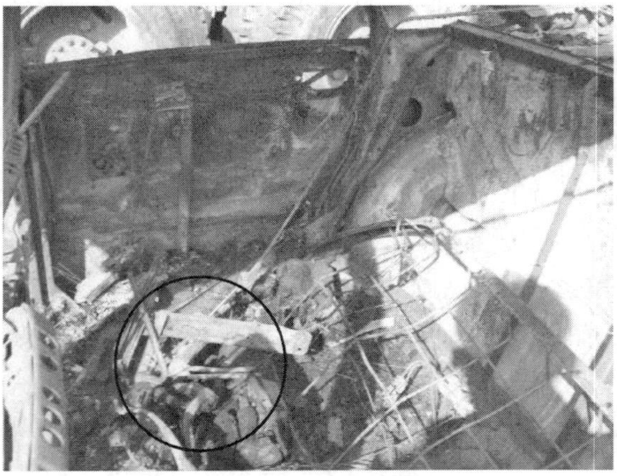

(e) 第二起火点驾驶室右后座烧损痕迹

(f) 第二起火点右后座处引火物证

图 12－5 涉嫌骗取保险金放火火灾

(a) 汽车左侧整体烧损痕迹

(b) 发动机舱前部烧损严重

(c) 发电机烧损掉落在地面上

(d) 汽车右前部烧损变色严重

(e) 汽车早期起火视频截图

(f) 嫌疑人放火后离开回头画面

图 12－6　涉嫌智障人员恶意放火火灾

八、外来飞火

道路旁或小区里焚烧祭祀用品或垃圾等，遇到有风天气时，存在引燃周围汽车起火的可能。燃放烟花爆竹时飞溅到附近汽车底部或内部，或者汽车直接停放在未完全熄灭的烟花爆竹残留物上面，也可能引发汽车火灾。

在市区一路边停车场，正值除夕夜晚12点，对面小区有很多人出来在路边燃放各种烟花爆竹，有人发现路边停车场内的一辆汽车前部冒烟起火。车辆左前部烧损严重，见图12-7(a)、图12-7(b)。发动机舱内烧损较轻，左前角金属变色严重，见图12-7(c)。左前侧地面残留鞭炮残骸，对应左前轮烧损痕迹前重后轻，见图12-7(d)。居民燃放鞭炮时烟花意外倒下喷射到汽车左前部，引燃地面鞭炮残留物及车保险杠等可燃物起火。

(a) 汽车整体烧损痕迹

(b) 汽车左前部位烧损痕迹

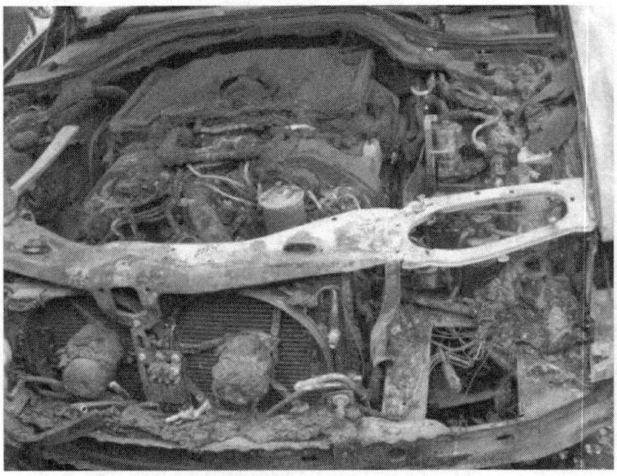

(c) 发动机舱内左前部侧烧损痕迹

(d) 左前轮前部地面鞭炮等残留物

图12-7　燃放烟花爆竹引起车辆起火现场

九、遗留火种

在调查过程中需要留意驾驶室内充电宝存在热失控的可能性。点燃的香烟如果掩埋在纸张、薄纱或其他堆积物下，容易发生火灾。

车主下班回家将车停放在小区停车位，下午6时下楼准备外出发动汽车时，发现车辆内部有过火痕迹。驾驶室内整体烧损较轻，主要是副驾驶座椅烧损严重，见图 12－8(a)、图 12－8(b)。勘验中发现锂离子电池残骸且内部电芯过热爆出，见图 12－8(c)、图 12－8(d)。副驾驶座位上的充电宝中锂离子电池故障引发火灾。

(a) 驾驶室内烧损痕迹

(b) 副驾驶座位上部烧损痕迹

(c) 起火点处移动电源残骸

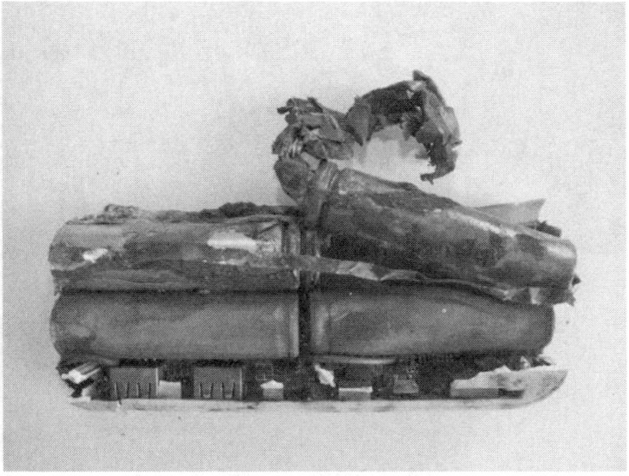

(d) 锂离子电池电芯爆出

图 12－8　遗留座椅充电宝起火

十、其他起火因素

汽车发生交通事故导致电路、油路、涡轮增压器等损坏，能够导致火灾发生。一次性打火机在阳光下暴晒，会使打火机外壳爆裂，丁烷气泄出，可能引发火灾。压燃式打火机掉落到座椅导轨槽内，座椅移动过程中可能会压燃打火机引发火灾。后备箱内存放化学危险品，一旦泄漏存在物质自燃或摩擦起火的可能性。

在高速公路某处发生一起多辆货车追尾相撞的交通事故。中间货车受到后面货车的撞击后又撞到前面货车，见图 12－9(a)。发动机左侧（进气）烧损程度较右侧轻，见图 12－9(b)。发动机缸体右侧涡轮增压器金属管断裂，见图 12－9(c)、图 12－9(d)，从断口处喷出的高温热气流直接明火引燃周围可燃物起火。

(a) 起火货车车头部分外观(右)

(b) 发动机左侧(进气)烧损痕迹

(c) 发动机右侧(排气)烧损状态

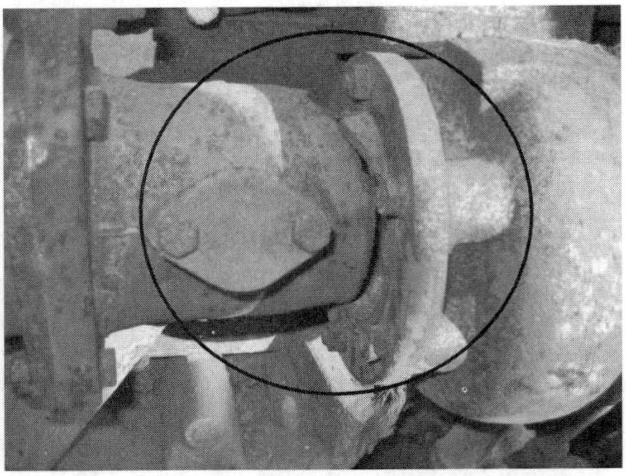

(d) 涡轮增压管路局部断裂状态

图 12－9　交通事故引发火灾

第二节　燃油汽车火灾鉴定勘验的主要内容

汽车火灾鉴定的勘验工作应当在汽车火灾事发地进行，但是有许多原因导致无法在发生地完成勘验工作。勘验现场痕迹时，特别要注意考虑到火灾发生时风向、风力等气象因素对火灾燃烧蔓延痕迹的影响。

1. 环境勘验

1）通过现场照片检验火灾现场全貌，包括周围的建筑物、公路设施、植被情况，其他汽车、轮胎留下的痕迹和脚印等。着重关注上述物体的烧损情况和燃料的流淌痕迹，有助于分析火灾蔓延的方向。

2）汽车经常停放在建筑物内，而建筑物内发生火灾时会殃及停放的汽车。因此首先要对整个建筑物火灾燃烧蔓延特征进行观察分析，确定起火范围是否在汽车位置。另外勘验过程中，可能还需要将汽车从整个火灾现场中移出，方便查看汽车本身烧损情况以及汽车位置周围烧损痕迹。

2. 初步勘验

1）通过检查对汽车进行识别，确定汽车的构造、类型、年代和其他识别标志，记录相关信息。车辆识别代码（VIN）通常在前挡风玻璃的左（右）下角、车辆防火墙上、B 柱铭牌纸上等。

2）应当充分了解被鉴定汽车的构造、功能等相关信息，可以通过生产年代、构造、类型及配置相同的汽车进行比对勘验，或者查阅相关的维修手册、网上查找相关技术资料和图片等。

3）采用全方位立体检验，多方位、多角度外部拍照，包括汽车前后左右及各45度角，以及汽车顶部和汽车所在地面在内。重点观察汽车车身壳体和机舱盖金属烧损、变形、变色、锈蚀痕迹，轮毂轮胎烧损痕迹，车内可燃物烧损痕迹、车窗玻璃烟熏破裂掉落痕迹等，分析判断火灾燃烧蔓延方向，确定起火部位。绝大部分汽车分为三个车厢：发动机舱、乘员舱、储物舱。这些车厢的尺寸、结构、火灾荷载存在很大差异。

4）重点检查汽车外部残留的火灾燃烧痕迹，特别是不同位置的火焰作用于前风挡玻璃，其掉落的路径不同，这有助于确定起火点在哪个车厢之内。当车辆大部或全部烧损时，应考虑到燃料和机油等参与燃烧加大火势的因素，通过观察车身钢板的燃烧变色锈蚀程度的差异来判断起火部位。

5）无论汽车停放在原发现场还是已被转移他处，对汽车本体检验和记录的过程都相同。即使在火灾原发现场已对汽车本体进行检验，也可以利用汽车从现场移走后的优势，继续对其检验。例如，使用叉车或其他升降设备将汽车升起，或者使用破拆工具进行更为细致的检验工作，同时应全面细致地拍摄照片。

3. 细项勘验

1）从不同角度记录并拍摄汽车内部全貌的照片，对汽车内部、外部烧损和未烧损部位，都应当有针对性地进行拍照。

2）如果确定起火部位在车厢内，按照由烧损最轻至烧损最重的顺序，对汽车进行更为细致的勘验。再根据起火点在发动机舱、乘客舱、储物舱的不同火灾特点，有针对性地对各系统进行检查，确定其烧损状态，分析引起火灾的各种可能性。重点检查电路、油路、气路等，查找电气故障形成的金属熔化痕迹，查找可能的油品泄漏及燃烧残留痕迹，查找排气歧管和涡轮增压器高温表面引燃可燃物的起火痕迹。注意区分乘员舱内吸烟遗留火种和明火燃烧的痕迹特征。

3）如果起火部位在车厢外，应重点勘验是否存在放火嫌疑的痕迹，勘验车辆底盘下地面燃烧情况，是否有干草、树叶和其他可燃物夹带在排气管上，勘验是否存在轮胎过热起火的痕迹等。

4. 专项勘验

通过上述3个步骤已经能够认定起火点基础上，针对火灾现场特定的物体或事件进行勘验，勘验分析引火源与起火点、起火物的关系，同时现场提取相关物证样品，及时保存封存，必要时送鉴定机构进一步检验分析。

第三节　燃油汽车火灾鉴定要点

一、电气故障相关火灾鉴定要点

1）根据火灾燃烧痕迹特征，经勘验等工作，确定起火部位（点）。

2）起火部位（点）大多在发动机舱或仪表板附近且存在局部烧损变色严重区域。

3）在起火部位发现电气线路或电气设备有可能的故障点，并提取到相关金属熔化痕迹等物证，也可能未找到线路短路等熔化痕迹。

4）结合相关物证的理化鉴定结果，综合分析判断。

二、油品泄漏相关火灾鉴定要点

1）一般情况下汽车处于行驶状态或停车怠速状态。

2）起火部位可以确定在发动机舱内或底盘下面，地面一般会残存油品流淌痕迹。

3）在发动机舱内重点勘查过热部位，如催化转换器、排气歧管、涡轮增压器等，发现有机油、变速箱油等高闪点油品燃烧残留物黏附在其表面，同时找到可能的泄漏点。泄漏汽油一般不能被炽热的表面点燃，但能被各种电火花、机械火花等点燃。

4）经勘验，在发动机舱内未发现有电气线路或电气设备可能的故障点，或者存在相关电气物证，经检验分析或理化鉴定判断均为二次短路熔痕等。

5）发动机舱内油品燃烧后残留的烟熏痕迹较重，同时起火初期大多数情况下有冒黑烟等现象。

三、嫌疑纵火案件的鉴定要点

1）根据火灾燃烧痕迹特征，经勘验等工作，基本可以确定起火部位。

2）判断可能有一个或一个以上起火点，且大都在驾驶室内、发动机舱前部、前后轮胎、油箱附近等。

3）在起火部位附近有选择地提取相关物证，如窗玻璃附着烟尘、车体外壳附着烟尘、炭化残留物、地面泥土烟尘、可疑物品残骸以及事发现场附近墙壁、树干、隔离带等表面附着烟尘等。进行理化鉴定，判断是否存在汽油、煤油、柴油或油漆稀料等助燃剂燃烧残留成分，并排除汽车所使用燃油的干扰因素和其他可能的干扰因素。

4）经勘验，在起火部位未发现有电气线路或电气设备可能的故障点，或者即使存在相关电气物证，经检验分析或理化鉴定均为火灾热作用的结果，如二次短路熔痕和火烧熔痕等。

5）起火部位提取的相关物证经理化鉴定未检出助燃剂成分时，则需综合分析判断。

四、遗留火种相关火灾鉴定要点

1）经勘验等工作，可以确定起火部位。

2）起火部位绝大多数在驾驶室。对于货车来说，可能会发生在货厢内。汽车火灾中遗留火种主要指烟头火源，还有充电宝等锂离子电池类火源。

3）经勘验，在起火部位未发现有电气线路或电气设备可能的故障点，或者即使存在相关电气物证，经检验分析或理化鉴定均为火灾热作用的结果，如二次短路熔痕和火烧熔痕等。

4）在起火部位存在阴燃起火特征，且有局部燃烧炭化严重现象。

总之，汽车存在多种内外部引发火灾的因素，要善于抓住各种原因导致火灾的特征和特点，有目的地开展分析鉴定工作。

第四节　新能源汽车火灾特点

一、新能源汽车动力系统

新能源汽车是指采用非常规的车用燃料为动力来源，或使用常规的车用燃料，采用新型动力装置(现阶段一般为电机),综合车辆的动力控制和驱动方面的先进技术,形成的具有新技术、新结构的汽车。

目前新能源汽车范围广泛,主要包括纯电动汽车、混合动力汽车和燃料电池汽车,也就是大家习惯统称为的电动汽车。目前市场上常见的新能源汽车主要为纯电动汽车和混合动力汽车,本章介绍的新能源汽车火灾鉴定主要为以上两种常见车型。

纯电动汽车。纯电动汽车(BEV)是指驱动能量完全由电能提供、由电机驱动的汽车。电机的驱动电能来源于车载可充电储能系统或其他能量存储装置。纯电动汽车的驱动系统比传统汽车要简单,总体上由电源系统、驱动电机和电控(整车控制)系统三大部件构成,这三大部件称为纯电动汽车"三电"系统。

混合动力汽车。混合动力汽车是指由两种以不同原理工作的动力系统组合而成的汽车。目前大家对混合动力技术的理解是一个发动机和一个电动机的组合。混合动力汽车按照动力系统结构形式分为串联式、并联式和混联式三种类型。

二、新能源汽车火灾特点

从目前电动汽车起火的案例来看,多数火灾的起火原因与动力电池故障相关。由于动力电池的参与,新能源汽车火灾出现了与传统内燃机汽车火灾不同的特点。

1) 由于动力电池包内部故障引发的火灾,一般会在起火前从电池包部位会向外释放大量可燃性气体,颜色从白色变为黑色。这些气体会充满机舱、驾驶室以及车辆底部的沟槽内。起火瞬间,会发生轰燃现象。

2) 电池包内电芯热失控向外释放的气体具有很强的刺激性,同时,动力电池在燃烧过程中会产生大量有毒气体,包括氯化氢、氟化氢、氰化氢等酸性气体,对人体皮肤黏膜和呼吸系统造成很大的伤害。在灭火时,由于很多气体是水溶性的,大量的有毒液体会对皮肤、眼睛造成更大的刺激和伤害。

3) 电池包部位燃烧剧烈,持续时间长。电池热失控会持续在底部燃烧,间断性的火焰喷发,整车燃烧实验过程中,电池包燃烧喷射火焰距离可达 3 米以上(实验表明随着电池能量密度的增加,这种危险呈现逐步加大的趋势)。

4) 电池包位于车辆底部,密封性好。起火时,由于车体的遮挡,灭火药剂很难直接进入起火部位。电池包内部温度很难短时间降低到环境温度,因此电动汽车起火后,经常发生复燃现象,并且复燃的时间不好确定。

5) 电动汽车起火后,一般不会立即对电池进行水浸等安全处理。在调查鉴定或对车辆电池包进行拆解过程中,由于无法预知对电池包内部线路的影响,极易发生电击伤害事故。

6) 电动汽车由于结构布置及可燃物的分布与传统内燃机汽车有很大区别,火灾形成的痕迹有很大不同,电池包持续长时间的燃烧对火灾初期痕迹有很大的破坏作用。

第五节 新能源汽车起火的主要原因

新能源汽车种类较多,但仍属于汽车类交通工具,因此引发汽车火灾的外在因素如人为放火、遗留火种、打火机意外引燃等也是导致新能源汽车火灾的原因,并且火灾发生特点和调查方法与传统燃油汽车相同,该部分已在传统燃油汽车火灾鉴定中进行了介绍。本章主要针对采用电能作为动力源的新能源汽车，由于其自身特点引发的火灾危险进行介绍。图 12－10 列举了纯电动汽车和混合动力汽车常见诱发汽车火灾原因。

新能源汽车起火原因、起火部位
- 动力电池包外
  - 外来因素：人为放火、遗留火种、外来飞火等
  - 本身因素
    - 低压设备及电气线路、高压设备及电气线路：短路、过负荷、接触不良、局部过热等
    - 发动机系统（机械故障、油品泄漏等）
    - 其他设备故障
- 动力电池包内
  - 电芯自身故障：选材、工艺、使用等
  - 采样线短路：设计、布局、制造等
  - 电池管理系统（BMS）：探测报警、控制策略、冷却方式等
  - 其他电源线路故障等
  - 过充电
  - 碰撞、进水

图 12－10 新能源汽车常见起火原因

一、混合动力系统因素

混合动力汽车一般指油电类型的混合动力汽车，保留了传动燃油动力系统，并在此基础上增加了一套由动力电池、驱动电机组成的电力驱动系统。因此混合动力汽车同时具有传统燃油汽车和纯电动汽车的火灾危险性。如与发动机相关的漏油、机械故障、炽热表面烤燃等也是引发混合动力汽车火灾的原因。某地发生一起行驶中的新能源汽车由于高温排气系统炽热表面烤燃外来物引发火灾的案例，经调查为前机舱右下部的排气管前段表面附着了外来异物所造成的起火，该异物为事故车辆在交付前整备过程中遗落在前机舱内的一块车漆防护垫，见图 12－11、图 12－12 和图 12－13。混合动力汽车由于发动机问题引发火灾的鉴定，可参见燃油汽车火灾鉴定部分。

图 12－11 车辆起火

图 12－12 发动机舱烧损痕迹

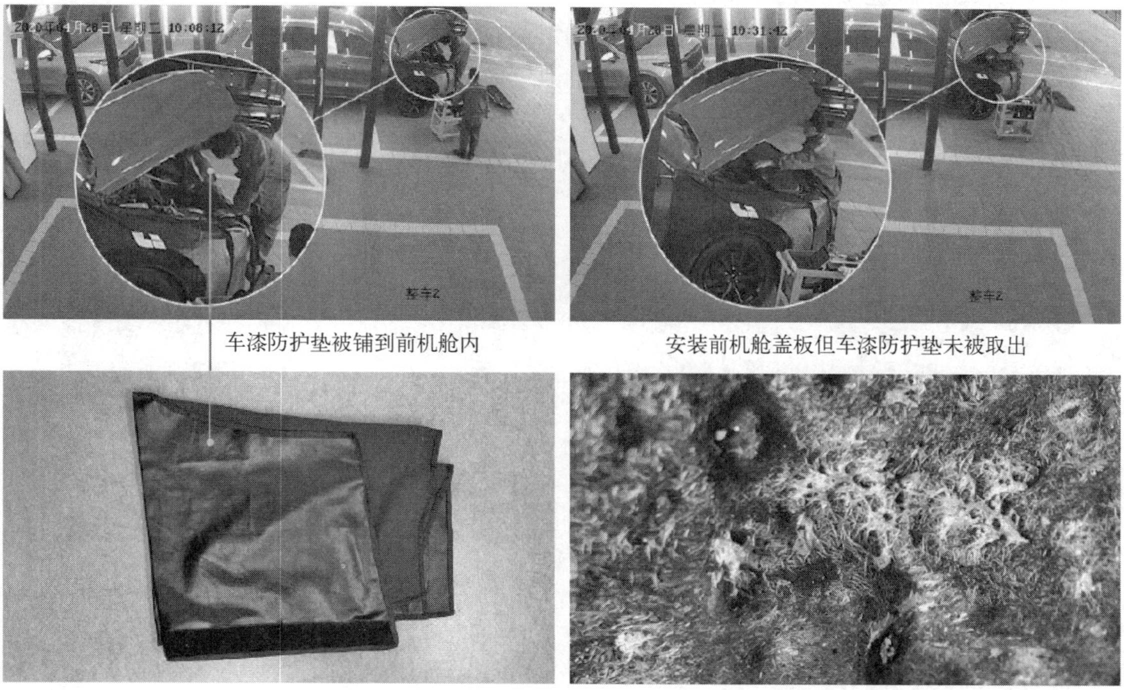

车漆防护垫被铺到前机舱内

安装前机舱盖板但车漆防护垫未被取出

车漆防护垫

燃烧后附着在排气管上的车漆防护垫残渣

图 12－13　车辆火灾检验分析

二、动力电池故障

电池作为电动汽车的储能部件，当车辆在高速、低速、加速、减速等交替变换的不同行驶状况下运行时，电池会以不同倍率放电，以不同生热速率产生大量热量，加上时间累积以及空间影响会产生不均匀热量聚集，从而导致电池组运行环境温度复杂多变。由于发热电池体的密集摆放，中间区域必然会比边缘区域聚集更多热量，由此会加剧电池包中各单体之间温度的不均衡，导致各电池模块、单体内阻和容量不一致性。如果长时间积累，会造成部分电池过充电和过放电，进而影响电池的寿命与性能，并造成安全隐患。如果电动汽车电池组在高温下得不到及时通风散热，将会导致电池组系统温度过高或温度分布不均匀，最终将降低电池充放电循环效率，影响电池的功率和能量发挥，严重时还将导致热失控，影响电池的安全性与可靠性，继而引发火灾。

锂离子电池的安全问题与电池材料、制造工艺、使用环境、保护装置等都有直接的关系。电池在生产过程中，浆料的均匀度、涂布工艺中因残留溶剂发生剥落的活性物质、分切工序极片边缘出现的毛刺、卷绕过程中混入的杂质，都易引起电池内部短路。在强震动情况下，电池极片上的活性物质也可能剥落，电池的极耳、点焊接点、接线片、外部的连线、焊点等可能会折断、脱落，从而引发电池（组）的内部短路、外部短路。在大电流充放电的情况下，可能导致电池及其控制电路接点的熔化、导线及电子元器件的损坏。锂离子电池在过充电时，会引起正极活性物质结构的不可逆变化及电解液的分解，产生大量气体，放出大量的热，使电池温度和内压急剧增加，以致产生燃烧和爆炸。锂离子电池在低温条件下，金属锂沉积在电极表面，导致短路。随着动力电池使用次数的增多，电池内阻不断增大，而电池的容量逐渐降低，电池内阻增大会引起电池温度升高。电池的安全性是相对的，一定循环次数之间的电池安全测试是合格的，而经过一定循环次数后，电池将呈现出不安全因素。

动力电池自身故障引发新能源汽车火灾的案例较多，图 12 - 14 为由于动力电池故障引发火灾的电池包烧损痕迹，图 12 - 15 为实验中电池单体热失控实验燃烧状态。

图 12 - 14　电池包烧损痕迹

图 12 - 15　电池单体热失控起火

三、高压线路故障

电动汽车根据电路的工作电压将电路分为 A 级电压电路和 B 级电压电路，这里简称为低压线路和高压线路。高压供电系统具有高效节能的特点，同时也产生了不同于传统汽车火灾的安全隐患。

新能源汽车高压配电系统由动力电池通过高压配电箱为电机控制器、驱动电机、电动空调压缩机、PTC 加热器等高压部件供电。此外，动力电池还有一套直流充电快充系统和交流充电慢充系统。高压配电系统一般以高压配电箱为中心，动力电池通过高压配电箱向高压部件供电。有些车型高压配电箱也称为分线盒、高压配电单元、高压接线盒、高压配电模块、高压控制盒等。图 12 - 16 为高压配电系统组成图。

图 12 - 16　高压配电系统组成图

高压电采用双线制，在电动汽车上的高压线一般选用易分辨的橘色绝缘层，但是火灾后绝缘烧毁，需要从线径和结构上进行辨别。高压线路短路、配电箱故障、接线端子接触不良都有可能引发火灾。

高压线路短路能量较大，会熔断直径较大的铠装电源线或者直接对车体放电产生电热熔化缺口，这种痕迹较明显，容易观察和发现，图 12－17 为电池包内部电池模组连接电源线短路痕迹。高压配电盒由于自身故障或维修不当，导致高压线路短路，能够引燃周围可燃物起火或诱发电池包内电芯相继热失控，最终导致火灾，如图 12－18 所示。高压线路在接线端子部位接触不良，容易引发局部过热导致火灾。图 12－19 为动力电池电源线与电池连接部位固定螺栓松动，导致连接螺栓过热熔化引发火灾。

图 12－17　动力电池连接线短路熔化痕迹

图 12－18　配电箱内母排熔断缺失

(a) 连接部位松脱　(b) 连接部位熔化痕迹　(c) 连接螺杆化痕迹

图 12－19　接线端子接触不良痕迹

四、低压线路故障

电动汽车低压电路系统与传统汽车相似，常见汽车电气火灾发生的方式在电动汽车上都有可能发生。另外，控制系统还要包括对高压电管路的控制以及仪表功能的显示等。图 12－20为低压系统布置图。所以，电动汽车低压线路也具有与传统汽车电气线路相似的火灾危险。

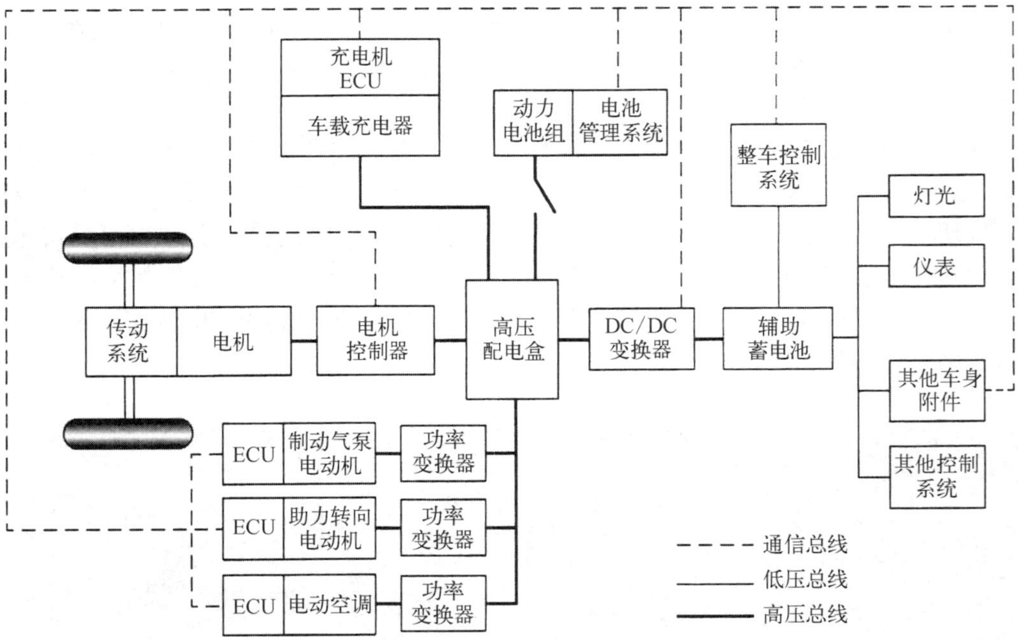

图 12－20 低压系统布置图

电动汽车火灾中动力电池即使受到局部破坏也不一定影响其低压电源供给。电动汽车低压线路火灾危险与传统内燃机汽车火灾危险相似，可参考传统内燃机汽车火灾中电气线路故障引发火灾的分析。图 12－21 为某新能源汽车低压蓄电池连接线路短路引发火灾的图片。

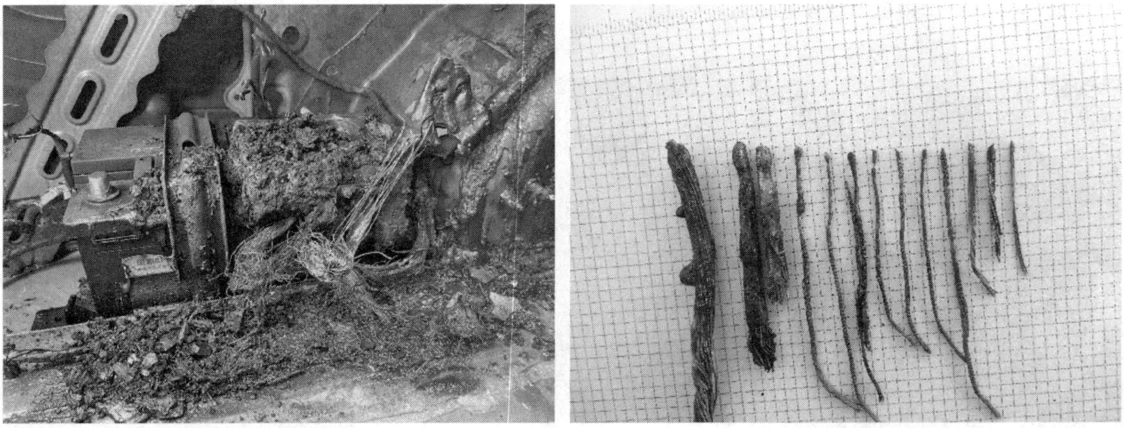

(a) 低压蓄电池部位烧损痕迹　　(b) 蓄电池连接线路短路熔痕

图 12－21 低压线路引发火灾

五、数据线束短路

由于车辆上空间有限，电池在工作中产生的热量一旦累积，造成各处温度不均匀会影响电池单体的一致性，将降低电池充放电循环效率，影响电池的功率和能量发挥，严重时还将导致热失控，影响系统安全性与可靠性。为了使电池包发挥最佳性能和寿命，需要优化电池包的结构，对它进行热管理，增加散热加热设施，控制电池运行的温度环境。

电池管理系统是指可以控制电池输入和输出功率，监视电池的状态（温度、电池、荷电状态等），并为电池提供通信接口的系统（图 12－22）。

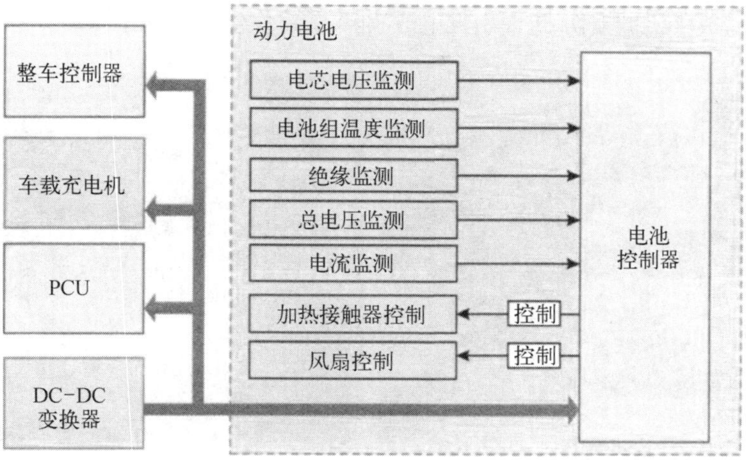

图 12－22　典型动力电池数据采集系统框架图

以上这些温度、电压等电池参数的监测需要采样线与电池的壳体或正负极直接相连，并以线束的形式汇集到电池管理系统。如果采样线绝缘破损导致线路短路，将使电池单体或模组的正负极连接发生短路，产生的热量可能导致火灾的发生。

某电动汽车由于电池模组内的电压采样线束存在走向不当的情况，被模组上盖板挤压，导致被挤压的电压采样线束绝缘材料磨损，造成线束绝缘层烧损从而引发了多起电池包热失控起火事故，见图 12－23。

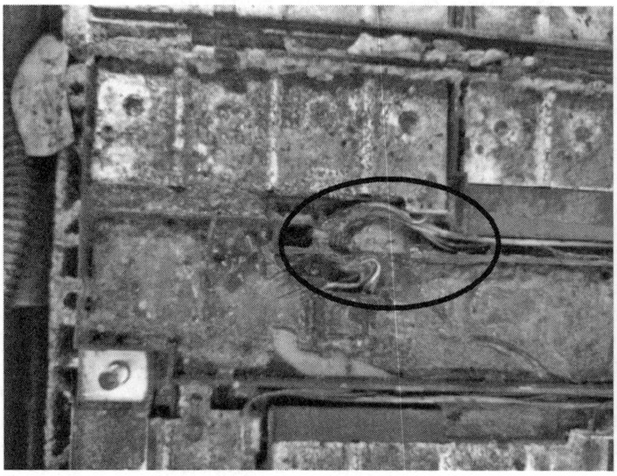

(a) 起火车辆线束与极片干涉

(b) 对比车辆线束与极片干涉

图 12－23　线束与极片干涉情况

六、其他原因

1. 碰撞

电动汽车由于使用动力电池作为动力源，动力电池的保护至关重要。电动汽车在碰撞后，能够造成线路或电池包故障，引发火灾。值得注意的是，动力电池的损坏有时不一定立即体现出来，会经历一个缓慢的反应过程，最终导致火灾事故的发生。国外一辆电动汽车进行碰撞安全实验后停放在停车场，三周后，在无人看管的情况下发生了火灾。在对车辆的勘查过程中发现，实验过程对电池箱体造成了机械损伤，进而引发电池故障，最终发生火灾，见图 12－24 和图 12－25。

(a) 车辆碰撞变形　　(b) 电池部位车身变形

图 12－24　车辆碰撞后起火

(a) 车体电热熔化　　(b) 车体电热熔化

图 12－25　车辆碰撞后起火

一辆高速行驶的跑车与一辆运营中的电动出租车发生追尾碰撞事故，立即引起电动出租车起火燃烧。由路边监控录像可以看出，在碰撞的瞬间电动汽车就产生强烈的电弧放电，而后迅速发生了剧烈燃烧。在对车辆的勘查过程中发现，电池箱体出现多处电热熔化缺口，见图 12－26 和图 12－27。

2. 过充电

充电过程中或充满电后起火在电动汽车火灾中较为常见。锂电池在过充时，电池电压上升，会引起正极上的活性物质结构发生不可逆变化及电解液的分解，产生大量气体，大量放热，使电池内压和温度急剧增加导致火灾。电池包过充后起火发展迅速、燃烧异常剧烈。

某公交车在充电结束后起火，车辆后台监控数据显示，充电结束时充电机检测端电压达到 666.4 V，考虑线损，电池包的电压也已超过电压限值 600 V。单体最高电压达到 4.58 V。电池总容量为 324 kW · h，从 SOC 为 62%时开始充电，最终总计充入 202 kWh；且在 BMS 信息中断

(a) 车体后部碰撞变形　　(b) 底部电池箱电热熔化痕迹

图 12－26　车辆碰撞起火

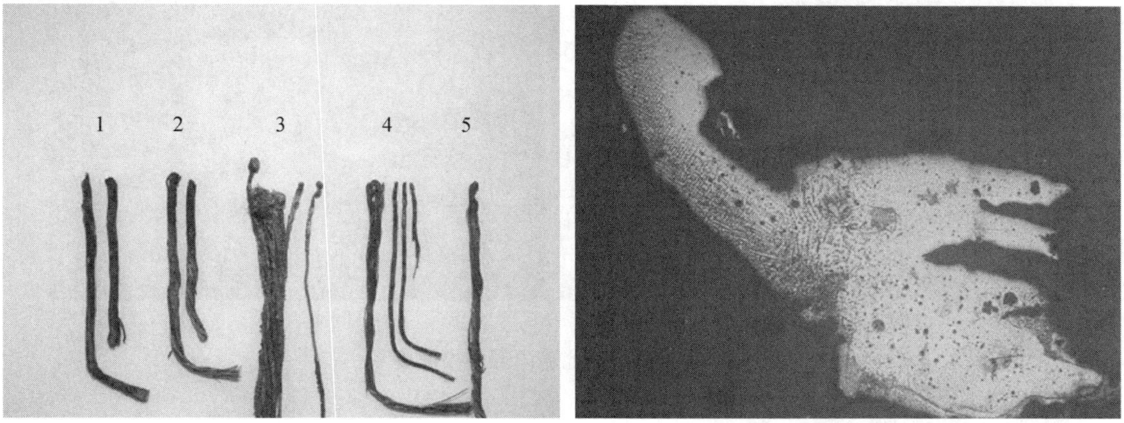

(a) 熔痕外观　　(b) 底部电池箱电热熔化痕迹

图 12－27　线路短路熔痕

后，事故车辆仍充入了 57.9 kWh 电量。说明电池组发生过充。但后台数据无法确定达到最高电压电池的具体位置。

最终确定为车尾部电池舱中的右上角电池箱内电池过充导致电池单体热失控起火燃烧，进一步引燃周围可燃物造成火灾，见图 12－28、图 12－29、图 12－30 和图 12－31。

图 12－28　火灾现场

图 12－29　整车烧损痕迹

(a) 烧损痕迹　　(b) 原车图片

图 12－30　后部电池舱

(a) 起火电池箱整体痕迹　　(b) 起火部点

图 12－31　电池包内部烧损痕迹

3. 涉水

电动汽车动力电池一般位于车辆底部，如果长时间浸泡在水中，有可能导致液体进入电池包内导致电池包内上部线路故障引发火灾。

起火车辆受台风影响连续泡水约 4 个小时，转天运送到维修中心并拆解电池包与车体分析，但未进行高压保险丝断开、伞阀排水和放电工作，8 天后电池包在车体正下方 30 厘米处独立放置时开始冒烟起明火，且引燃相邻车辆导致该车辆上部起火，见图 12－32、图 12－33 和图 12－34。

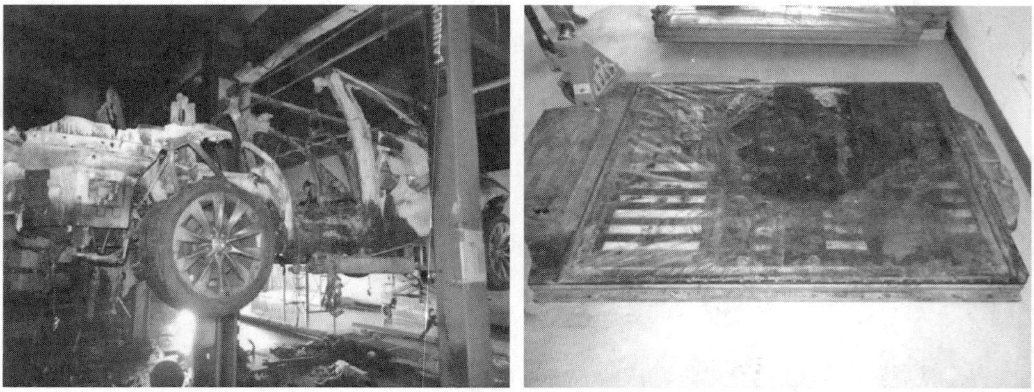

(a) 起火车辆整体烧损痕迹　　(b) 电池包整体烧损痕迹

图 12－32　整体烧损痕迹

(a) 电池包烧损痕迹

(b) 起火模组

图 12－33 电池包烧损痕迹

(a) 起火点

(b) 浸水痕迹

图 12－34 起火部位痕迹

某车辆驾驶员反映起火前车辆与异物碰撞后进行了全面的洗车操作,出现不能行驶故障后车辆在停放过程中起火。现场勘验车辆电池包壳体出现明显的孔洞,电池包内有明显的进水痕迹,模组上部线路炭化,如图 12－35 所示。

(a) 电池包壳体孔洞

(b) 电池包内长时间水浸痕迹

图 12－35 电池包内进水导致线路短路起火

第六节　新能源汽车火灾检验鉴定

一、新能源汽车火灾勘验内容

电动汽车火灾鉴定程序方法与传统内燃机汽车火灾鉴定基本相同，都是根据勘验等工作，首先认定起火部位和起火点，然后收集、提取相关物证，根据需要进行理化鉴定，结合物证鉴定结果，综合分析火灾相关因素。但在勘验车辆时，需要针对新能源汽车装备有动力电池的特点，按照程序图进行（图 12－36）。

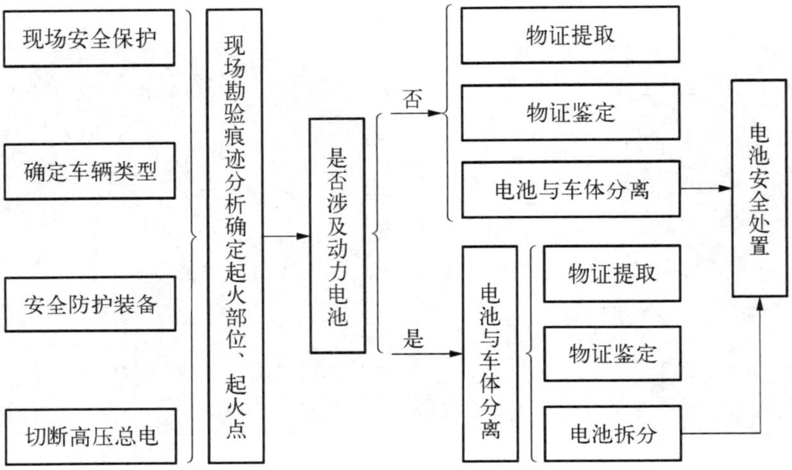

图 12－36　电动汽车火灾鉴定特殊程序

电动汽车的特殊性要求在进行电动汽车火灾鉴定时，要特别注意安全、现场保护、痕迹特殊性等问题，特别是动力电池燃烧后的痕迹特征分析和远程数据分析是电动汽车火灾鉴定应当重点关注的问题。

1. 整车痕迹分析

电动汽车的外形与传统汽车没有什么太大区别，但是内部零部件的布置有很大不同。特别是动力电池的布置，直接影响燃烧火焰蔓延的方式和走向。动力电池一般位于车辆底部，电池包底部有加固的密封金属板防护，上部有电池包外壳及金属车身防护，电池在底盘部位所占的面积比重较大，图 12－37 为典型乘用车电池的布置图，电池占车身底部面积约 1/3。电池包是封闭的，一旦起火很难扑灭。因此电池部位燃烧会非常严重，当电池包内电池热失控起火后会从电池周围向外冒火并引燃周围可燃物。这也是大多数电动汽车起火后会在前部动力机舱及后备箱部位烧损较重而驾驶室烧损程度较轻的主要原因。有的电动汽车采用的是分体式电池的设计模式，这种车辆火灾电池对痕迹的影响更大。这对火灾鉴定人员提出了新的考验，火灾中要充分考虑到电池以及长时间燃烧对车辆痕迹的影响。图 12－38 和图 12－39 为灭火后底盘烧损痕迹。

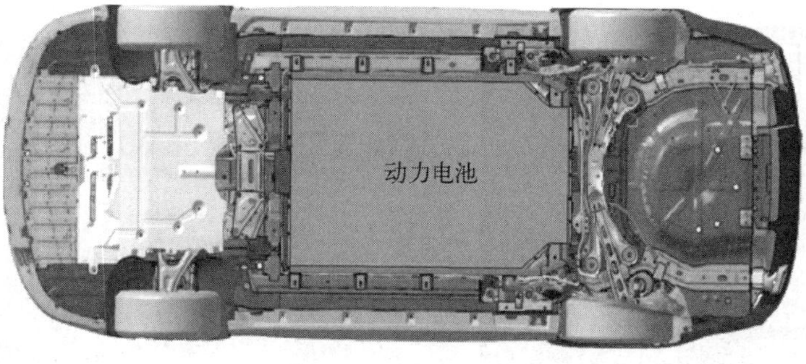

图 12－37　底部电池布置位置

图 12－38　底部燃烧痕迹(带电池)

图 12－39　底部燃烧痕迹(不带电池)

电池热失控起火后,释放的可燃气体点燃后会将相邻的可燃物引燃,由于前部的机舱护板、导线、管路等可燃物较多,即使电池起火部位位于车辆后部,形成瞬间的火焰也能引燃机舱内可燃物,导致动力机舱烧损严重,形成类似两个火点的燃烧痕迹。前后两部分过火区域的范围会因车型的不同而变化,但从现场痕迹一般均能看到轻重不同的烧损痕迹,见图 12－40。

2. 电池包痕迹分析

目前市场常见电动汽车动力电池包内单体电池主要有三种形式：18650 型圆柱锂离子动力电池、软包形锂离子动力电池和方形锂离子动力电池。这三种动力电池包在发生火灾时的燃烧表现形式和火后痕迹有一定的区别。

(a) 实验车辆侧面燃烧痕迹　　(b) 实际案例车辆侧面燃烧痕迹

图 12－40　电动汽车前后两侧燃烧痕迹

对动力电池的物证提取，要注意安全与防护，在电池的车体分离与故障分析的拆解过程中，每一步都要拍照取证，并按照电池串并联及模块的顺序进行标号记录。

电池包外壳若为铝合金壳体，容易出现局部熔融变形，甚至局部烧蚀形成孔洞的现象。若电池包外壳为非金属壳体，过火后则易被烧破，导致部分缺失。对于认定电池包内的起火点或是第一故障单体，则需要进一步拆解分析电池包及观察内部单体的痕迹变化来确定，确定故障模组可以根据单体相互挤压的顺序关系锁定第一个故障单体，一般首先发生热失控的单体呈现两侧受挤压的痕迹特征，见图 12－41。

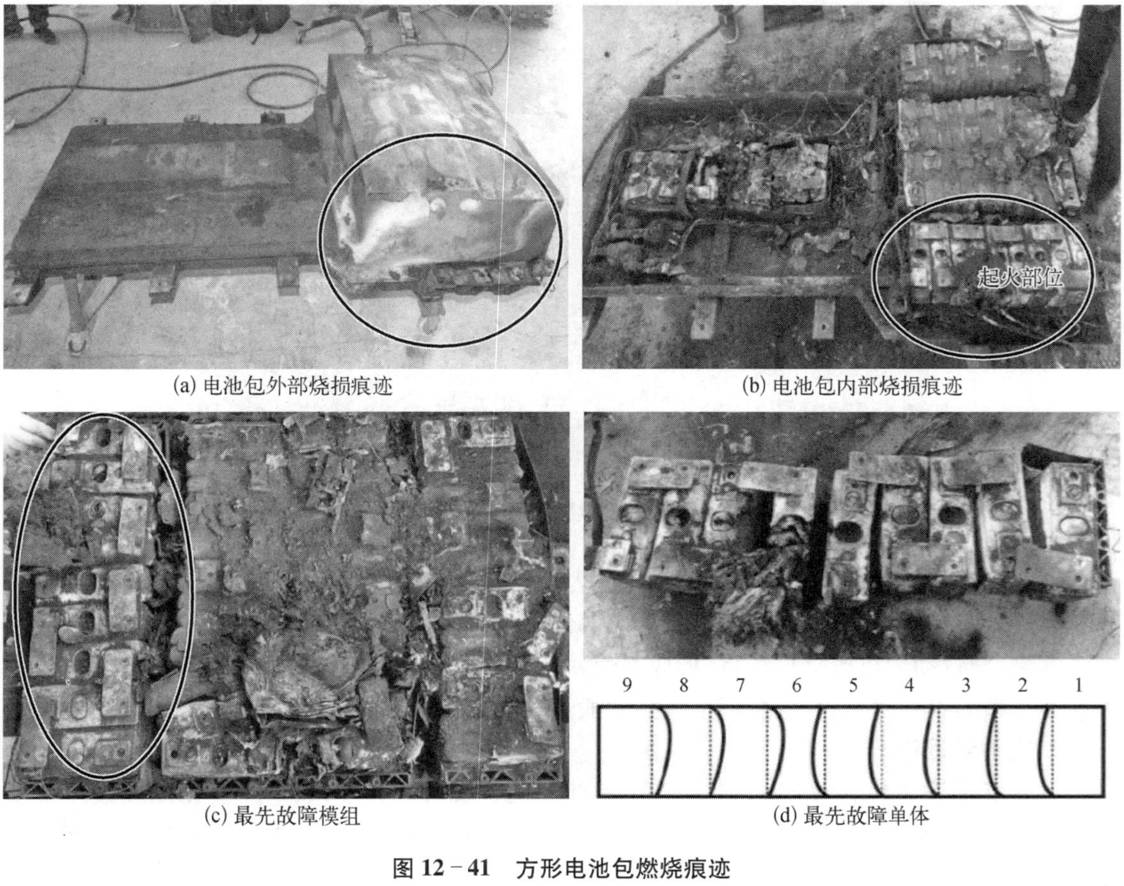

(a) 电池包外部烧损痕迹　　(b) 电池包内部烧损痕迹

(c) 最先故障模组　　(d) 最先故障单体

图 12－41　方形电池包燃烧痕迹

软包片状电池单体结构形态保持相对完整，具有一定的痕迹特点。可以根据外壳的锈蚀变色程度和缺失程度来寻找出首先起火区域，锁定出起火点附近的模组。模组间的变形与单体的变形一般呈现向早期故障模组或单体挤压变形的痕迹，这与方形电池的痕迹特征相似，见图 12－42。

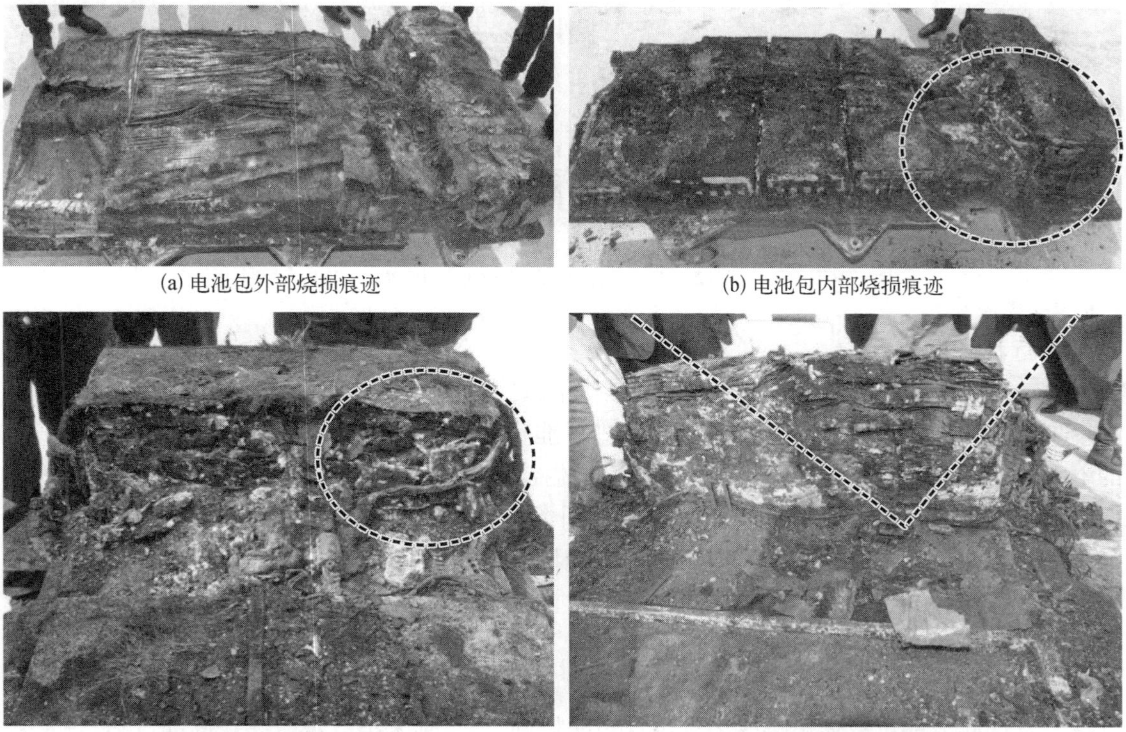

(a) 电池包外部烧损痕迹　　(b) 电池包内部烧损痕迹

(c) 电池包后部烧损痕迹　　(d) 电池包后部侧面“V”形痕迹

图 12－42　软包电池包烧损痕迹

由于柱状电池的结构特点，发生火后位移、破坏严重时往往不易辨识，但是将表面干扰杂物仔细清理干净后，会发现整体上保留了起火点的痕迹特点，见图 12－43。但此类火灾痕迹特点受电池单体的位置影响较大，需要具体案(事)件具体分析。

(a) 电池包外部烧损痕迹　　(b) 电池包内部烧损痕迹

(c) 电池包内表面电池烧损严重　　(d) 起火点电池模组整体变形痕迹

图 12－43　圆柱形电池包燃烧痕迹

3. 远程数据分析

电动汽车发生火灾后,进行火灾鉴定的工作中,要增加对电动汽车远程监控数据的调取工作,通过起火前后监控数据如电压、温度的变化,进行准确的分析和判断。一般由于电池热失控引发的电动汽车火灾在发生火灾时后台监控数据会监控到故障模组发生电压下降、温度上升等现象。

某电动汽车在修理厂发生火灾。8 月 13 日驾驶员反映故障灯亮,车辆不能行驶,送修至某修理公司保持待修状态,并于 8 月 17 日 23 时许起火。起火车辆通过后台远程监控数据分析发现,起火前几天内多次出现电池单体压差过大(压差数据最大值为 1 837 mV;曾出现 58#模组最低电压为 1.781 V,持续约 10 s 后跳变回 3.136 V 的现象;电池系统曾出现过多次 3 级故障报警)和温度监控数据大幅度异常跳变现象,说明数据线出现故障数据采集信号异常。现场勘验发现起火部位数据采集线多处出现短路痕迹,为数据采集线短路导致局部过热,触发附近电芯热失控引发火灾。图 12－44(a)为 12 日电池包内电压数据变化,图 12－44(b)为 13 日电池包内电压数据变化。

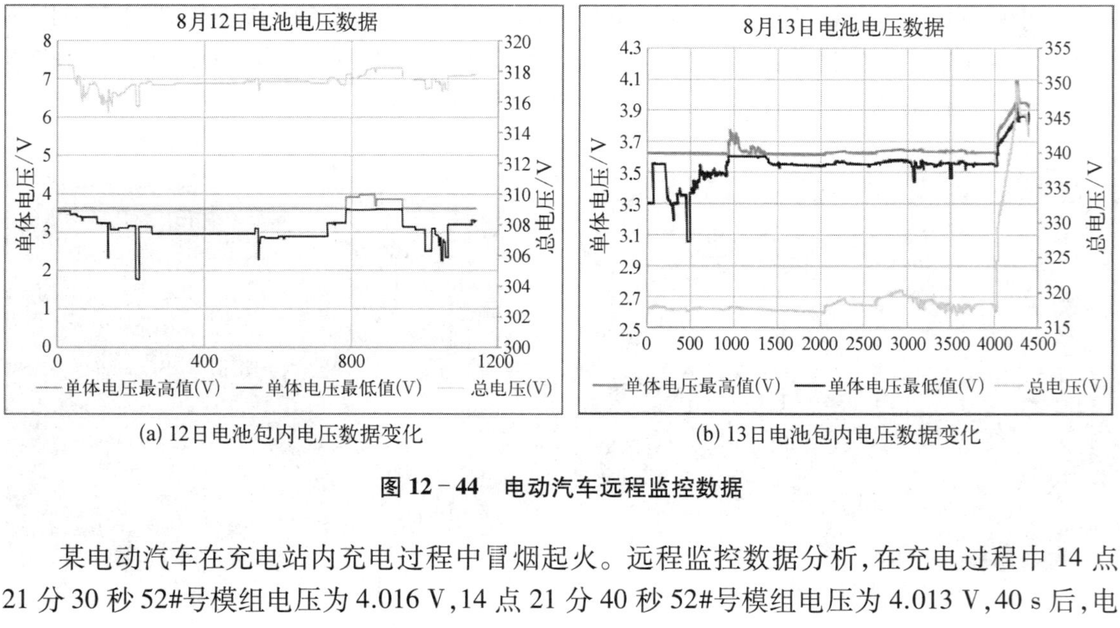

(a) 12日电池包内电压数据变化　　(b) 13日电池包内电压数据变化

图 12－44　电动汽车远程监控数据

某电动汽车在充电站内充电过程中冒烟起火。远程监控数据分析,在充电过程中 14 点 21 分 30 秒 52#号模组电压为 4.016 V,14 点 21 分 40 秒 52#号模组电压为 4.013 V,40 s 后,电压降到 2.86 V，出现充电过程中电压持续下降现象。为电池包中部电芯（电压下降电芯）故障触发热失控，首先起火后引燃附近模组并最终导致车辆起火。图 12－45（a）为事故前 7 天电池包压差变化，图 12－45（b）为起火当天 14 时电池包压差变化。

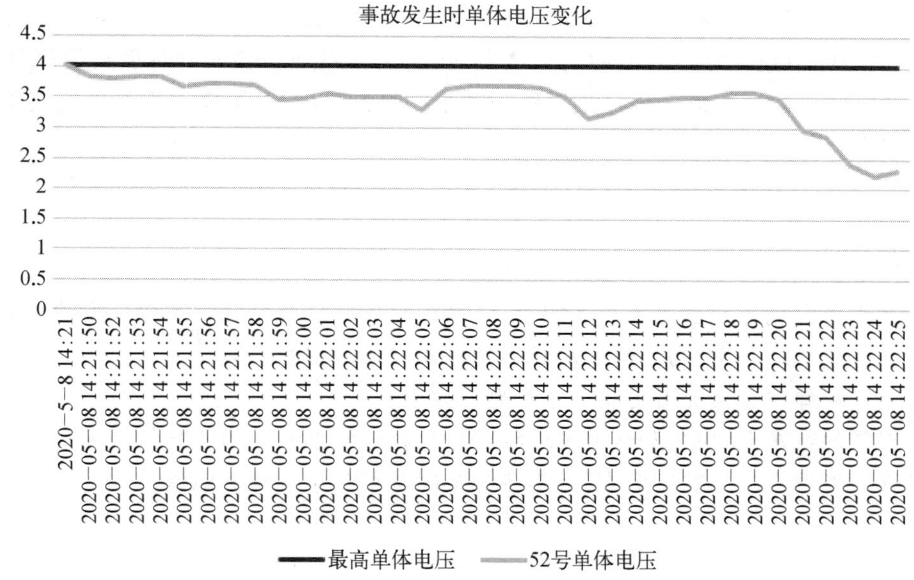

(a) 事故前7天压差变化

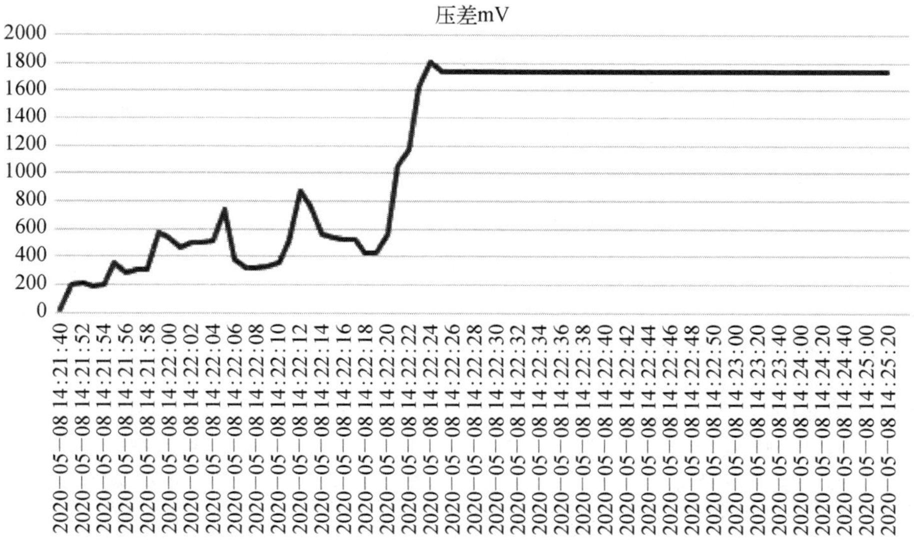

(b) 起火当天14时压差变化

图 12－45　电动汽车远程监控数据

二、新能源汽车火灾鉴定注意事项

1）电动汽车动力电池是由许多电池单体（模组）串并联组成的，一个单体（模组）的损坏，并不会使整个电池组完全失去电力，在对车辆进行检验时，要预防电击伤的危险。

2）在对电池部分进行现场勘验时，要注意电池释放的有毒有害气体对人体的伤害，有条件要佩戴护目镜及呼吸系统防护装备。

3）当动力电池热失控燃烧时，有时会破坏电池包的外壳，导致电池单体的掉落。车辆移动时，要尽可能地保持电池的原始形态，保护电池呈现的原始痕迹。

4）电动汽车在行驶过程中或充电中一般都会上传远程监控数据。电动汽车发生火灾后，要及时完成对电动汽车远程监控数据的调取工作，数据信息可为火灾鉴定分析提供支持。

5）因动力电池故障导致的电动汽车火灾，在起火前电池包会向外释放可燃气体，当驾驶室进入大量可燃气体或车辆停放在相对密闭的车库时，遇火源有可能发生爆燃造成车辆、建筑物及人员损伤。

· 思考题 ·

1. 汽车火灾发生的主要原因有哪些，并且各原因是什么情况下可能引发的火灾？
2. 在新能源汽车中，动力电池故障引发的火灾有哪些特点？
3. 电气故障相关火灾鉴定要点包括哪些方面？
4. 新能源汽车火灾中，如何通过远程监控数据分析电池包的热失控情况？
5. 在新能源汽车火灾鉴定中，有哪些安全防护措施需要特别注意？

参考文献

[1] 司法部公共法律服务管理局. 司法鉴定程序通则释义. 北京:中国政法大学出版社,2020.
[2] 李江. 交通事故力学. 北京:机械工业出版社,2000.
[3] 刘建军,班茂森,丁丰,等. 交通事故物证鉴定技术. 北京:人民公安大学出版社,2001.
[4] 林洋. 实用汽车事故鉴定学. 黄永和译,张正智审校. 北京:人民交通出版社,2001.
[5] 李江. 交通工程学. 北京:人民交通出版社,2002.
[6] 刘振刚,李建林,耿惠民. 汽车火灾原因调查. 天津:天津科学技术出版社,2008.
[7] 王成荣. 痕迹物证司法鉴定实务. 北京:法律出版社,2012.
[8] 张道文,廖文俊. 交通事故车辆安全技术鉴定教程. 北京:北京大学出版社,2012.
[9] 山崎俊一. 交通事故分析基础与应用. 王宏雁,陈君毅译. 北京:北京大学出版社,2012.
[10] 霍宪丹,杜志淳,郭华. 司法鉴定通论. 北京:法律出版社,2013.
[11] 许洪国. 汽车事故工程. 北京:人民交通出版社,2014.
[12] 敖日其冷. 痕迹司法鉴定. 北京:法律出版社,2015.
[13] 吴兵,李晔. 交通管理与控制. 北京:人民交通出版社,2015.
[14] 公安部交通管理局,公安部交通管理科学研究所. 道路交通信号灯与交通标志标线规范设置应用指南. 北京:中国建筑工业出版社,2017.
[15] 牛学军,张汉欣,李平凡. 道路交通事故现场勘查. 北京:中国人民公安大学出版社,2018.
[16] 张新海,李毅,许哲峰. 道路交通事故重建基础. 北京:北京大学出版社,2019.
[17] 冯浩,潘少猷. 道路交通事故痕迹物证鉴定概论. 北京:科学出版社,2020.
[18] 李学军. 物证技术学. 北京:中国人民大学出版社,2021.
[19] 张杰,陆宇红,张娱,等. 重特大交通事故中道路设施及安全管理问题解析. 北京:人民交通出版社股份有限公司,2021.
[20] 公安部交通管理科学研究所. 道路安全隐患排查治理. 北京:人民交通出版社股份有限公司,2022.
[21] Lynn K, Fricke B. Traffic Crash Reconstruction. Evanston, Illinois: Northwestern university center for public safety, 2010.
[22] Brach R M, Brach M, Matthew Brach. Vehicle Accident Analysis and Reconstruction Methods. Warrendale: SAE international, 2011.
[23] Baker J S, Fricke L B. Traffic Crash Investigation. Evanston, Illinois: Northwestern university center for public safety, 2014.